普通高等教育"十一五"国家级规划教材

法 理 学

（第三版）

主　编　葛洪义

副主编　舒国滢　卓泽渊

撰稿人　（以撰写章节先后为序）

舒国滢　丁以升　卓泽渊

刘治斌　葛洪义　张德淼

中国政法大学出版社

2017·北京

图书在版编目（ＣＩＰ）数据

法理学/葛洪义主编. —3版. —北京:中国政法大学出版社，2017.2

ISBN 978-7-5620-7048-1

Ⅰ．①法…　Ⅱ．①葛…　Ⅲ．①法理学　Ⅳ．①D903

中国版本图书馆CIP数据核字(2016)第266435号

出 版 者　中国政法大学出版社
地　　址　北京市海淀区西土城路 25 号
邮寄地址　北京 100088 信箱 8034 分箱　邮编 100088
网　　址　http://www.cuplpress.com（网络实名：中国政法大学出版社）
电　　话　010-58908435(第一编辑部)　58908334(邮购部)
承　　印　固安华明印业有限公司
开　　本　720mm×960mm　1/16
印　　张　25.75
字　　数　462 千字
版　　次　2017 年 2 月第 3 版
印　　次　2020 年 4 月第 3 次印刷
印　　数　8001～12000 册
定　　价　49.00 元

作 者 简 介

葛洪义　1960 年生，浙江宁海人，法学博士。现任浙江大学光华法学院教授、博士研究生导师，浙江大学中国地方治理与法治发展研究中心主任。兼任中国法理学研究会副会长、广东省法学会副会长、广东省法理学研究会会长，中国政法大学和厦门大学法学理论专业博士研究生导师，吉林大学理论法学研究中心和多所高校兼职教授。主要研究方向为法理学、法哲学和法律方法。出版《探索与对话：法理学导论》《法律与理性——法的现代性问题解读》《法与实践理性》等著作，主编《法律方法与法律思维》连续出版物，公开发表学术论文和文章近百篇。

舒国滢　1962 年生，湖北随州人。现任中国政法大学教授、博士研究生导师，中国政法大学法理学研究所所长，校学术委员会委员。兼任中国法理学研究会常务理事。主要研究方向为法理学、法美学与法学方法论。出版专著《法哲学沉思录》《法哲学：立场与方法》《在法律的边缘》，译著《法社会学原理》《论题学与法学——论法学的基础研究》《法律论证理论——作为法律证立理论的理性论辩理论》《古斯塔夫·拉德布鲁赫传——法律思想家、哲学家和社会民主主义者》《法律智慧警句集》；发表代表性论文《寻访法学的问题立场——兼谈"论题学法学"的思考方式》《战后德国法哲学的发展路向》《从美学的观点看法律——法美学散论》《从司法的广场化到司法的剧场化——一个符号学的视角》等。

卓泽渊　1963 年生，重庆市人。现任中共中央党校政法部主任，博士研究生导师。全国第二届十大杰出中青年法学家，国家跨世纪百千万人才国家级人选，国家哲学社会科学首届领军人才。著有高校国家规划教材《法学导论》、高校法学精品教材《法理学》，以及学术专著

《法的价值论》《法治国家论》《法政治学研究》等。

丁以升　1968 年生，安徽巢湖人。现任华东政法大学教授。主要研究方向为法理学。主要著作有《中国法理学问题研究》《法治问题研究》等；公开发表学术论文六十余篇，多篇被人大复印资料《法学》与《高等学校文科学报文摘》全文复印或摘转。

张德淼　1965 年生，湖北仙桃人，法学博士。现任中南财经政法大学教授、博士研究生导师，中南财经政法大学研究生院副院长。兼任中国法理学研究会理事、湖北省法理学研究会副会长、中国行为法学研究会理事。撰写《法的真善美》《法理学》《立法学》等十部图书；另公开发表学术论文三十余篇。

刘治斌　1965 年生，宁夏固原人，法学硕士。现任西北政法大学法学研究所教授。主要研究领域为法律方法与司法制度。先后参编《法理学》等教材五部，主编法律读物两部；在国内专业学术期刊上发表论文三十余篇，多篇论文被人大复印资料《法学》与《高等学校文科学报文摘》全文复印或摘转。参加省部级以上科研项目五项。

出 版 说 明

　　中国政法大学出版社是国家教育部主管的，我国高校中唯一的法律专业出版机构。多年来，中国政法大学出版社始终把法学教材建设放在首位，出版了研究生、本科、专科、高职高专、中专等不同层次、多种系列的法学教材，曾多次荣获新闻出版总署良好出版社、国家教育部先进高校出版社等荣誉称号。

　　自2007年起，我社有幸承担了教育部普通高等教育"十一五"国家级规划教材的出版任务，本套教材将在今后陆续与读者见面。

　　本套普通高等教育"十一五"国家级规划教材的出版，凝结了我社二十年法学教材出版经验和众多知名学者的理论成果。在江平、张晋藩、陈光中、应松年等法学界泰斗级教授的鼎力支持下，在许多中青年法学家的积极参与下，我们相信，本套教材一定会给读者带来惊喜。我们的出版思路是坚持教材内容必须与教学大纲紧密结合的原则。各学科以教育部规定的教学大纲为蓝本，紧贴课堂教学实际，力求达到以"基本概念、基本原理、基础知识"为主要内容，并体现最新的学术动向和研究成果。在形式的设置上，坚持形式服务于内容、教材服务于学生的理念。采取灵活多样的体例形式，根据不同学科的特点，通过学习目的与要求、思考题、资料链接、案例精选等多种形式阐释教材内容，争取使教材功能在最大程度上得到优化，便于在校生掌握理论知识。概括而言，本套教材是中国政法大学出版社多年来对法学教材深入研究与探索的集中体现。

　　中国政法大学出版社始终秉承锐意进取、勇于实践的精神，积极探索打造精品教材之路，相信倾注全社之力的普通高等教育"十一五"国家级规划教材定能以独具特色的品质满足广大师生的教材需求，成为当代中国法学教材品质保证的指向标。

中国政法大学出版社

2008 年 2 月

第三版说明

距离本教材第二版的修订，将近五年过去了。在这五年里，发生了许多重大法治事件。同时，党的十八大特别是十八届四中全会以来，我国法治建设又进入一个新的历史时期，出现了许多新的提法和要求。鉴于此，出版社的编辑建议我们对本教材再次进行修订。考虑到法学教育界朋友和广大读者长期以来对本教材的支持和厚爱，我们根据新的情况，在不影响本教材原貌完整性和基本观点的前提下，补充了一些内容，补充的内容主要集中于第十四章。

本次修订，由我本人在征得原作者的同意的前提下，统一执笔。如有缺点错误，当由我本人承担。

十分感谢大家！

葛洪义

2016 年 8 月 15 日于杭州

第二版说明

　　承蒙法学教育界朋友和读者的厚爱，多年来，这部《法理学》教科书成为多所法学院系本科学生的教学教材。谢谢大家！

　　本次再版在原版的基础上，结合最新的法律法规及时事政策，补充了部分新的资料，特别是基于《中共中央关于构建社会主义和谐社会若干重大问题的决定》的有关决定，对所涉及的社会组织、社会管理创新、社会建设的内容有所强调。法治建设的基本理论，就是建立在国家与社会相分离的基础之上的，即国家与社会各自承担自己应该承担的责任，享有自己应该享有的权力或权利。个人能解决的问题不应该推给社会，社会能解决的问题不应该推给国家；反过来，国家也不应该、当然也不可能包揽个人和社会的事务。所以，没有一个充满活力和充分自主的社会，也不会有法治。

　　由于我们的水平和能力所限，缺点错误在所难免。欢迎读者一如既往地批评指正！

葛洪义

2011 年 11 月

| 目 录 |

第二编　法的演进

第一章

绪 论

　　学习目的与要求　掌握法学的性质、体系、特征；熟悉并掌握法理学的研究对象和意义；了解法理学的产生、发展与基本研究方法。

■ 第一节　法学的概念与体系

一、法学的概念

　　法学是人文社会科学中的一个相对独立的学科。[1]笼统地讲，所谓法学，就是研究法律现象或法律问题的学问或理论知识体系，是一门关于社会共同生活的规范科学（Norrmwissenschaft）。[2]但正像任何有关法律的活动并不都可以被看作是法学研究一样，任何有关法律的知识也并不都能简单地被称为法学。作为专门的学问和特有的知识体系，法学区别于其他人文社会科学，甚至区别于那些以法律为对象的片断的思考（不成体系的法律思想和观点）和为法律的操作而对法律所作的实用解释（注释法律）。法学的生成，具有以下标志：①立法的发达，要求对法律问题进行专门的探究，法学家职业阶层因此而形成；②一整套法律概念、原则（原理）和规则的构成，法学方法的运用和自成体系的法律理论的创造；③传授法律知识和探讨法律理论的机构（法律学校）的存在；④学科分化的程度和满足法律学问独立的知识系统的建立。

----

〔1〕 西方学者一般将科学分为自然科学（研究自然规则）、精神（人文）科学（研究人类精神，如哲学、神学）和社会科学（研究人类社会的共同生活，如经济学、政治学、社会学）三个类别。法学归属于社会科学。具体参见 Jürgen Baumann, *Einführung in die Rechtswissenchaft*, 6. Aufl. Verlag C. H. Beck München, 1980, S. 18ff.

〔2〕 Jürgen Baumann, *Einführung in die Rechtswissenchaft*, 6. Aufl. Verlag C. H. Beck München, 1980, S. 18ff.

系统的法律理论知识形态，是法学的外部表征。从历史上看，具有这种表征的学问只有在特定的历史条件下才得以产生。[1] 在中国，先秦时期就有所谓"刑名法术之学"，其后有专事注释法律的"律学"的兴盛，但严格地讲，它们并不是纯粹的法学理论知识体系。[2] 在西方，法学是由古罗马人创立的，正如英国法学家巴里·尼古拉斯所说："在几乎所有其他智力创造的领域，罗马人曾是希腊人虔诚的学生，但在法律方面他们却是老师。在他们手里，法律第一次完全变成科学的主题。"[3] 现代"法学"一词，来源于拉丁文 jurisprudentia，由词根 jus（法）的形容词形式 juris 和另一词根 providere（知识）构成。古罗马五大法学家之一的乌尔比安（Ulpianus, ? ~ 228）曾解释说："jurisprudentia 是神事和人事的知识，正义和非正义的科学。"[4] 此后，11 世纪开始的罗马法复兴运动和近代民族国家—法律的建立，jurisprudentia 在西方衍生了一组均表示"法学"或"法律科学"的概念群，如德文 Jurisprudenz、Rechtswissenschaft，法文 science du droit、science juridique，英文 legal science、science of law，等等。[5] 西方"法学"概念经由日本引入中国，大抵是 19 世纪末以后的事情。

作为区别于其他科学的知识体系，法学具有自己独特的性质：①法学的研究总是指向法律现象或法律问题的。故此，法学的兴衰注定与一个国家法律制度的发展相关联。法制兴则法学繁荣，法制衰则法学不振。其他学问的发展，并不一定以法制和秩序的存在为条件。例如，在一个没有法制和秩序的国度里，却可能生成有创造力的文学或哲学。②法学是实践性较强的学科，具有务实性。[6] 法学必须关注和面向社会的世俗生活，为人们社会生活中的困惑、矛盾和冲突寻找到切实的法律解决方案，确立基本的原则，或为法律的决定作出合理而有说服力的论证。③法学是反映人的经验理性的学问，是

---

[1] 有学者指出，"法学"一词的形成和发展得益于三个条件：商品经济的发展；自然法学说的演进；西方社会特有的历史文化条件。参见何勤华：《西方法学史》，中国政法大学出版社 1996 年版，导论。

[2] 关于"律学"的性质，在学者间曾有不同的认识。一些人认为律学就是法学，另一些人则反对把律学等同于法学。参见张国华、饶鑫贤主编：《中国法律思想史纲》（上），甘肃人民出版社 1984 年版，第 20 页；张中秋：《中西法律文化比较研究》，南京大学出版社 1991 年版，第 6 章。

[3] 〔英〕巴里·尼古拉斯：《罗马法概论》，黄风译，法律出版社 2000 年版。

[4] Ulpianus, Digesta, 1, 1, 10, 2. 参考译文参见〔意〕桑德罗·斯奇巴尼选编：《民法大全选译·正义和法》，黄风译，中国政法大学出版社 1992 年版，第 39 ~ 40 页。

[5] 关于西语"法学"一词的起源、流变，参见何勤华：《西方法学史》，中国政法大学出版社 1996 年版，导论。

[6] 相应的观点，参见苏力："反思法学的特点"，载《读书》1998 年第 1 期。

人的法律经验、知识、智慧和理性的综合体现。当然，法学也可能渗透着研究者个人的感性的观察和领悟，但它绝不是个人感情的任意宣泄。就其本性而言，法学是与一切展现浪漫趣味和别出心裁的思想方式相抵牾的。④法学是职业性知识体系，它所使用的语言是冷静的、刚硬的、简洁的、合逻辑的，[1]是经过法学家们提炼、加工和创造的行业语言，与人们"日常语言"存在较大差别。在许多场合，法学的语言对外行人来讲是非常陌生的，如"无因管理""不可抗力"等。⑤法学是反映研究者的一定的价值立场或价值取向的学问，在法学中很难做到"价值无涉"（value - free）或进行无立场的研究。马克思主义认为，一切法学总是与一定的意识形态相联系，体现着一定的阶级、阶层、集团或群体的世界观和价值观，因而均具有阶级性、政治性。

二、法学体系

法学体系，简单地讲，就是法学分科的体系，即由法学各个分支学科构成的有机联系的统一整体。它的中心问题是关于法学内部各分支学科的划分或法学学科的分类。[2]由于法学研究的问题非常复杂，内容丰富多样，范围也很广泛，因而法学本身又分为许多学科，或称为"法学的分支学科"。每个法学分支学科都有自己具体的研究对象和范围。因此，如何科学地界定各个法学分支学科的对象和范围，合理地划分法学分支学科，对于审视一个国家法学的总体发展，进一步调整法学研究的布局，都是具有积极意义的。

法学体系不等同于法学理论体系，[3]但又与一定的法学理论体系相联系。法学理论体系是建立在一定的世界观和方法论基础上的法律理论观点、思想和学说体系。在此意义上，它与一个国家法学的学科体系（法学体系）是有区别的，一个国家的法学分科体系大致统一，但却可以并存多个不同的法学理论体系（例如不同法学派别的理论学说）。多元法学理论体系的存在，有时并不影响法学的学科划分。法学体系可以某种法学理论体系为基础建立起来，也可以兼容不同的法学理论体系或若干个法学派别的理论和观点。

法学体系也不完全是法学的课程设置体系。尽管法学专业课程的设置往往是以法学分科为依据的（例如，法理学既是法学的分支学科，又是一门法

---

[1] 法学语言的前三个特点，参见〔德〕拉德布鲁赫：《法哲学》，1963 年德文版，第 206 页。

[2] 在西方法学著作中，一般没有"法学体系"的概念，学者讨论较多的问题是"法学的分类"或"法学的领域"（Bereich der Rechtswissenschat）。Jürgen Baumann, *Einführungin die Rechtswissenschaft*, 6. Aufl. Verlag C. H. Beck München, 1980, pp. 19ff.

[3] 有教科书认为"法学体系又称法学理论体系"，此一观点是值得推敲的。参见卓泽渊主编：《法学导论》，法律出版社 1998 年版，第 225 页。

学课程），但法学课程体系不可能穷尽法学所有的分支学科。法学院（系）在编制法学课程体系时，总是根据各自的实际需要和情况而定，有些院（系）偏重法学理论学科方面，另一些院（系）偏重应用法学方面。而且，有时一门课程可以包括几门学科的内容（如"法学概论"课程），有时一门学科又可以设置几门相关的课程。例如，"宪法学"可以作为一门课程，也可以分设中国宪法学、外国宪法学、比较宪法学等若干课程。

法学分支学科的具体划分问题，国内外法学家至今尚无统一的标准。[1]一般来说，可以按照两个标准对法学进行划分：一方面，按照法学的研究对象进行划分，如根据法律可分为国内法和国际法的标准，我们可以将法学划分为国内法学和国际法学。另一方面，可以按照法学研究方法的不同进行划分，如法社会学、法史学、法哲学和比较法学等。至于中国的法学学科如何划分，以及怎样构想中国的法学体系，我们认为，应当明确以下几方面的问题：①要正确而客观地估量中国目前已经形成的学科现状，并且科学地预测目前或未来将会出现的新的学科前景；②划分法学分科时，当然首先坚持以其研究对象为标准，但也要考虑各学科的研究方法、特点，学科结构的平衡诸要素；③法学体系的构成要素是有层次、分等级的，划分学科应当注意这种层次和等级，不能将位阶低的法学学科与位阶高的法学学科并列起来或混为一谈。基于上述考虑，我们倾向于将中国的法学学科划分为以下六大门类，其中每一门类又包含第二或第三层次的分支学科：

1. 理论法学。这是指研究法的基本原理、概念、思想和规律的学科类别，包括法理学（法哲学）、中国法律思想史、外国法律思想史，等等。

2. 法律史学。这是指对中外历史上的法律制度进行研究的学科类别，包括中国法制史、外国法制史。其中，中国法制史又可以分为中国法制通史、断代史（如隋唐法制史、明清法制史）、专史（中国刑法史、中国民法史等）；外国法制史还可以按国别或时代来研究。

3. 国内应用法学。这是指与"理论法学"相对称的学科类别。它主要有两类：①对一个国家的各个法律部门进行研究所形成的学科，包括宪法学、行政法学、民法学、经济法学、刑法学、婚姻法学、劳动法学、环境保护法学、诉讼法学（刑事诉讼法学、民事诉讼法学、行政诉讼法学）、军事法学等；②研究法律的制定或实施过程而形成的各种学科，包括立法学、法律解

〔1〕 中国社会科学院法学研究所和华东政法学院于1983年4月在上海联合召开法学理论讨论会，"建立具有中国特色的法学体系"是研讨的主题之一。参见张友渔等：《法学理论论文集》，群众出版社1984年版。

释学、法律社会学等。[1]

4. 外国法学和比较法学。这是指对外国法律或不同国家的法律进行双边或多边研究所形成的学科类别。其中包括外国法学概论、比较法总论以及各外国部门法学或比较法学（如外国宪法学、比较宪法学等）。

5. 国际法学。这是对调整涉及国家之间关系的各种法律进行研究而形成的学科类别，包括国际公法学、国际私法学、国际经济法学、国际刑法学等。

6. 法学的交叉学科（边缘法学）。这是指将法学与有关的自然科学或社会科学结合起来进行研究而形成的学科类别，包括法医学、刑事侦查学、司法鉴定学、犯罪心理学、证据学、法律统计学、法律精神病学等。

■ 第二节 法理学的对象与范围

一、法理学名称的由来

从语源看，汉语"法理学"一词来自日语。据考证，1881 年（明治十四年）日本法学家穗积陈重在东京帝国大学法学部（原开成学校）讲授"法论"时，认为当时流行于日本的"法哲学"（德文 Rechtsphilosophie）名称之"主观性"的形而上学气味太重，从而提出"法理学"这个译名，并在日本历史上第一次开设法理学课程。[2]穗积氏以"法理学"代替"法哲学"，是受当时经验主义、实证主义法学（legal positivism）思想的影响，其用法更接近英语 Jurisprudence 一词。同样源于拉丁文 juriprudentia 的 Jurisprudence，原指广义的法学，兼有其他含义。[3]1832 年，英国法学家约翰·奥斯丁（John Austin）出版《法理学范围之限定》，使用"一般法理学"（General jurisprudence）一语指称"实在法哲学"（philosophy of positive law），以与当时的政治哲学、道德哲学相区别。这种用作"分析法学"意义的"法理学"后来为英美法学界接受，成为通行的概念。但在学者们的著作中，此概念有时与法哲学互用，有时并不完全等于法哲学。

---

[1] 将立法学、法律解释学和法社会学归结为应用法学，仅具有相对的意义。事实上，这三种学科均可分为基础研究和应用研究两部分。例如，"理论法社会学"（Theoretische Rechtssoziologie）就很难说是应用法学，而应归属于理论法学。也正是在这个意义上，法社会学（尤其是理论法社会学）被看作法理学的一个分支。

[2] 关于日本"法理学"名称的由来及该课程设置的沿革，参见（台）洪逊欣：《法理学》，三民书局 1985 年版，第 4 ~ 5 页。

[3] 美国法学家罗斯科·庞德指出，Jurisprudence 意谓法学，也指"发达法律体系之比较解剖学""分析法学""法院判例""法律"诸义。See Roscoe Pound, *Jurisprudence*, Vol. 1., West Publishing Co., 1959, pp. 7 ~ 11. 其词义解释，也见《英汉法律词典》，法律出版社 1985 年版，第 458 页。

在欧陆国家，"法理学"一词并不流行，法学家们更愿意使用"法哲学"（Rechtsphilosophie）称谓，指称"法之哲学"（Philosophie des Rechts）或"法学之哲学"（Philosophie der Rechtswissenschaften）。德语 Jurisprudenz 与英语"法理学"词形相同，但有时特指"法解释学"，两者含义存在差别。19世纪后期受实证主义影响而在德国出现的"一般法学"（Allgemeine Rechtslehre，后又改称"法的理论"，Rechtstheorie），就其研究的对象和所运用的方法看，则更接近英美的法理学（尤其是分析法学）。[1]法理学与法哲学用法上的偏好，反映了英美与欧陆两大法系及其学术传统的差异。[2]

在我国，"法理学"作为学科的名称也几经变更。1949 年新中国建立以前，当时在高等法律院系中，曾开设"法理学"或相似的课程，也有若干法理学教科书刊行。[3]1952 年院系调整后，我国高等法律院系的基础理论课程依照苏联的模式，采用苏联 20 世纪 40 ~ 50 年代的法学教科书，译作"国家和法权理论"，直至 20 世纪 70 年代末改为"国家与法的理论"。此名称沿用至 20 世纪 80 年代初。1981 年北京大学编著的《法学基础理论》教科书出版，从此，"法学基础理论"遂成为学科通用名称。进入 20 世纪 90 年代后，大多数政法院系在各自编写的教材中开始采用"法理学"称谓，该名称同时也为法学界普遍接受。

二、法理学研究的对象和范围

到底什么是法理学的研究对象和范围呢？对此，法学家们曾有过不同的看法。例如，约翰·奥斯丁认为，一般法理学（General jurisprudeuce）的任务并不是对特定国家的法律制度进行研究，而在于对"一切成熟的法律体系共同的原则、概念和特征"进行阐释。英国的霍兰德（Holland）指出，法理学是实在法的形式科学，故此，法理学永远是后验的（a posteriori），而不是先验的（a priori）；作为科学，它永远是一般的和普遍的，而不是特殊的。新西兰的萨尔蒙德（Salmond）认为，法理学是关于国法（civil law）的基本原则的科学，但这种科学不可能是"一般的"，而只能是"特定的"，因为"国

---

〔1〕　舒国滢："战后德国法哲学的发展路向"，载《比较法研究》1995 年第 4 期。

〔2〕　具有德国学问背景的美国法学家埃德加·博登海默（Edgar Bodenheimer）试图调和两大学术传统的差异，其代表作《法理学》副标题又称"法哲学及其方法"。See Edgar Bodenheimer, *Jurisprudence：The Philosophy and Method of the Law*, Harvard University Press, 1981. 饶有意味的是，在英美国家，Legal Theory（法律理论）一词则更接近欧陆"法哲学"的含义，却与"法理学"有别。参见 S. N. Dhyani, *Jurisprudence：a Study in Legal Theory*, New Delhi, 1985, pp. 2 ~ 3.

〔3〕　"法理学"引入我国的确切时间尚待考证。不过，梁启超于 1905 年发表了"中国法理学发达史"（载《新民丛报》第 4 卷，第 5 ~ 6 期），这表明 20 世纪初此概念在我国已开始流行。

法"只是归属于某个国家的，不同于理念的"一般的"或普遍的法。[1]美国法学家、"综合法学"首创人杰罗姆·霍尔（Jerome Hall）在其代表作《法理学和刑法理论研究》（1958 年）中主张，法理学的内容应包括四部分：法律价值论（研究法律强制的可行性，特别是强制的伦理问题）、法律社会学（研究法律规则的目的、应用和效果等）、形式法学（对法律术语、规则、裁决等进行逻辑分析）、法律本体论（研究法理学主题的性质，即基本概念问题）。[2]霍尔的法理学范围是相当宽泛的，大致相当于德国法学中的法哲学、法社会学（Rechtssoziologie）和法的理论（Rechtstheorie）诸学科内容的总和。

其实，法理学是一个开放的理论体系，是向自然科学、社会科学、人文科学（精神科学）的一切学问和知识开放的学科。它随着整个自然科学、社会科学、人文科学的发展而不断限定或拓展自己的研究方向和范围。法理学研究的对象主要是法和法学的一般原理（哲理）、基本的法律原则、基本概念和制度以及这些法律制度运行的机制。因而，就制度层面言，法理学是一门研究所有法律制度中的一般问题、原理、原则和制度的学问。它不关心每一具体制度、法律的具体操作问题（这属于不同法学学科研究的对象），而是对每一法学学科中带有共同性、根本性的问题和原理作横断面的考察。由于这样一种研究具有宽泛的性质，这就给法理学的划界带来了一定的困难。有学者（如英国的 R. W. M. 迪亚斯）甚至认为，问"什么是'法理学'"很可能是一个错误的问题，更好的提问方式是："该词是如何使用的？或更为恰当地问，这本（法理学）教材到底打算做什么？"[3]也许，正像当代英国法学家哈里斯（J. W. Harris）所讲的，法理学不过是一个杂货袋（ragbag），有关法的各种各样的一般思考都可以投入这个袋中。例如，"法是干什么的？它要达到什么目的？我们应当尊重法吗？如何对法加以改良？法是可有可无的吗？谁（有权）创制法？我们从何处去寻找法？法与道德、正义、政治、社会实践或者与赤裸裸的暴力之间有什么联系？我们应当遵守法吗？法是为谁服务的？等等。这些都是一般法理学所应包含的内容"。[4]

法理学研究范围的宽泛性也可以从国际法哲学—社会哲学协会（IVR）的世界大会讨论的主题中得以证明。自 1957 年到 1995 年，国际法哲学—社

---

[1] See Austin, *Lectures on Jurisprudence*, 11th edn., London, 1904, pp. 147 ~ 148. T. E. Holland, *The Elements of Jurisprudence*, 13th edn., Oxford, 1924, Chap. I. John Salmond, *Jurisprudence*, 9th edn., London, 1937, pp. 1ff.

[2] Jerome Hall, *Studies in Jurisprudence and Criminal Theory*, New York, 1958, pp. 44ff.

[3] R. W. M. Dias, *Jurisprudence*, London, 1976, p. 1.

[4] J. W. Harris, *Legal Philosophies*, Butterworths, London 1980, p. 1.

会哲学协会已召开过 17 届正式的世界大会，其讨论的问题包括：①法与"事物的性质"（Natur des Sache）。②法律规范与社会结构。③人权与公民基本权利哲学。④新型社会组织的有效性。⑤法的经验领域的实然与应然。⑥法律的论证。⑦法律的职能。⑧平等与自由：过去、现在与未来。⑨法与社会的未来：变化着的社会及其新的法律观念。⑩法律作为当代经济、政治和文化生活的准则。⑪法律科学和社会科学的哲学基础。⑫法律、人类和历史。⑬法、文化、科学和技术。⑭在法律和社会思想中的启蒙、人权和革命。⑮法律制度与实践理性。⑯法律、正义和国家。⑰20 世纪末对法律的挑战。[1]

尽管如此，我们仍然可以按照一定的标准对上述论题进行大致归结：①我们可以按照研究途径或方法（approach）将其归结为三个基本研究方向，即法哲学方向、法社会学方向和法的理论（或"形式法学"）方向。笼统地讲，法理学研究的范围（领域）就是这三个法学基本研究方向的结合。法哲学、法社会学、法的理论各自可以相互独立成为一门学问，它们分别侧重对法的价值方面（法哲学）、事实方面（法社会学）和规范方面（法的理论）的研究；而法理学则以法哲学为基础，通过对法的原理、原则、概念、制度的探讨将其他两个理论方向的研究联系和统一起来，但又不完全代替各个理论方向的具体研究。这样一个范围既反映了科学分化与整合的大趋向，也反映了当代世界三大法学流派（即自然法学、社会法学、实证主义法学）理论倾向相互融合的事实。[2]②我们可以按照法理学的研究内容的不同将其归结为法的存在论、法的认识论、法的价值论和法的社会结构论。法的存在论，主要研究法律体系中的共同概念以及它们之间的逻辑关系、法的本质以及与此相关联的法的效力根据等问题；法的认识论，主要探讨法律人（包括学院法律人和实务法律人）在解决具体法律问题的过程中如何认识和确定"法是什么"的问题；法的价值论，主要讨论法律价值的概念、具体内容及其位阶问题；法的社会结构论，主要讨论法所涉及的社会组织及其关系，如家庭、

---

[1] 资料来源：《法哲学——社会哲学档案》（ARSP，德文版），即有关历届国际法哲学—社会哲学协会世界大会的报道及有关论文专辑。

[2] 我国台湾地区法学家洪逊欣在其所著《法理学》中指出，法理学（legal philosophy）乃综合研究关于法本身及法学认识活动之根本原理者也。它包括实践法理学和理论法理学，实践法理学的任务在于研讨法的实践生活之评价基准、探究实证法效力发生与消长之终极依据，理论法理学的任务在于确定法之概念、观察与实证法之法的渊源有关之根本问题等。参见（台）洪逊欣：《法理学》，三民书局 1985 年版，第 1 章第 3～4 节。

国家、市场等。[1]

三、法理学在法学体系中的地位

认识法理学学科的性质，还必须考察法理学与相关的法学分支学科之间的关系，从而在法学体系中给法理学以准确的定位。

在整个法学体系中，法理学居于一种非常独特的地位：①法理学所研究的是法的一般原理、原则、概念、制度，这种研究对象与人类的生活式样、理念、价值和人文的总体精神息息相关。因此，法理学总是要站在法学学科发展的最前沿来追踪、吸纳人文科学、社会科学和自然科学的成就，反思法的基本问题，同时也从法学的角度对各种人文思潮作出回应。在一定意义上，法理学（尤其是法哲学）也属于研究人类精神的学问（人文科学）之一，与那些专注于法律的应用与操作的学科（应用法学）是存在较大区别的。②从法学体系的内部关系看，法理学在整个法学体系中具有"基础理论"的地位。它是建立在诸应用法学（部门法学及其应用学科）之上的具有普遍意义、属性和职能的法学学科，其内容具有基础性、根本性、一般性、普遍性和抽象性，从而对各种应用法学给予理论上的指导，法理学是沟通法学诸学科的桥梁，在很大程度上影响整个法学发展的水平。法理学研究的不发达，必然会对法学其他学科的研究产生不良的影响。因此，强化法理学的基础地位，深化法理学的研究，对于建立一国法学体系是至关重要的。

法理学与法学其他学科的结合，反过来对于法理学自身的发展同样有十分重要的意义。法理学是一门开放性的学问，这不仅是指它对外的开放（即法理学与整个人文科学、社会科学和自然科学的结合），而且也指它对内的开放，即在法学体系之内与其他法学学科的结合，不断从其他学科中获取理论和方法上的资源，以丰富和完善法理学自身的理论。例如，法律制度史的研究，国内部门法学（民法学、刑法学、宪法学等）的研究，在某些方面有各自学科的优势和特点，它们对历史上的法和现实的法所进行的实证考查，是法理学所不可替代的。而且它们从各自学科出发对法的本质和现象问题所作的结论，对于法理学亦具有重要的参考价值。因此，法理学若不与法律史、国内部门法学结合，很可能会陷入空泛和游谈无根的窘境，也不能起到前导学科的作用，不能对法学其他学科予以理论上的指导。然而，法理学与法学其他学科的结合，决不意味着法理学可以完全照抄、照搬法律史学、国内部门法学的理论，将别的学科的东西据为己有。这样也就失去了法理学自身的特色。

---

[1] 颜厥安：《法与实践理性》，中国政法大学出版社 2003 年版，第 324~327 页。

四、法理学与其他人文社会科学

从外部关系看，法理学是整个法学与哲学、政治学、经济学、社会学、伦理学、心理学及自然科学联系的纽带。人文科学、社会科学和自然科学的成果往往先通过法理学的吸纳，然后再传导给法学的其他学科。每一次人文社会科学思潮的兴起，也总是率先在法理学学科中得到反映。

1. 法理学与哲学。[1] 在对外之学科关联上，法理学与哲学的关系最为密切，法理学的发展始终受到哲学的影响。这是因为，法理学是对法之基本问题和法学认识之根本原理的哲学思考，故而哲学思想的每一次更新、新的哲学流派的产生，都会促成法理学理论的发展及法学流派的产生、变革或消失。法理学的独特性质，使之介乎于法学与哲学学科之间。在德国，至今仍有相当多的学者受黑格尔思想的影响，将法理学（法哲学）归属于哲学的一个部门，而并不视之为法学的分支学科。[2] 我们也可以说，一个国家法理学发展水准的高低，取决于它对哲学成果的吸收程度和相互对话的层次。[3]

2. 法理学与逻辑（学）。逻辑（学）是一门以推理形式为研究对象的科学，是人们直接思考的规则。[4] 在这一意义上，逻辑是创制、理解和运用法律的一个不可或缺的工具。在历史上，形式逻辑（三段论或归纳法）对法理学概念的形成和体系的建构曾经产生过较大的影响。法理学对逻辑的依赖是由法律的逻辑性质决定的。法律是一般性的规则、原则或规范。故此，法理学必须通过引进逻辑的成果，为法律的适用和操作创立推理和论证的方法论规则。进入 20 世纪后，逻辑（尤其是符号逻辑或数理逻辑）变得愈来愈抽象和复杂，对法理学的影响亦日渐广泛和深刻，以至出现了某种逻辑主义的法学思潮（如逻辑实证主义）。但应当看到，逻辑在法理学中的运用也有某种局限性，例如，逻辑并不能保证其前提的实质正确性，也不能对诸如"疏忽大意""契约自由""正当程序"这样的模糊概念作出明确的界定。过分拘泥于

---

[1] 美国法理学家帕特森（Edwin W. Patterson）在其《法理学：人类与法的理念》中将哲学的部门分为五类：①逻辑方法与科学方法；②伦理学；③形而上学；④认识论；⑤美学。See Edwin W. Patterson, *Jurisprudence: Men and Ideas of the Law*, Brooklyn, 1953, p. 19. 这意味着，我们在下文关于法理学与逻辑学、伦理学、美学的讨论，实质上是进一步探究法理学与哲学的关系。

[2] 〔德〕黑格尔：《法哲学原理》，范扬、张企泰译，商务印书馆 1982 年版，第 1 ~ 2 页；A. Kaufmann & W. Hassemer（Hrsg.）, *Einführung in Rechtsphilosophie und Rechtstheorie der Gegenwart*, 3. Aufl., Heidlberg/Karlsruhe, 1981, S. 1.

[3] 关于法理学与哲学关系的前沿问题，参见 Neil MacCormick, "Law and Philosophy: The Rediscovery of Practical Reason", in Philip A. Thomas ed., *Legal Frontiers*, Dartmouth, 1996, pp. 41ff.

[4] 参见《中国大百科全书·哲学 I》，中国大百科全书出版社 1992 年版，第 534 页。Patterson, *Jurisprudence: Men and Ideas of the Law*, Brooklyn, 1953, p. 20.

法律的逻辑分析，可能导致所谓"机械法理学"（Mechanical Jurisprudence）的倾向。[1]

3. 法理学与语言学（语义学）。语言，不仅是人类生活现实的本质部分和确定因素，而且是考查法律现象的重要手段。法的世界肇始于语言，法律是通过词语订立和公布的，法律行为和法律决定也都涉及言辞思考和公开的表述或辩论。法律语言与概念的运用，法律文本（Gesetzestext）与事态（Sachverhalt）关系的描述与诠释，立法者与司法者基于法律文本的相互沟通、法律语境的判断等，都离不开语言的分析。故此，研究词语、名词和指号（符号）之意义的语义学（Semantics）的发展，为法理学的研究拓宽了研究的领域。有人甚至说，法（理）学其实就是法律语言学。[2]

4. 法理学与伦理学。伦理学是研究有关好与坏、善与恶、正确与错误的人类行为的理论。[3]人类行为既是法律评价对象，又是道德评价对象，故而法律规范和道德规范的内容可能会有一定程度的融合，与此相关的两门学问——法理学和伦理学也有着密切的关系：伦理学为法理学关于"法律应当是什么"或法律价值论（legal axiology）问题的研究提供理论上的支持。在思想发展史上，这两门学科长期以来处于彼此不分的发展状态，只是到了近代它们才各自成为独立的学科。

5. 法理学与美学。法不仅是法学研究的对象，也应当是美学考查的对象。这是因为，人类最早产生的法多是以诗歌的形式保存和流传的，如印度的《摩奴法典》即以"输洛迦"（Slokas）诗体写成。据考证，古希腊语的"法"（νομοι，Nomoi）兼有诗歌的含义。以诗歌形式表现的法，被称为"诗体法"。[4]正是在此意义上，德国童话作家、历史法学派的早期代表之一雅可布·格林（Jakob Crimm）称："法与诗诞生于同一张温床。"[5]古代法的诗歌和美学的性质，显示出一种关于法的形而上学的最早的初略纲要。[6]这对后世法理学的发展也有一定程度的影响。正是在法之"诗性思维"的感召下，有学者认为，法可以作为艺术的素材在美学评价的范围内进行研究，并提出要建立

---

〔1〕 Patterson，*Jurisprudence*：*Men and Ideas of the Law*，Brooklyn，1953，pp. 24～26.

〔2〕 See Neil MacCormick，H. L. A. Hart，1981，p. 12.

〔3〕 关于伦理学（ethics）与道德（morals）两概念的区别，参见 Patterson，*Jurisprudence*：*Men and Ideas of the Law*，Brooklyn，1953，p. 30.

〔4〕 〔日〕穗积陈重：《法律进化论（法源论）》，黄尊三等译，中国政法大学出版社1997年版，第98页以下。

〔5〕 Jakob Grimm，*Von der Poesie im Recht*，Darmstadt，1957，S. 8.

〔6〕 〔意〕维柯：《新科学》（下册），朱光潜译，商务印书馆1989年版，第14部分第2章。

一门法美学（Aesthetik des Rechts）。[1]

6. 法理学与历史学。历史学是研究历史的实在、过程、规律及精神的科学。从本性上讲，它与法理学是具有不同旨趣及学术传统的两种学问：历史学偏重于对研究对象（历史实在）的客观描述，属于对"是什么"问题的研究；法理学偏重于对研究对象（法和法学之根本原理）的本体论追问，在主要方面属于对"究竟是什么"（überhaupt）问题的研究。但法理学绝不是一个可以脱离历史实证的纯逻辑推演，它必须从历史学的材料、观念、态度和方法中获取理论资源，以避免自身发展中可能出现的"空疏"和"概念循环"。而且，法理学（法哲学）史的考查，本身就是一个历史学的题材。随着史学理论的发展，一些具有哲学意义的史学观（如德国历史哲学家施宾格勒和英国历史学家汤因比等人的文明史观，法国年鉴学派布罗代尔的"长时段"历史理论）将直接对法理学观念的更新产生作用。[2]

7. 法理学与政治学。政治学是研究政治现象（主要是国家和政治管理）的科学。在现代，国家和法律的关系非常密切：国家要依靠法律手段建立政府和维护管理；而法律的存在又必须依赖国家和政府的存在。在此意义上，法理学与政治学的研究就有着相互依存的内在联系：政治学讨论的问题也可能是法理学思考的对象；法理学所涉猎的问题也可能会被纳入政治学的视野。在历史上，它们二者也常常混为一体而难以区别。19世纪以前的大多数政治学著作（如古希腊的亚里士多德的《政治学》、法国启蒙思想家卢梭的《社会契约论》、英国洛克的《政府论》等），都可以被看作法理学（法哲学）著作。有学者据此认为，法理学属于政治学的一个分支。[3]但随着学科的分化和法律职业的专门化，这两门学问最终相互独立而归属于不同的知识体系和学科范畴。

8. 法理学与经济学。经济学是研究经济关系和活动（与旨在满足个人或集团的物质需求相关的社会现象）的科学。它与法理学的联系主要基于以下事实：法律作为社会的上层建筑，是由一定的经济基础决定的；经济的决策、运行，经济过程、经济活动与经济关系（商品的生产、分配、交换与消费）

---

[1] Gustav Radbruch, Rechtsphilosophie, 6 Aufl, Stuttgart, 1963, S. 205ff. 有关的资料，还有：Hugo Marcus, Rechtswelt und Aesthetik, Bonn, 1952; Patterson, *Jurisprudence*: *Men and Ideas of the Law*, Brooklyn, 1953, pp. 48～49. Llewellyn, "On the Good, the True, the Beautiful in Law," *Chicago Law Review*, (1929) 9U.

[2] 关于史学理论的进展的概述，参见张广智、张广勇：《史学，文化中的文化——文化视野中的西方史学》，浙江人民出版社1990年版。

[3] See Dealy, *The State and Government*, 1921, pp. 6～10.

都有可能具有法律意义。这样，经济学和法理学就会寻找到共同关注的问题领域，并进而开展交叉的、合作的研究。古典经济学代表人物亚当·斯密（Adam Smith）的"国富论"被视为此类研究的最早尝试。19 世纪中叶马克思和恩格斯关于上层建筑与经济基础、法律与经济的辩证关系的论断，不仅是政治经济学的理论基础，也是马克思主义法理学的基本原理。而 20 世纪 60～70 年代以来兴起的所谓"法律的经济学分析"运动（Economic Analysis of Law，简称 EAL）则进一步推动了法理学与经济学之间的合作，使两者的知识传统和方法论均得到更新和发展。[1]

9. 法理学与社会学。社会学是对社会结构、社会活动及其过程进行观察和描述研究的科学。这门学科的独特性不在于其研究对象的特定性，而在于其概念的严密性、体系的内在联系性和实证的研究方法。法国的哲学家孔德（A. Comte，1798～1857）最早使用"社会学"概念并创立了它的理论基础。在近代历史上，马克思、斯宾塞、杜尔克姆、韦伯等人对社会学理论的发展均做出过各自的贡献。19 世纪末，社会学在法理学研究中得以应用，产生了一门新的学科——法社会学。而社会法学派的形成，则使法理学无论在方法上还是在理论体系上均经历了一次知识范式的转化。

10. 法理学与人类学。人类学是一门在生物、文化和社会等方面综合研究人类的科学。它包括体质人类学、史前考古学、文化—社会人类学、哲学人类学诸学科。人类学所特有的方法、它的研究旨趣及研究成果、它对人类所持的观念都将对法律的学术研究产生影响。自 20 世纪初在人文社科领域发生所谓"泛人类学倾向"以来，法理学的研究也受到了来自人类学的冲击，于是法人类学作为一个介于人类学—法理学的新学科而得以产生，一大批法人类学著作得以出版。其中较为著名的有马林诺斯基（Malinowski）的《野蛮社会的犯罪与习俗》、霍贝尔（Hoebel）的《原始人的法》（一译《初民的法律》）等。同时文化人类学和哲学人类学研究中所提出的问题，如"人类形象""文化冲突""族性"等，也逐渐成为当代法理学讨论的主题。法律多元主义、法律移植理论的产生和法义化的研究，都多多少少与人类学的研究相关联。[2]

---

[1] 关于法律的经济学分析，参见 Simon Deakin，"Law and Economics"，in Philip A. Thomas ed. , *Legal Frontiers*，pp. 66ff.

[2] See Francis Snyder，"Law and Anthropology"，in Philip A. Thomas ed. , *Legal Frontiers*，pp. 135ff. 也见舒国滢："战后德国法哲学的发展路向"，载《比较法研究》1995 年第 4 期。

第
一
章

■ 第三节　法理学的产生与发展

一、19 世纪以前法学理论的发展

在学科发展史上，法理学大致经历了一个起源—发展—成熟的过程。这样一个过程，既反映了法理学理论知识的不断积累、体系的逐渐形成和完善，也反映了整个自然和人文社会科学知识背景的变化及其对法理学作为独立的知识形态的确认。很显然，法理学作为一个学科，并不是随着人类社会的其他学科（如哲学、伦理学、政治学）的产生而产生的。更确切地说，在 19 世纪以前，法理学并不是独立的理论知识体系，法理学家群体也不是一个相对分离的"知识共同体"。法理学思想散见于哲学家、伦理学家、政治学家、神学家和一部分法律学家（如民法学家、刑法学家）的著作之中，我们笼统地称之为"法学理论"或"法学思想"。

（一）中国历史上的法学理论

众所周知，中国在历史上曾经产生过独特的人类文化，同时也拥有丰富的法律文化遗产。从时间跨度看，这一历史源于夏、商、西周，经春秋、战国、秦汉，由魏、晋、南北朝，隋、唐、五代、宋、元、明，下至清（1911年）。[1]在此 3000 年之时段中，中国一直在相对独立、自成体系的范围内生成着自己的法学理论和学说。从发展阶段看，其大体上又分为三个时期：①夏、商、西周的法学思想；②春秋战国的法学理论；③汉至清末的法学理论。[2]夏、商、西周以"神权法"思想为主线，经历了从"天命""天罚"到"以德配天"的观念和思想的转变，确立了"为国以礼"的礼治的基本原则——"尊尊""亲亲"思想，成为中华法系形成的最早的理论之源。春秋战国时期，是中国古代法学发展史思想理论最为繁荣的时期。当时各种学说纷纷产生，各种流派相继兴起，呈"百家争鸣"之势。其中儒、墨、道、法四家代表着这一时期思想的高峰，"礼治"—"德治"—"人治"与"法治"之争是各家讨论的思想主题。儒家的"礼治"—"德治"—"人治"论，道家的"道法自然"，墨家的"兼相爱"—"交相利"，法家的"以法为本"的

---

〔1〕 有学者将清以前的理论称为"中国传统思想"，这一思想属于西方法律引入以前的非现代文化，参见〔美〕金勇义：《中国与西方的法律观念》，陈国平等译，辽宁人民出版社 1989 年版，第 3 页。

〔2〕 杨鸿烈以学派与专题相结合的方法，将中国法学理论的发展分为"殷周萌芽时代""儒墨道法诸家对立时代""欧美法系侵入时代"。参见杨鸿烈：《中国法律思想史》（上、下），商务印书馆 1936 年版。

法治主义，均有各自的理论特色。秦后的法学理论，经汉代"罢黜百家""独尊儒术"的转换，大体上以儒家思想为正统，被称为"儒家独霸"时期。其间一度有"律学"的兴盛，如宋明理学的发展和明末清初早期启蒙思想的产生，但总体上讲法学理论没有实质性的变化。有学者将中国传统的法学思想的特点概括为以下几方面：①以家族为本位的宗法思想渗透一切，并指导立法；②皇权至上，法自君出；③等级特权观念浓厚，经久不衰；④"重德轻刑""重义轻利"。[1]

（二）西方历史上的法学理论

19 世纪以前的西方法学理论大致分三个时期：①古希腊—罗马的法学理论；②中世纪法学理论；③17 ~ 18 世纪的法学理论。古希腊是西方法学理论的源头，尽管当时尚不存在法学的理论知识体系，但许多思想家、政治家（如柏拉图、亚里士多德、诡辩派、斯多葛派）的哲学、政治学、伦理学著作，甚至还有一些文学、美学著作则都涉猎到法的哲理问题，如对法的存在的本体论思考：法来源于人的理性，还是来源于神的意志？有没有一种超越于人定法之上的"普遍法"（自然法）？法的基础是权力，还是自然、正义？等等。古希腊思想家的法的本体论追问，对后世法学（尤其自然法学说）有很深刻的影响。古罗马的法学家正是继承了古希腊人的自然法观念，把它用作法律发展及变革的工具，创造了前所未有的高度发达的罗马法制度、概念和原则，如"万民法""市民法"等，并且形成了一个职业的法学家阶层。"罗马法精神"至今仍是西方国家所崇尚的理性法律精神。[2]但从法理学（法哲学）层面看，罗马法学家没有能够像希腊人那样创造出法的本体论思想，伟大的法哲学思想家也相对较少。进入中世纪后，法学理论和其他学问一样都成了神学的附庸，都是"神学世界观"的体现。早期基督教哲学家奥古斯丁（Auieliu Augustinus，354 ~ 430）和经院主义哲学家托马斯·阿奎那（Thomas Aquinas，1225 ~ 1274）所提出的法学思想，被奉为正统的神学法学理论。只是到了 11 世纪后，随着罗马法的复兴，才逐渐出现了与神学法学相抗衡的新法学理论派别（如意大利的波伦业学派和法国的人文主义法学派），但它们并未构成中世纪法学思想的主流。17 ~ 18 世纪，"自然法"成为学者们的思想主题，古典自然法学派得以形成。一大批政治法律思想家和哲学家

---

[1] 张国华：《中国法律思想史新编》，北京大学出版社 1991 年版，第 10 ~ 11 页。

[2] 德国法学家鲁道夫·冯·耶林说，罗马人曾三次征服世界——一次靠武力（军队）、一次靠宗教（基督教）、一次靠法律。参见 Rudolf V. Jhering, *Geist des r [AKö] mischen Rechts auf den verschieden Stufen seiner Entwicklung*, Band, 1., 6. Aufl, Leipzig 1907, S. 1.

（如格劳秀斯、霍布斯、洛克、孟德斯鸠、卢梭、康德）继承和发展了古希腊—罗马的自然法思想，从"应然"与"实然"的二律背反中为人定法寻求道德的价值和理念，提出了一系列具有"现代性"精神的法学理论和法律原则，如"天赋人权""法律面前人人平等""三权分立"等，为18世纪末的资产阶级革命和19世纪初兴起的"法典化"运动奠定了理论基础。

二、法理学学科的形成与法理学流派的发展

尽管17~18世纪法学理论有了很大的发展，甚至达到了西方法律思想发展史上的一次高峰，但还不能说这一时期法理学（法哲学）作为一个学科已经形成。一个学科的存在，须具备以下条件：①以本学科名称开设专门的课程；②标志本学科存在的权威教科书的出版；③确立本学科地位的学术人物的产生。

的确，作为法理学代名词的"法哲学"（Philosophia Iuris）一语很早就出现在学者们的著作之中，例如，古罗马政治家和思想家西塞罗（M. T. Cicero）在《法律篇·J，5》中曾提到"法律学科来自深奥的哲学"。[1]一些学者或哲学家也曾写过论述法哲学问题的论著，如肖比尤斯（F. J. Chopius）于1650年所著的《论法的实在哲学》、哲学家莱布尼茨1667年所著的《法学论辩教学新方法》、康德1797年出版的《法的形而上学原理》、费希特1796年出版的《自然法基础》。但是，这些著作都不能被视为一门独立学科（即法哲学）诞生的标志。在德国，历史法学派奠基人古斯塔夫·胡果（Gustav Hugo，1764~1844）最早开设"实在法哲学"的大学课程，1798年他将讲稿整理出版，取名为《作为实在法，特别是私法哲学的自然法教程》。这可以被看作法哲学（法理学）确立学科地位的一个重要开端。与此同时，黑格尔在柏林大学设"法哲学"讲座，并于1821年出版此讲演稿——《法哲学原理》。此后，法哲学作为一门课程被各大学广泛接受。

然而，法理学真正成为独立的学科，还是19世纪的人文—社会精神影响的结果。众所周知，17世纪以来自然科学的发展和机器生产深深地改变了人类的社会结构，使人类对自己在关于自然环境方面的能力有了一种新的概念。针对思想、政治、经济中的传统体系，在哲学上和政治上出现了深沉的反抗，引起了对许多向来被看成是颠扑不破的信念和制度的攻击。[2]故此，19世纪，以法国的奥古斯特·孔德为代表的近代科学实证主义得以产生，而该思潮受到物理学模式所倡导的"通过观察、比较、实验、分析和归类过程进行科学

---

〔1〕　Giorgio Del Vecchio，*Lehrbuch der Rechtsphilosophie*，dt. Ausg. 2. Aufl.，Basel 1957，SS. 45~46.

〔2〕　〔英〕罗素：《西方哲学史》（下卷），马元德译，商务印书馆1982年版，第21章。

研究"的影响，对人文社会科学有着强大的冲击力。在政治—法律研究领域，一个最重大的事件，就是流行千年之久的"自然法哲学"受到排斥，逐渐趋于衰落。代之而起的是所谓"法律实证主义"（Legal Positivism），它强调要以后验的（a posterriori）方法取代先验的（a priori）方法，像物理学那样把法律当作一个物质的实体——实际的法（Actual Law）或实在法（Positive Law），用可以度量、权衡轻重和精确计算的方式来研究和分析。虽然英国的功利主义哲学家和法学家边沁（Jeremy Bentham，1748～1832）于1782年在撰写的《法理学限定的界限》（The Limits of Jurisprudence Defined）中最早表述了这一分析原则，但该书手稿直到1945年才被发现和出版。故此，至少在英美学界，真正对法理学学科的独立产生影响的，是1832年约翰·奥斯丁的《法理学范围之限定》（The Province of Jurisprudence Determined）一书的出版。[1]奥斯丁在著作中强调：法理学只应研究"事实上是什么样的法律"（即"实在法"），而不是"应当是什么样的法律"（即理想法或"正义法"），力图将道德、功利、伦理和正义的模糊观念排除于法理学的领域之外，创立一个逻辑自足的法律概念体系。基于此点，后世许多法学家称奥斯丁为"分析法理学之父"。[2]也有人干脆把英美的法理学称为"奥斯丁法理学"。应当承认，正是奥斯丁著作的影响及其追随者们——如阿莫斯（Amos）、马克伯（Marky）、霍兰德、萨尔蒙德等人的努力和贡献，法理学才最终作为一门独立的学科（理论知识体系、学问和大学的法学课程）而存在。

纵观法理学的产生和发展，还有一个引人注目的现象，即众多法理学派别的兴起。在19世纪早期，除了分析法学派外，占统治地位的，还有哲理法学派和历史法学派。哲理法学派以德国古典唯心主义哲学家们（主要是康德、黑格尔、费希特）的法哲学思想为代表。历史法学派以德国法学家（萨维尼、普赫塔等）为主体，也包括英国的梅因（Maine）和日本的穗积陈重等人，以强调"历史实证"而自成体系。19世纪后期，社会学法学派、新康德主义法学派、新黑格尔主义法学派和新托马斯主义法学派开始逐渐形成。进入20世纪，带着过去数个世纪日益成熟的方法论，法学诸流派都在各自的研究方向上进行了深化和更新理论形态的努力。一时间，大大小小的学派蜂起，呈现出多足鼎立的法学格局。然而从总体上看，它们的理论和方法不过是上一个世纪或更早一些时期的理论或方法的继续和发展，不过是历史上的法学流派

---

〔1〕　奥斯丁的著作几乎与边沁1782年未出版的著作名称完全相同，二者到底有何联系，不得而知。

〔2〕　也有人把边沁视为真正的分析法理学之父。S. N. Dhyani, *Jurisprudence：A Study in Legal Theory*, New Delhi, 1985, p. 46.

所坚持的理论或方法在同一时空的再现。无论是新自然法学，还是纯粹法学、新分析法学、自由法学、社会学法学、现实主义法学、存在主义法学、现象学法学，都可以在传统的理论或方法中找到它们存在的根基。所不同的是，20 世纪的法学运动，像其他人文社会科学运动一样，表现出更大的开放性和灵活性，相互之间的分化与融合更为迅速。第二次世界大战以后，法学总格局仍然属于"三分天下"——新自然法学、新分析法学和社会学法学三大派鼎立。20 世纪 50 年代以来的几次法学论战（如"哈特—富勒论战""哈特—德沃金论战"），推动了西方法理学的发展。20 世纪 60 ~ 70 年代，比利时法学家佩雷尔曼的"修辞法学"，德国卢曼的法社会学理论，美国罗尔斯的"正义论"、诺齐克的新自由主义法学、德沃金的权利法学、波斯纳经济分析法学等，曾有较大影响。20 世纪 80 年代以后，批判法学和女权主义法学运动又各领风骚，形成强劲气势。[1]

三、马克思主义法学理论的产生和发展

在法理学发展史上，马克思主义法学理论的产生是一个非常重大的事件，被誉为"在法学领域引起的一场伟大革命"。它的影响绝不仅仅在理论层面和思想领域，而是包括理论、思想在内的一切领域。其对共产主义运动、社会主义革命和建设的指导，对亿万劳动人民的启蒙、动员和鼓舞作用，对资本主义和一切剥削阶级的法律制度的深刻批判，以及对整个世界法学格局的变化和发展的影响，是其他任何一个法学派别都不可比拟的。

马克思主义法学理论是 19 世纪 40 年代由马克思和恩格斯共同创立的。他们从早年接受启蒙思想家（卢梭、康德）的思想开始，转向黑格尔法哲学，逐步形成和创立了历史唯物主义的法学思想体系。一般认为，1844 ~ 1848 年马克思所著或他与恩格斯合著的一系列著作，如《神圣家族》（1845 年）、《德意志意识形态》（1845 ~ 1846 年）、《哲学的贫困》（1847 年）、《共产党宣言》（1848 年），是历史唯物主义成熟的标志，也是马克思主义法学理论产生的标志。[2]此后，马克思在《资本论》《法兰西内战》（1871 年），恩格斯在《反杜林论》（1876 ~ 1878 年）和《家庭、私有制和国家的起源》（1884 年）等著作中又进一步对马克思主义法学的基本理论作了论证和充实。其内容主要表现在：①它以科学的唯物史观为理论基础，指出法是由社会的物质生活条件（主要是社会的经济基础）决定的，法是为一定社会的经济基础服务的；

---

〔1〕 张文显：《二十世纪西方法哲学思潮研究》，法律出版社 1996 年版；沈宗灵：《现代西方法理学》，北京大学出版社 1992 年版。

〔2〕 现下流行的法学教科书均将《共产党宣言》视为"马克思主义法学正式诞生的标志"。

②它揭示了法的阶级性，认为法不是超阶级的，而是一定社会的统治阶级整体意志和利益的体现；③它揭示了法的产生和发展的规律，指出法不是永恒存在的，而是人类社会发展到一定阶段的产物。它随着私有制、阶级、国家的出现而出现，随着它们的消亡而消亡。此外，马克思主义的法学理论，还批判地继承了历史上一切优秀的法律思想，对法与自由、法与平等、法与权利、法与利益等法学基本问题作了理论上的分析。

一百多年来，经过几代马克思主义者的努力，马克思主义法学理论得到了丰富和发展。马克思、恩格斯之后，列宁在社会主义革命和建设的实践中撰写了大量有关政治—法律的论著，诸如《国家与革命》（1917 年）、《苏维埃政权的当前任务》（1918 年）、《论"双重"领导和法制》等，论述了社会主义法律和法制的许多重大问题，如摧毁旧法制和创建社会主义法制的必要性、具体途径，社会主义法律的功能和作用，社会主义立法、执法、守法和法律监督，国家与法消亡的基本原理，等等。列宁的贡献，不仅仅在于对马克思主义法学基本原理的发展，更为重要的是为社会主义法制建设奠定了理论基础。

马克思主义法学理论在中国的引进和实践，产生了毛泽东法律思想和邓小平法治理论。它们都是中国共产党人运用马克思主义的基本理论结合中国的现实，领导人民进行社会主义革命和社会主义建设的实践经验的总结，中国的马克思主义者对马克思主义法学理论的新贡献既包括毛泽东本人法律思想中的正确部分和邓小平本人有关建设有中国特色的社会主义法制（法治）建设理论，又包括其他中国共产党人特别是党的领导人对马克思主义法学理论的丰富和发展。[1]马克思主义法学理论是一个开放的、不断发展着的法律思想理论体系，它必须站在时代的前列，不断吸收时代的新成果，回答和解决时代提出的问题，回应当代各种非马克思主义的社会思潮和法学理论提出的挑战。

四、当代法理学面临的问题

时值世纪的交替，在历经 20 世纪的百年演进之后，法理学已经走上新的发展之路。从时代的世界背景看，法理学的发展所面临的智识环境已不同于以前：

1. 我们当下所处的是一个"科际整合"（inter-disciplinary integration）的时代，学科之间的渗透与合作成为科学发展的一个总趋势。因此，法理学在

---

[1] 有关毛泽东法律思想和邓小平法治理论的文献，参见王玉明主编：《毛泽东法律思想库》，中国政法大学出版社 1993 年版。

与其他人文社会科学相互合作的过程中又不可避免地遭受到相邻学科的入侵，学科之间的边际界限变得有些模糊，这就给法理学造成困境——难以确定纯粹属于本学科的研究对象和范围的界限。[1]或者说，传统上专属法理学研究的问题（如"法律是什么？"），可能会成为一个哲学、社会学或人类学探讨的问题；而一个其他人文社会科学的问题（如"进步与代价"）或部门法学的问题（如"犯罪与刑罚"）也可能会进入法理学研究的视野。以问题为中心来选择研究的方法和理论的姿态已是学科发展的一个方向，加强学科与学科之间和本学科内部的交流显得愈加重要，不同法理学流派和学说之间的渗透、吸收成为必然。法理学家们也已感受到：单靠某一学派的方法和观点，不可能完成法理学所应完成的任务。当今的法理学所需要的就是把分析法学（关于法律的概念、渊源、形式、效力的解释）、社会学法学（关于社会和文化事实的社会学解释）以及自然法理论中的价值（如自由、平等、安全、人类幸福等）分析统一起来，建立一门联合诸法学流派的"综合法理学"。[2]

2. 20 世纪末似乎又是一个"没有根据的时期"。这个时期的人文社会科学领域一直在进行着理性与非理性、基础主义与反基础主义、理性建构与理论建构、现代性与后现代主义的论争。在法学领域，一方面，启蒙时代所倡导的法学世界观占据统治地位；另一方面，普遍主义的法治观和法治秩序本身却出现了深刻的正统性危机，传统的法律和权利哲学基础出现动摇，多元、界限、动态、混沌、怀疑和批判的思潮广为流行，地方性知识、特殊性问题和非正式的规范受到重视。[3]法理学的经典理论体系受到前所未有的挑战，它必须能够在接受理论挑战的同时突破传统的法律思维和知识范式，为正在动摇的理论问题，如法治的现代性、法治的理性原则等，提出足够合理的论证。

3. 随着冷战的结束和苏联的解体，交织着意识形态（主要是社会主义与资本主义）冲突的国家—民族文化冲突也日益明显。这就给具有不同文化意识形态背景的学者之间的交流带来障碍，例如，马克思主义者很难与那些反马克思主义者（如自由主义者）达成共识。就法理学而言，它在发展过程中必然遭受到这种文化意识形态冲突的影响，这不仅表现为东西方法律文化、价值和理论的冲突，而且即使是在西方世界内部大陆法系和英美法系之间法

---

〔1〕　舒国滢："战后德国法哲学的发展路向"，载《比较法研究》1995 年第 4 期。

〔2〕　See Jerome Hall, *Studies in Jurisprudence and Criminal Theory*, New York, 1958, pp. 25～74. Edgar Bodenheimer, *Jurisprudence*, §39.

〔3〕　观点详见季卫东："面向二十一世纪的法与社会——参加法社会学国际协会第 31 届学术大会之后的思考"，载《中国社会科学》1996 年第 3 期。

理学（法哲学）学术传统的差异，也不会很快消失。故此，不同国家—民族法理学家之间要寻找到沟通和对话的渠道，需要国际社会政治、经济、文化诸因素的互动和良性循环。

在中国，当代法理学面临的问题既具有普遍性，也具有其特殊性，例如，法理学研究的学术环境的培养和保护，法理学学术传统的重建，中国的现实对法学家们提出的时代课题，法理学的特殊使命，法理学与应用法学的结合，法理学方法的变革，现代法治进程中的知识转变，法理学研究的国际化、规范化与本土化，等等。[1]因此，中国当代的法理学，应当是以马克思主义法学原理为指导，吸纳古今中外一切优秀进步的法学思想而又与中国社会主义民主与法制建设实践相结合的法理学。显然它的理论资源包括：①古今中外优秀进步的法律文化、法学思想；②马克思主义法学基本原理；③中国社会主义民主与法制建设的实践经验。具有中国特色的马克思主义法理学体系的建立，就在于这三个方面的理论资源的健康互动。具体而言，中国的法理学，必须走马克思主义法学基本原理与中国当代的社会主义民主与法制建设实践相结合的道路，即从中国的实际出发，着眼于中国的民主与法制建设的实践，不断丰富和发展马克思主义法学，提出一整套适应中国国情而关注人类生存和发展的一般法律问题的独创理论体系。如果说具有中国特色的马克思主义法理学与同时代的西方法理学（包括其他国家的马克思主义法理学）有什么不同的话，那么中国的实际（实践）及其经验就是其最有生命力的、雄厚的理论资源，也是这种区别形成的标志。可见，同民主与法制建设实践的结合，是建立具有中国特色的马克思主义法理学最为重要的步骤。[2]

■　第四节　法理学的意义与方法

一、法理学的意义

一个民族要站在科学的最高峰，就一刻也不能离开理论思维。这一论断，对于学习和研究法理学的人们而言，也同样是适用的。如果是在人文科学、社会科学、自然科学发展的大背景下审视整个法学体系的发展，那么就不能够轻视法理学存在的价值和意义。

---

[1]　刘升平、冯治良主编：《走向二十一世纪的法理学》，云南大学出版社 1996 年版；苏力：《法治及其本土资源》，中国政法大学出版社 1996 年版，第 3 编；葛洪义：《探索与对话：法理学导论》，法律出版社 1996 年版，第 1～20 页；梁治平："法治进程中的知识转变"，载《读书》1998 年第 1 期。

[2]　舒国滢："面临机遇与选择的中国法理学"，载《法学》1995 年第 9 期。

1. 人类精神的演化和科学的进步离不开思辨的哲学。同样，一个国家、一个民族法律文化的发展也离不开法理学的研究。法理学归属于人文科学的一部分，它基于对法的原理、原则、制度的研究而推衍至对人类生活式样、价值、人类的精神等问题的思考，无疑为人文科学（包括哲学）的研究展开了一个新的视角和方向。例如，一个时代需要什么样的法律精神？法对人的"生活世界"（Lebenswelt）有什么影响？法到底应当体现什么样的社会价值或人类价值（自由、平等、秩序抑或进步）？等等。这些问题的探讨都离不开法理学（包括法哲学）的沉思。法理学的学习目的之一，就在于使学生具有对人类生存状态和世俗生活的关怀，塑造其法学的世界观，培养他们对于人类社会法律生活的哲学态度。

2. 法理学不仅为人们提供学习法律的入门知识，还培养法律和法学工作者的见识和境界。前已述及，法理学是法学的基础学科，它关乎法学的一些基本理论、基本概念、基本知识，为进一步学习和研究法学的其他分支学科打下了理论基础。不仅如此，法理学还通过其理论特有的魅力，向人们展示法律的文化内蕴，揭示法律的内在精神、原则、价值和理念，提高人们的法学境界，扩展法学研究的视野，使人们一开始就站在较高的理论层面上来反思重大的一般法学问题和本学科的法学理论问题。因此，一个合格的法律学生应当是具备良好的法理学素养的学生，一个称职的法官应当是既精通法律又兼具法理学境界的法官，而一个部门法学专家同时也应当是一个法理学家。

3. 法理学重在训练人们的法律思维方式和能力。首先，法理学可以培养一个法律人（jurist/lawyer）所特有的观察问题和思考问题的方式，使法律人通过法的基本概念、范畴和方法形成对社会问题的法律（职业）判断和评价，在此点上他（她）的立场区别于一个政治（学）家、经济（学）家或道德（学）家的立场；其次，法理学可以培养人们对法的存在之源的不断探求精神，提升人们的理性认识能力和法律智慧，使人们不仅知法之其然，而且知法之所以然；最后，法理学可以训练人们的法律推理能力和理论抽象能力，使人们能够将一般的原理或法律命题运用于某一具体的法律事件的分析，又能够对具体的法律事件作类型的概括，从中抽象出不同位阶的法律概念和命题。

由此，我们认为，空谈理论、轻视实践自然是不正确的。然而，一味强调"功利""实用"，而轻视理论的价值同样也是错误的。学习法律是要懂得法律，而懂得法律，并不仅仅在于掌握操作法律的知识，而且还要深入研究法律的道理，即不仅知其然，而且要知其所以然。只有如此，我们国家的民主与法制建设，才会有一个较好的文化心理条件。毕竟，理论的发达，对于开启民智、培养民风、提高整个民族的素质，同样是不可或缺的。在此方面，法理学应当作出其应有的贡献。

二、法理学的研究方法

"方法"一词源于希腊文 meta 和 odos，有"沿着正确的道路运动"之含义。所谓法理学的研究方法，就是指正确地进行法理学研究所应遵循的一套原则、手段、程序和技巧。[1]研究方法在法理学的发展过程中承担着特别重要的职能，它在一定程度上制约着法理学发展的水平和风格。没有成熟、科学的研究方法，就不会产生成熟、发达的法理学。

法理学的研究方法是与法理学一起同步发展的。19 世纪英国法学家詹姆斯·V. 布赖斯（James V. Bryce）在其所著的《历史与法理学研究》一书中对此最早作了专门论述，他将法理学中所运用的方法归结为四种，即形而上学方法或先验方法（纯哲学方法）、分析方法、历史方法和比较方法，并且分析了这些方法的适用范围、价值和局限性。布赖斯指出，形而上学方法适用对权利、法律的抽象观念及其与道德、自由和人类意志之间相互关系的一般考察，它所探究的是基本的法律概念或主体范畴（如主权、政治服从、权利、请求、义务、损害、责任），同时也研究与一定的基本而普遍的法律制度相关的观念（家庭、财产、继承、婚姻、契约等）。分析方法与哲学方法（形而上学方法）不同，它往往从具体事物着手，研究法律实际存在的事实本身，力图界定各种概念，对其进行归纳，解释概念的内涵，揭示概念之间的相互关系。历史方法与上述两种方法亦相区别，它将法律作为一种资料来研究，试图探求法律的起源和发展的过程。比较方法是四种方法中最晚出现的，它的作用在于收集、考察、整理那些在一切发达的法律体系中存在的概念、原理和规则，指出它们之间的相同点和不同点，以建构一个新的理论体系。据此，布赖斯总结道："上述四种方法都是正当合理的，都能够运用于真正科学的原则之中。因此，其中任何一种方法都是不可忽视或贬低的。"[2]

日本法学家穗积重远也对法理学方法论进行了归纳。在他看来，法学的方法除了哲学方法、历史方法、分析方法、比较方法以外，还应包括社会学方法。[3]我国著名学者李达虽然认为上述五种方法都统一于"形式论理学"（逻辑学），但也清楚地看到各种研究方法与法学流派之间的关系。他指出，

---

〔1〕 有人认为，科学方法包括四个要素，即研究对象、物质手段、思维的形式和方法、理论工具。参见吴元墚：《科学方法论基础》，中国社会科学出版社 1984 年版，第 5 页。

〔2〕 James V. Bryce, *Studies in History and Jurisprudence*, Oxford, 1901, p. 623.

〔3〕 〔日〕穗积重远：《法理学大纲》，李鹤鸣译，商务印书馆 1928 年版，第 5 页。

五种法理学方法，是"各派标明其研究的重心或研究的方向"。哲学的方法是哲学派法理学所专用的方法；分析的方法是分析派法理学所专用的方法；历史的方法是历史派法理学所专用的方法；比较的方法是比较学派法理学所专用的方法；社会学的方法是社会学派法理学所专用的方法。[1]这说明：西方诸法学流派，不仅是理论学派，而且也是各种方法学派。在19世纪及其以前的若干世纪，科学的分化不仅表现为各学科的相互独立，表现为方法的分化和独立，而且表现为同一学科在方法运用上的区别和差异。

中国当代法理学的研究方法，从总体上看，也大致分为哲学的方法、历史的方法、分析的方法、比较的方法和社会学方法五大类，但与西方法理学相比较，又有自己显著的特点。

1. 哲学的方法。诚如前文所述，中国的法理学是马克思主义法理学，是以马克思主义哲学为指导的。因此它的哲学方法就是马克思主义的唯物辩证法，即辩证唯物主义和历史唯物主义。唯物辩证法是人们认识世界和改造世界的根本方法，当然也是法理学研究的总的方法论，具体而言，唯物辩证法在法理学研究中的应用表现在：①坚持实事求是、一切从实际出发的原则，即分析和评价某项法律制度时，必须从客观实际出发，切忌主观臆断。②坚持动态的、发展的观点，即将法律作为一个特殊的历史现象、一个发展过程来研究，从而看到：法不是静止不变的，而是动态的、发展着的；法不是与生俱来的，也不是永恒存在的。③坚持经济—阶级分析观点，即通过经济决定论和阶级分析方法，揭示阶级社会中法律的阶级性质，划清不同法律制度之间的本质界限。④坚持普遍联系的观点，认识法与其他社会现象（如国际影响、地理环境、民族传统、伦理道德、风俗习惯、宗教等）之间的相互关系和相互影响，从而全面、科学地考察法的本质、特征、作用和职能。在坚持唯物辩证法的基本原则和观点的前提下，法理学的研究也可以批判地吸收一些新的哲学方法的合理因素，例如现象学方法、诠释学（Hermeneutik）方法、价值论方法等。新的哲学方法的引进，可以不断丰富和发展马克思主义法理学，拓展法理学研究的视野和领域。

2. 历史的方法，也称"历史考查的方法"，即把法律现象同一定的历史条件联系起来予以考察的方法。也就是说，法理学通过对法或法律现象作历史的考察，研究法律制度是怎样产生和发展的，以及其现状如何；研究一定社会的政治、经济、文化等条件对法律制度的影响。法理学的历史方法自然离不开马克思主义历史观的指导，但一些法律史学的具体方法（如考据的方

---

[1]　李达：《法理学大纲》，法律出版社1983年版，第18～19页。

法），对于法理学的研究也具有一定的参考价值。

3. 分析的方法，是指从逻辑分析和语义分析角度对法律或法律规范的结构进行解释的方法。随着逻辑实证主义和语言分析哲学的发展，法的逻辑和语言分析方法已具有愈来愈重要的地位。法理学的"语言学转向"也日益成为一个不可逆转的发展趋势。法理学通过逻辑的手段，对法律概念的语源、语境、语脉进行分析，目的在于揭示法律规范内容、法律概念的确切含义，以避免概念的混用、误用和滥用，为法律的正确适用提供条件。

4. 比较的方法，就是对不同国家、地区、民族和法系的法律或同一国家的不同时期的法律加以比较研究的方法。比较方法应用的领域是十分广泛的，不仅包括本国法和外国法的比较，而且包括不同地区、民族、法系之间法律的比较，甚至还包括同一国家不同历史时期的法律（历史上的法和现行法）或国家之内各州（省、邦）间法律的比较。法的比较不仅包括宏观比较，而且也包括微观比较。前者是指不同种类法律文化的总体比较；后者是对某些具体的法律制度、原则、概念等所作的比较研究。

5. 社会学方法，又称"社会调查的方法"，是通过社会调查的手段对立法、执法、守法等法律运行机制进行实证研究的方法。社会学方法将为法理学研究提供现行法律制度的可靠的实证材料。社会学方法包括收集材料和分析材料两大部分。材料收集的主要方法包括调查法（抽样、问卷、访谈等）、观察法和文献法。材料分析方法主要包括对原始材料的整理、加工、验证和利用的过程。

近十几年来，中国的法理学家们（尤其是中青年学者）也开始尝试用系统科学的方法来研究法律现象和法学的一些基本问题，[1]大部分新的法理学教科书亦已接受系统科学方法作为法理学研究的方法论。但客观地说，中国的法理学研究方法更多地停留于书本的阐释，而方法的问题说到底还是个实践问题。从实践层面观之，中国法学界整体的研究手段和方法，相对于其他传统的学科（如经济学），还是相当简单、落后的，其实际运用的领域和水平亦参差不齐、各式各样，基本上尚未形成科学的方法论体系。从事法学方法专门研究的学者更是寥寥无几。可见，如何提高我国法理学研究的水平，从方法论角度拓展法理学的研究领域，仍是法学工作者们目前及今后相当长时期内的艰巨任务。

---

〔1〕 熊继宁等："新的探索——系统法学派的崛起"，载《政法论坛》1985 年第 3 期；季卫东、齐海滨："系统论方法在法学研究中的应用及其局限——兼论法学方法论问题"，载《中国社会科学》1987 年第 1 期；舒国滢："在法学领域引进系统科学的趋向"，载《政法论坛》1988 年第 6 期。

思考题

1. 何谓法学？法学与其他学科的区别有哪些？
2. 何谓法学体系？法学的分支学科有哪些？
3. 试论法学是否属于科学。
4. 何谓法理学？
5. 论述法理学在法学体系中的地位与作用。
6. 叙述法理学的产生和发展。
7. 你认为学习法理学有什么意义？
8. 举例说明法理学的研究方法。

推荐阅读书目

1. 〔德〕卡尔·拉伦茨：《法学方法论》，陈爱娥译，商务印书馆 2003 年版。
2. 〔德〕魏德士：《法理学》，丁小春、吴越译，法律出版社 2003 年版。
3. 〔德〕N. 霍恩：《法律科学与法哲学导论》，罗莉译，法律出版社 2005 年版。
4. 〔德〕考夫曼：《法律哲学》，刘幸义等译，法律出版社 2004 年版。
5. 何勤华：《西方法学史》，中国政法大学出版社 1996 年版。
6. 舒国滢："从方法论看抽象法学理论的发展"，载《浙江社会科学》2004 年第 5 期。
7. 舒国滢："在历史丛林里穿行的中国法理学"，载《政法论坛》2005 年第 1 期。

第一编　法的概念

第二章

法的现象与本质

学习目的与要求　本章介绍法的现象与本质，学生需要掌握的主要内容如下：①法律的词义：在现代汉语中，广义的法律是指法的整体，包括由国家制定的宪法、法律、法令、条例、决议、指示、规章等规范性文件和国家认可的判例、习惯等；狭义的法律专指拥有立法权的国家机关依照立法程序制定的规范性文件。②法的现象与本质的含义：法的现象是指法的外部联系，是人们通过感官就可以感知到的法的外部特征；法的本质是指法的内部联系，是法区别于其他一切事物的根本属性。③法的层级本质：法的本质是有层次的。从初级本质上看，法有国家意志性；从二级本质上看，法有阶级意志性；从终极本质上看，法有物质制约性。

第一节　法的现象与本质的概念

一、法的词源与词义

汉字"法"的古体是"灋"。西周金文中已有此字，春秋战国之交开始广泛使用。我国历史上的第一部字典即东汉许慎所著《说文解字》注释说："灋，刑也。平之如水，从水；廌，所以触不直者去之，从去。"[1] 从这一解释中可以

---

[1]　许慎：《说文解字》，中华书局 1963 年影印本，第 202 页。

看出，古代的"灋"和"刑"两个字是通用的。其基本含义有二：其一是公平，即所谓"从水"；[1]其二是惩罚，即所谓"从去"。其中的"廌"又名"解廌"，亦作"獬豸"，是传说中的一种独角神兽。古书记载，一说像羊，一说像牛，一说像鹿，其说不一，但都认为它生性悍直，能区分是非曲直。廌"性知有罪，有罪触，无罪则不触"。[2]显然，这是一种神明裁判的传说。我国法学界多根据《说文解字》的解释，认为法的本义是指一种判断是非曲直、惩治邪恶的规范。

汉语中的"律"字很早就与"法"字同义。据我国最早解释词义的书《尔雅》记载："法，常也；律，常也。"[3]《唐律疏议》也说："律之与法，文虽有殊，其义一也。"[4]对"律"字，《说文解字》注释说："律，均布也。"[5]清人段玉裁在其所撰《说文解字注》中进一步解释说："律者，所以范天下之不一而归于一，故曰均布也。"所谓"均布"，是古代调音律的工具，把律比作均布，说明它有规范、统一人的行为之意。

我国古代称法为刑，如夏之禹刑、商之汤刑、周之吕刑。至春秋战国时期，出现刑书、刑鼎、竹刑。魏相李悝，集诸国刑典，造《法经》六篇，改刑为法。商鞅相秦，进行变法，又改法为律，萧何继之作《九章律》。此后，历代封建王朝一般把刑典称为律，只有宋、元两朝例外，宋朝称作"刑统"，元朝称作"典章"。

早在秦汉时，就有人将"法""律"两字连用，合为"法律"一词。如西汉晁错称："今法律贱商人，商人已富贵矣；尊农夫，农夫已贫贱矣。"[6]但总的来说，"法""律"两字一般是分开用的，"法律"一词在清末民初才被广泛

---

[1]　对此，有学者持有异议。当代著名学者蔡枢衡先生认为，说法"平之如水"，乃"后世浅人所妄增"。当"灋"这个字在汉语中刚出现时，人们的思维水平还没有达到较高的程度，以致可以从中抽象出"公平""均直"之类的含义。他认为，在"灋"这个字的意义构成里，"水"的含义不是象征性的，而纯粹是功能性的，是指把犯罪者置于水上，随流漂去。就是说，这里的"水"并非指"公平"，而是指"惩罚"（参见蔡枢衡：《中国刑法史》，广西人民出版社1983年版，第170页）。苏力先生则提出，在先秦的文献中，并没有强调水"平"特征的文字，相反地，强调水自上而下流动的文字倒是不少。所以，"法"字的水旁，意味着古人强调法是自上向下颁发的命令。他还指出，20世纪以来，中国法理学家之所以普遍接受许慎对"法"字的解释，把法看作"公平"的象征，其重要原因之一是他们努力强调中西"法"中的共同性（参见苏力："'法'的故事"，载《读书》1998年第7期）。

[2]　王充：《论衡》，上海人民出版社1974年版，第270页。

[3]　《尔雅·释诂》。

[4]　《唐律疏议·名例》。

[5]　许慎：《说文解字》，中华书局1963年影印本，第43页。

[6]　《汉书·卷二十八·食货志》。

使用，据说是受日本的影响。[1]

在现代汉语中，"法律"一词有广义和狭义两种用法。广义的法律是从抽象意义上而言的，指法的整体，包括由国家制定的宪法、法律、法令、条例、决议、指示、规章等规范性文件和国家认可的判例、习惯等。就我国现在的法律来说，主要是指作为根本法的宪法、全国人民代表大会及其常务委员会制定的法律、国务院制定的行政法规、某些地方国家机关制定的地方性法规等。狭义的法律是从特定或具体意义上而言的，专指拥有立法权的国家机关依照立法程序制定的规范性文件。在我国，狭义的法律仅指全国人民代表大会制定的基本法律和全国人民代表大会常务委员会制定的除基本法律以外的其他法律。为了避免混淆上述两种意义，我国多数学者习惯于把广义的法律称为法，而把狭义的法律仍称为法律。[2]

在英语中，抽象的、广义的法和具体的、狭义的法律都用 Law 这个词表达，但前者写作 The Law，后者写作 A Law 或 Laws。英语中的 Law，除了指法律外，还可以指规律、法则等。在欧洲大陆各民族语言中，法和法律分别用两个不同的词来表达，如拉丁语中的 Jus 和 Lex，法语中的 Droit 和 Loi，德语中的 Recht 和 Gesetz，西班牙语中的 Derecho 和 Ley，意大利语中的 Diritto 和 Legge，等等。值得注意的是，这些词都是多义词，表示广义的法的词还有权利、正义之意，[3]表示狭义的法律的词则还有规律、法则之意。

二、法的现象与本质的含义

现象和本质是哲学上的一对范畴。任何事物都有现象和本质这两个方面。它们是密切联系的，本质总要通过现象表现出来，现象也总要表现本质。但二者又是有区别的。现象是事物的外部联系，是事物本质的外部表现，它是表面

---

[1] 参见郑兢毅编著：《法律大辞书》（上册），商务印书馆 1936 年版，第 761～762 页。

[2] 近年来，我国有的学者提出，应从划分"应然法"与"实然法"的角度来区分法和法律这两个概念。法是指"应然法"，即事物的客观规律和人类普遍的理性要求；而法律是指"实在法"，即国家制定的具体的法律规则。从这种意义上说，法律只是法的表现形式。这种观点明显受到了西方自然法思想的影响。不过，值得注意的是，青年马克思也有类似的看法。他认为，事物有其固有的法的本质，法律只是事物的法的本质的表现形式。马克思指出："事物的法的本质不应该去迁就法律，恰恰相反，法律倒应该去适应事物的法的本质。"（《马克思恩格斯全集》第 1 卷，人民出版社 1956 年版，第 139 页。）在马克思看来，符合"事物的法的本质"的法律是真正的法律；反之，违背"事物的法的本质"的法律只是形式上的法律，它本身就是一种非法。这一思想的积极意义在于反对国家任意立法。

[3] 从"法"这个词的原始含义中，可以看出中国人与西方人法观念上的差异。中国人的传统法观念是"法即刑"，把法律看作惩罚人的工具；而西方人则更多地把法和权利联系在一起，认为法律是保护人们正当权利的武器。这种法观念上的差异是影响中国人及西方人法律意识水平的一个重要因素。

的、浅层的、相对易变的，是人们通过感官就可以感知的。本质是事物的内在联系，是一事物区别于他事物的根本属性，它是内在的、深刻的、相对稳定的，人们只有靠抽象思维才能把握。人们对一切事物的认识，总是先触及该事物的现象，透过现象才能把握本质。

法同样是现象和本质的统一体。所谓法的现象，就是指法的外部联系，是人们通过感官就可以感知到的法的外部特征。一般认为，与其他社会规范相比，法具有国家创制性、特殊规范性、普遍适用性和国家强制性四个特征。这些特征是人们凭借感官就可以直接或间接看到或听到的。例如，翻开一部法律，我们就可以得知：它是由特定的国家机关以国家的名义创制的（法的国家创制性）；它对人们的行为提出了权利和义务要求，并设置了相应的法律后果（法的特殊规范性）；它在其效力范围内，对所有的人和事普遍适用（法的普遍适用性）；违反了某种法律规范，就会受到特定的国家强制（法的国家强制性）。所谓法的本质，就是指法的内部联系，是法区别于其他一切事物的根本属性。法的本质隐藏于法的现象的背后，是法的内在的、深刻的、稳定的属性。人们只有通过科学的抽象思维，才能认识它、把握它。

■ 第二节　法的层级本质

法的本质问题是法理学领域一个最为根本性的问题，也是被各个时代、各个阶级的思想家们弄得最为混乱的一个问题，他们总是站在本阶级的立场上对这个问题作出有利于本阶级利益的回答。从历史上看，剥削阶级思想家对法的本质的认识，就方法论而言，大体上可以分为两类：一类是把法的本质归结为某种精神力量，把法说成是"神的意志""民族精神""人类理性""社会公意"等；另一类是把法视为单纯的规则体系，把法说成是"主权者的命令""纯粹的规范"等。这些见解尽管是在唯心主义和形而上学哲学观的指导下得出的结论，但其中也包含着某些"真理的微粒"，有不少值得我们借鉴的内容。

马克思主义法理学以辩证唯物主义和历史唯物主义为指导，第一次科学地揭示了法的真正本质。在《德意志意识形态》中，马克思和恩格斯创造性地提出了历史唯物主义的基本路线：生产力决定"交往形式"，"市民社会"决定上层建筑。他们又把唯物史观的这一基本原理运用到法律领域，指出不以个人意志为转移的生产方式和交往形式是国家与法的现实基础。因此，决不能把法律看作是统治者个人意志的一时灵感，相反地，在现实经济关系中占统治地位的个人"除了必须以国家的形式组织自己的力量外，他们还必须给予他们自己的

第二章

由这些特定关系所决定的意志以国家意志即法律的一般表现形式"。[1]这段话是马克思主义法理学关于法的本质的最初表述，它全面地、多层次地剖析了法的本质：①法律是一种国家意志；②表现为法律的国家意志实际上是统治阶级的意志；③统治阶级的意志不是凭空产生的，而是根源于现实的经济关系。可见，马克思和恩格斯关于法的本质的论断根本不同于剥削阶级思想家的观点，他们不是把法的本质归结为某种精神力量或者单纯的规则体系，而是把法律和国家政权、阶级统治紧密联系在一起，特别是把法律和现实的经济关系即统治阶级的物质生活条件紧密联系在一起。这充分体现了马克思主义法理学在法的本质问题上的唯物主义立场。

在《共产党宣言》中，马克思和恩格斯深刻地揭露了资本主义法的本质。针对资产阶级的偏私观念，马克思和恩格斯指出："你们的观念本身是资产阶级的生产关系和所有制关系的产物，正像你们的法不过是被奉为法律的你们这个阶级的意志一样，而这种意志的内容是由你们这个阶级的物质生活条件来决定的。"[2]马克思和恩格斯的这段话虽然是针对资本主义法的本质而说的，但它同样揭示了法的多层次本质属性，和《德意志意识形态》中关于法的本质的一般论断是完全一致的。因此，这段话也是马克思主义关于法的本质问题的经典论述之一。[3]

马克思主义经典作家关于法的本质的论述有两个显著的特点：

1. 他们是从国家与社会并存的二元结构中来揭示法的本质的。唯物史观认为，国家是从社会中分化出来的力量，是社会的表现形式。"有一定的市民社会，就会有不过是市民社会的正式表现的一定的政治国家。"[4]在国家与社会的关系问题上，"绝不是国家决定和制约市民社会，而是市民社会决定和制约国家"。[5]用恩格斯的话说，这是马克思主义唯物史观的"基本原理"。因此，剖析法的本质，就必须要深入到市民社会中，深入到社会的物质生活条件中。法固然是国家意志的体现，但国家意志本身并不是随心所欲地形成的，它始终受

---

〔1〕 《马克思恩格斯全集》第3卷，人民出版社1960年版，第378页。

〔2〕 《马克思恩格斯选集》第1卷，人民出版社1972年版，第268页。

〔3〕 近年来，我国法理学界有学者对此提出了异议。不少学者认为，这段话只是针对资本主义法的本质而言的，不宜把它上升为关于法的本质的一般结论。还有少数学者提出，在这里，"马克思、恩格斯指出资产阶级法是资产阶级意志的体现，是批判资产阶级法的不合理性，合理的、优良的法律不应当是一个阶级意志的体现"（周永坤、范忠信：《法理学——市场经济下的探索》，南京大学出版社1994年版，第19页）。在这些学者看来，马克思和恩格斯的这段话只适用于对专制社会的"恶法"的本质的分析，不能照搬过来当作关于法的本质的一般结论。

〔4〕 《马克思恩格斯选集》第4卷，人民出版社1972年版，第321页。

〔5〕 《马克思恩格斯选集》第4卷，人民出版社1972年版，第192页。

到社会的物质生活条件的制约。这就触及了法的最深层的本质。而这一点，恰恰是以往的思想家所共同忽略的。

2. 他们是从多层次来剖析法的本质的。唯物辩证法认为，任何事物的本质都不是某种单一的属性，而是由多层次属性构成的一个有机整体。列宁曾指出："人的思想由现象到本质，由所谓初级本质到二级本质，不断深化，以至无穷。"[1]就是说，事物的本质是有层次的。马克思和恩格斯在论述法的本质时，就是从法与国家政权的关系、法与统治阶级意志的关系以及法与社会物质生活条件的关系这三个层次来进行的。

以马克思主义经典作家关于法的本质的论断为指导，我们可以把法的本质概括为三个层次的属性，即国家意志性、阶级意志性和物质制约性。

一、法的初级本质：国家意志性

从初级本质上看，法有国家意志性，即法是国家意志的体现。

剖析法的本质，必须从认识法的现象入手。如前所述，在现象上，法有国家创制性、特殊规范性、普遍适用性和国家强制性四个特征。概而言之，法在现象上是来源于国家的一种特殊行为规范，它在一国范围内普遍适用并由国家强制力来保证实施。可见，法与国家政权密切相连，没有国家政权作依托，法就无从产生，无从实施。这一点，是人们通过感官就可以感知的，但是，尽管认识到这一点，人的思维仍停留在法的现象层面而没有触及法的本质。透过法的现象性特征，人们自然会思考这样一个问题：国家为什么会对法律如此青睐？就是说，国家为什么要制定并颁布实施法律？借助科学的抽象思维，我们不难寻找到答案：因为法律是国家意志的凝结，它维护了以国家为代表的公共利益。这样，我们就找到了法的初级本质——国家意志性。

"法是国家意志的体现"这一命题是马克思主义经典作家在法的本质问题上的重要论断之一。他们认为，在阶级社会中，始终存在着特殊的私人利益与公共利益的矛盾。"这些特殊利益始终在真正地反对共同利益和虚幻的共同利益，这些特殊利益的实际斗争使得通过以国家姿态出现的虚幻的'普遍'利益来对特殊利益进行实际的干涉和约束成为必要。"[2]就是说，为了反对特殊的私人利益，作为公共利益代表的国家就必须出面对私人利益进行干涉和约束，其实际措施就是把掌握国家政权的阶级的利益装扮成"共同利益"，把掌握国家政权的阶级的意志美化为"社会公意"，并且给予这种意志"以国家意

---

[1]《列宁全集》第55卷，人民出版社1990年版，第213页。
[2]《马克思恩格斯全集》第3卷，人民出版社1960年版，第38页。

志即法律的一般表现形式"。〔1〕统治阶级一旦把本阶级的意志宣布为国家意志，就可以名正言顺地以国家的名义制定法律来推行这种意志，并运用国家强制力迫使人们服从它。

二、法的二级本质：阶级意志性

从二级本质上看，法具有阶级意志性（或曰阶级性），即法是统治阶级意志的体现。〔2〕

法在初级本质上是国家意志的体现，那么，国家意志来源于何处？我们知道，意志是指人们为了达到某种目的而产生的心理状态和心理过程，是一种精神活动。国家作为一种抽象的政治组织，是没有生命的，因而也就不可能有自己的意志。我们既不能把国家意志看成是一国范围内所有社会成员个人意志的简单相加，也不能把它看成是全体社会成员的共同意志。马克思主义要求我们牢牢记住这样一个基本的历史事实：自从人类进入文明时代以来，始终分化为不同的阶级。不同阶级的意志和利益是不同的，甚至是根本对立的。因此，所谓的"公共意志"从来就是虚幻的、不存在的。从表面上看，国家是凌驾于社会之上的力量，它扮演着"调停人"的角色，力求把各阶级之间的利益冲突保持在"秩序"的范围之内，但实际上它并不是"中立"的，"它照例是最强大的、在经济上占统治地位的阶级的国家，这个阶级借助于国家而在政治上也成为占统治地位的阶级，因而获得了镇压和剥削被压迫阶级的新手段"。〔3〕因此，所谓的国家意志，实际上只能是统治阶级的意志，统治阶级凭借自己在经济上和政治上的统治地位，硬把本阶级的意志上升为国家意志并"奉为法律"。列宁曾明确指出："法律就是取得胜利并掌握国家政权的阶级的意志的表现。"〔4〕可见，只要人们的思维越过国家意志这一层次，就会发现隐藏在其背后的正是统治阶级

第二章

---

〔1〕《马克思恩格斯全集》第 3 卷，人民出版社 1960 年版，第 378 页。需要说明的是，马克思和恩格斯说国家意志是法律的一般表现形式，是相对于决定法律内容的"现实的经济关系"而言的，并不是说国家意志是与法的本质相对应的一种法的现象。事实上，国家意志就是指法本身，说国家意志是法律的一般表现形式仅仅是指法律具有国家意志的属性。

〔2〕在我国法理学界，长期流行这样一种看法：马克思主义法理学第一次揭示了法的阶级性。例如，有学者写道："以往的思想家、法学家尽管对法的本质有各种不同的解释，但一个共同点是都以不同形式否认法的阶级性，甚至认为法是超阶级的'公共意志'的体现。马克思主义法学认为，法并不是超阶级的，它是由掌握国家权力的阶级制定出来的，是为一定阶级的利益服务的。"（沈宗灵主编：《法学基础理论》，北京大学出版社 1988 年版，第 9 页。）但实际上，某些资产阶级的历史学家、经济学家也曾发现过阶级斗争，并对阶级斗争现象作过某些分析和描述，在一定程度上触及了法的阶级性。因此，法的阶级性理论并非马克思主义法理学的发明创造。

〔3〕《马克思恩格斯选集》第 4 卷，人民出版社 1972 年版，第 168 页。

〔4〕《列宁全集》第 13 卷，人民出版社 1990 年版，第 304 页。

的意志，所以说，法的二级本质是阶级意志性。

法所体现的统治阶级意志，并不是个别统治者的个人意志，也不是统治阶级内部每个成员的意志之和，而是统治阶级作为一个整体在根本利益一致基础上所形成的共同意志，是统治阶级内部各个成员的意志相互作用而产生的"合力意志"。正如恩格斯在分析历史的发展进程时所指出的那样："最终的结果总是从许多单个的意志的相互冲突中产生出来的，而其中每一个意志，又是由于许多特殊的生活条件，才成为它所成为的那样。这样就有无数互相交错的力量，有无数个力的平行四边形，而由此就产生出一个总的结果……各个人的意志——其中的每一个都希望得到他的体质和外部的、终归是经济的情况（或是他个人的，或是一般社会性的）使他向往的东西——虽然都达不到自己的愿望，而是融合为一个总的平均数，一个总的合力，然而从这一事实中决不应作出结论说，这些意志等于零。相反地，每个意志都对合力有所贡献，因而是包括在这个合力里面的。"〔1〕法所反映的统治阶级意志就是统治阶级各个成员的意志相互融合而形成的"一个总的合力"，它对每个成员的意志都有所吸收又有所舍弃。

在理解法的阶级意志性时，需要特别注意以下三个问题：

1. 法律反映统治阶级的意志，并不意味着法律对统治阶级内部的违法犯罪就不加管束。实际上，任何一个社会的法律在把打击的锋芒指向被统治阶级的违法犯罪行为的同时，也对来自统治阶级内部的违法犯罪行为予以惩处。这和法的阶级意志性并不矛盾。因为，如前所述，法的阶级意志性表明法反映统治阶级的共同意志。统治阶级的内部成员作出违法犯罪行为，说明他企图把自己的个人利益和个人意志凌驾于整个阶级的共同利益和共同意志之上，如果对这种行为听之任之，最终必将从根本上危及统治阶级的共同利益。所以，法律惩罚统治阶级内部的违法犯罪行为，恰恰说明法有阶级意志性，是统治阶级共同意志的体现。当然，法律对统治阶级内部的违法犯罪行为的惩罚往往是不彻底的，但这样做，是为了维护统治阶级内部的团结及不同利益集团之间的势力均衡，同样是统治阶级的共同利益所在。

2. 法律反映统治阶级的意志，并不意味着法律完全不顾及被统治阶级的愿望和要求。例如，在资本主义社会中，有些法律就规定了一些保护工人阶级和广大劳动人民利益的条款，诸如限制劳动时间、劳动保护、最低工资、失业救济和罢工自由等。这说明，法律所体现的意志并不是"纯而又纯"的

---

〔1〕《马克思恩格斯选集》第 4 卷，人民出版社 1972 年版，第 478～479 页。

统治阶级意志。[1]我们认为,这种情况的存在和法的阶级意志性并不矛盾。因为法律之所以会在一定程度上照顾被统治阶级的利益,往往是被统治阶级进行反抗斗争的结果。统治阶级出于缓和阶级矛盾的考虑,在不得已的情况下才作出了一定的让步。而且,这种让步只能是非根本利益上的让步,目的是保全统治阶级更大的、更为根本的利益。由此可见,统治阶级的统治职能具有两面性:他们一方面要扮演刽子手的角色,另一方面又要扮演牧师的角色,当然,牧师的角色只在较少的场合才发挥作用。所以,我们不能因为统治阶级在法律上会对被统治阶级作出一定的让步,就否认法是统治阶级意志的体现。

3. 法律反映统治阶级的意志,并不意味着法律就不保护社会公共利益。任何一个社会,都有一些法律致力于保护社会公共利益,诸如维护一般的社会安全和社会秩序、促进经济发展、保护自然环境等。这些法律的制定和实施,客观上对所有社会成员包括被统治阶级的成员都有利,至少对所有社会成员都无害,但我们并不能因此而否认法的阶级意志性。因为统治阶级如果不保护一般的社会公共利益,其阶级统治就无法维持下去。统治阶级之所以运用法律保护社会公共利益,其出发点始终在于维护本阶级在政治、经济和思想上的统治地位。而且,法的阶级意志性是就法的整体而言的,要分析那些保护社会公共利益的法律的性质,不能孤立地进行,而必须把它们放到一国庞大的法律体系中予以考察。实际上,它们是作为整台法律机器的零部件在发挥作用,其性质要取决于法在总体上的阶级倾向。[2]所以,我们认为,

[1] 有学者认为,事实上,法的意志成分应该由领导者阶级的意志、同盟者阶级的意志和对立者阶级的某些意志这三部分组成。其中,领导者阶级的意志是构成法的意志的核心成分,它在任何时候都对其他成分起着组织、指导、决策、提高和规定实质、把握方向的作用;同盟者阶级的意志是构成法的意志的基本成分之一,起着支持、巩固、补充和扩大领导者阶级意志的力量的作用;对立者阶级的意志是构成法的意志的必要的参考成分,对统治者阶级的意志起着一定的钳制、制约或促进、影响等作用,它是法的意志成分的非主要、非本质的方面(参见孙育玮,"关丁'法是统治阶级意志的表现'命题的几点思考",载《中国社会科学》1998 年第 2 期)。
[2] 不少学者主张应从整体和局部的不同角度来分析法的阶级性。例如,有学者提出,对法的整体性质的分析,不能代替对单个法律独具特性的具体分析。法在整体上有阶级性,并不排斥它的某个部分作为独立的部分时的非阶级性。以环境保护法和海上交通安全法为例,它们所调整的对象主要是因人与自然的关系而引起的社会关系,其中绝大部分规范反映了保护自然或保障海上交通安全的一些客观自然与社会规律,也大多是国际上一些通用的准则,是某些技术规范的法律化,具有全社会性乃至国际性(参见郭道晖:"法的本质问题的哲学思考",载《政治与法律》1985 年第 5 期)。还有学者认为,就法的各个组成部分来看,维护阶级统治或体现阶级专政这方面的法律具有明显的、强烈的阶级性,但是,某些调整社会公共事务的法规客观上是为全社会各阶级服务的,它的内容一般是不带有阶级烙印的(参见沈宗灵主编:《法理学研究》,上海人民出版社 1990 年版,第 34 页)。

法的阶级意志性并不排斥某些法律在客观上保护社会公共利益。

三、法的终极本质：物质制约性

从终极本质上看，法有物质制约性，即法所体现的统治阶级意志的内容是由社会的物质生活条件所决定的。

分析法的终极本质，必须从透视法的二级本质入手。在二级本质上，法是统治阶级意志的体现，那么，统治阶级的意志从何而来？马克思主义认为，反映在法律中的统治阶级意志绝不是凭空产生的，也不是统治者个人随心所欲的结果，而是由社会的物质生活条件所决定的。社会物质生活条件的含义比较广泛，概而言之，包括地理环境、人口和社会生产方式等诸方面，其中有决定意义的是生产方式，尤其是同生产力的一定发展阶段相适应的生产关系，即社会的经济基础。法的物质制约性才是法的最深层的本质所在。

把法的终极本质归结为物质制约性，是马克思主义法学在理论上的突出贡献之一。以往的剥削阶级思想家、法学家总是有意无意地割裂或颠倒法与经济基础之间的相互关系，特别是不承认经济基础对法的决定作用。马克思主义从"市民社会决定和制约国家"这一唯物史观的基本原理出发，认为法律作为国家意志的体现，并不是决定或创立社会的力量，也不可能摆脱社会的制约而孤立地存在，事实上，它的内容总是由社会的物质生产方式决定的。马克思指出："社会不是以法律为基础的。那是法学家们的幻想。相反地，法律应该以社会为基础。法律应该是社会共同的、由一定物质生产方式所产生的利益和需要的表现，而不是单个的个人恣意横行。现在我手里拿着的这本 *Code Napoléon*（《拿破仑法典》）并没有创立现代的资产阶级社会。相反地，产生于 18 世纪并在 19 世纪继续发展的资产阶级社会，只是在这本法典中找到了它的法律的表现。这一法典一旦不再适应社会关系，它就会变成一叠不值钱的废纸。"[1]马克思主义关于法的物质制约性的理论，最终划清了同以往各种唯心主义法本质论的界限，使法本质的原理第一次建立在彻底的唯物史观的基础之上。从这种意义上说，它集中体现了马克思主义法律观的精髓。

法的国家意志性和阶级意志性，表明法反映了人的主观意志，具有主观性。如果对法的本质的认识仅仅停留于此，那么，就会陷入唯心主义的唯意志论。马克思主义在法所体现的主观意志的背后，找到了社会物质生活条件这一决定性力量，这就把法的主观性和客观性结合起来了，并且使法的客观性成为法的主观性的基础。法的客观性要求统治阶级在制定法律时，必须从

---

[1]《马克思恩格斯全集》第 6 卷，人民出版社 1961 年版，第 291～292 页。这段话是 1849 年 2 月 8 日马克思在法庭上的发言。发言的题目是"对民主主义者莱茵区域委员会的审判"。

客观经济条件出发，而不能臆造它、违反它。马克思指出："只有毫无历史知识的人才不知道：君主们在任何时候都不得不服从经济条件，并且从来不能向经济条件发号施令。无论是政治的立法或市民的立法，都只是表明和记载经济关系的要求而已。"〔1〕

在理解法的物质制约性时，需要特别注意以下三个问题：

1. 法有物质制约性并不意味着法总是符合客观经济条件和经济规律的要求。法律应该符合客观经济条件和经济规律的要求，这是一个"应然"的命题，而法律是否符合客观经济条件和经济规律的要求，则是一个"实然"的命题。"应然"与"实然"之间总是有差距的，谁不承认这一点，谁就不是一个真正的马克思主义者。客观地说，在任何一个社会中，包括在社会主义社会中，立法不符合客观经济条件、违背客观经济规律的情况都时有发生。因为经济条件和经济规律的发展要求是一回事，人们能否认识到这种发展要求并把它反映到法律中来则是另一回事，这里面有一个从客观到主观、从社会存在到社会意识的飞跃问题。恩格斯在以民法准则为例阐述经济关系对法的决定作用时曾说过："如果说民法准则只是以法律形式表现了社会的经济生活条件，那么这种准则就可以依情况的不同而把这些条件有时表现得好，有时表现得坏。"〔2〕可见，无视法与客观经济规律之间的联系，单纯地把法律看成主观意志的产物，固然是不对的；但无视法的主观意志性，把法律与客观经济规律混为一谈，也同样是错误的。

2. 法有物质制约性并不意味着社会物质生活条件以外的因素对法就没有影响。法的物质制约性表明，法的内容及其发展变化受物质生活条件的制约，特别是受经济基础的制约，但不能因此就认为法律不受其他因素的影响，或者与其他社会现象无关。恩格斯在其晚年阐述唯物史观的基本原理时曾指出："政治、法律、哲学、宗教、文学、艺术等的发展是以经济发展为基础的。但是，它们又都互相影响并对经济基础发生影响。并不是只有经济状况才是原因，才是积极的，而其余一切都不过是消极的结果。"〔3〕可见，政治、哲学、宗教等经济以外的因素同样对法律有影响。看不到这一点，就无法解释实际生活中的许多法律现象。例如，在欧洲中世纪的法律中，就一定有火刑；而在中国的封建制法律中，就一定有笞杖。显然，这一差别绝非经济基础上的差异所致。实际上，前者与欧洲中世纪的宗教观念有关，后者则与中国封建

---

〔1〕《马克思恩格斯全集》第 4 卷，人民出版社 1958 年版，第 121～122 页。
〔2〕《马克思恩格斯选集》第 4 卷，人民出版社 1972 年版，第 248～249 页。
〔3〕《马克思恩格斯选集》第 4 卷，人民出版社 1972 年版，第 506 页。

社会的伦理和政治观念有关。

值得注意的是，恩格斯在其晚年分析社会历史的进程时，还曾提出，虽然经济因素是社会历史发展中的决定性因素，但它不是唯一的决定性因素。他写道："根据唯物史观，历史过程中的决定性因素归根到底是现实生活的生产和再生产。无论马克思或我都从来没有肯定过比这更多的东西。如果有人在这里加以歪曲，说经济因素是唯一决定性因素，那么他就把这个命题变成毫无内容的、抽象的、荒诞无稽的空话。"[1]恩格斯认为，在复杂的历史过程中，经济状况是基础，但政治、法律、哲学、宗教等上层建筑诸因素也对历史发展的进程发生影响，并在许多情况下，决定着历史斗争的形式。从恩格斯的论述中，我们应该可以推导出这样的结论：对于法律来说，经济基础并非唯一的决定性因素，上层建筑领域中的诸因素有时也对法律的发展起着某种决定性的作用。当然，从根本的意义上说，上层建筑诸因素对法律的作用还是要通过经济基础的发展所开辟的必然性来展开。

3. 法有物质制约性并不意味着法就没有自己的相对独立性。法的物质制约性说明法的内容及其发展变化是由社会的物质生活条件决定的。但是，法律也有自己的相对独立性，它并不随经济基础的发展而亦步亦趋，而是有一定的"惯性"，具体表现为法的历史继承性和其自身发展的规律性。我们认为，法的相对独立性与法的物质制约性并不矛盾。因为，一方面，法律之所以有相对独立性，正是由于不同社会的物质生活条件之间有一定的历史连续性。任何一个新的社会，在其经济基础中总会保留旧有经济的某些遗留成分和因素，这就决定了新旧社会的法律之间必然会有一定的继承性。从这一角度看，法的相对独立性恰恰是法的物质制约性的重要表现之一。另一方面，法律之所以有相对独立性，是由于法律除了受经济基础的制约外，还要受上层建筑诸因素的影响。但是，当这些因素对法律的影响和经济基础对法律的作用方向不一致时，最终还是要让位于经济基础的发展要求。而且，这些因素自身的发展归根到底也是由经济基础决定的。从这一角度看，法的相对独立性只能存在于经济基础的发展要求所能允许的范围之内。

思考题

1. 在现代汉语中，"法律"一词的基本含义是什么？

2. 法的现象与法的本质有何区别？

---

[1] 《马克思恩格斯选集》第4卷，人民出版社1972年版，第477页。

3. 法的本质属性有哪些?

4. 法的阶级性是否意味着法完全不反映被统治阶级的意志?

5. 如何理解法的物质制约性与法的相对独立性之间的关系?

推荐阅读书目

1. 沈宗灵主编:《法理学研究》,上海人民出版社 1990 年版。

2. 孙国华主编:《马克思主义法理学研究——关于法的概念和本质的原理》,群众出版社 1996 年版。

3. 张文显:《二十世纪西方法哲学思潮研究》,法律出版社 1996 年版。

4. 周永坤、范忠信:《法理学——市场经济下的探索》,南京大学出版社 1994 年版。

5. 〔美〕博西格诺等:《法律之门》,邓子滨译,华夏出版社 2002 年版。

6. 〔美〕E. 博登海默:《法理学——法律哲学与法律方法》,邓正来译,中国政法大学出版社 1999 年版。

第二章

第三章

第三章

法 的 价 值

学习目的与要求　通过本章的教学活动，使学生掌握法的价值的含义，将法的价值与法的作用、法的功能相区别，特别要求对法的各个基本价值的内容有良好的把握，进而了解法的价值冲突和法的价值判断。[1]

■　第一节　法的价值的概念

一、法的价值的含义

价值是客体对于主体——人的意义，对于人的需要的满足，是主体关于客体的超越的绝对指向。[2]价值的主体是人，或人之延伸与结合——社会，而不是物。最基本而最终意义的价值主体只能是人。价值客体不仅有物，而且也包括人。[3]人在总体上是价值主体而不是价值客体。价值的前提是人的需要。没有人的需要，价值就不可能得以产生和体现，就没有价值问题。价值是客体对于主体需要的满足，也是主体关于客体的超越的绝对指向。价值的超越绝对指向的意义，使价值具有了精神追求、崇高信仰的意义。

法的价值是法律作为客体对于主体——人的意义，是法律作为客体对于人的需要的满足，是人关于法律的超越的绝对指向。[4]法的价值具有客观性

〔1〕　法的价值是法理学的重要内容，这早已为各国法理学或法哲学所普遍认可。经过十多年的探索，这一课题在法理学中的地位也已经为中国法理学界所认同。但是，对其基本原理的认识，分歧、差异都很大。

〔2〕　学者们对于价值的定义是非常复杂的。参见卓泽渊：《法的价值论》，法律出版社2006年版，有关论述。

〔3〕　对于人是否是价值客体，人们有不同的看法。实际上，人在总体上不能是价值的客体，但就具体的价值关系来说，在特定的条件下，个体的人或部分的人，也应当是价值的客体。

〔4〕　卓泽渊：《法的价值论》，法律出版社2006年版，有关论述。

和主观性、属人性和社会性、应然性和实然性、特殊性和普遍性，等等。[1]

1. 法的价值具有客观性和主观性。法的价值之所以具有客观性是因为：①人的法律需要是客观的。人类对法律的需求是以其社会物质生活条件为基础的，社会物质生活条件决定了人的法律需要是客观的。②法律现象是客观的。法律现象的产生具有客观性。法律现象的内容也具有客观性，没有人的外部社会活动，法律不仅不能产生，即使产生了也无法满足人的需要。人的外部社会活动是客观的，法律满足了人的需要的结果也是客观的。

法的价值既是客观的，又是主观的；既具有客观性，也具有主观性。法的价值之所以具有主观性，是因为：①法律规范本身具有主观性，它以国家意志作为自己的表现形式，属于思想意识范畴。②人的需要及其满足途径具有主观性。人的需要并不是社会物质生活条件本身，它是社会物质生活条件经过人脑思考而得出的结论，人脑的思维肯定具有主观性。对满足途径选择有影响者，除了人类个体各自的社会物质生活条件等因素外，一定主体的主观愿望和精神文明状况也同样是不可忽视的重要因素。③法的价值目标的选择和法的价值状况的评价具有主观性。民主、法治、自由、人权、人道、秩序都是法律的价值，但谁为最高价值，谁为次价值，人们应首先选择谁。它们互相冲突时，应使谁服从谁，追求谁而牺牲谁，这些问题无不具有主观性。在价值评价上，更是如此。对于同一个法律现象，不同的阶级、不同的国家，甚至不同的民族、不同的阶层、不同的社团，都可能有不同的结论。

2. 法的价值具有属人性和社会性。法的价值是属人的，具有属人性。任何法的价值都是相对于人而产生、存在的。离开了人就无所谓价值，也无所谓法的价值。肯定法的价值的属人性，实际上是对其人的主体性的肯定。法的价值的主体是人。尽管这里的人是多层次、多侧面的，也是有阶级、种族、民族、职业划分的，但是都是人。无论如何都必须把法的价值的属性首先定位于它所具有的属人性。我们常说的法的价值，实际上也完全可以说是法对于人的价值。法不过是价值的客体，而人才是法的价值的主体。法的价值主体属性决定了法的价值的属人性。

法的价值在具有属人性的同时，当然也具有社会性。法是社会发展到一定阶段的产物，是社会关系的调整器。法没有一定的社会性就不可能在社会中产生并存在、发展。法具有社会性，法的价值也具有社会性。法总具有自己的价值追求，而这价值追求中不可能不含有社会性的因素，否则根本就不可思议，因为那样将导致法毫无社会意义。再说，拥有各种不同法的价值观

---

[1]　法的价值的属性中还包括很多属性，由于篇幅的原因，从略。

的人是社会中的人，是在一定的社会物质生活条件中生活并永远无法与社会绝对脱离的人，他们对于法的价值的看法、见解等，不可能不具有社会的属性。社会属性是法的价值的基本属性。

当然，如果从人都是社会的人的角度，我们可以说，法的价值的属人性也不过是其社会性的构成部分。但是，如果我们从社会性产生的意义上讲，法的价值的社会性不过是法的价值的属人性的延伸。法的价值的属人性是基本的，社会性是必要的。

3. 法的价值具有应然性和实然性。在一般意义上，法的价值都是在应然意义上存在的。[1]法的价值的应然性是指法的价值是以应然作为自己的立足点来确立自身并发挥作用的。每一个价值准则或目标都可以说是特定价值理想的具体化。它可以为人们的行为提供精神上的追求，使人们在法的现实中获得精神需求的满足。作为应然的法的价值，还是人们运用法的价值评价法的现实的重要标准。也就是说，法的价值的应然性：①使法的价值对于人们的行为具有目标的意义。它能明确地指明人们在法律上的奋斗目标、努力方向，为实现法的崇高理想而不懈进取，使人们的行为具有终极目标的保障。②使法的价值对于人们的行为具有引导的意义。引导人们及其行为沿着法律所昭示的方向进行和发展，确保法的价值目标能够被充分实现，使人们的法律活动具有具体过程的保障。③使法的价值对于人们的行为具有评价的意义。法的价值之所以能够评价相关的法律行为，根本之处就在于法的价值具有评价的功能，能够对人们的法律行为进行价值评价。

法的价值在具有应然性的同时，也具有实然性。这种实然性是指：①法的价值具有转化为客观现实的必要性。②法的价值具有可以转化为客观现实的可能性。③法的价值已经转化为客观现实的客观性。法的价值只有转化为客观现实，我们才能说，法的价值在现实社会中被真正实现了。如何将应然的法的价值转化为现实的法的价值始终是法律工作者的极为重要的任务。成功的法律工作者就是能将法的价值良好地转化为客观现实的法律家。法的价值并不是虚无缥缈的，它具有转化为现实的可能性。尽管法的价值准则或目标具有很强的精神意味，但是这并不妨碍其具有实现的可能性。无论是秩序、效率、自由、平等、人权，还是法治、民主、正义、人的全面发展，无一不是现实的。在法律实践中，法的价值也无时无刻不在发挥其应有的作用——或者是被转化为法律实际，被直接实现；或者是被运用来评价法律实践，使

---

[1] 法的价值可能是实然的，也可能是应然的。但在通常未加特别说明的地方，法的价值应当是在应然意义上的，它是人们关于法与人关系的应然状态的构想与目标。

其在另一个层面得以实现。我们随时面对的都是法的价值被或好或差地实现的客观实际。法的价值的实然性，使法的价值成为可认识、测定、评价的社会存在，更使法的价值在人们社会生活中成为活生生的现实。

法的价值的应然性是实然性的指导、方向和目标，法的价值的实然性则是其应然性的表现、过程和得以实现的途径。人们关于法的价值的应然性努力，是真切地把握应然的法的价值，将实然的法的价值向应然的法的价值推进。我们所需要努力的是实现法的价值在实然、应然两个层面的统一。[1]

4. 法的价值具有特殊性和普遍性。

（1）法的价值具有特殊性。法的价值的特殊性主要表现在以下两个方面：①法的价值不同于法的本质、功能、作用、制定、实施等法律现象，有其自己特定的内涵和外延，是一个相对独立的法学范畴和法学领域。这种意义的特殊性是法的价值得以成立并不被其他法学范畴或领域所取代的客观依据。②法的各种价值之间相互区别，相对独立，每一个价值准则或目标各具特色，都有自己与众不同的内容。这种特殊性是法的各种价值、价值准则、价值目标得以成立的根据。没有这种特殊性，法的价值就不会那么五光十色、丰富多彩。

（2）法的价值具有普遍性。法的价值的普遍性至少是在三个意义上成立的：①法的价值与法相伴随，有法存在的时空就有法的价值存在。②法的价值在不同历史时代中具有一定的共同性。在不同社会或时代，法的价值不可能完全一样。但是法的价值在形式和内容上的历史传承性与一致性是不容否定的。这是因为，不管人类社会或时代有何不同，法毕竟是人类社会的产物，是人类社会的调节器，具有一定的共同道德追求和道德准则，法的价值在不同时代的共同性就成了理所当然。法的价值在不同历史时代具有某些共同性，在同一历史时期，更具有某些共同性。③法的价值在不同的法律之间具有一定的共同性。虽然根据各种不同的标准，法可以被划分为各种类别，法有各种分野，但由于它们都是法，也必然会具有一定的共同属性。这是法的价值普遍性的又一重要表现。

法的价值的普遍性与法的价值的特殊性并不矛盾，不能将二者对立起来。它们相互之间是辩证统一的。从一定意义上说，法的价值的普遍性是其特殊性的必然结果，特殊性是其普遍性的重要依据。

---

[1] 应然与实然的统一，也是理想的价值状态。在现实社会中，二者分离的情形并不少见，这也许就是应然的法的价值难以得到完全实现的重要原因之一，实现应然的法的价值也是法律工作者的重要使命。

二、法的价值与法的作用

法的价值与法的作用有着十分密切的关系。[1]法的价值指导着法的作用，法的作用实现着法的价值。没有法的价值作指导，法的作用将无法得到很好的发挥；没有法的作用，法的价值就无法成为现实。但法的价值与法的作用之间具有重要的区别，主要的区别有以下几个方面：

1. 法的价值与法的作用对于整个法的意义不同。法的价值是法的信仰或精神指导，对于法的制定、实施都具有重要的指导意义，而法的作用对于法则不具有这样的指导意义，它是法的社会效果。任何法律在创制、实施时，乃至在创制、实施前都已经确定了相应的价值目标，并要接受一定的价值准则的指引。法的作用却不能指导法律的制定与实施，它仅是法律实施的结果。

2. 法的价值与法的作用在是否具有主观性上存在不同。法的价值包含着相当大的主观性，而法的作用则是客观的甚至很少具有主观的成分。法的价值的确定、认识、评价都无法摆脱人的主观方面的影响，甚至必须依赖人的主观方面；而法的作用除了对其进行认识需要和无法脱离一定的主观性之外，就法的作用本身来说，是不存在主观性的。为了准确地把握法的作用状况，人们甚至要努力地摆脱主观方面的影响，而尽力使对法律作用的认识更加准确。

3. 法的价值与法的作用是否具有应然性不同。应然性是法的价值的基本属性之一，但法的作用则不具有应然性的特点。法的作用更多地具有实然性而不是应然性。

4. 法的价值与法的作用和立法的关系不同。法的价值是立法的直接指导，而法的作用是指法律通过实施而对社会产生的影响。法的价值可以先于立法而存在，法的作用必须在法律制定之后才可能产生。

5. 法的价值与法的作用中是否包含着对法律及其实施状况的评价不同。法的价值包含着基于法的作用状况而作出的价值评价在内，而法的作用本身却不包含任何意义的法律评价。法的作用描述的是法在客观上对社会产生的影响。从本来意义上讲，它不涉及对这种影响进行的评价。法的价值则包含立足于法律作用状况而对其进行的评价在内。

三、法的价值与法的功能

法的价值与法的功能都具有应然性、有益性，但二者之间有着重要的

---

[1] 有的学者将法的价值与法的作用相混淆，甚至直接将法的价值理解为法的作用，这是有失偏颇的。

区别。[1]

1. 法的价值与法的功能之间有着应然的基点不同。法的价值的应然性，一般是从人的终极意义上提出的，它总是将法律的意义与人的意义联系在一起。而法的功能则更多的是基于法律的社会地位而对其应然效用的描述。

2. 法的价值与法的功能之间有着目的与途径的差异。法的功能为实现法的价值服务，是法的价值得以实现的手段或者途径，而法的价值却是法的功能的目的。

3. 法的价值与法的功能之间有着指导与被指导的差别。法的价值是法的功能的指导，法的功能则要接受法的价值的指导。法的功能要以法的价值作为自己设定的精神依据与实现的思想指导。

■ 第二节　法的基本价值

一、秩序

（一）秩序对人类的价值意义

秩序，按中国的传统解释，秩，常也；秩序，常度也。秩序也作秩叙，或作次序，指人或事务所在的位置，含有整齐守规则之意。按现代解释，秩序，乃人和事物存在和运转中具有一定一致性、连续性和确定性的结构、过程和模式等。[2]

秩序包含着社会秩序和非社会秩序两类。社会秩序是指人们交互作用的正常的结构、过程或变化模式，是人们互动的状态和结果。它包含着行为秩序和状态秩序，也包含着经济秩序、政治秩序、文化秩序，乃至生产秩序、工作秩序、教学秩序、科研秩序和生活秩序等。而非社会秩序则是指事物的位置所在、结构状态或变化模式。

法律所追求的价值意义上的秩序显然不是一般的秩序，更不是非社会秩序，而是有益于人类的社会秩序。

人得以生存的先决条件，是一定物质生活资料的客观存在。人类是人与人相结合的产物，没有人类的存在，孤立的个人是不可能存在的。即使存在，也无法长期生存下去。因为没有同类的存在，人的繁衍无法进行，人类的延续就成为空话，又何谈人类的生存？人要传承，要繁衍，就必须要有"他人"

---

[1] 有许多学者都将法的价值与法的功能相等同，这同样也是有失偏颇的。

[2] 对于"秩序"的传统解释，是以有关辞书的解释为根据的；对于"秩序"的现代解释，各不相同，差距过大，这里仅是作者根据自己的见解所作的解释。

的存在，有类的存在。由于群体内存在利益的差异、重叠和冲突，所以必须要有秩序。没有秩序就不可能使群体得以稳定、巩固和发展；没有秩序也不可能有每一个人的安全，弱肉强食、人人自危就不可避免。为了每个人乃至整个人类的生存，秩序也就必不可少。由此，美国法学家博登海默指出："凡是在人类建立了政治或社会组织单位的地方，他们都曾力图防止不可控制的混乱现象，也曾试图确立某种适于生存的秩序形式。这种要求确立社会生活有序模式的倾向，绝不是人类所作的一种任意专断或违背自然的努力。"[1]

秩序不仅是人类生存的条件，也是人类发展的要求。人类的任何发展都离不开人类社会生活的稳定与正常。古今中外，任何比较繁荣发达的社会，其社会环境都是稳定而有秩序的。历史千百次地证明了一个真理：秩序保证着生存，秩序保证着发展。

（二）秩序是法律的基础价值

秩序是法的价值。任何法律，从秩序意义上讲，都要追求并保持一定的社会有序状态。"所有秩序，无论是我们在生命伊始的混沌状态中所发现的，或是我们所要致力于促成的，都可以从法律引申出它们的名称。"[2]

法律是为一定秩序服务的。在秩序问题上，不存在法律是否服务于秩序的问题。所存在的问题仅在于法律服务于谁的秩序、怎样的秩序。难怪西方法学家也普遍认为"与法律永相伴随的基本价值，便是社会秩序"。[3]秩序是法律的价值，但并不是法律的终极价值。除了秩序以外，法律追求的还有生命、安全、健康、公平、正义、自由、平等、人权、民主、法治、文明、发展等。法律的秩序价值与法律的其他价值之间，前者是后者的前提和基础，后者是前者的目的和发展。法律的秩序价值是连接法律与法律其他价值的中介，法律的秩序价值是法律的基础价值。

秩序对于法律的基础价值是在这样的意义上成立的：秩序是法律的直接追求，其他价值是以秩序价值为基础的法律企望；没有秩序价值的存在，就没有法律的其他价值。

1. 秩序之所以是法律的价值基础，是由法律的本质和任务所决定的。在一定意义上，任何统治的建立都必然意味着一定统治秩序的建立。没有秩序的统治，根本无法称为统治。因为在一片混乱之中，统治的权力根本无法行

〔1〕〔美〕E. 博登海默：《法理学——法哲学及其方法》，邓正来、姬敬武译，华夏出版社1987年版，第207页。

〔2〕〔德〕拉德布鲁赫：《法学导论》，米健、朱林译，中国大百科全书出版社1997年版，第1页。

〔3〕〔英〕波得·斯坦、约翰·香德：《西方社会的法律价值》，王献平译，中国人民公安大学出版社1990年版，第38页。

使。秩序对于法律来说，对于法律的统治目的来说，无疑具有第一的要义。

2. 秩序之所以是法律的基础价值，是由秩序本身的性质所决定的。秩序是人们社会生活中相互作用的正常结构、过程或变化模式。它是作为主体的人互动的状态和结果。而人的互动状态和结果，在法律社会中既是法律存在的依据，又是法律调整的结果。没有秩序就只有混乱，就只有混战和弱肉强食的虐杀，法律根本就不能存在。法律一旦创立，首要追求的就是秩序，并在一定的秩序中发挥自己的作用，追求自己的其他价值。

3. 秩序之所以是法律的基础价值，是由法律的其他价值所要求的。法的价值中除了秩序价值以外，还有生命价值、安全价值、效益价值、公平价值、正义价值，以及自由价值、平等价值、人权价值、民主价值、法治价值、文明价值等。这些所有的其他价值无不以秩序价值为基础。因为没有秩序，人的生命、安全、效益都会受到威胁并缺乏保障，公平、正义、自由、平等、人权、民主、法治、文明等就只能是奢望和梦想。庞德说："当法律秩序已经认定和规定了它自己要设法加以保障的某些利益，并授予或承认了某些权利、权力、自由和特权作为保障这些利益的手段以后，现在它就必须为使那些权利、权力、自由和特权得以生效而提供手段。"[1]法律其他所有的价值都需要以秩序价值作为基础，并建立在法律秩序价值的一定实现上。以秩序价值为基础是法律其他所有价值的要求。

秩序是法律的基础价值，但不等于秩序是法律的唯一价值。仅以秩序价值的实现为目标的法律是目光短浅的法律，是没有前途的法律，也是不可能创设良好秩序的法律。法律追求秩序又不满足于秩序，才能获得真正的秩序，并有可能最大限度地实现法律的全部价值。

二、效益

（一）作为法的价值的效益

1. 效益的基本含义。效益，是指有效产出减去投入后的结果。[2]它表现为以较小的投入获得较大的产出。具体地说，它包括：以一定的投入获得更多的产出；或以较小的投入获得同样多的产出。效益可能表现为数量的增加，可能表现为速度的加快，也可能既表现为数量的增加又表现为速度的加快。但值得注意的是，不管是以什么形式存在的效益，必须是有效的，而不是无

---

[1]　〔美〕罗·庞德：《通过法律的社会控制——法律的任务》，沈宗灵、董世忠译，商务印书馆1984年版，第114页。

[2]　有的学者从效益数值可能为正，也可能为负的角度认为，效益是一个中性概念，人们追求的至少是大于零。也有的学者认为，效益只能是正数，如果出现负数的情况，即为无效益，其结果就不能称为效益。其实，"效益"的词素结构本身就表明了其有益的性质，并不是中性的。

效的。无效的绝不能称为效益。

效益包括经济效益，但并不限于经济效益。有的效益是以经济效益存在的，并可以用经济效益来衡量，有的效益则不表现为经济效益，也不能用经济效益来衡量。前者如公司的依法经营，后者如国家机关的行政行为，乃至执法或者司法工作。[1]

2. 法的效益价值。法的效益价值是指法能够使社会或人们以较少或较小的投入获得较大的产出，以满足人们对效益的需要的意义。

（1）法的效益价值包括资源利用上的效益价值与资源分配上的效益价值。资源包括自然资源和社会资源两个部分。法律对于两个方面都有重要的意义。

法律作用于自然资源的利用，以提高自然资源的利用效益。自然资源包括土地、河流、山脉、矿藏和森林等。这些资源尽管是自然生成的，但往往具有不可再生性和难以再生性。法律能够通过有关的规定保护土地、河流、矿藏和森林等，提高其利用的效益。具体表现为，人们可以通过法律控制其开发与利用的数量；人们可以通过法律提高其利用的效益，使尽可能少的资源获取尽可能多的效益。目前的土地法、水法、矿产法和森林法在很大程度正担负着这一重要的使命。

法律作用于社会资源的分配，以提高社会资源的效益。社会资源在很多时候都被人们所忽略。实际上社会资源的法律分配是特别重要的。社会资源种类很多，包括权利、义务、政策、信息、机会等，对于这些社会资源的分配，法律发挥着重要的作用。在社会资源的分配过程中，平等是一个特别重要的价值准则。社会资源的平等分配必须依法进行。离开了法就难以避免分配的无序化和不公正。保证社会资源分配的公正性是法的目的，使有限的社会资源产生更多的效益，也同样是法的追求。为了使社会资源分配始终公正和具有最大效用，法律是必不可少的分配规则、调节机制、制度保障和行为规范。

（2）法的效益价值包括经济效益价值和社会效益价值。经济效益的获得是法的效益价值的重要内容。经济效益是生产力水平的重要表现，是衡量生产力水平的客观标准之一。法律对于经济，对于生产力的作用，在很大程度上都是通过法律之下的生产力发展水平来体现的。尤其是有关经济的立法与法律实施，对生产力的发展具有极为重要的意义。促进经济发展的法律必然

---

[1]　为效益而作出的投入，或者可以叫作成本，是人们为了一定效益所付出的代价。这里的产出指的是有效产出，而不包括无效产出。为效益而作出的投入是必需的，但产出必须是有效的，否则，人们的投入就会变得毫无意义，甚至是有害的。

是提高经济效益的法律。法律制定和执行得好，就会促进经济效益的提高，否则，就可能妨碍经济效益的提高，甚至使经济效益倒退。这对于市场经济中的法制建设来说，应当予以特别的强调和重视。

法的效益价值，并不仅仅体现为经济效益的获得与增加，还体现为社会效益的获得。社会效益的外延十分广泛。就法的效益价值来说，至少包括权力运作效率的提高和社会公正的维护等。法律是权力机构运行的准则，确保权力机构的有效运行是法律的重要任务。权力运行中难以避免地会出现效率熵增现象。法律就是要为权力机构的运作提供一套有效规范，作为权力运作的准则，保证权力运行的效率；同时，法律还为权力运作提供一套措施，防止权力的废弛，确保权力始终处于高效状态。社会公正，对于任何社会都是必不可少的，一个缺乏社会公正的社会必然是一个舞弊的社会、黑暗的社会和动荡的社会。法律是历史证明了的、谋求和保护社会公正的最基本的手段和途径。维护社会公正是法的追求，属于法的公正价值的内容，同时也是法的效益价值的体现。

法的经济效益价值和社会效益价值共同构成效益价值。在二者并不矛盾的时候，任何一个方面的增加都是效益价值的成果，都应当被肯定。但在二者矛盾的时候，就必须注意：完全忽视经济效益的法律，即使有一定的社会效益，其效益价值也是值得疑虑的。但任何否定社会效益的法律，即使很有经济效益，也不能在整体上说是有效益的，因为，它在获得经济效益的同时失去了社会效益，社会公正成了经济效益的代价，法律的效益价值也就因此而大打折扣。价值理论所要求的是经济效益和社会效益的分别发展或同步发展，而不是二者的相互矛盾、抵消、否定。

（二）法对效益的价值意义

1. 达到实际效果的优化。法律为人们提供适当的行为模式，争取最优化的实际效果。法律通过对各种行为模式的规定，指引着人们的行为。依照法律的指引，人们可以采取合法或不违法的行为方式作出相应的法律行为和非法律行为。只有这样，人们的行为才不至于因为违法而被追究法律责任。违法的行为绝不可能有正当的效益可言。法律的指引，为人们行为在合法或不违法的情况下而获得应有的效益创造了前提性的法律条件。

法律为争取最优化的实际效果提供程序保障。即使是合法或者不违法的行为，其行为的方式也不是唯一的。多种行为方式就可能有包括法律后果在内的多种客观效果。如合同订立的方式是多样的，有书面的，也有口头的。在应当是书面的合同中，有的是书面的，也有的不是书面的。有的必须公证，也有的无须公证。在必须公证的合同中，有经过公证的，也有没有经过公证的。有需要登记的，也有不需要登记的。在必须登记的合同中，有已经登记的，也有没有登记的。人们的行为方式不同，其法律后果也不同。不仅法律后果所涉及的效益有差异，与之相关的有关事项的效益也会受到影响。法律根据各种合同的不同性质，对其作出了不同的形式要求，有的规定了必须具有书面形式，有的规定了必须经过公证程序，有的规定了必须由有关部门登记，等等。由此，法律就为人们行为上争取最佳的实际效果提供了法律程序上的保证。

2. 减少社会代价。任何获得都必然是有代价的，而代价的付出就有多或者少的问题。在不讲效益的情况下，人们看到的仅仅是结果，而没有看到为这一结果社会所付出的代价。效益可以分为法律本身的效益和法律之外的社会效益。这些效益的获得，也同样是需要必要的代价的。法的效益价值要求人们以较小的投入，获得较大产出，减少不必要的资源耗费。这里的资源，既包括物质财富形态存在的资源，也包括不以物质财富形态存在的资源，如时间、人力、知识等。

在实体法上，法律为人们设定最经济的行为模式，减少不必要的资源耗费。良好的法律总是在保障社会稳定与促进社会发展的前提下，力图最大限度地保护社会财富，使社会财富被恰当使用或者被最经济地使用，而不被随意破坏。法律对于故意毁坏公私财物的行为，总是要予以法律制裁。对于浪费的行为，法律总是予以反对。许多国家甚至用法律禁止浪费，把严重的浪费行为规定为犯罪。法律禁止矿产开采水平低的企业运行，其目的也在于保障自然资源被充分利用，提高自然资源的开采效益。

在程序法上，法律为人们设定最经济的程序模式，保证人们以最简便的手续、最少的时间耗费，达到预期的法律目的。现代所有的诉讼法，都注意到如何便于解决民众纠纷、便于民众参加诉讼，便于司法机关审理案件；如何减少不必要的诉讼程序，尽快解决纠纷或处理案件等问题。所有的非诉讼程序法也都有一个如何最迅速地处理有关事务的问题。程序法的这种努力，其目的就在于减少诉讼成本，提高相应的效益。

3. 确保效率优先与兼顾公平。效率与公平之间的冲突长期困扰着人们，如何对二者进行选择，是价值问题上的重大难题之一。在改革开放以前的中国，长期奉行着公平优先的原则，甚至不惜以牺牲效率为代价。这种过度的公平，往往损害着效率，最后也损害了公平本身。如片面追求高就业率，的确曾使绝大多数人获得了就业的机会，但是，各个机关、部门，乃至企业、事业单位人满为患、人浮于事、平均主义，广泛的就业演变为隐性的失业。平均主义式的公平导致了效率低下和普遍贫穷。

如果效率优先，又会导致新的问题。效率的获得，有时不得不以一定程度公平的牺牲作为代价。尽管这种代价也许是暂时的，但也必须予以承担。在效率优先的前提下，机遇更难平均分配，贫富分化的加剧势必成为必然，公平无疑会受到某种程度的损害。

在"效率优先，兼顾公平"的行动口号下，如何保障效率优先，如何兼顾公平，都是法律所必须关注，并且有所作为的。

（1）法律确认效率优先，坚持发展才是硬道理。在涉及效率与公平选择的各个环节，把效率摆在优先的位置。在我国目前经济和社会尚不发达的情况下，效率优先的意义不容低估。为了保证效率优先原则的贯彻，把效率优先法律化具有特别重要的意义。坚持效率优先，就是要把公平摆在适当的位置，而不能因公平而影响效率的保持与提高。法律在自然资源和社会资源的分配中，都必须把效率摆在首要的位置予以特别强调，防止平均主义"公平"对效率的干扰。

（2）法律必须兼顾公平，以自己特别的方式保证和维护社会公平，使社会既有效率又有公平。效率优先并不等于只有效率，兼顾公平应当是效率优先的题中之义。实际上，如果只讲效率无视公平，再高的效率经过一定发展后，就必然会回落，甚或倒退。在一定意义上，公平是效率的基础和条件。没有它，效率就会因公平的缺乏而减低或停滞。法律的一个重要价值就是使社会在争取效率的同时，兼顾公平的维护和保持。

三、自由

（一）作为法的价值的自由

1. 自由对于人的价值意义。自由是人的潜在能力的外在化。人一旦存在，就拥有发展的潜在能力。人有了自由，在主观上，就会精神振奋，激发智慧，努力使自己的智力和体力得到全面而充分的发挥；在客观上，影响和制约其能力发挥的否定性因素就会大大减少甚至消失，人就能自由地从事自由的活动。在实现人的潜在能力外在化的同时也实现了人的自由。人的潜能的发挥程度标志着人的自由的享有状况。

自由是人的自我意识的现实化。人都拥有生存和发展的自我意识。人在生存和发展中离不开自我的主观能动性的存在和发挥。"人类的特性恰恰就是自由自觉的活动"，[1]人使自然界和自己的生命活动变成了"自己意志和意识

---

〔1〕《马克思恩格斯全集》第42卷，人民出版社1979年版，第96页。

的对象",[1]而且,"仅仅由于这一点,他的活动才是自由的活动".[2]人的自由在于满足人的自身需要,自由是人的自我意识的现实化。

自由是人类发展的助动力。人类对自由的追求,以及社会自由程度的提高既是人类发展的表征,也是人类向新的自由度迈进、获得新的发展的保证。人类社会的层层递进,也是人类自由的渐进发展。自由是人们奋进的动力和目标之一,人类沿着奔向更高自由的自由之路不断否定过去、开创未来。

2. 法律自由的含义。法律自由,是指一定社会中人们受到法律保障或得到法律认可的按照自己的意志进行活动的人的权利。这一定义至少包含着以下几个方面的内容:

(1)法律自由是人的权利,属于人权的范畴。马克思曾指出,自由确实是人所固有的东西,连自由的反对者在反对实现自由时也实现着自由。没有一个人反对自由,如果有的话,最多也只是反对别人的自由。在《论犹太人问题》中,马克思更加明确地论述了自由这项人权。在马克思那里,自由无疑是人权的组成部分。自由是人的权利。

(2)法律自由受到法律保障或得到法律认可。这是法律自由的外部特征。自由是一个相当广泛的概念,法律自由仅是众多自由之一种,是被法律保障或认可,即法律化了的自由。这种被法律化了的自由必然具有既不可随意扩大,更不可随意侵犯的性质。它获得了国家意志的形式,得到了国家强制力的保障。

(3)法律自由是人按照自己的意志进行活动的权利。法律自由属于行为自由的范畴,并不是指思想自由或意志自由。思想和意志本身就应当是自由的。法律是行为的规则并不是思想或意志的准则。这并不是说法律、法律自由对思想自由或意志自由毫无用处。法律、法律自由都对思想自由或意志自由具有或多或少、或大或小的影响。马克思曾说,"我只是由于表现自己,只是由于踏入现实的领域,我才进入受立法者支配的范围。对于法律来说,除了我的行为以外,我是根本不存在的。我根本不是法律的对象。我的行为就是我同法律打交道的唯一领域。因为行为就是我为之要求生存权利、要求现实权利的唯一东西,因此我才受到现行法的支配".[3]

(4)法律自由是一定社会中的法律自由,具有特定的时代性。法律社会中,一定历史时代就有一定的法律自由。这个法律自由是为该社会的经济发

〔1〕《马克思恩格斯全集》第42卷,人民出版社1979年版,第96页。

〔2〕《马克思恩格斯全集》第42卷,人民出版社1979年版,第96页。

〔3〕《马克思恩格斯全集》第1卷,人民出版社1956年版,第16～17页。

第三章

展、社会状况、阶级本质、历史条件等多方面因素所决定和制约的。任何法律自由都不可能超过社会生活条件所提供的可能而独自发展。

3. 法律应以自由为目的。古罗马法学家西塞罗有一句名言：为了得到自由，我们才是法律的臣仆。洛克明确指出："不管会引起人们怎样的误解，法律的目的不是废除或限制自由，而是保护和扩大自由。这是因为在一切能够接受法律支配的人类的状态中，哪里没有法律，哪里就没有自由。这是因为自由意味着不受他人的束缚和强暴，而哪里没有法律，那里就不能有这种自由。"[1]马克思也认为法律应以自由为目的，并作出了极其深刻、明晰的论述。他说，"法律在人的生活即自由的生活面前是退缩的"[2]"法律不是压制自由的手段"[3]不能与自由相抵触，而应以自由为目的。即使是法律的强制问题也是如此，法律的强制也只能以自由为目的。他还说，"只是当人的实际行为表明人不再服从自由的自然规律时，这种表现为国家法律的自由的自然规律才强制人成为自由的人"[4]

法律以自由为目的，具体地说：①从法律权利和法律义务来看，法律权利是为自由而设定的，法律义务也是为自由而设定的。法律权利的设定与自由相抵触就必然会违反法律的初衷。法律义务的设定与自由相抵触，法律权利就成为乌有，自由也就没有法律的根据和保障。②从法律的授权、禁止和义务规定来看，法律上的授权固然是对自由的确认，法律上的禁止和义务也应是为确保自由而设立。离开了自由，法律授权、法律禁止和法律义务本身就失去了灵魂。③从法律的制定和法律的实施来看，法律的制定要以自由为出发点和归宿，以自由为核心；法律的实施必须以自由为宗旨，法律的保护或打击、奖励或制裁都应以自由为依归。

（二）法律对自由的保障作用

1. 自由需要法律的保障。用法律保障自由是保证自由免受侵犯的需要。在社会中，人以个体以及由个体集合而成的群体而存在，各主体的需要、利益、自由之间就难免会发生冲突，乃至相互侵犯。要保证自由不被侵犯，就必须对自由的侵犯者及其侵犯行为予以严厉的惩罚。人类惩罚罪恶的最严厉的外在手段莫过于法律，法律通过制裁侵犯自由的违法犯罪，保障自由免受侵犯。

---

〔1〕 于浩成、段秋关、倪健民：《中外法学原著选读》（下），群众出版社1986年版，第462页。
〔2〕《马克思恩格斯全集》第1卷，人民出版社1956年版，第72页。
〔3〕《马克思恩格斯全集》第1卷，人民出版社1956年版，第71页。
〔4〕《马克思恩格斯全集》第1卷，人民出版社1956年版，第72页。

用法律保障自由是保证自由不被滥用的需要。自由存在着被侵犯的可能性，也存在着被滥用的可能性。自由的滥用是由自由的享有者任意扩展其自由的范围和内容所致，它同样会导致其他个体或群体的自由受损或被剥夺。法律在防止自由被侵犯的同时，必须防止自由被滥用。全面保障自由的存在、实现，以及向更高的自由发展。

法律保障自由是宪法的使命，是其他法律、法规的重要追求。宪法作为国家的根本大法，必须肩负起确认自由并保障自由的重任。但自由仅有宪法的原则规定，很难转化为社会的客观现实，它还需要社会整个法律体系予以足够的保障。

2. 法律确定自由的范围。洛克认为，自由是在他所受约束的法律许可范围内，随心所欲地处置或安排他的人身、行动、财富和他的全部财产的那种自由，在这个范围内他不受另一个人的任意意志的支配，而是可以自由地遵循他自己的意志。[1] 孟德斯鸠认为，在一个国家里，也就是说，在一个有法律的社会里，自由仅仅是：一个人能够做他应该做的事情，而不被强迫去做他不应该做的事情。[2] 马克思认为："自由就是从事一切对别人没有害处的活动的权利。每个人所能进行的对别人没有害处的活动的界限是由法律规定的，正像地界是由界标确定的一样。"[3] 具体说来有以下几点：

（1）法律确定自由的范围。人们的自由是广泛的。法律总是对人们最基本的自由予以法律确定，对一般的自由则通过法律不予禁止的方式赋予。世界各国的宪法和法律都把公民的基本自由规定在自己的宪法性法律文件之中，并将其宣布为不可侵犯者。各部门法律也总是以宪法性法律文件的类似规定作为自己的立法根据，以具体地规定对何种自由予以何种保护。

（2）法律确定自由的量度。共同享有同一自由的情况是普遍而经常的，尤其是普遍的自由，一个公民应当享有，其他公民也同样应当享有。自由的资源并不都是无限的，因此，人们就可能在自由资源的分配与利用上产生矛盾和冲突。于是法律在确认人们基本自由的同时，又对一些最基本的自由予以量度规定，使各行为主体都能在不侵犯他人自由的同时拥有和实现自己的自由。

（3）法律确定自由的边际。自由与自由之间会有一定的交叉，甚至冲突，这已经是不争的事实。法律规定的自由会有交叉乃至冲突，人们在享有这些

---

[1] 于浩成、段秋关、倪健民：《中外法学原著选读》（下），群众出版社 1986 年版，第 462 页。

[2] 于浩成、段秋关、倪健民：《中外法学原著选读》（下），群众出版社 1986 年版，第 472~473 页。

[3] 《马克思恩格斯全集》第 1 卷，人民出版社 1956 年版，第 438 页。

自由的时候也难免会发生矛盾。为了避免冲突或矛盾的发生，法律就在事前对某些自由作出边际规定，使各种自由在各自的范围内行使或发挥作用，而不至于彼此冲突或矛盾。一旦因此而发生法律上的纷争，也便于依法解决。

3. 法律保证自由的实现。法律为自由的享有者提供实现自由的法律方式、方法。比如游行示威法，它不仅要规定公民的游行示威自由，而且要规定游行示威的具体方式方法，包括如何申请、如何进行等。

法律为自由的享有者提供法律保护。凡是自由的享有者的权利受到侵犯，受害人都有权请求国家的司法保护。国家通过司法途径保证自由权利人自由权利的实现。

法律对侵犯自由的违法犯罪进行法律制裁，以保证自由的彻底实现。在现实社会生活中，侵犯自由权利的行为和事件会时有发生。如果没有有效的法律手段打击相关的违法犯罪，人们的自由就不可能实现。

四、平等

（一）平等的含义

平等即是人与人的对等对待的社会关系。法律所追求的平等，涉及人身、政治、经济、文化等各个方面，内容相当广泛而深刻。平等的含义十分复杂，不同时代、不同阶级的人固然有不同的平等观念，同一时代、同一阶级的人也可能由于认识的基点、方法、手段、角度不同导致平等观念迥然相异。在现代我国，对平等的理解必须注意以下几点：

1. 平等不是平均。平均主义思想，在中国历史上源远流长。儒家先哲孔夫子就说过，"不患寡而患不均"。中国历次农民起义都喊出了"均贫富、等贵贱"等类似口号。就是中国的民族资产阶级革命也不会忘记"平均地权"。在历史上，面对极度的贫富不均、人剥削人，平均主义思想自然有其存在的依据和进步的意义。然而，在现代中国，平均主义思想的普遍存在就极不正常了。如果说它在历史上还有一定的进步意义，那么，在现实中就只能是历史的倒退。

平均意味着没有差别。在我国几十年的社会主义建设中，平均往往表现为"干好干坏一个样，干多干少一个样，干与不干一个样"，结果破坏了按劳分配原则。平均在表面上反对剥削的同时又确立并维护着新的剥削，而且使这种新的剥削被合理化、普遍化。在平均主义的环境中，任何人都不可能通过诚实劳动与合法经营先富起来，结果是所有的人都共同分享贫穷。平均不仅在伦理上走到了平等的反面，而且在经济上也走到了平等的反面，由经济发展的基础和保障异化为经济发展的障碍和局限。

2. 平等反对特权。平等与特权是矛盾的、对立的。只要有特权存在，就不可能有平等建立。特权是平等的大敌。

古今中外，特权从来都是对平等的否定，平等始终都是对特权的批判。在奴隶制社会中，自由民内部是极不平等的。奴隶制国家的君主是最大的奴隶主，当然享有至高无上的特权，奴隶主阶级的贵族、官僚们也享有各种特权，奴隶主相对于平民来说也享有不同的特权。因而奴隶制社会绝不可能是平等的社会。在封建制国家中，封建国君或皇帝集立法、司法、行政大权于一身，拥有全方位的特殊的权力和权利。封建的贵族、官僚们也纷纷享有日常政治、文化、社会生活的各种特权，在司法上尤其享有"议""请""减""免""赎""当"等种种特权，几乎全世界的封建制法都是特权法。在特权之下，平等根本没有立足之地。在资产阶级革命中，资产阶级针对封建特权，喊出了"法律面前人人平等"的平等口号。但由于它是以"资本"为核心和基础的，因而在摧毁了封建的土地特权的同时，又创造了另一个特权——资本的金钱特权。

在我国当代，特权依然与平等相对立。平等也只有在否定特权的前提下才可能得以建立。我国法律确认了平等原则，批判地继承了资产阶级法律面前人人平等的法治口号，宣布"公民在法律面前一律平等"。平等是我国法的重大价值之一。

由于历史、思想、文化、传统等方面的原因，尤其是我国现存的经济体制和政治体制，在克服特权的同时又维持和滋生着特权，因而短时期内，特权还不可能在中国大地上彻底绝迹。特权在中国社会中依然存在着一定的历史和现实必然性。说特权的存在具有一定的合理性，这只是从客观条件决定的前提下来说的，是从事物内因、事物存在的根据、事物存在论的哲学意义上讲的，并不是说特权符合我国社会的本质，是我国社会及其法律的要求、追求或目标。特权与我国社会和法的要求、追求和目标背道而驰。平等是我国法的主流和方向。为平等而克服特权是我国社会及其法律发展的必然要求。

3. 平等反对歧视。如果说平等与特权的对立早已为专家、学者以及社会一般民众所重视，那么平等与歧视的对立却往往为人们所忽略。平等的对立面即特权、歧视，而并非仅限于特权。在特权的前提下没有平等，在歧视的前提下也没有平等。

歧视作为一种社会人际关系的产物和状态，是指人对人的一种不应有的、不平等的低下看待。特权的享有者往往是对他人的"掠夺"和"欺侮"，而歧视的承受者则往往是被他人"掠夺"和"欺侮"。特权拥有者的权利在扩张，歧视承受者的权利被侵害。特权者的权利超出了一般人的限度，歧视承受者的权利低于一般人的水平。

第三章

歧视如同特权一样都是对平等的否定。从社会伦理意义上考虑，歧视比特权更不人道，更不合理。它公开地把人不当作人，不把别人当作与自己同样的人来认识、对待和尊重，把人人为地划分为弱肉强食的等级。歧视是对人权的粗暴否定，是对人生而平等的粗暴践踏。从法律意义上考查，歧视往往表现为：作为特权的另一个极端，人不被当作与他人同等的人；受歧视者的应有权利得不到法律的应有确认，即使确认了也得不到与他人同等的法律保护；法律义务比其他人格外沉重，被不恰当地过多要求。

歧视与特权具有内在的密切联系。一方面存在特权，另一方面就必然存在歧视。一方面存在歧视，另一方面就必然存在特权。只不过特权侧重于权利的不当膨胀，歧视侧重于权利的不当剥夺。特权与歧视同样有害于平等，有害于人权，有害于人类的进步与文明，所以既要反对特权又要反对歧视。

（二）平等和法律的价值关系

1. 平等对法律的价值意义。平等作为价值目标，与自由、人权、正义、理性等价值准则一样是法律必不可少的价值追求。在法律的价值体系中具有必不可少的意义。

（1）平等指导着法律对权利、义务的公正分配。法律沿着人类平等观念正常发展所昭示的历史轨迹，把平等推进到一个新的高度。

（2）法律把对平等的确认、维护、实现作为自己的重要任务。凡是破坏平等的违法行为，法律都予以应有的制裁，以保证平等的存在和实现。平等是法律确定保护对象、惩办对象的重要参数，是法律正确地发挥作用的重要指针。

（3）平等引导着法律的进步。法律沿着不平等到平等、初级平等到高级平等的历史进程向前推进。

2. 法律对平等的价值意义。

（1）法律是平等的重要依据。平等是社会权利、义务的一种特定分配形式，具有不同层次的意义。平等的内涵和外延的复杂、丰富使得平等扑朔迷离。同一事项，在有的人看来是平等的，有的人看来却是不平等的；在这个意义上是平等的，在另一个意义上却是不平等的。难道平等的可塑性竟大到没有一个准则？不，平等有平等的准则。法律就是平等的若干准则之一。它是法律范围内的平等与否的根本依据。法律能起到一定意义上平等依据的作用，这是由法律本身的性质和特征决定的。因为法律明确、具体而肯定，是由国家制定或认可并以国家名义公开颁行的行为规则，它具有其他社会意识形态所不可比拟的规范性、明确性、肯定性、权利义务性和普遍有效性。由于法律的客观存在，不管人们主观上的平等观念分歧多大，但统一到既定的法律规定上来，平等与否都可能获得较为一致的结论。

（2）法律是平等的重要保障。从一般意义上讲，人大都是向往和热爱平等的。但是从具体的特定意义上讲，由于每个人的自身状况、生活环境、社会联系、物质条件、精神条件、自我意识等的不同，其需要、利益就不同，对平等的具体看法就可能相互冲突，真实的法律上的平等就可能遭到破坏。有的人会无视法定的规则去谋求法外的特权，去侵犯他人的利益，平等就会受到威胁和损害。这时，法律就应自觉地成为平等的维护者、恢复者、补救者，保障平等的存在。如果没有法律，国家强制力就没有保障平等的依据。法律对平等的保障意义表现在：①法律为平等设定了标准，法律为平等提供了重要依据；②法律为平等设定了措施，以保证平等得以顺利实现；③法律为平等设置了保障，凡是破坏平等的法律行为都可能受到或宪法、或刑事、或民事、或行政的法律制裁。法律对破坏、侵犯平等行为的制裁，可以起到保护不平等的受害者，惩罚不平等的违法者，补救平等、恢复平等、重建平等的重要作用，为平等提供切实有效的法律保证。

五、人权

（一）人权及其法律化

1. 人权的定义与属性。人权是一定时代作为人所应当具有的，以人的自然属性为基础、社会属性为本质的人的权利。这一人权定义昭示了人权的基本属性。

（1）人权具有时代性。在不同的历史时代，人们具有不同的社会生活条件，因而不同历史时代的人们就具有不同的人权条件、人权标准和人权状况。"权利永远不能超出社会的经济结构以及由经济结构所制约的社会文化发展。"[1]人权是由一定时代的社会经济结构及其制约的社会文化发展所决定的。

（2）人权具有应然性。人权不仅是实际意义上的权利，而且更是应然意义上的权利。它是现实社会生活条件包括物质生活条件和精神生活条件基础上的应然权利。应然的依据并不是人们的异想天开或随意假设，而是人的社会生活条件。每一种特定的社会生活条件都为人权的存在状况提供了基本的质、量限额，即一定的度。这个度就是应然人权的准线，它往往成为一定社会人们用以衡量当时人权状况是否良好的标准。

（3）人权具有自然性。人权是以人的自然属性为基础的权利。人的存在必须以拥有自然生命为前提。人权首先是为满足人作为自然生命的需要而产

---

[1]　《马克思恩格斯全集》第 1 卷，人民出版社 1956 年版，第 12 页。

生的权利。人的生存权、健康权、安全权等最基本的权利，是人权的首要内容。没有这些最基本的权利，一切人权均无从谈起。人权的全部内容都以人作为自然生命的存在和发展为根据。

（4）人权具有社会性。人权缺乏社会性，人权的存在就毫无意义。人权是在人与人的相对状态中存在的，孤立的个人根本就不存在人权问题。人权是社会发展到一定文明程度的产物，必然随着社会及其文明的发展而不断丰富发展。离开了社会谈人权，人权就成了无本之木、无源之水，就没有人权可言。

（5）人权具有平等性。人权是一定时代的人都应当具有的作为人的权利。既然人权是人都应具有的权利，那么人权就必然是一种普遍的平等权。普遍到人人都应有的程度，是人权的一般要求。

（6）人权具有属人性。人权是仅归属于人的权利，与神权、动物权等相区别。在历史上神权对人权的压抑、歪曲、否定都曾经有过。在神权时代，人只是神的奴仆、附庸。社会的主体似乎是神而不是人。神的权利高于人的权利，神的尊严高于人的尊严。在现代西方，动物权又喧嚣一时。对动物的保护是必要的，但它只是人权的延伸，是为人权服务的，同时也是人类理性发展的结果。任何将动物权与人权相提并论，或将人权直接赋予动物，甚至视动物权高于人权的法律都是错误的。这样的法律实际上是对人权的亵渎，也是法律的悲哀。

（7）人权具有阶级性。由于人具有阶级的划分，因而人权也就不可避免地具有阶级属性的差别。不同阶级的人，拥有不完全相同的人权概念、人权追求和人权标准。

（8）人权具有共同性。否认人权阶级性的观点显然是错误的，而否认人权共同性的观点也是错误的。人权是人的权利，除了人的阶级性对其具有影响以外，人的其他属性也对人权具有影响。阶级性是人权的重要属性，但并不是唯一属性。因为不管人的阶级划分如何，人总是人。是人就有人的需要、人的利益、人的思想。人都需要生存、安全、健康、平等、自由。人权虽然由于阶级属性不同而不同，但不可否认它是人人都向往、都应拥有的权利。人权的共同性与人权的阶级性并不是根本对立的，它们同时并存，并行不悖。

（9）人权具有国内性。尽管人权问题愈来愈具有国际性，但可以肯定，人权问题从根本上说还是一个国内问题。在国际社会中，各个主权国家都通过自己的宪法和其他法律，规定了本国的法律人权的地位、范围和基本内容。每个国家的人权状况首先取决于本国的经济文化的发展，取决于本国居民的物质和精神生活条件，当然也取决于本国的国家性质。各国国内法律、道德、习惯、风俗等对人权的制约作用均不容低估。而保障人权的实现，基本上也是由各国独立进行的。人权的国内性应予充分肯定。

（10）人权具有国际性。人权在具有国内性的同时也具有一定的国际性。在现代国际社会，许多国际公约都有关于人权的规定，也客观存在关于人权问题的国际惯例。对此是不应否定也无法否定的。在国际法律实践中，民族、种族、妇女、儿童、难民、战争受难者已在很大程度上成为国际人权的主体。自决权、生存权、发展权已成为国际人权的重要内容。人权的国际性与人权的国内性并非根本对立。在承认人权国际性的同时，一方面，要反对以人权国内性为借口而抵制或对抗国际人权；另一方面，我们也要反对人权问题的恣意国际化，以防以人权为借口干涉别国内政，侵犯别国主权。

2. 人权的法律化问题。人权既是政治概念，也是道德概念，还是法律概念。人权的内涵丰富、外延广博。法律人权不过是人权之一部分，不过是法律化了的人权而已。人权的许多内容之所以需要法律化，这是由法律人权与道德人权、习惯人权等相较所具有的独特优点决定的。

并不是所有的人权都需要和能够法律化，人权的法律化不宜过宽。对于那些无须法律化的人权，如果勉强法律化就必然会出现这样的情况：①由于人权内容、范围过于广泛，无法实现对人权的全面法律化，良好的愿望成为泡影；②有的人权，法律化与不法律化并无任何实际意义，人权法律化的努力成为多余和徒劳；③有的人权法律化后反而不如不法律化，它不仅无益于人权，而且还会有害于人权。

人权的法律化范围也不是愈小愈好，人权的法律化也不宜过窄。应当法律化的人权如果不法律化也不行。它可能使人权的权利主体忽视甚至不知道自己的人权，权利主体当然也就不可能主动行使和享有人权；它可能使人权的义务主体不履行人权义务，不尊重、不保障他人的人权，推卸应有的人权保护之责，侵犯他人人权；它可能使有的人权因缺乏国家强制力保障而无法实现或遭到损害。

要使人权法律化的范围适中，必须确立人权法律化的基本条件。只有具备这些条件的人权才可以，也必须予以法律化。人权法律化必须同时具备以下的基本条件：

（1）法律化的人权应为社会物质生活条件所允许，具有法律化的社会物质可能性。

（2）法律化的人权应为社会精神生活条件尤其是思想文化的发展所允许，具有法律化的社会文化可能性。

（3）法律化的人权应为人们普遍具有，是一般主体的权利而非个别主体的权利，具有法律化的主体普遍性。

（4）法律化的人权应需要法律保障，没有法律保障就难以成立，具有法律化的现实必要性。

（5）法律化的人权应在立法上可以表现为法律权利，在实施上可以依法实现，具有法律化的可操作性。

人权的法律化并不仅是指将人权纳入法律规范的具体规定中。这固然很重要，但它还只是人权法律化的第一步。人权的法律化既包括立法上的法律化，也包括实施上的法律化。如果说人权在立法上的法律化是指将人权表现为法律权利，那么人权在实施上的法律化就是将人权作为法律权利予以实现。

（二）法律人权的基本内容

法律人权包括法律上的人身权、政治权、经济权和文化权等。

1. 人身权是人权的首要内容。没有人身的存在，任何权利都没有意义。因为任何人权都是人的权利，没有人身也就没有人，当然也就无所谓人权。人身权的内容十分广泛，它至少包含着人的人格权和身份权。

2. 政治权是人权的重要内容。人的政治权是指人在政治社会中所应享有的关于参与国家和社会管理的基本权利。

3. 经济权是人权的基本内容。人权中的经济权主要包括平等发展权、劳动权和财产权等。

4. 随着历史的发展，文化权已成为人权的基本内容之一。文化权主要包括受教育权、文化生活权、科学研究权和文艺创作权等。

六、正义

（一）正义是法律的先导

法律是指导人们行为的准则，是国家和社会用以评价社会行为的标准，也是其"惩恶扬善"的根据和武器。这样，法律在制定时，立法者就不可能不以一定的正义观念作指导并将这些正义观念体现在具体的规定之中。

从执法上讲，执法者的执法活动以统治者（特别是其中的立法者）熔铸于法律规范中的正义观念为指导，以实现立法原意为目标；同时，执法活动也要受执法者本人正义观念的左右。不管一定的正义观念是否是真正的正义，但可以肯定，任何执法活动都摆脱不了正义观念的影响。

守法是特别重要的，法律能否被良好遵守的制约因素是多重的，其中极其重要的因素就是法律本身是否具有正义性，具有多大程度的正义性，以及社会民众的正义观念怎样，法律所包含的正义观念与社会民众的正义观念是否吻合。如果法律本身较为正义或正义，社会民众的正义观念基本正常且与之吻合或基本吻合，那么，这样的法律就可能被有效地遵守、执行；反之，该法律就可能不被社会接受，甚至遭到社会民众的反对和破坏。法律的遵守也如同立法、执法一样，必须以一定的正义观念作为思想依据。

（二）法律的正义意义

1. 分配权利义务以确立正义。

（1）法律分配权利义务以确立正义原则。人们是在社会群体中生活的，人在没有人我分别、经济差异、阶级划分的原始时代，当然是无所谓权利或义务的。随着人类私有观念——私有制度的形成，人们间的权利、义务日益明确，许多权利、义务逐步被法律化。法律分配权利义务的原则体现着法律的正义状况，引导着社会正义的方向，成为法律上的正义原则。

（2）法律分配权利义务以确立正义模式。法律是规定人们权利、义务的规范。人们是否依法享有权利而不滥用权利，是否依法履行义务而不侵犯他人的权利，其衡量的标准就是法律对权利、义务的规定。法律对权利的规定不仅包括对权利内容的规定，而且包括对权利性质、范围、享有条件和实现方式等的规定。如果权利人违背了权利的性质、超出了权利的范围、不具备权利的享有条件而享有了权利，或不采取适当的方式行使权利，权利就会被滥用，就会在权利的行使上出现不正义。法律对义务的规定也如同对权利的规定一样，它不仅规定了义务的内容，而且规定了义务的性质、范围，以及实现的方式等。正义与否在法律上是以法律对权利、义务的规定为基准的，法律通过对权利、义务的分配来确立法律上的正义模式。

（3）法律分配权利义务以确立正义秩序。社会的权利、义务在总量上应当是相等的。因为既没有无权利的义务，也没有无义务的权利。由于人们的经济状况、社会地位、个人习性、智力才能等的差异，法律的权利、义务不可能绝对均等地分配。如果没有权利、义务的法律分配，社会就会陷入混乱之中，人们就可能因权利、义务的不明确而发生纠纷，而且由于缺乏法定的正义标准又使纷争无法得以解决。

通过权利、义务的分配确立的正义，只是法律规范意义上的法律正义，而不是社会实在意义上的法律正义，也不是一般意义上的正义，更不是全部的正义。正义的内涵和外延都十分复杂，法律正义也只是正义之一部分。通过权利、义务分配来确立的正义并不是正义的全部内容。道德正义、风俗正义、习惯正义的许多内容都不需要，甚至也不可能法律化，都在法律正义之外。

2. 惩罚违法犯罪以保障正义。法律正义的标准，通过法律对权利、义务的分配得以确立，而要保障法律正义的存在或实现，还必须依靠国家强制力。法律凭借国家强制力使法律的权利、义务分配实在化、现实化。

　　违法犯罪在法律的权利、义务上，或者体现为法律权利的滥用，或者体现为法律义务的不履行。法律权利的滥用必然导致对他人权利的侵犯，导致不正义的产生；法律义务的不履行，也必然导致他人权利的无法实现，也同样会导致不正义的产生。

　　惩罚违法犯罪以保障法律正义，具体表现在法律通过惩罚违法犯罪，使违法犯罪者的恶行得以抑制，终止违法犯罪行为对正义的继续损害；使被违法犯罪行为扭曲了的正义标准得到矫正，恢复社会正常的正义准则；使违法犯罪者的不正义得到抵消与中和，正义在违法犯罪者受惩罚的过程中得以体现；使倾向恶行的不正义者中止恶行，远离恶行，弃恶从善，确保正义免受侵犯。

　　3. 补偿受害损失以恢复正义。法律正义被损害了，法律就有责任制裁不正义。然而仅限于此是远远不够的。因为人们的正义心态并不因为不正义的违法犯罪受到惩罚就得以平复。法律要真正切实地保障正义，还必须在惩罚违法犯罪的同时，补偿正义因违法犯罪而蒙受的损失。只有在正义的损失也得到了补偿的情况下，才可以肯定地说，正义得到了修复。

　　法律补偿正义损失的具体方式是多样的。可以通过对违法犯罪的惩罚以及违法犯罪者的悔过自新来补偿已损失的道义上的正义；可以通过强迫违法犯罪者用实际行动弥补自己的过失，用自己的行动来抚平社会正义的创伤，使社会的正义得到恢复；也可以通过迫使违法犯罪者赔偿受害者的物质损失和精神损害，从经济赔偿的角度修复被损害的正义。

　　正义的损害者并不仅仅是违法犯罪活动。风暴雨雪、生老病死等也可能使人处于极不平等的位置，导致不正义的产生。对这种不正义，法律就应当通过社会保障、社会救济的方式使正义得以恢复。社会通过对受害者的保障或救济，可以使失去平衡的正义天平重新平衡，恢复正义。

■　第三节　法的价值冲突

一、法的价值冲突的结构

　　法的价值是一个多元多维的庞大体系。其中包含着各种准则，不同的阶级、社团、个人在法律实践和法律理论上不同的价值观念。不同法的价值准则和法的价值观念，各自内部和相互之间的矛盾，就是法的价值冲突。这种冲突不仅表现在不同法的价值准则、观念之间，而且也表现在法的价值准则、观念的不同性质或形式上。

　　法的价值冲突的结构是复杂的。从法的价值冲突的形式来看，法的价值冲突表现为二元价值冲突和多元价值冲突。

法的价值冲突的冲突元素至少是二元的，如自由与秩序、秩序与正义、自由与平等的冲突。二元价值冲突的形式基本上包括两类：①有 A 无 B、有 B 无 A 的二者只取其一的冲突形式，可以称之为排他冲突；②A 首 B 从、B 首 A 从或 A 主 B 次、B 主 A 次的冲突形式，可以称之为位列冲突。位列冲突与排他冲突并不是截然分离的，而是可以相互转化的。其实，如果在位列冲突中，只要要求找到"首""主"为 A 或 B 时，位列冲突就转化为排他冲突，因为"首"或"主"是唯一的、排他的、独占的。如果在排他冲突中，要求排列冲突元素的主次或首从，排他冲突也就转化为了位列冲突。

法的价值冲突的冲突元素可能是多元的。多个元素相互交织构成的法的价值冲突，情况远比二元法的价值冲突复杂。如自由、平等、秩序三者间的冲突，自由、平等、秩序、正义四者间的冲突。在 ABCD 等元素中，或取 AB 而去 CD，或取 BC 而去 AD，依此类推；或在 ABCD 中排出首次、主从位列，等等。稍加分析，就不难发现，多元法的价值冲突实际上是由多个二元法的价值冲突构成的。人们完全可以把多元法的价值冲突转化为多个二元法的价值冲突来研究，综合评断，以找出解决法的价值冲突的办法。

二、法的价值冲突的解决原则

法的价值冲突的解决方法是历代学者探讨的重要课题，他们曾经提出了利害原则、苦乐原则、法的价值等级体系、价值中心论等。这些解决原则虽然有其存在的意义，但都有其难以克服的缺陷。[1]

解决法的价值冲突的最为可行的办法是综合测评，其理论或许可以称为"综合测评论"。[2]综合测评的主要内容如下：

1. 拒绝纯粹抽象地谈论法的价值的优先选择，强调价值的取舍和位列应根据具体的价值冲突状况及其相关因素来确定。

2. 拒绝绝对具体地衡量、评判法的价值问题，强调具体与抽象、现实与未来、目前与长远的有机结合。

3. 拒绝用单一的"利害"标准或"苦乐"标准进行价值计算，也拒绝根据某种中心来决定价值取舍或位列，主张从实在与理性、具体与抽象、现实与未来、个别与一般的结合出发，进行全面估价，再作出价值决策。

---

[1] 限于篇幅，无法对价值冲突的各种解决原则一一评说，读者可以参见卓泽渊：《法的价值总论》，人民出版社 2001 年版，第 147 页。

[2] 所谓综合测评论，是作者提出并创设的，是否科学还有待学术发展检验，读者可以参见卓泽渊：《法的价值论》，法律出版社 2006 年版。

如何具体进行综合测评呢？应当在基本价值不可动摇，法治原则必须坚持的前提下，贯彻和实行以下三大操作原则：[1]

（一）适当成本原则

这是解决法的价值冲突的首要原则。因为一般来说，一定效益的产生或获得总是以一定成本的支出作为前提和代价的。没有成本的投入就没有效益的产出，法律的价值追求也同此理。在法的价值之间发生冲突时，首要之举在于对各种方案进行成本测算。其目的在于解决法的价值冲突：确定取舍，确定位列，实现最佳的价值取舍或最有效益的价值位列组合，达到最佳的价值效益。这是因为：①主体所能承受的成本支付量并不是无限的。任何美好的价值追求，其成本都不应超出主体的实际支付能力，否则就只能是好大喜功、劳民伤财。②效益的好坏与多少，并不是与成本的投入量绝对成正比的。少的成本使用得好，可能获得好的、多的效益；多的成本使用不好，可能获得差的、少的效益。基于以上分析，如果成本过大，一是会超过主体的承受能力，二是可能导致成本的浪费；如果成本过低，又达不到理想的效益水平。准确地测算成本并根据成本测算作出价值选择对于解决价值冲突就显得特别重要。

在法的价值追求的成本测算中，应注意以下几个主要的数量：①各种冲突的价值元素、解决方案在具体情况下的分别效益量。②各种冲突的价值元素、解决方案各自具体效益量所需的成本量。③主体所能承受的成本量。在确定了以上数量并根据各种情况评估了以上数量的基础上，还应再考虑其他的解决法的价值冲突的原则。

（二）最佳效益原则

最佳效益是人类行为的重要原则，也是解决法的价值冲突的重要目标。在法律冲突中以最佳效益原则来解决冲突，无疑是相当重要的。可供选择的若干个价值方案中，所选择的价值方案 Sx 必须是在可供选择的范围中效益最佳的。如果在所选价值或方案 Sx 的效益之上发现了另外的价值或方案 Sn 具有更高的效益，就应选择效益更好的 Sn 而不是 Sx。

最佳效益是以最佳结构、最佳运行为保障的。为了谋求最佳效益，必须首先进行最佳结构的选择。最佳结构的选择必须考虑系统方法，尤其是系统方法中的整体原则、整体优化原则。最佳运行中包含着运行的正常和运行的高效。运行的正常至少是指运行中无（或极少）内在障碍和外在阻碍，并且

---

[1] 这三大原则是作者借鉴经济分析法学的有关理论提出的，但并不等同于经济分析法学的有关理论。在学习和理解本节内容时，可以参阅有关经济分析法学著作的有关内容。

无（或极少有）对外界的负面影响。运行的高效强调的是运行的速度。如果没有运行的正常和高效也就不可能有最佳的运行，当然也就没有最佳的效益。

最佳效益原则是解决价值冲突的核心原则。

（三）补偿有余原则

在法的价值冲突的解决上，如能有得无失，何乐而不为呢？当然谈不到补偿的问题。然而，在解决法的价值冲突时，或许不得不因追求某种价值而在一定程度上损害另一种价值。这时就必须坚持补偿有余的原则，争取得大于失。在"得"补偿了"失"之后尚有富余，就可以说，能"得"的方案从得失上讲是可行的。否则，如果得失相当，就徒劳无益；如果得小于失，就无益有害。补偿有余，是解决法的价值冲突时必须坚持的起码原则。有了这一原则作保障，法律以及法律调整的社会才能避免价值的错误决策导致的损失，才能获得真正的效益，得到发展。"补偿有余"中的"补偿"有可能是真实的补偿，即得失同类，"得"确实能补偿"失"；也有可能是虚拟补偿，即得失异类，"得"无法补偿"失"。在得失异类，得失无法互补，得归得、失归失的时候，就应当进行全面测评，以寻求最佳的选择方案和途径，以尽可能少的"失"获得尽可能多的"得"。

补偿有余仅是一个最基本的原则。在法的价值冲突中还应在补偿有余的基础上尽最大可能地争取最大的"得"。

■ 第四节   法的价值判断

一、法的价值判断的含义

价值判断是价值评价的结果，它是衡量价值客体是否满足价值主体的需要以及在多大程度上满足价值主体需要的一种判断。[1]法的价值判断是法的评价的结果，也是法的价值评价主体根据自身的需要，衡量作为价值客体的法律或法律现象是否满足主体需要以及在多大程度上满足主体需要的一种判断。这种判断以应然为结论的基点，所关心的是法律应当是怎样的，以及现实的法律与应然的法律有何差异，在怎样的程度上实现了应然的法律。

法的价值判断的主体在总体上讲，应当是法的价值的主体，是具有社会

---

[1]   关于"价值判断与实证判断"，参见葛洪义所著的《法理学导论》（法律出版社 1996 年版）中相关论述。但笔者在此没有论述"实证判断"而是论述的"事实判断"，二者显然具有明显的区别。对于这一问题的看法，从定义到理论似乎都与其具有较大的差异，读者可以参考该著作的有关论述，并可以在比对中学习和研究。

性的个人、群体和人的总体，但是评价主体并不都是与价值主体同一的。法
的价值判断的标准是评价主体所认识到的价值主体关于法的需要。只不过这
种需要可能是为多种因素所决定的，而不是各种本能需要的直观反映。经过
人的理智，被用作评价标准的需要实际上是被主体进行主体化后的需要。法
的价值判断的对象是客体满足需要的状况，即客体是否满足了主体的需要，
以及这种满足的程度如何。

法的价值判断对于法的价值选择具有重要的意义。因为如果没有这种判
断，法的价值选择就无法进行，主体在若干可供选择的法的价值面前就会无
所适从。如果法的价值判断出现失误，就可能使法的价值选择出现错误，导
致主体所不期望的事实发生。

二、法的价值判断与法的事实判断

事实判断是人们对于法律现象客观情况的认识。法的事实判断是指作为
主体的人，对法的实际情况的认识。它具有很强的客观性，是主体对于一定
法律现象认识的结果。它所关注的是实际上的法是怎样的，或者说，法实际
上是怎样的。

有的学者认为，在哲学领域"研究者们把一些极为重要的问题忽略了：
价值与事实、价值判断与事实判断之间的区别一直未能引起注意和讨论。以
致把价值混同于事实，把价值判断混同于事实判断，把论证和检验知识的方
法原封不动地搬到了价值领域，这便是'传统'的价值研究的特点和历史局
限"。[1] 而"20 世纪关于价值判断的种种争论和围绕着价值判断的种种困惑，
都是由发现价值判断与事实判断的区别开始的"。[2] 从这些论述中，不难看出
区别价值判断与事实判断的意义。法的价值判断与事实判断之间的差异是不
容忽视的。这种差异主要表现在以下几个方面：

1. 结构要素不同。法的价值判断，必须有三个最基本的构成要素：①主
体，即作出法的价值判断的人；②客体，即客观的法律现象，包括法律制度、
法律事实等；③主体的需要，常常表现为一系列用价值准则来概括的主体需
求，如自由、平等、人权、正义等。法的事实判断则无须三个构成要素，而
仅需要两个要素：①主体，即作出事实判断的人；②客体，即客观的法律现
象。它无需第三个因素——人的需要的加入。如果有第三个因素加入，甚至
会使事实判断失真，导致事实判断不成其为事实判断。

2. 信息需求不同。法的价值判断中既需要判断关于客体状况的信息，也

---

〔1〕　王宏维：《社会价值：统摄与驱动》，人民出版社 1995 年版，第 3 页。

〔2〕　冯平：《评价论》，东方出版社 1995 年版，第 252 页。

需要关于主体需要的信息。这两种信息是构成价值判断的要素与条件，缺少任何一种信息，法的价值判断都无法进行。但法的事实判断则不然。它仅要求客体的信息，至于主体信息的有无，并不影响法的事实判断的进行，也不影响法的事实判断的结果。

3. 存在意义不同。法的价值判断的意义在于，揭示作为客体的法律现象的性质、功能和其他各种状况与法的价值主体的需要之间的关系。属于价值论的范畴，是主体确定自己将如何行为的根据与条件。法的事实判断的意义在于，揭示客体自身的性质、特点和其他状况。属于认识论的范畴，是主体认识法律现象的手段与途径。

4. 主观程度不同。法的事实判断因主体判断的目的性、认识能力与水平的主观性，会具有一定的主观性，但客观性还是其最基本的属性。避免主观性的介入，往往是主体努力的重要方面。在法的价值判断中，不仅主体的判断具有主观性，主体在对客体认识上可能具有主观性，而且主体对主体需要的认识也具有主观性，甚至具有更高程度的主观性。判断者的知识、好恶、观念、兴趣都可能影响其判断的结果。因此，法的价值判断的主观性程度远比法的事实判断的主观性程度高。

法的价值判断与事实判断之间的联系也是十分密切的，原因如下：

1. 法的事实判断是价值判断的基础。价值判断必须以对客体信息和主体信息的准确把握作为前提。主体对于客体信息和主体信息的把握过程，实际上也是事实判断的过程。只有这两个事实判断都存在，人们才可能进行价值判断；只有这两个事实判断都是准确的，人们的价值判断才可能得以正确进行。

2. 法的价值判断与事实判断共同形成了人类法律认识的整体。人类对于法律现象的认识本身并不是人类的终极目的，人类认识法律现象的目的在于准确把握和驾驭法律，使人类社会自己创造的这一独特的"产品"能够更好地服务于人类自身。因此，没有价值判断的事实判断，在一定程度上丧失了自己应有的意义。只有将法的价值判断与事实判断结合起来，人类对于法律的认识才可能全面并具有应有的意义。

思考题

1. 法的价值的含义是什么？
2. 法的价值与法的作用有何区别？
3. 法的价值与法的功能有何区别？

4. 为什么说秩序是法的基础价值？

5. 法对效益有什么价值意义？

6. 法对自由的保障作用有哪些？

7. 平等对法律有着怎样的价值关系？

8. 人权法律化的条件有哪些？

9. 法律对于正义的意义是什么？

推荐阅读书目

1. 严存生：《法的价值问题研究》，中国政法大学出版社 2002 年版。

2. 杨震：《法的价值哲学导论》，中国社会科学出版社 2004 年版。

3. 葛洪义：《探索与对话：法理学导论》，山东人民出版社 2000 年版。

4. 卓泽渊：《法的价值论》，法律出版社 2006 年版。

5. 张文显主编：《法理学》，高等教育出版社 2005 年版。

6. 葛洪义主编：《法理学》，中国人民大学出版社 2003 年版。

7. 卓泽渊主编：《法理学》，法律出版社 2004 年版。

第三章

第四章

法的特征、要素与程序

> **学习目的与要求**　本章需要掌握以下内容：①法的特征，即法区别于其他社会规范的显著特点，具体表现为法的国家创制性、特殊规范性、普遍适用性和国家强制性。②法的要素，即彼此互相联系、互相作用从而构成完整的法的系统的各种元素，主要包括法律规则、法律原则和法律概念。③法的程序，即人们进行法律行为所必须遵循或履行的法定的时间和空间的步骤和方式，包括选举程序、立法程序、行政程序、司法程序、监督程序和一般法律行为程序。

■　第一节　法的特征

从哲学上讲，一个事物的特征是指该事物区别于其他近似事物的象征和标志。众所周知，法是作为一种社会规范而存在的。因此，所谓法的特征，就是指法区别于其他社会规范（包括道德规范、习惯规范、宗教教规、政党的政策等）的显著特点。法的特征是法的本质的外化，是法的本质属性在现象上的体现。我国法理学界一般认为，法的特征主要有四个方面，分别是国家创制性、特殊规范性、普遍适用性和国家强制性。

一、国家创制性

从产生方式上看，法律与其他社会规范的区别在于它有国家创制性，即法律是由国家制定或认可的。法律以外的其他社会规范都不是由国家创制的。例如，习惯和道德往往是在人们长期的共同生活中自发地形成的，宗教教规是由各种宗教组织制定的，政党的纪律和政策则是由政党的领导机构发布的。

法的国家创制性意味着法律出自国家，国家是法律的唯一来源。[1]这说明，法律与国家权力之间存在着内在的、不可分割的联系。没有国家权力的支撑，任何法律都将无从产生。换言之，一切法律都是以国家名义创制的。因此，立法者在创制法律的时候，必须站在国家利益的立场上，把"国家意志"上升为法律。

制定和认可是国家创制法律的两种途径。[2]所谓制定，是指拥有立法权的国家机关按照一定的程序创造出新的法律规范。通过这种方式产生的法律，称为制定法或成文法。所谓认可，是指拥有立法权的国家机关赋予社会上已经存在的某种行为规范以法律效力。通过这种方式产生的法律，称为不成文法。国家认可法律主要有以下四种情况：①赋予社会上既存的习俗、道德、宗教教规等以法律效力，这是最常见的一种认可形式；②通过承认或加入国际条约等方式，赋予国际法规范以域内效力；③在判例法国家，通过对特定判例进行分析，从中概括出一定的规则或原则，并把这些规则或原则当作以后处理类似案件的根据，从而事实上赋予它们以法律效力；④赋予权威法学家的学说以法律效力，即在法律没有明文规定的情况下，允许援引权威法学家的学说作为处理案件的依据。

二、特殊规范性

从内部结构上看，法律与其他社会规范的区别在于它有特殊规范性。法律主要是由法律规范所构成的，法律规范有自己特殊的逻辑结构，这种完整的逻辑结构是其他社会规范所没有的。

（一）法律规范是一种行为规范，它通过对人们的行为提出模式化要求，进而实现调整社会关系的目的

人的行为是法律规范的直接调整对象，社会关系则是法律规范的间接调整对象。实际上，法律规范和其他任何一种社会规范一样，都是针对社会关

---

[1]　关于国家是不是法律的唯一来源这一问题，学术界存在着一定的分歧。西方有的法学流派认为，法律不一定与国家政权有联系，其主要理由是习俗和学者的学说有时可以成为审判的根据。国内也有学者认为，虽然法律主要来源于国家，但国家并没有垄断造法的权力，除国家造法外，社会本身始终是法律的重要来源。社会造法的主要表现是，在许多国家，社会公认的价值观、权威性理论及部分习惯可以直接成为法律。此外，许多国际组织也在创造着法律，例如联合国、欧洲共同体等。虽然这些国际组织的成员是国家，但它们本身却不是国家（参见周永坤、范忠信：《法理学——市场经济下的探索》，南京大学出版社1994年版，第25页）。

[2]　有学者提出，法律解释也是法律创制的一种主要方式。他认为："法律的创制不是仅仅通过认可和制定，法律被认可或被制定以后还有一个再度创造的过程，这就是解释。……如果把法律仅仅理解为立法机关认可或制定的规范，容易造成多种误解，并会导致法官轻视法律的适用阶段。"（参见张文显主编：《法理学》，法律出版社1997年版，第56页。）

系进行调整和控制的，但法律规范在调整社会关系时，总是以人的行为作为中介，而不是以人的思想作为中介。马克思指出："凡是不以行为本身而以当事人的思想方式作为主要标准的法律，无非是对非法行为的公开认可……对于法律来说，除了我的行为，我是根本不存在的，我根本不是法律的对象。我的行为就是我同法律打交道的唯一领域。"[1]法律规范调整人的行为，这是法律规范区别于其他社会规范的重要特征之一。例如，道德规范主要通过思想引导和舆论压力来调整社会关系，政党规范主要通过思想控制和组织控制来调整社会关系。

　　（二）法律规范有着独特的、严密的逻辑结构

　　法律规范在逻辑上由前提条件、行为模式和法律后果三部分所组成。在前提条件部分，立法者规定了适用该规范的必备条件。在行为模式部分，立法者通过设定权利和义务的方式来给人们的行为确立统一的标准。行为模式有三种类型：①"可为"的规定。通过这种规定，立法者授权人们可以做或不做某种行为，这种规范是授权性规范。②"应为"的规定。通过这种规定，立法者要求人们必须做某种行为，即要求人们承担一种积极的作为的义务，这种规范是命令性规范。③"勿为"的规定。通过这种规定，立法者要求人们不得做某种行为，即要求人们承担一种消极的不作为的义务，这种规范是禁止性规范。在法律后果部分，立法者通过设定相应的行为后果来引导、保证人们按照行为模式的要求去办事。法律后果有两种：①肯定性法律后果，这是立法者为人们的合法行为所设置的法律上的后果，具体表现为对合法行为的肯定、保护乃至奖励。②否定性法律后果，这是立法者为人们的违法行为所设置的法律上的后果，具体表现为对违法行为的否定、撤销乃至制裁。法律规范通过这种严密的逻辑结构来保证权利得到享用，命令得到执行，禁令得到遵守，从而建立起一定社会所需要的法律秩序。这种特殊规范性是法律同其他社会规范的显著区别所在。有的社会规范，如道德、宗教规范侧重于义务性规定，而且主要靠人们内心信念来遵守。还有一些社会规范，如党、团纪律规范，虽然也有权利和义务的规定，但其权利和义务所涉范围仅以党、团生活为限，特别是其中有关保证规范实施的规定与法律后果大相径庭。

　　三、普遍适用性

　　从适用范围上看，法律与其他社会规范的区别在于它有普遍适用性。由于法律是以国家名义制定并颁布实施的，它代表着国家意志，因此，是一种普遍性的社会规范。所谓法的普遍适用性，是指法作为一个整体在本国主权

---

[1]　《马克思恩格斯全集》第1卷，人民出版社1956年版，第16~17页。

范围内或法所规范的界限内，具有使一切国家机关、社会组织和公民一体遵行的法律效力。法并不是为特殊保护个别人的利益而制定，也不是为特别约束个别人的行为而设立。法为社会上的一切人提供行为准则，它的对象是抽象的、一般的人，而不是具体的、特定的人。任何人的合法行为都无一例外地受法律的保护，任何人的违法行为也都无一例外地受法律的制裁。

需要说明的是，说法有普遍性，是把法作为一个整体而言的，并不意味着每一部特定的法律都在一国全部领域内对所有的人生效。事实上，有的规范性法律文件，如地方性法规，就只在制定该规范性法律文件的国家机关所管辖的地区有效；有些规范性法律文件还可以在一国领域外发生效力；还有一些规范性法律文件是针对某一类社会成员而制定的，对其他社会成员不发生法律效力。

法的普遍适用性是法律同其他社会规范的重要区别之一。其他社会规范往往有其特定的适用对象和适用范围，例如习惯规范、道德规范和宗教规范等，并非在一国范围内对所有的人都有效，因为在不同地区或不同人群中通行着不同的习惯、道德和宗教规范。至于政党的政策，一般只对该党的各级组织和党员个人有效，没有适用上的普遍性。

四、国家强制性

从实施方式上看，法律与其他社会规范的区别在于它有国家强制性，即法律是由国家强制力来保证实施的。其他的社会规范在贯彻实施上也都有一定的强制性，例如，习惯规范的实施主要靠传统力量的强制，道德规范的实施主要靠社会舆论的强制，宗教规范的实施主要靠精神力量的强制，政党规范的实施主要靠党内纪律的强制。但是，这些社会规范的强制性都仅仅是一般的强制性，而非国家强制性，因为它们是靠一般的强制力而非国家强制力来保证实施的。

在所有的社会规范中，只有法律是靠国家强制力来保证实施的。所谓国家强制力，是指一定的阶级为了一定的统治目的而建立起来的军队、警察、法庭、监狱等国家暴力，它由专门的国家机关按照法定程序来运用。国家强制力是一种强大的暴力性力量，是任何单个的组织和个人都无法抗拒的。法律以国家强制力作后盾，就使法律的运行有了可靠的保障。不论其主观愿望如何，任何人都必须严格遵守法律，否则就会招致国家的干预，受到相应的法律制裁。

不过，法律以国家强制力作为后盾，并不意味着法律在实施的全过程中都必须直接借助于国家威慑力。在正常情况下，国家强制力隐而不发，只有当法律运行出现"病态"，即有人作出了违法行为的时候，国家强制力才迸发出来，对违法者进行法律强制。实际上，人们不应过分迷信国家强制力的运用。因为，在运用国家强制力的场合，人们是被迫遵守法律的，其守法的主动性和积极性没有发挥出来，因而，很难保证法律得到充分的实施。而且，运用国家强制力需要投入一定的人力、物力和财力，这会提高法律运行的成本，不符合法律的经济性原则。正如美国学者博登海默所说："如果有必要将主要依赖政府强力作为实施法律命令的手段，那么这只能表明该法律制度机能失灵而不是肯定其效力与功效。"[1]

值得一提的是，把法的特征概括为以上四种属性只是我国法理学界的一般看法。在法的特征问题上，国内外均有学者持与此不同的看法。其中较有代表性的一种观点认为，法的可诉性才是法的重要特征所在。例如，德国法学家坎特洛维奇认为，用法的内容、法的国家渊源和法的强制性来解释法的特殊性都不甚令人满意。他指出，法律是规范外部行为并可被法院适用于具体程序的社会规则的总和，因此，法律区别于其他社会规范的最明显特征在于它的可诉性（Justiciability）。[2] 国内也有学者认为，可诉性是现代法治国家中法律的重要特征之一。所谓法的可诉性，是指法律作为一种规范人们外部行为的规则，可以被任何人（特别是公民和法人）在法律规定的机构中（特别是法院和仲裁机构中）通过争议解决程序（特别是诉讼程序）加以运用的可能性。它是现代法治国家的法律应有的特性。传统法学理论把法的运行看成是由国家制定、民众执行的单向运行模式，忽视了民众对法律的积极参与，因而，在法的特征上，就遗漏了法的可诉性。在现代法治国家，法的运行必须采用从一般大众到政府以及从政府到一般大众的不断的立法、规范、监督、反馈和修正的良性双向运行模式。在这种模式中，民众对法律的参与除被管理和机械守法外，也包括对法律的积极运用。这样，法的可诉性就显现出来了。[3]

■ 第二节　法的要素

法的要素是指彼此互相联系、互相作用从而构成完整的法的系统的各种元素。按照系统论的观点，法律是由若干要素构成的一个复杂的系统。在该

---

[1] ［美］E. 博登海默：《法理学——法哲学及其方法》，邓正来、姬敬武译，华夏出版社 1987 年版，第 336 页。

[2] See Hemann Kantorowicz, *The Definition of Law*, Cambridge University Press, 1958, p.79.

[3] 王晨光："法律的可诉性：现代法治国家中法律的特征之一"，载《法学》1998 年第 8 期。

系统中，各个要素彼此相互独立却又相互关联。缺少其中任何一个要素，法的系统都将不够完整，系统的作用也将难以发挥。

研究法的要素问题，实际上是深入到法的系统内部来剖析法的微观结构。这种研究，具有重要的理论意义和实践意义。从理论上来说，研究法的本质和特征是从宏观上解答"法是什么"这一基本法学理论问题，而研究法的要素则是从微观层次进一步探讨这一问题，从而使人们对法律的认识更清晰、更具体、更丰富。从实践上来看，研究法的要素，有助于立法者和执法者把握法的系统的有机结构，注意保持各种法律要素之间的衔接和一致，协调发挥各种法律要素的配套功能，提高立法质量和执法效果。由此可见，任何一个成熟的法理学理论体系，都不能漠视法的要素问题。在过去很长一段时间里，我国的法理学一直不重视这一问题的研究。20世纪90年代以后，情况才开始好转，法的要素问题逐渐受到了学者们的关注。

在西方法哲学界，19世纪英国著名的分析法学家奥斯丁最早对法的要素进行分析，提出了"法律命令说"。他认为，法律就是主权者的命令，下位者如不执行，就会受到制裁。[1]显然，这是个视主权、命令和制裁三位为一体的法律定义，其实质是把法律看成由主权者下达的、以制裁为后盾的各种命令。可见，在奥斯丁看来，法的要素就是主权者的命令。

当代英国的新分析法学家哈特在批判奥斯丁的"法律命令说"的基础上，提出了"法律规则说"。哈特认为，奥斯丁的"法律命令说"不仅过于简单，歪曲了法律的特征，而且会导致法律专制主义思想泛滥，成为暴政的帮凶。因此，是"一个关于失败的记录"。"失败的根本原因在于：该理论由以建构起来的那些因素，即命令、服从、习惯和威胁的观念，没有包括、也不可能由它们的结合产生出规则的观念，而缺少这一观念，我们就没有指望去阐明哪怕是最基本形式的法律。"[2]由此，哈特提出了"法律规则说"，认为法律是由第一性规则和第二性规则两类要素结合而形成的规则体系。第一性规则要求人们去做或不做某种行为，而不管他们愿意与否；第二性规则规定人们可以通过做某种事情或表达某种意思，引入新的第一性规则，废除或修改旧规则，或者以各种方式决定它们的作用范围或控制它们的运行。"第一类规则设定义务，第二类规则授予权力——公权力或私权力。"[3]

当代美国著名的社会法学家庞德提出了"律令—技术—理想说"。他认为，如果把法律理解为一批据以作出司法或行政决定的权威性资料、根据或指示，那么，"这一意义上的法律是由律令、技术和理想构成的：一批权威性的律令，并根据权威性的传统理想或以它为背景，以权威性的技术对其加以发展和运用"。[1] 庞德指出，法律的"律令成分"又是由各种规则、原则、概念和标准组成的。规则是对一个确定的具体事实状态赋予一种确定的具体后果的律令。人类社会早期的法典特别是刑法都是由这类律令构成的。原则是一种用来进行法律论证的权威性出发点。这是法律工作者对在某一领域长期发展起来的判决经验的总结。它一经确定，就可以由此出发应付生活中不断出现的类似问题。概念是一种可以容纳各种情况的权威性范畴。有了各种原则和概念，法律工作者就可以在只有较少规则的场合下进行工作，并足以应付那些没有现成规则可循的各种新情况。标准是指法律所规定的一种行为尺度，背离这一尺度，人们就要对所造成的损害承担责任。法律的"技术成分"是指解释和适用法的规定、概念的方法和在权威性资料中寻找审理特殊案件的根据的方法。法律的"理想成分"是指公认的权威性法律理想，它归根结底反映了一定时间和地点的社会秩序的图画，反映了法律秩序和社会控制的目的是什么的法律传统。它是解释和适用法令的背景，在各种新的案件中具有决定性意义，因为在那里，必须从各种同等权威性的出发点中加以选择来进行法律论证。

当代美国的新自然法学家德沃金则提出了"规则—原则—政策说"。他反对哈特把法的要素归结为单一的法律规则的观点，认为这种看法过于简单，与法律实践的复杂性和错综性不相符合。他指出："当法学家们理解或者争论关于法律上的权利和义务问题的时候，特别是在疑难案件中，当我们与这些概念有关的问题看起来极其尖锐时，他们使用的不是作为规则发挥作用的标准，而是作为原则、政策和其他各种准则而发挥作用的标准。"[2] 就是说，法的要素不仅有规则，还有原则、政策等。原则是有关个人（或由若干人组成的集团）的权利、正义或公平的要求，或其他道德方面的要求。政策是有关必须达到的目的或目标的一种政治决定，一般说来是关于社会的经济、政治或者社会特点的改善以及整个社会的某种集体目标的保护或促成问题。例如，任何人不得通过自己的错误行为获利，就是一项原则；而对飞机制造商提供

---

〔1〕〔美〕罗·庞德：《通过法律的社会控制——法律的任务》，沈宗灵、董世忠译，商务印书馆1984年版，第23页。

〔2〕〔美〕德沃金：《认真对待权利》，信春鹰、吴玉章译，中国大百科全书出版社1998年版，第40页。

政府补贴以加强国防，就是一项政策。德沃金认为，在立法和司法中，政策和原则的作用是不同的。一般地说，任何复杂的立法法案都需要考虑政策和原则两个方面。即使一个主要是政策性问题的法案，例如，对飞机制造业提供补贴，也需要以一定原则来论证它的目的；反之，一个主要依靠原则的法案，例如，反对种族歧视以保障少数民族享有平等权利的法案，在对政策产生严重后果时，这种权利就不能成立。在司法中，情况有所不同。司法更多依据的是原则而不是政策。在一个有关法律规定十分明确的案件中，即使该法律来自政策，但法院要处理的仍是原则而非政策问题。

上述各种理论是西方法学家从不同角度对法的要素所作的剖析，尽管每一种理论都存在着一定的模糊性和不精确之处，有的甚至还有严重的理论失误（如"法律命令说"），但其中也包含着不少值得我们借鉴的内容。在全面总结其理论得失的基础上，并参考国内法学界关于法的要素问题的观点，我们认为，法的要素可以分为以下三个部分：法律规则、法律原则和法律概念。

一、法律规则

法律规则，即我国法理学界通常所说的法律规范，是指具体规定人们的权利和义务并设置相应的法律后果的行为准则。它是构成法律的最基本、最主要的要素。[1]

与法律的另一构成要素——法律原则相比，法律规则的显著特点在于其明确性。这种明确性是通过法律规则自身严密的逻辑结构体现出来的。任何一个完整的、有效的法律规则在逻辑上都由前提条件、行为模式和法律后果三部分组成。"前提条件"指明了适用该规则的时空范围及其他具体条件。"行为模式"明确规定了在符合假定条件的情况下，人们可以做什么、应该做什么或不应该做什么。"法律后果"则明确规定了人们的行为符合或违背行为模式的要求时，分别引起的法律上肯定或否定的结果。这种完整的逻辑结构是法律原则所不具有的。[2]

在法律的运行过程中，法律规则的独特功能体现在：①明确的指引性。法律规则通过其有关权利和义务的规定，为人们的行为提供了确定的标准和方向，从而对人们的行为产生明确的指引作用。②可预测性。法律规则通过其有关法律后果的规定，表达了国家对人们的合法行为或违法行为所持的不

---

〔1〕　正因为如此，所以，我国法理学界习惯于把法律定义为：由国家制定或认可，并由国家强制力来保证实施的行为规范（或行为规则）的总和。这实际上是把"法律"与"法律规范""法律规则"等同起来了。严格地说，这种做法并不妥当，因为法律规范或法律规则毕竟只是构成法律的要素之一。

〔2〕　有关法律规则的分类问题，见本书第16章。

同态度，这样，人们在选择一定的行为之前就可以预见该行为的结果。③直接适用性。由于法律规则明确规定了行为的条件、模式和后果，因此，执法人员和司法人员可以直接适用法律规则处理各种行为，保护合法行为，制裁违法行为。

二、法律原则

法律原则是指构成法律规则之基础或本源的综合性、稳定性的原理和准则。它是法律不可缺少的基本要素之一。

与法律规则相比，法律原则的内容的明确化程度相对较低。它没有规定人们行为的具体的权利和义务，也没有规定具体的法律后果。因此，不能根据法律原则直接确定主体具体的权利、义务和责任。但是，法律原则也有自身的优点，这主要表现在：①法律原则的涵盖面广。由于法律原则是从广泛的社会现实和社会关系中抽象出来的，因而，它所覆盖的事实状态及适用范围要广于法律规则。一条法律规则只能调整一种类型的行为，而一条法律原则却可以调整几种类型的行为，甚至可以涉及社会关系的各个领域。②法律原则的稳定性强。在法的诸要素中，法律原则最直接地体现了法的本质，集中反映了一定时期的社会利益和法律调控目标，因而，其稳定性较强。一般而言，只要法的本质不变，法律原则就不会发生质的变化，少数公理性的法律原则甚至可以存在于本质完全不同的法律系统之中。

此外，在法律运行过程中，法律原则与法律规则之间也存在着若干重要的区别。美国法学家德沃金认为，这些区别主要有：①法律规则是在"全部或者没有"的形式下适用的，它要么被遵守，要么被违反。例如，"遗嘱非经三个证人签署不得成立"是一条规则，如果一个遗嘱经过三个证人签署，那么，该遗嘱是有效的；反之，若仅由两个证人签署，就是无效的。而法律原则的适用却比较灵活。例如，在英美法系国家，"任何人不得从其错误中获利"是一项公认的法律原则，但这并不意味着任何人在任何情况下都不能从自己的错误中获利。事实上，人们有时会因自己的过错而合法地获利。例如，人们长期地违法穿越其邻人的土地，可能有一天会取得自由通过该土地的权利。②在一个法律体系中，法律规则之间如果互相冲突，只能是其中的一个有效，其他的必须予以废弃或修正。至于何者有效，何者应予废弃或修正，只能在这些规则范围之外来决定。一个法律制度可能以其他规则来解决这一冲突，如选择较高一级机关制定的规则或较近时期制定的规则等。法律制度也可能根据每一规则所代表的不同原则的重要性来加以选择。而当几个法律原则发生冲突时，必须根据每个原则在这一情况下的相对分量来加以选择。例如，在某一特定案件中，保护消费者利益的原则与契约自由原则发生了冲突，法官针对具体案情，在衡量两个原则的重要性之后，选择了保护消费者利益的原则。但是，这绝不意味着契约自由原则就应予以修改或废除，在其他案件中，契约自由原则可能会起决定性作用。[1]

对于法律原则，可以从以下两个角度进行分类：

1. 根据其产生依据的不同，可以把法律原则划分为政策性原则和公理性原则。政策性原则是国家在管理社会事务过程中为了实现某种经济、政治、文化、国防等方面的目标而作出的政治决策。例如，《宪法》第 25 条规定的"国家推行计划生育，使人口的增长同经济和社会发展计划相适应"，就是一项政策性原则。公理性原则是从社会关系的本质中产生出来的，并得到社会广泛承认从而被奉为法律之准则的公理。例如，"法律面前人人平等"的宪法原则，就是一项公理性原则。

2. 根据其调整的社会关系的范围的不同，可以把法律原则划分为基本原则和具体原则。基本原则是法律对各种社会关系进行调整时所依据的最基本的准则，它体现了一国法律的基本精神和基本价值取向。例如，"法律面前人人平等"的原则，就属于法律的基本原则。具体原则是法律对某一领域的社会关系进行调整时所依据的准则，它以法律的基本原则为基础，是基本原则在具体法律部门中的运用。例如，民事活动遵循的"诚实信用、等价有偿、公平自愿"原则，就是法律的具体原则。

在法律的创制和实施过程中，法律原则发挥着极其重要的作用。这主要体现在以下三个方面：

1. 法律原则维护着法律体系的协调一致。法律原则是法律的灵魂，是整个法律制度的理论基础。立法者在创制法律时，往往是从法律的基本原则特别是宪法性原则出发，设定各法律部门应遵循的具体原则，再根据这些原则制定法律规范，明确主体的权利、义务和责任。因此，各项法律原则就如同一条条纽带，把众多的法律规范联系在一起，构成一个完整的法律体系，从而基本上保证了法律体系的统　性。不过，在现代社会，由于各国的法律都是由为数众多的法律规范组成的，这些法律规范又是由各类、各级不同的国家机关制定的，所以，彼此之间存在一定的矛盾和冲突实属难免。遇到这种情况，立法者可以依据一定的法律原则，对相互冲突的法律规范进行修改和完善，执法者和司法者也可以根据一定的法律原则，对相互冲突的法律规范进行取舍，以进一步捍卫法制的协调统一。

---

[1] 〔美〕德沃金：《认真对待权利》，信春鹰、吴玉章译，中国大百科全书出版社 1998 年版，第 40～48 页。

2. 法律原则指导人们正确地适用法律和遵守法律。法律原则反映了法律的目的或目标，构成了正确理解法律的指南。执法者和司法者在进行法律解释和法律推理时，必须以法律原则为权威性出发点，才能保证所作的解释和推理符合法律目的，防止作出不合理的法律解释和法律推理。在行使自由裁量权时，更要接受法律原则的指导，在法律允许的范围内作出符合法律目的的选择，以免滥用自由裁量权。对于一般的社会主体而言，正确把握法律原则，才能理解法律的精神实质，进而提高依法办事的自觉性。

3. 法律原则能够在一定程度上弥补法律的漏洞。任何国家的法律都存在一定程度的不周延性，加之立法的不健全，因此，法律的漏洞是一种无法根除的现象。对于法无明文规定的案件，执法者和司法者只能根据法律原则进行处理。同样地，对于守法者来说，当法律缺乏对某一事项的具体规定时，应该把法律原则当作自己的行为准则。

三、法律概念

法律概念是指对各种法律事实进行概括，抽象出它们的共同特征而形成的权威性范畴。它也是法律不可缺少的要素之一。

概念本身并未规定主体的权利、义务及相应的法律后果，但它却是确定主体的权利、义务和责任的前提。只有当人们把某人、某一情况、某一行为或某一物品归入某一法律概念时，有关的法律规则和法律原则才可适用。例如，只有当我们认定某人是"诉讼参与人"时，诉讼法有关权利和义务的规定才可适用于他。

根据其涉及的对象的不同，可以把法律概念划分为以下五类：①主体概念，即用以表达各种法律关系主体的概念，如公民、法人、当事人、代理人、近亲属、监护人、立法机关、司法机关等。②关系概念，即用以表达法律关系主体之间的相互关系的概念，如选举权、被选举权、纳税义务、履约义务、民事责任、刑事责任等。③客体概念，即用以表达各种权利和义务所指向的对象的概念，如动产、不动产、专利、商标、违约金等。④事实概念，即用以表达各种事件和行为的概念，如侵权、违约、犯罪、自首、起诉、代理、租赁等。⑤其他概念，即除上述四种概念以外的其他一切法律概念，如法典、条例、两审终审制、诚实信用原则等。

在法的诸要素中，法律概念的独特功能在于对纷繁复杂的事实因素进行区分和归类，从而为运用法律规则和法律原则确定主体的权利、义务及责任创造条件。此外，在没有明确的法律规则可以适用的情况下，人们能够借助相应的法律概念，对相关的事实因素进行认识和评价，再运用法律原则对面临的问题作出处理。

■ 第三节 法的程序

　　法的程序是指人们进行法律行为所必须遵循或履行的法定的时间和空间的步骤和方式。法律行为既包括由国家权力参与并主导其间的行为，如选举行为、立法行为、行政行为、司法行为、监督行为等，也包括由普通社会关系主体作出的一定法律行为，如契约行为、监护行为、婚姻行为等。法的程序就是针对上述各种法律行为而提出的时间要求和空间要求。时间要求包括时序和时限，时序是法律规定的作出不同行为的先后顺序，时限是法律规定的完成一定行为的时间长短。空间要求是法律对行为主体、行为条件、行为方式等所作的要求，即规定一定的行为由谁作出、在何种条件下作出以及采取何种方式作出等。

　　在我国传统法律文化中，法的程序问题不受重视，重实体、轻程序的现象十分突出。在新中国成立后很长一段时间里，这种状况依然没有得到根本的转变。一方面，立法机关不重视程序法的创制工作，执法机关和司法机关不注重严格按法定程序办事；另一方面，法学理论界也不重视法的程序问题的研究，甚至对法的程序抱有种种不正确的看法。例如，长期以来，我国法学理论界把法的程序仅仅理解为诉讼程序，把程序法仅仅理解为诉讼法，即使是权威性的法学辞书也是如此。《中国大百科全书·法学》写道："凡规定实现实体法有关诉讼手续的法律为程序法，又称诉讼法，如民事诉讼法、刑事诉讼法等。"[1]《法学辞典》甚至说："程序法亦称'审判法''诉讼法''手续法''助法''实体法'的对称。"[2]这种把实体法看作主法而把程序法看作"手续法"或"助法"的理论阐说，明显地流露出一种程序工具主义倾向，即认为程序不是独立的、自主的存在，它本身不是目的，而只是用以实现某一外在目的或外在结果的手段和工具。"这种程序工具主义立场必然导致程序设计和运用中的实用主义态度和程序虚无主义现象。"[3]

　　与中国的情况形成鲜明对比的是，西方自建立近代意义的法治以来，注重法的程序性就是一个绵延不绝的传统。例如，英国的法学家们相信：只要你遵守细致规定的、光明正大的诉讼程序，你就几乎有把握获得公正的解决

第四章

---

[1]《中国大百科全书·法学》，中国大百科全书出版社1984年版，第80页。
[2]《法学辞典》（增订版），上海辞书出版社1984年版，第914页。
[3] 孙莉："程序·程序研究与法治"，载《法学》1998年第9期。

办法。[1]受这种传统影响，有关法的程序的规定备受立法者的重视，甚至被写进宪法文件之中。例如，英国最重要的宪法文件都主要与诉讼的原则、制度和规则有关；英国宪法中甚至没有关于公民实体权利和自由的具体规定，实体权利和自由是由法院通过在诉讼中适用有关程序方面的原则和规则来保护的。在美国宪法中，也有大量的关于诉讼程序方面的规定，而且，美国宪法竟有两条修正案规定了"正当程序"条款。美国联邦高等法院大法官道格拉斯曾指出："权利法案的大多数规定都是程序性条款，这一事实绝不是无意义的。正是程序决定了法治与恣意的人治之间的基本区别。"[2]在20世纪的西方法学家看来，法治的核心问题就是程序问题，"依法办事"严格说来就是"依程序办事"。当代美国著名法学家伯尔曼坚定地认为，法律就是程序，没有程序，法律就不可能存在。他写道："法律不只是一整套规则，它是在进行立法、判决、执法和订立契约的活生生的人。它是分配权利与义务，并据以解决纷争，创造合作关系的活生生的程序。"[3]毋庸置疑，上述西方学者关于法的程序的思想对我国当前的程序研究和程序立法等都产生了一定程度的影响。

一、法的程序的意义

在现代法治中，法的程序不仅具有工具性价值，而且具有独立的作为目的的内在价值。就是说，法的程序不仅能够促进正义、安全、秩序等外在实体价值目标的实现，而且它本身就蕴含着符合正义要求的内在优秀品质，是一种具有独立价值的实体。因此，正当的法的程序被看作现代法治的基石。基于这种认识，我们可以把正当程序在现代法治中的意义归纳为以下几个方面：

1. 正当的法的程序能够有效地控制国家权力并实现人权。通过控制国家权力以保障和实现人权是现代法治的本质特征之一。一切正当程序都具有明显的"控权"功能。正当程序具有公众参与性、过程公开性以及因角色分化独立所带来的抗辩性和交涉性等特点，从而使公众有机会通过公开方式与官员进行说理、争论、协商、抗辩和交涉，以防止官员通过滥用权力来践踏自己的正当权利。因此，"程序的实质是管理和决定的非人情化，其一切布置都是为了限制恣意、专横和裁量"。[4]罗伯斯庇尔就曾说过："刑事诉讼程序，

---

[1] [法]勒内·达维德：《当代主要法律体系》，漆竹生译，上海译文出版社1984年版，第337页。

[2] [美] W. 道格拉斯：《美国高等法院报告》（英文版），美国律师合作出版公司1951年版，第858页。

[3] [美]伯尔曼：《法律与宗教》，梁治平译，生活·读书·新知三联书店1991年版，第38页。

[4] 季卫东："法律程序的意义——对中国法制建设的另一种思考"，载《中国社会科学》1993年第1期。

一般来说，不过是法律对于法官弱点和私欲所采取的预防措施而已。"〔1〕可见，正是程序创造了一种"以权利制约权力"的法律机制。20 世纪以来，程序的"控权"功能得到了强化，尤其是在行政权行使的领域，单一的实体控权模式为实体—程序控权模式所取代已成为世界性潮流。〔2〕

2. 正当的法的程序能够保障人的选择符合理性要求。法律是抽象的规范，把抽象的法律规范适用于具体的事件是通过选择来完成的，而选择是与程序联系在一起的。从某种意义上说，程序就是为了作出法律性选择而预备的相互行为系统。正当程序能从四个方面保障选择合乎理性：①程序的结构主要是按照职业主义的原理形成的，专业训练和经验积累使法律程序主导者的行为趋向合理化、规范化；②程序一般是公开进行的，这使得决策过程中出现的错误容易被发现和纠正；③程序创造了一种根据证据材料进行自由对话的条件和氛围，这样可以使各种观点和方案得到充分考虑，实现优化选择；④通过预期结果的不确定性和实际结果的拘束力这两种因素的作用，程序参加者角色活动的积极性容易被调动起来，基于利害关系而产生的强烈的参与动机将促进选择的合理化。〔3〕

3. 正当的法的程序能够实现形式合理性或形式正义。一个法律规则或法律决定在实质上是否公正合理，常常因为不同人的道德价值观念、文明进步程度、风俗习惯及个人信仰的不同而在评价上有所差异。因此，实质正义往往难以实现，人们希望通过法律（实际上是通过程序）实现的正义只能是形式正义。一项法律规则只要对它所管辖的一切人不偏不倚、一视同仁，那么，它就会被人们认为是正义的；反之，"任何做法，只要与人们认为是属于正当法律程序的方法——例如不偏不倚和公平听证——相违背，都被认为是有失公平的"。〔4〕所以，从形式上看，正义就是合法性，判断结果是否正当要看该结果的产生过程是否遵循了正当程序。正当的法律程序能够满足人们对形式合理性或形式正义的要求，从而唤起人们对法律的信仰。在正当的、合理的法律程序中，正义是以人们看得见的方式实现的，因此，即使是承受了不利结果的主体也会因为在程序上受到公平对待而认同和接受这一结果。这正是正当程序的魅力所在。德国学者马克斯·韦伯在《经济和社会中的法》一书

---

〔1〕〔法〕罗伯斯庇尔：《革命法制与审判》，赵涵舆译，商务印书馆 1986 年版，第 30 页。

〔2〕孙笑侠："论新一代行政法治"，载《外国法译评》1996 年第 2 期。

〔3〕季卫东："法律程序的意义——对中国法制建设的另一种思考"，载《中国社会科学》1993 年第 1 期。

〔4〕〔美〕彼得·斯坦、约翰·香德：《西方社会的法律价值》，王献平译，中国人民公安大学出版社 1990 年版，第 75 页。

中曾提出，历史的发展方向是形式合理性而不是实质合理性，最发达的法律形式应该具备形式合理性。根据这一理论可以预言，正当程序在法律的发展过程中将发挥越来越重要的作用。

二、法的程序的分类

法的程序是以法律行为[1]作为规范对象的。根据行为的主体、内容和性质的不同，可以把法律行为分为选举行为、立法行为、行政行为、司法行为、监督行为和一般法律行为六种。前五种行为有国家权力介入其间并发挥着主导作用；而后一种行为即一般法律行为，是普通社会关系主体基于各自的权利和义务而作出的行为，没有国家权力介入其中。以法律行为的分类为基础，可以相应地把法的程序划分为以下六种：

1. 选举程序，即关于选举国家代表机关和国家公职人员的法定程序。根据《宪法》和《选举法》的有关规定，选举程序大体上包括划分选区、选民登记、代表候选人的提名、投票选举、宣布选举结果等几个阶段。在选举活动中，主要应遵循以下几项基本原则：①选举权和被选举权的普遍性，即凡年满18周岁的我国公民，除依法被剥夺政治权利的人外，不分民族、种族、性别、职业、家庭出身、宗教信仰、教育程度、财产状况和居住期限，都享有选举权和被选举权。②选举权的平等性，即每个选民在一次选举中只有一个投票权。③直接选举和间接选举并用，即不设区的市、市辖区、县、自治县、乡、民族乡、镇的人民代表大会代表，由选民直接选出；全国人民代表大会代表，省、自治区、直辖市、设区的市、自治州的人民代表大会代表，由下一级人民代表大会选出。④无记名投票，即选举人在选票上不写自己的姓名，秘密填写选票并亲自将选票投入加封的票箱；等等。

2. 立法程序，即有关国家机关制定、修改、补充或废止法律、法规的程序。我国的立法程序大体上可以分为四个阶段：①法律议案的提出，即依法享有专门权限的国家机关或个人向立法机关提出有关的法律议案或关于制定、修改、补充、废止某项法律的建议。②法律草案的审议，即立法机关对已列入立法日程的法律议案进行审查和讨论。③法律议案的通过，即立法机关对于经过审议的法律议案进行表决并正式表示同意。④法律的公布，即立法机关依照法律的规定将获得通过的法律公之于众。

3. 行政程序，即行政机关依照法定职权实施行政行为的程序。行政行为

---

[1]　关于法律行为，法学界有广义和狭义两种理解。广义的法律行为包括合法行为和违法行为，狭义的法律行为仅指合法行为。此处所说的法律行为是狭义的，因为违法行为是无法定程序可言的，其本身往往就是违背法定程序的。

种类繁多，涉及面广，不同的行政行为所应遵循的程序往往有所不同。例如，根据《治安管理处罚法》第四章"处罚程序"的规定，公安机关实施治安管理处罚行为的程序包括调查、决定、执行三个阶段。又如，根据《行政复议法》的有关规定，行政复议程序则包括申请、受理、审查、决定四个阶段。

4. 司法程序，即司法机关运用法律处理具体案件的程序。司法程序实际上就是诉讼程序，二者都是指司法机关在当事人和其他诉讼参与人的参加下解决案件争议所应遵循的程序。该程序从司法机关角度看是司法程序，从当事人角度看则是诉讼程序。而且，世界各国在立法上都是用同一程序法来规定司法程序和诉讼程序的。我国的诉讼程序主要由民事诉讼程序、行政诉讼程序和刑事诉讼程序三方面组成。三种诉讼程序都要经历起诉、审判、执行三个主要阶段（刑事诉讼程序还包括侦查）。由于三种诉讼程序各具特色，因此，各自都要遵循一定的特殊原则；但是，三种诉讼程序又有某种程度的共性，所以，又都要遵循诉讼的普遍原则。这些普遍原则主要包括：①以事实为根据，以法律为准绳的原则；②公民在适用法律上一律平等的原则；③司法机关依法独立行使职权的原则等。

5. 监督程序，即执行法律监督职能的国家机关从事监督活动的程序。在我国，权力机关、行政机关和司法机关都有权进行法律监督活动，这三类国家机关从事监督活动的方式和步骤各不相同。我国权力机关监督的主要方式有：听取和审议"一府两院"的工作报告或专题报告，处理公民申诉案件，执法检查和视察工作、提出质询，改变或撤销不适当决定，罢免等。行政机关监督的主要方式有行政监察、行政复议、行政检查等。司法机关监督的主要方式有审判监督和检察监督两种。

6. 一般法律行为程序，即普通社会关系主体从事一般法律行为的程序。对于一般法律行为是否必须遵循一定的法律程序，法律的要求不尽相同。有的一般法律行为，法律允许行为人根据实施行为的具体情况自主选择行为的方式和步骤，法律不为其特设一定的程序。有的一般法律行为，法律则要求行为人按照法定的方式和步骤来进行。这种针对一般法律行为而设定的方式和步骤，就是一般法律行为程序。例如，根据有关法律、法规的规定，签订合同必须经历要约和承诺两个步骤，而且，非即时清结的合同必须采用书面形式；口头遗嘱、录音遗嘱、代书遗嘱应当有两个以上无利害关系的人在场证明；买卖房屋必须经房管部门过户登记；涉外民事法律行为必须公证；开办中外合资、合作企业的协议必须经国家主管机关批准；等等。

三、法的程序的设定原则

正当的、合理的法的程序是现代法治的基石；反之，不正当、不合理的法的程序则是法治的一大祸害。法律和制度的设计者在设定法的程序时，必须努力追求程序的正当性和合理性。为此，必须恪守以下几项原则：

1. 控权性原则。法治社会的国家权力应当受到法律的严格制约，而法的程序是其中不可或缺的一种约束机制。"在社会经济生活要求国家自由裁量权相对扩大的今天，实体法规则的控权功能有所缩减，因此程序控权的功能大大增长。"[1] 在设定程序时，必须始终把程序看作权力运行的"控制钮"和"安全阀"，最大限度地发挥程序的控权功能。正当程序一定要引入分权制衡机制、权力监督机制、以权利制约权力机制，避免权力的过分集中、失控乃至滥用。例如，在刑事诉讼中，通过设立公诉、辩护、质证、辩论、陪审、合议、审级等程序形式，来克服审判行为的随意性和随机性，防止法官滥用职权。

2. 平等性原则。实现和保障人权是现代法治的重要目标之一。为此，必须坚持程序的平等性原则，以相同的规则对待同类的人或事，保证当事人享有平等的程序权利，承担平等的程序义务。例如，在选举活动中，实行普遍的、平等的选举；在实施行政行为时，行政机关要尊重相对人的意见；在诉讼活动中，要保障各方当事人都有充分发表自己意见的机会，法官要公平地听取各方当事人的意见；等等。程序平等性原则不仅要求给予当事人平等的程序权利和义务，还要求在当事人的正当程序权利受到侵犯时为其提供有效的补救手段。例如，在诉讼中，当事人一旦发现审判人员与本案的处理有利害关系，就有权申请其回避。

3. 公开性原则。公开性是正当程序必须奉行的又一项基本原则。不仅审判程序要公开，选举程序、立法程序、行政程序、监督程序等同样要公开。在公开程序中，正义不仅得到了实现，而且是以人们看得见的方式实现的。这样，胜者胜得光明正大，败者败得明明白白。当然，程序公开只是一条一般性原则，它也有所例外。例如，为了保障选举真实地反映选民的意志，表决一般是秘密的；又如，为了保守国家秘密或当事人的隐私，审判活动也可以不公开进行。

4. 效率性原则。合理的、正当的程序应当是有效率的程序，它应当有助于人们以最低的人力、物力、财力和时间的投入取得最高的收益，有助于人们提高工作效率。所以，程序设计不能过于繁琐，不能人为地制造摩擦和碰撞。例如，诉讼程序的设计应当能有效地引导当事人理性地、及时地处理彼此之间的纠纷，不能在处理纠纷过程中又引发新的矛盾和纠纷，或者久拖不决。当然，效率是以决策正确、结果公正为前提的，不能盲目地、一味地追

---

[1] 张文显主编：《法理学》，法律出版社 1997 年版，第 394 页。

求效率而不顾其他。在设计程序时，一切必要的步骤和手续都不应省略。

5. 科学性原则。程序的科学性包括程序和目的有无联系、程序设置是否符合法律行为的客观规律以及是否有利于主体作出理性的选择。不同的程序，其科学程度往往有所不同。例如，古代的神明裁判是反科学的，近代的自由心证证据方法是比较科学的，而现代的唯物辩证证据方法则更加科学。又比如，相对于纠问式诉讼方式而言，抗辩式诉讼方式更能查清案件事实，因而具有更强的科学性。程序设计必须从法律行为的客观规律出发，对各种可选程序进行比较，从而作出最优选择。

6. 文明性原则。程序的文明性是指程序的操作和运行符合人们公认的道德准则和价值观念，符合人类社会的进步方向。同样，不同的程序，其文明程度往往有所不同。例如，古代诉讼中的刑讯逼供和司法决斗是反文明的，而现代诉讼中的"重证据，不轻信口供"和公平听证、相互质证等程序则是文明的。程序设计必须合乎人类的理性要求，顺应人类文明的发展方向，剔除一切野蛮的、非人道的因素。

第
四
章

思考题

1. 法的主要特征有哪些？
2. 法的主要要素有哪些？
3. 在法律的创制和实施过程中，法律原则有何作用？
4. 为什么说正当的法律程序是现代法治的基石？
5. 法的程序有哪些种类？

推荐阅读书目

1. 张文显主编：《法理学》，法律出版社 1997 年版。
2. 〔德〕伯恩·魏德士：《法理学》，丁小春、吴越译，法律出版社 2003 年版。
3. 〔英〕哈特：《法律的概念》，张文显等译，中国大百科全书出版社 1996 年版。
4. 〔英〕丹宁勋爵：《法律的正当程序》，李克强、杨百揆、刘庸安译，法律出版社 1999 年版。
5. 〔美〕罗·庞德：《通过法律的社会控制——法律的任务》，沈宗灵、董世忠译，商务印书馆 1984 年版。
6. 〔美〕伯尔曼：《法律与宗教》，梁治平译，上海三联书店 1991 年版。
7. 〔美〕迈克尔·D. 贝勒斯：《法律的原则——一个规范的分析》，张文显等译，中国大百科全书出版社 1996 年版。

第五章

法的功能与作用

学习目的与要求 本章的教学目的在于使学生准确把握法的功能与作用的含义，以及二者之间的区别；较为全面地认识法的规范功能和社会作用；正确认识法的功能与作用，对法律无用论、法律万能论等有较为理性的认知。

■ 第一节 法的功能与作用的概念

一、法的功能的含义

法的功能即法内在具有的作功能力或者功用与效能。法的功能的定义本身就决定了其具有内在性、应然性、有益性的特点。[1]

1. 法的功能具有内在性的特点。法的功能是法内在具有的。法一产生就具有了其功能量度的规定性。法的作用仅仅是法的功能发挥得好或者坏的状况，即在何种程度实现法的功能的问题。法的功能有可能得到较好的发挥，也有可能得不到正常发挥。但是它并不影响法本身所具有的功能质与功能量。就抽象的法而言，我们对已经产生的法所做的一切，都是为了更好地发挥法的功能。就具体的法而言，在特定的法被确定之后，其功能也应当是确定的，人们对其实施中的问题就是一个能否实现其既定功能，或者实现得好还是坏的问题。

2. 法的功能具有应然性的特点。法的功能对于法的作用具有目标的意义。法的功能为法的作用的良好发挥设定了一个立法上的理想模式。法的作用愈是接近法的功能，法的作用就发挥得愈好；反之，法的作用就走向了法的功能的反面，距法的功能的指向更加遥远甚至适得其反。当法的作用与法的功能相重合，即实现了法的功能，就达到了法的作用的最佳境界。由于法的功

---

[1] 卓泽渊主编：《法理学》，法律出版社 2004 年版，第 63 页。

能具有应然性的特点，因此法的功能就成了法的作用的重要评价标准。

3. 法的功能具有有益性的特点。[1]法的功能本身并不包括也不会产生对社会的危害。法的功能对社会的意义是正向的、正值的，不含负值。法的功能的有益性特点是由法的功能本身所决定的。其"功"的含义理所当然地具有有益的性质。法对社会产生的负值社会效果，不应视为法的功能的范畴，它仅是法的负面作用而已。

二、法的功能与法的作用

法的作用是法在社会中所产生的各种影响的总称。它是外在的、实然的、中性的、不确定的。它不同于法的功能。法的功能与法的作用是不可混淆的。[2]为此，就应当正确地区分法的功能与法的作用。[3]

1. 法的功能与法的作用，有"内在"与"外在"的区别。法的功能是内在的，存在于法本身之中。一部法律一旦被拟订，其功能也就被确定了，并不受外在和以后实施状况的影响。法的作用则不同，法的作用是外在的，它的状况取决于社会对它的实施状况与情形。法的作用不是存在于法的自身，而是存在于客观的现实社会。

2. 法的功能与法的作用，有"应然"与"实然"的区别。法的功能是应然的。它的立足点在于法本身应当如何，而不及于法在实际中怎样。就法的整体，它是因其整体本身而成立的；就法的个别，即特定的法律，它也是立足于该法律本身而成立的。它能否被实现，是另外一个层面或方面的事情。法的作用是立足于社会来认识社会中的法的实施状况，所以法的作用就具有实然性的特点。这也是法的功能与法的作用的重要区别。

3. 法的功能与法的作用，有"有益性"与"中性"的区别。"法的功能"这一语词就表明了它的有益性。尽管这种有益性会因评价主体不同而有所差

---

[1] 主张法的功能的有益性，是排除了恶法的情况的。因为在我们看来，恶法只有在批判的意义上才是可以予以承认的。恶法不具有有益性，是因为恶法本身就不具有正常的法的功能。真正的恶法应当是人类历史的偶然和特例。我们应当警惕它，但在考察和研究法的时候，不应当把恶法作为普遍对象来探究。从总体上讲，法应当都是有其一定功能的，应当是有益的。至于恶法，在法学研究中可以作为特例加以特别的研究，但不能因为恶法不具有正常的法的功能，我们就要改变对整个法的功能的认识。

[2] 将法的功能与法的作用相混淆，是我国法学界普遍的误解。尽管不同的教科书各自论述着自己所理解的法的功能或法的作用，但往往在法的功能或法的作用标题下论述的内容都是重叠的。我们认为，将法的功能与法的作用相混淆是错误的，而且是有害的。因为将二者混同，实际是将应然与实然的混同。长此以往，我们自己也很难分清，什么是应然的，什么是实然的。有可能形成一种误导，把理想当成现实，因而自我麻痹，看不到差距，看不到努力的方向。将法的功能与法的作用进行正确划分，在理论上是科学的，在实践中更是有益的。

[3] 卓泽渊主编：《法理学》，法律出版社 2004 年版，第 64～65 页。

异，但是在法的设定者（立法主体）本身来看，它所设定的法一定是有益的。法的作用就不具有这种性质。"法的作用"这一语词所表明的性质，应当是中性的。法的作用在其设定者（立法主体）看来，未必是有益的。因为法在实施后违反立法者初衷的情况并不鲜见。法的作用在非立法者看来，既可能是有益的，也可能是无益的，甚至是有害的。法的作用既包括法在社会中的有益的效果，也包括法在社会中无益甚至有害的后果。

4. 法的功能与法的作用，有"恒量"与"变量"的区别。[1]法的本质和属性决定了法一旦产生，其功能就被确定了。相对地说，它是一个恒量。法的作用除受法的本质、属性、功能的制约外，它还要受法的实施的主体状况、社会条件，以及各种偶然因素的影响。相对于法的功能来说，法的作用就是一个变量。它具有更多的不确定因素，它必然会受制于这些因素。[2]

■ 第二节　法的规范功能

一、指引功能

法的指引功能是指法所具有的，能够为人们的行为提供一个既定的模式，从而引导人们在法所允许的范围内从事社会活动的功用和效能。

指引功能是法的功能中最首要的功能。在众多的功能中，指引功能是最主要和最重要的功能。法律的目的并不在于要制裁违法，而在于引导人们正确地行为，正确地从事社会生活，使人们少违法甚至不违法，使人们能在广泛的社会生活中随心所欲而不逾矩。这正是法的指引功能的追求，也是法的首要目的。

法的指引功能主要是通过授权性规范、禁止性规范和义务性规范三种规范形式实现的。与之相应的指引形式分别为授权性指引、禁止性指引和义务性指引。授权性指引运用授权性法律规范，告诉人们可以作什么或者有权作什么；禁止性指引运用禁止性法律规范，告诉人们不得作什么；义务性指引运用义务性法律规范，告诉人们应当或者必须作什么。

从法的指引功能的接受主体来看，其指引方式有个别指引和一般指引。凡是通过具体的法律规定，对特定的社会活动主体（包括自然人和法人）的行为进行的指引，为个别指引；凡是通过一般或普遍的法律规定对一般或普

---

〔1〕　这里的"恒量""变量"，只是为了说明法的功能与法的作用之间差异的比喻性说法，并非指数学上的严格数量关系。

〔2〕　以上区别，是作者的见解，可以参见卓泽渊主编：《法理学》，法律出版社2004年版。

遍的社会活动主体的行为进行的指引，为一般指引。在规范意义上讲的法的指引，是一般指引；在具体适用法的法律文件意义上讲的法的指引，是个别指引。

二、评价功能

法的评价功能是指法所具有的，能够衡量、评价人们行为的法律意义的功用和效能。

法的评价的客体是一定的行为。行为主体既包括自然人，也包括法人和其他社会组织，其中当然包括国家机关、企业、事业单位和社会团体等。个人中既包括拥有某种权力的个人，也包括普通的一般公民。在法治国家中，没有任何人可以不受法律的约束，所有的人的行为都应当是法律评价的对象。法的评价客体是行为，也就意味着它不对人们的思想进行评价。即使评价人们某种行为的构想，法所评价的客体依然是行为，只是一种构想中的而非现实的行为而已。

法的评价的标准是合法与不合法、违法与不违法。这两个标准并不是相等的。对于国家机关及其公务人员，由于强调其"依法行政""依法司法"等，所以，其公职行为必须要有法律上的根据。对其行为的评价标准就是合法与不合法。他们的公职行为只有合法的，才能获得法律的保护，否则就是非法，就应当承担相应的法律责任。对于社会民众来说，法律对其的要求是不能违反法律，所以，对其行为的评价标准是违法与不违法。他们的行为只有违反了法律规定，才会承担法律责任，受到法律制裁；否则，法律既不追究其责任，更不能对其予以法律制裁。

作为行为评价标准的有法律，也有道德、纪律、规章等。他们是可以同时适用的。人们的行为在接受法律评价的同时，并不排除相应的道德评价和纪律评价。但应注意的是，既不能用法律评价取代道德评价、纪律评价，也不能用道德评价、纪律评价代替法律评价。否则就可能混淆法与道德、纪律等的界限，混淆合法与不合法、违法与不违法的界限，随意扩大或缩小合法或违法的范围，甚至会导致有法不依，放纵违法犯罪或制造冤假错案。

三、预测功能

法的预测功能是指根据法对人们某种行为的肯定或否定的评价及其必然导致的法律后果，人们可以预先估计到自己行为的结果，从而决定自己行为的取舍和方向的一种功用和效能。

1. 法的预测功能对于法的遵守有着极为重要的意义。人们根据法律规定，可以预先知道法律对待自己已经作出和即将作出的行为的态度，以及所必然导致的法律后果，人们就可以自觉、自主地调整自己的行为，使之更加符合法律的规定，从而获得自己满意的法律后果。这样就可以不经司法程序而化解一些矛盾和纠纷，减少违法犯罪的发生。人们根据法律规定，也可以预先知道法律对待别人行为的态度。对于合法行为予以应有的道义支持，甚至某种帮助；对于违法行为自觉地予以抵制。法的预测功能有助于全社会确立正常的法律意识，在社会活动中自觉服从法律，严格依法办事。

2. 法的预测功能对于法的适用具有重要的意义。司法官员或者执法官员可以根据自己的这种预测，对相应案件采取必要的甚至是分别的法律措施。如基层人民法院面对一个可能判处无期徒刑、死刑的普通刑事案件，就应当将其移送有管辖权的中级人民法院管辖。[1]这里"可能判处无期徒刑、死刑"就是由司法官员凭借自己的法律知识，根据法律规定，所作出的一种预测。再如被告人可能被判处死刑而没有委托辩护人的，人民法院应当指定承担法律援助义务的律师为其提供辩护，这里"可能被判处死刑"同样也是法官预测的结果。[2]法的适用中的预测，既是工作的需要，也是法律本身的要求。

3. 法的预测功能在法律服务中也有极其重要的作用。作为法律服务工作者的律师等，经常担负着为当事人进行法律上的预测工作，为当事人提供法律上的预测服务。作为企业、事业机构的法律顾问，应对很多法律关系的发展与变化作出明智的判断，尤其是要对自己行为的法律后果和对对方当事人或者其他法律关系主体的行为作出法律预测，为当事人提供相应的法律所允许的处置方案。[3]

四、强制功能

法的强制功能是指法以国家强制力保障自己得以充分实现的功用和效能。[4]

---

[1] 《中华人民共和国刑事诉讼法》第19条规定："基层人民法院管辖第一审普通刑事案件，但是依照本法由上级人民法院管辖的除外。"第20条规定："中级人民法院管辖下列第一审刑事案件：……可能判处无期徒刑、死刑的普通刑事案件。"

[2] 《中华人民共和国刑事诉讼法》第34条第3款规定："犯罪嫌疑人、被告人可能被判处无期徒刑、死刑，没有委托辩护人的，人民法院、人民检察院和公安机关应当通知法律援助机构指派律师为其提供辩护。"

[3] 律师等法律服务工作者的预测能力、法律的预测功能在其工作中发挥的程度，往往代表着其素质、能力和水平，直接关系着其法律服务的质量。这一点，在我国有关理论与实践中并未受到足够的重视。

[4] 学术界和实际部门都有一种误解，以为法律具有强制功能，法律都是靠强制来实施的。其实，法律的强制性、强制功能是随时都具有的，但强制力却并非随时都采用。依靠强制来实施法律，是在总体上讲的，是在最终意义上讲的。法律，任何法律，都必须遵守作为其最基本的实施方式，否则，它就不可能长期存在或者发挥基本的作用。

第五章

法的强制功能是法的不可缺少的重要功能，它是其他功能的保障。没有强制功能，法的指引功能就会降低，评价功能就会在很大程度上失去意义，预测功能的作用就会被怀疑，教育功能的效用也会受到严重的影响。

法的强制的主体是国家、社会成员与社会组织。国家是强制的主动主体，社会成员和社会组织是被动主体。法的强制手段，即国家强制力，包括警察、法庭、监狱等。法的强制的内容，在于保障法律权利的充分享有和法律义务的正确履行。强制的目的在于实现法律权利与法律义务，即实现法律，确保法律的应有权威，维护社会正义，维护良好的社会秩序。

法的强制的被动主体是广泛的，包括国家本身，当然也包括国家机关、国家机关工作人员、社会成员和社会团体等。没有人可以不受法律的约束。只是对于未违法者来说，法的强制力是一种未加之于其身上的可能性，这种可能性正是迫使一些人免于违法犯罪的外在力量。如果法没有强制力，法律义务就难以实现，法律权利也难以实现。法对于义务者来说，是一种强制约束，对于权利者来说是一种强制保护。

五、教育功能

法的教育功能是指法所具有的，通过其规定和实施，影响人们的思想，培养和提高人们的法律意识，引导人们依法行为的功用和效能。[1]

法的教育功能是法的重要功能。法的教育功能实现的方式主要有三种：①法律规定的客观存在，通过人们对法律的知悉、了解和学习，发挥法的教育功能；②通过法律对各种违法犯罪行为的制裁，使违法犯罪者和一般社会成员受到教育，在自己以后的行为和社会活动中自觉服从法律，依法办事；③通过法律对各种先进人物、模范行为的嘉奖与鼓励，为人们树立良好的法律上的行为楷模，发挥法的教育功能。

法的指引功能、评价功能、预测功能、强制功能都有一定的教育意义。法的教育功能在法的功能中是普遍存在的，也可以通过多个方面和多种形式得以实现和体现。

法的教育功能是一个独特的功能，在法的功能中具有独特的意义。因为任何没有教育功能的法律都是十分可悲的。那样的法律在人们的内心中缺乏认同，很难甚至无法得到人们的自觉遵守，或早或迟都会为历史发展所否定。

---

[1] 法的教育功能都必须通过"影响人们的思想"而得以实现，这一点不应当被忽视，而应加以特别强调。

■   第三节   法的社会作用

一、法的经济作用

（一）确认经济制度

经济制度是一个国家一定时期生产关系的总和，构成一国经济基础。经济制度对于法律有基础作用，法律对于经济制度也有反作用。这种反作用的首要表现，就是法律确认经济制度，将经济制度法律化。

运用法律确认经济制度，有利于使经济制度以法律制度的形式被确定下来，使其具有了法律的严肃性，为其他制度提供经济制度的基础，也便于法律、政策体现经济制度的要求和将经济制度法律化。

运用法律确认经济制度，有利于维护经济制度，使经济制度免受侵害。被法律化了的经济制度就可以获得法律的制度保障和法律的实施保护。破坏经济制度的行为就可能被依法确定为违法或者犯罪而受到惩罚。

（二）调整经济关系

经济关系是社会关系的重要组成部分，在社会关系中具有特别的地位。法律对社会关系的调整就包括法律对经济关系的调整。法律通过自己的规范将经济关系纳入自己调整的范围。对于不同的经济关系，分别采取确认、保护、限制和禁止的法律措施，使经济关系成为法律关系；对经济法律关系中的各主体的行为予以法律的指引，使各主体在法律的指引下，在各种经济关系中获得正常的预期法律后果；对各种经济法律关系中的违法行为予以法律制裁，以保障正常的经济秩序。

调整经济关系，是法律的重要作用。这是在法律产生时就已经被确定了的。法律的产生，在一定意义上就是经济关系发展及其需求的产物。正如恩格斯所说："在社会发展某个很早的阶段，产生了这样一种需要，把每天重复着的生产、分配和交换产品的行为用一个共同规则概括起来，设法使个人服从生产与交换的一般条件。这个规则首先表现为习惯，后来便成了法律。"[1]

（三）促进经济发展

经济发展是一个社会和国家得以稳定的保证，是一个社会和国家发展的最主要的内容之一，也是其他方面得到发展的前提和基础。因此，法律在促进经济发展上始终具有重要的意义。

经济发展在任何时代都应当具有首要的意义。没有经济发展，社会政治、

---

[1] 《马克思恩格斯选集》第 2 卷，人民出版社 1972 年版，第 538～539 页。

文化的发展都将受到限制，严重时可能导致社会政治、文化的倒退。法律对经济发展的关注和努力，是法律功能与作用的基本方面。历代法律对经济发展都予以特别的重视。

但是由于种种原因，并不是任何时候都能做到这一点。因此，为了避免对经济发展的阻碍，真正促进经济发展，各国法律都将促进经济发展作为基本原则确立下来，并将一些经济政策法律化，使其获得社会普遍的认同，并以此调动全社会发展经济的自觉性与创造力。

经济发展也可能遭到非正常因素的干扰、甚至破坏。法律为经济发展扫清道路，排除妨碍。具体地说，法律可以解决经济发展中产生的各种矛盾和纠纷，可以打击破坏经济发展的各种违法犯罪，直接保护经济发展。

二、法的政治作用

（一）法确认国家制度，是国家制度存续的保障

国家制度包括国家的国体和政体，是其他各项制度的重要根据和基本立足点之一，制约着整个国家的政治生活。[1]国家制度对于任何国家都具有特别重要的意义。因此各国为了使自己的国家制度具有稳定性、权威性、不可变动性，并使其不受侵犯，无不把国家制度规定在法律制度之中，使之成为一国法律制度的最重要的构成部分之一。法律对于国家制度的意义，首先就是作为确认国家制度的工具和手段，将国家制度记录在法律（首先是宪法）之中，使其具有法定的崇高地位。我国《宪法》明确规定，中华人民共和国是工人阶级领导的、以工农联盟为基础的人民民主专政的社会主义国家。社会主义制度是中华人民共和国的根本制度，禁止任何组织或者个人破坏社会主义制度，中华人民共和国的一切权力属于人民，等等。[2]

国家制度是神圣而不可侵犯的，任何企图推翻国家制度的违法犯罪都被各国列为法律制裁的对象并予以法律处罚。为此而制定和实施的法律，就是国家制度的根本保障，由此，法律就成为各国国家制度的保护手段。根据《宪法》的有关规定，《刑法》将组织、策划、实施颠覆国家政权、推翻社会主义制度的行为，和以造谣、诽谤或者其他方式煽动颠覆国家政权、推翻社会主义制度的行为，列为犯罪行为，规定了予以制裁的法律措施。[3]

第五章

---

〔1〕 国家制度，也可以称为国家体制，其含义有广义和狭义之分。广义上国家制度包括国体和政体两个方面的制度，狭义上仅指国体方面的制度。本书这里是在广义上使用国家制度这一概念的。
〔2〕 《中华人民共和国宪法》第1、2条。
〔3〕 《中华人民共和国刑法》第105条。

（二）法组织国家机构，是国家机构运行的根据

国家机构的设立应具有合法的性质，法律是组织国家机构的根据。国家机构是机关体系的总称。世界各国由于政治制度的差异，国家机构的组织形式和构成部分都会有所不同。许多资本主义国家根据三权分立的原则，将国家机构分为立法、行政、司法三个部分。我国国家机构实行民主集中制原则，全国人民代表大会和地方各级人民代表大会都由民主选举产生，对人民负责，受人民监督。国家行政机关、审判机关、检察机关都由人民代表大会产生，对它负责，受它监督。在中央包括全国人民代表大会、国家主席、国务院、中央军事委员会；在地方包括地方各级人民代表大会和地方各级人民政府、民族自治地方的自治机关、人民法院、人民检察院。[1]不管现代各国的国家制度有何差异，其国家机构都是以宪法和法律作为自己的设立根据的，否则，相应的国家机构就不具有合法的性质。

国家机构的运行也应当依照法律的规定进行，这是人民主权或人民当家做主的最基本要求。首先，这是尊重和实现人民意志的要求。人民无法具体地管理国家事务，他们对国家的管理必须通过国家机构进行。国家机构是否尊重了人民的意志，最主要的就是看其是否遵守和执行了表达人民意愿的法律。人民也根据他们对法律的执行和服从程度来判定他们对人民的忠诚程度，并评价他们的行为。其次，这是尊重和实现人民授权的要求。国家机构及其公务人员的权力都是人民授予的，人民授权的方式就是人民法律对其权力的规定与赋予。所以，任何国家机构都没有超出人民授权而自由行为的权利。这里所要求的，一方面是他们必须实现人民的授权，对人民负责；另一方面是他们不得超越法律的规定而滥用人民所赋予的权力。因而国家机构的依法运行就成为国家机构的重要准则。当然，要全面实现国家机构的依法运行，并非易事，它必须依赖法治的背景。也正因如此，在当代，国家机构运行的法治化，是走向法治的国家都面临的重要任务。

（三）法确立社会民主，是社会民主存在的保证

社会民主的内容是十分广泛的，包括国体意义的民主和政体意义的民主，国家机关的民主和社会生活中的民主，等等。法为整个社会的民主提供法律依据。它为社会民主设定一个制度模式，其实也是一个社会民主的法律目标。

法律不仅在制度上为社会民主确立一个模式，而且从制度上保证社会民主的实现，保证社会民主从制度形态的存在物转化为社会的客观现实。它为社会民主提供程序保障和强制保障，使民主的实现不仅具有实体的内容，而

---

[1]　《中华人民共和国宪法》第3条。

且具有现实的法律过程和法律途径。当社会民主受到威胁或者遭到破坏时，法律就为其提供强制性的保护措施，使破坏者受到应有的法律制裁，在使被破坏的社会民主得以恢复的同时，还努力使以后的社会民主不再遭受破坏。

社会民主不是一时偶然的社会存在，而是一种普遍而长久的社会存在。能为这种普遍的社会存在提供现实保障的并非仅限于法律，国家政策、政党政策、社会习惯、政治道德都有或多或少的价值，但是它们对于社会民主，都不及法律那样具有国家强制保障的意义，都不能像法律那样作为保证社会民主长期而普遍存在的最确定的记载和最有效的手段。

（四）法调整对外关系，是国家主权独立的保障

一个国家要远离世界各国而完全孤立地存在发展是根本不可能的。时代发展到现代，任何一个国家都无法拒绝整个世界。与世界上的其他国家建立和发展国际关系，是任何一个国家都不可回避的事实和问题。一个国家如何与他国建立外交关系和发展外交关系，对于这个国家在国际社会的生存环境是非常重要的，各国总是通过国际法和国内法两个方面，为本国的对外关系确立一些最基本的准则，并用以调整自己的国际行为，处理与他国之间的关系，乃至解决相互的纠纷和冲突。

国家主权是一个国家对外独立权、对内统治权，以及自卫权的总称。法律确认国家的这些权利，并为其提供具体制度和规范。这种制度和规范包括：①为本国公民设置的，调整着国内有关国家主权的公民与国家的关系；②为外国公民设置的，调整着外国公民与本国之间的关系；③为本国与别的国家设置的，调整着他国与本国之间的国际关系。国内法和国际法从不同的角度和方面为国家主权提供法律保障，保证国家主权的独立和神圣不可侵犯。[1]

三、法的文化作用

（一）促进科技文化事业进步

科技文化事业的进步，是社会发展的基础和条件。法律为科技文化事业的进步指明方向、设置措施、提供保障。就我国来说，法律促进科技文化事业，主要体现在：①教育方面，法律要求并服务于国家发展教育事业，提高全国人民的科学文化水平。国家要通过举办各种学校，普及初等义务教育，发展中等教育、职业教育和高等教育，以及学前教育。国家发展各种教育设施，扫除文盲，对工人、农民、国家工作人员和其他劳动者进行政治、文化、科学、技术、业务的教育，鼓励自学成才。鼓励各种社会力量依法举办各种

---

[1]　法的作用并非仅限于以上四个方面。本节限于篇幅，仅是就其最基本的四个方面作出了论述。

教育事业。[1]②科技方面，法律要求并保证国家发展自然科学和社会科学事业，普及科学和技术知识。奖励科学研究成果和技术发明创造。[2]③医药卫生方面，国家发展医疗卫生事业，发展现代医药和我国传统医药，鼓励各种经济组织、企业事业单位和街道举办各种医疗卫生设施，开展群众性的卫生活动，保护人民健康。[3]④体育事业方面，法律确认并保证国家发展体育事业，开展群众性的体育活动，增强人民体质。[4]此外，法律还要求国家发展文学艺术事业、新闻广播电视事业、出版发行事业、图书馆、博物馆、文化馆和其他文化事业，开展群众性文化活动，保护名胜古迹、珍贵文物和其他重要历史文化遗产。[5]⑤知识分子的培养与作用发挥方面，法律确认并要求，国家培养为社会资源服务的各种专业人才，扩大知识分子队伍，创造条件，充分发挥他们在社会主义现代化建设中的作用。法律对于知识分子地位和作用的确认，对于整个科技文化事业的发展是具有根本意义的，没有这一确认并辅之以切实的法律措施，科技文化事业的延续与发展都将子虚乌有。[6]

（二）促进思想道德建设发展

法律与思想道德是不同的两个领域，但是彼此之间却有着十分密切的联系和相互的影响。法律对于思想道德建设有着重要的意义，主要表现在以下几点：

1. 法律可以确认思想道德的重要地位、基本原则和根本内容。法律无法将所有的思想道德规范都法律化，但是它可以在原则上对全社会提出基本的思想道德要求，将一些根本的思想道德观念加以法律的确认，使其具有更大的权威性和感召力。世界上一些国家也将自己的思想道德原则列入宪法和法

---

〔1〕 参见《中华人民共和国宪法》第19条的规定。除了宪法有原则性的规定外，我国的一系列教育立法为我国教育事业的发展奠定了法律基础。如《中华人民共和国职业教育法》《中华人民共和国教育法》《中华人民共和国义务教育法》《中华人民共和国教师法》等。

〔2〕 参见《中华人民共和国宪法》第20条。我国科技立法已经初具规模，先后制定了《中华人民共和国科学技术进步法》《中华人民共和国著作权法》《中华人民共和国专利法》《国家科学技术奖励条例》等。

〔3〕 参见《中华人民共和国宪法》第21条。我国先后制定了《中华人民共和国传染病防治法》《中华人民共和国药品管理法》《中华人民共和国食品安全法》《中华人民共和国母婴保健法》和《医疗机构管理条例》等。

〔4〕 参见《中华人民共和国宪法》第21条。我国先后制定了《中华人民共和国体育法》《全民健身计划纲要》等。

〔5〕 参见《中华人民共和国宪法》第22条。我国先后制定了《广播电视设施保护条例》《期刊出版管理规定》《报纸出版管理规定》《中华人民共和国文物保护法》等。

〔6〕 参见《中华人民共和国宪法》第23条。我国曾就此发布了一系列与之相关的法律法规。

律之中，加以规定。[1]

2. 法律可以通过自己的规定和实施培养、强化、修正社会的思想道德观念。法律不等于思想道德，但是它却有自己既定的思想道德倾向。法律的规定，权利与义务的设定，无不体现并贯彻这些思想道德观念。人们通过对法律的了解与学习，也就能理解法律所表明的思想道德准则。通过对法律所肯定的行为和事件的彰扬与鼓励，或者对它所否定的行为和事件的制裁与处罚，法律所主张的思想道德就得到了弘扬，人们的思想道德也因法律的存在而得到提高。[2]

四、法的社会公共事务作用

作为社会的行为规则，法律必然要承担一定的社会公共事务的职能，并基于这一职能而发挥相应的作用。[3]法律也正是具有这一作用的。

法律的社会公共事务作用，在任何有法律的社会都是存在的。不同的法律的社会公共事务作用只有或多或少的区别，而无有无的差异。任何完全无视社会公共事务的法律，必然会失去其存在的社会根据。只不过不同的时代，法律的社会公共事务作用的程度和范围是不同的。一般地说，先进的法律与落后的法律相比较，其社会公共事务作用在范围上要广泛得多，在程度上要强得多。

■ 第四节　正确认识法的功能与作用

法既不是无用的，也不是万能的。对于法的功能与作用，既不能忽视也不能夸大。在法的功能与作用认识上，人类经历了艰难的历程。"法律无用论"和"法律万能论"都曾是或可能是阻碍我们正确认识法的功能与作用的

---

〔1〕《中华人民共和国宪法》第24条就规定："国家通过普及理想教育、道德教育、文化教育、纪律和法制教育，通过在城乡不同范围的群众中制定和执行各种守则、公约，加强社会主义精神文明的建设。国家提倡爱祖国、爱人民、爱劳动、爱科学、爱社会主义的公德，在人民中进行爱国主义、集体主义和国际主义、共产主义的教育，进行辩证唯物主义和历史唯物主义的教育，反对资本主义的、封建主义的和其他的腐朽思想。"

〔2〕法律对于思想道德的促进作用，对于立法者来说总是肯定而期望的。在历史的长河中，总体上讲，法律也是促进人类思想道德升华与提高的，至于某个特定时期某个具体法律客观上是否能提高思想道德，必须作具体的分析与考辨。

〔3〕许多著作都把本部分的有关内容作为法的社会公共事务职能，放在法的职能中论述。其实，法既有社会公共事务的职能，也有基于这种职能而发挥出的社会公共事务作用。它们的并存并不矛盾。这里所论述的是法的社会公共事务作用，并不意味着否认法具有社会公共事务职能，甚至正如这里所论述的，法的社会公共事务作用是一种基于法的社会公共事务职能而发挥出来的法的作用。

思想障碍。要正确认识法的功能与作用，就必须澄清在法的功能与作用认识上的无用论和万能论的失误。

一、法的功能、作用与法律无用论

在法律社会中，法的功能与作用是不容低估的。法是最基本的社会规范之一。一旦缺乏法或者法不健全，都可能使社会陷入混乱和无序之中。通过对法的功能与作用的具体讲述，可以更清楚地认识到这一点。在充分肯定法的功能与作用的同时，必须注意与之相反的法律无用论主张。

法律无用论是一种否定法律功能和法律正向作用的错误法律意识。它以法律虚无主义为思想基础。法律无用论漠视法的功能与作用、抹杀法的意义，无视法的存在的较为系统的法律意识，主要表现为两种情形：①完全否认法的功能和作用，甚至视法律为束缚手脚的绳索，主张人治，反对法制与法治；用政治、纪律、道德，甚至某个人的教导代替法律。②不完全否定法律的功用和效能，但对法律采取实用主义态度，当法律对其有利，则作为其工具或者手段用之；当法律对其不利，则无视法律的存在。其行为不是由法律来指引，而是以其利益为核心，根据其自己的需要而随意取舍，甚至违反法律也在所不惜。

法律无用论者中，有的虽然认为法律无用，但这一判定，是与其期望相背离的。他们甚至期望法律有用或特别有用，他们对法律无用的结论只是面对现实中的法律无用、法律功能与作用得不到很好发挥而作出的消极概括，并非真要否定法律的功用。这种法律无用论者是比一般"法律有用论者"更希望法律有用的社会成员。一旦社会能把法律至上提上日程，他们中的一部分就可能成为法制建设和法治建设的中坚和先锋。但他们所表现出来的法律意识依然是不可取的，对法律功能与作用的实现有害而少益。他们中的个别人也可能因此就无视法律，甚至违法犯罪，挑衅法律。

法律无用论的思想根源有二：一是专制主义思想；二是无政府主义思想。专制主义在中国具有深厚的历史渊源和广泛的社会基础。几千年以来，中国的专制主义历经千古而不易，专制主义的思想与学说弥漫在整个历史空间。在专制统治之下，法律不过是统治者手中的玩物。法律能否发挥作用并实现其功能与作用，首先取决于权力拥有者的主观意愿。1949年以后，专制主义作为一种统治模式已经不复存在，但专制主义的文化、思想还远未绝迹。其影响甚至不容低估。用人治代替法治，用权力代替法律的现象，在一定意义上都是专制主义余毒的反映。历史上的中国没有经历过资本主义时代，小农阶级和小资产阶级队伍庞大，无政府主义正是以其为阶级基础的。在无政府主义否定一切国家政权的思想下，法律这种特殊的国家意志也失去了存在的根据。无政府主义"你想怎么做，就怎么做；你喜欢怎么想，就怎么想"的"无命令、无权利、无服从、无制裁、绝对自由"的期望，对于法律的权威和法律秩序都是一种反动和破坏。

在专制主义和无政府主义基础上，法律无用论有了深厚的社会基础和主体依据，因此其也就能够存在甚至在一定程度上蔓延与发展。在中国，反对法律无用论将是一个长期、艰巨的任务。

二、法的功能、作用与法律万能论

法律并非无所不能，法的功能与作用是存在着一定局限性的。

1. 法只是人类一定历史时期的产物，它必然受制于人类认识发展的水平和社会发展的阶段。在人类未认识到法律的意义的时候，是不可能有法律存在的。在人类历史发展的某些阶段不需要法律，也没有法律；或者是没有法律，也不需要法律的。人类的原始时代就没有法律。在我国法学界普遍的认识中，未来最美好的社会——共产主义社会也是没有法律，并不需要法律的。

2. 法律只是社会规范之一种，它的功能与作用也只能局限在其自己的范围内。法与规章、道德、纪律并存。在一定历史时期，法还与宗教教规并存。法与其他社会规范各有自己相对独立的调整领域，法律并不能将他们全部取而代之。法律不仅会与它们并存，而且还要和它们相互补充，共同作用于同一社会秩序。

3. 相对于社会生活的无限性，法的功能与作用的范围有其不可避免的局限性。法律不是在任何社会方面都能发挥其功能，或发挥其作用的。事实上，在许多方面，社会都无须法律调整。有的社会方面甚至不能由法律调整，否则，其后果必然是事与愿违，适得其反。法律的滥用与法律的欠缺一样，都不是法的理想境界。

4. 任何时代的法律都主要是对历史经验的总结和对未来发展的可能展望，其更注重的是社会的现实。对现实问题，再完备的法律也无法将现实社会规范得详尽无遗。再加之法必不可少的稳定性，法就难以尽善尽美。法的功能与作用也必然因此而受到局限。

法律万能论就是在法的功能与作用认识上的错误观念。它认为法律无所不能，这种认识过分夸大了法律的功能和作用。它在强调法律的功能及其社会作用上，对于批判非法与专横都具有特别重要的意义。但它并不是对法律功能与作用的科学认识。这种观点会混淆法与其他社会现象、其他社会规范之间的关系。如前所述，法律只是法律，它可以促进或者阻碍经济，但它并不能代替经济；它可以作用于道德，甚至促进道德的发展完善，但它不能取代道德；它可以体现政治、规制政治，但不能抹杀政治……它可以与道德规范、纪律规范、宗教规范相辅相成，但并不能取而代之。所以法律万能论是不科学的，有时也是有害的。

法律无用论和法律万能论是法的功能与作用认识上的两个极端的错误观点。尽管它们都是错误的，但在现实社会中，由于历史背景和客观条件的差异，危害是不能等量齐观的。各国的情况不同，两种错误观念的影响也不同。在我国，由于没有过真正的法治历史，法律万能论虽然可能存在，但并不普遍，而法律无用论比比皆是。法律无用论是影响我国法制发展的重要因素。我们的法的功能与作用未能得到很好发挥，其中一个极其重要的原因就是法律无用论在作怪。法律无用论不仅在普通老百姓的思想中存在，甚至根深蒂固。就是在一些领导干部那里，法律无用论也还很有市场。法律无用论在他们那里与在一般老百姓的头脑中，危害是不可同日而语的，所以清除法律无用论影响的任务还相当艰巨。

思考题

1. 什么叫法的功能？
2. 什么叫法的作用？
3. 法的功能与作用的主要区别有哪些？
4. 简述法的规范功能。
5. 简述法的社会作用。
6. 如何认识法律无用论？
7. 如何认识法律万能论？

推荐阅读书目

1. 张文显主编：《法理学》，高等教育出版社 2005 年版。
2. 葛洪义主编：《法理学》，中国人民大学出版社 2003 年版。
3. 卓泽渊主编：《法理学》，法律出版社 2004 年版。

第六章

法与其他社会现象

学习目的与要求　本章要求学生掌握以下内容：①法与经济的关系：经济对法具有决定作用，法对经济具有反作用。②法与政治的关系：政治对法具有主导作用，法对政治具有制约作用。③法与科学技术的关系：法与科学技术是紧密联系、互相影响、互相作用的。

■ 第一节　法与经济

从传统上看，法律与经济之间的内在联系和相互作用往往被西方学者所忽略。按照他们的观点，法律所要解决的根本问题是"公平"问题，即如何在社会成员之间合理地分配权利和义务；而经济活动所要解决的根本问题是"效益"问题，即如何有效地利用资源以增加社会财富的总量。因此，法律和经济几乎被看作两种完全不相干的现象。直至 20 世纪初，在西方的制度经济学那里，法律与经济之间的内在联系才第一次受到重视。[1]20 世纪 30 年代以来，在西方法哲学领域，经济分析法学异军突起，它把法律看作制约经济行为的重要因素之一，强调一切法律的制定和执行都必须有利于经济效益的提高。[2]

第六章

---

〔1〕　制度经济学是 19 世纪末 20 世纪初在美国出现的一个西方经济学派。它主张运用制度—结构分析方法，分析制度因素和结构因素在社会经济发展中的作用。其代表人物康芒斯特别强调法律制度在经济活动中的重要性，在《制度经济学》一书中，他甚至提出了"法制居先于经济"的论断，认为正是法律和法律制度促使了资本主义经济的产生和发展。

〔2〕　经济分析法学，又称法和经济学、法律的经济分析，是 20 世纪 30 年代以来在美国产生并得到迅速发展的一个法哲学流派。其主要内容是运用经济学的理论和方法，特别是微观经济学的理论和方法，来分析和评价各种法律制度及其功能。它认为，一切经济活动都是在某种法律制度的制约下进行的，因此，不能把法律制度当作当然的前提而不予考虑。事实上，不同的法律制度就是不同的资源分配方案，会给主体的行为带来不同的成本和收益。所以，立法者和执法者在制定和执行法律时，必须从"效益最大化"原则出发，对各种可选方案进行比较，从中选出成本最小化、收益最大化的方案。

　　马克思主义法学十分重视研究法律与经济之间的相互关系。它认为，一方面，法律作为上层建筑的组成部分之一，归根到底是由社会的物质生活条件即经济关系所决定的。承认经济对法律的决定作用，是马克思主义法学的一项重大理论突破，是马克思主义法律观的精髓。另一方面，法律并不是完全被动地反映经济关系的要求，相反地，它要积极地反作用于社会的物质生活条件，反作用于社会的经济关系。总之，经济与法律之间的关系是决定与被决定、作用与反作用的关系。马克思主义的上述见解，为我们正确认识法律与经济的相互关系提供了理论指导。

一、法与经济基础

　　马克思主义认为，任何一种社会形态，都是由特定的经济基础和上层建筑构成的统一体。经济基础是一定社会的生产关系的总和；上层建筑是建立在经济基础之上并由经济基础决定的政治法律制度和社会意识形态。因此，在法与经济基础的关系上，经济基础决定法，法反作用于经济基础。

（一）经济基础对法的决定作用

　　相对于法律而言，经济基础起着决定性作用。恩格斯指出："每一时代的社会经济结构形成现实基础，每一个历史时期由法律设施和政治设施以及宗教的、哲学的和其他的观点所构成的全部上层建筑，归根到底都是应由这个基础来说明的。"[1]经济基础对法的决定性作用主要表现在以下几点：

　　1. 经济基础决定法的产生、发展和消亡。在原始社会，实行生产资料公有制，没有阶级和阶级斗争，因而也就没有法。随着生产资料私有制的出现，有了阶级和阶级斗争，法才应运而生。法产生之后，先后经历了奴隶制法、封建制法、资本主义法和社会主义法四种不同的历史类型。法的不同历史类型的更替同样是由经济基础决定的。不仅经济基础的根本变化会导致法发生根本变化，即使在同一社会形态里，经济基础发生的局部变化，也会引起法的相应变化，如法的废、改、立等。在未来的共产主义社会，随着经济基础的发展，阶级和阶级斗争将走向消亡，法也将随之消亡。

　　2. 经济基础决定法的性质和内容。有什么性质的经济基础，就有什么性质的法。建立在生产资料私有制基础上的剥削阶级法，必然反映剥削阶级的意志，维护剥削阶级的利益；反之，建立在生产资料公有制基础上的社会主义法，必然反映工人阶级领导下的广大人民的意志，体现他们的利益要求。同时，法的内容即法所规定的权利和义务关系，也是由经济基础决定的。

　　正确理解经济基础对法的决定作用，必须注意以下几个问题：①经济基

---

[1]　《马克思恩格斯选集》第3卷，人民出版社1972年版，第66页。

础对法的决定作用是从根本的意义上说的，并非每一具体的法律内容都有其相应的经济基础。恩格斯曾说过："很难证明：例如在英国立遗嘱的绝对自由、在法国对这种自由的严格限制，在一切细节上都只是出于经济的原因。"[1]②经济基础对法的决定作用不是自发实现的，而是通过人们有意识的活动才实现的。恩格斯曾指出："这并不像某些人为着简便起见而设想的那样是经济状况自动发生作用，而是人们自己创造着自己的历史。"[2]③经济基础并非法的唯一决定性因素，对法产生影响甚至在某种条件下起决定作用的因素还有国家制度、历史传统、民族习惯、政治观点、哲学观点和宗教观点等。正如恩格斯所说："如果有人在这里加以歪曲，说经济因素是唯一决定性因素，那么他就是把这个命题变成毫无内容的、抽象的、荒诞无稽的空话。"[3]

（二）法对经济基础的反作用

虽然法是由经济基础决定的，但这并不意味着法只是消极地反映经济基础。恩格斯曾指出："政治、法律、哲学、宗教、文学、艺术等的发展是以经济发展为基础的。但是，它们又都互相影响并对经济基础发生影响。并不是只有经济状况才是原因，才是积极的，而其余一切都不过是消极的结果。"[4]法对经济基础的反作用主要表现在以下几点：

1. 确认、巩固和发展有利于统治阶级的经济基础。统治阶级的经济基础就是代表统治阶级利益的生产关系。统治阶级在取得政权之初，首先就要运用法律手段确认这种生产关系的统治地位。在掌握政权之后，统治阶级还要运用法律手段调整各种经济关系，巩固和发展有利于本阶级的生产关系。

2. 限制、削弱和扫除不利于统治阶级的经济基础。在任何一个社会里，都存在着多种生产关系。其中，有的生产关系是与统治阶级的根本利益相违背的。因此，统治阶级往往要运用法律手段限制其发展，削弱其影响，并在条件成熟时彻底予以扫除。

二、法与生产力

生产力是人类利用自然、改造自然的能力，是由劳动者、劳动资料和劳动对象三个要素构成的一个复杂系统。马克思主义认为，在社会发展过程中，生产力是最活跃、最革命的因素，是一切社会发展的最终决定力量。包括法律在内的各种上层建筑最终都是由生产力的发展状况决定的，当然，它们也

---

〔1〕《马克思恩格斯选集》第4卷，人民出版社1972年版，第484页。

〔2〕《马克思恩格斯选集》第4卷，人民出版社1972年版，第506页。

〔3〕《马克思恩格斯选集》第4卷，人民出版社1972年版，第477页。

〔4〕《马克思恩格斯选集》第4卷，人民出版社1972年版，第506页。

要能动地反作用于自己的生产力。

（一）生产力对法的决定作用

我国法理学界一般认为，生产力对法的决定作用是通过生产关系（经济基础）的中介才实现的。[1] 这种看法值得商榷。事实上，生产力可以通过经济基础的中介而间接地作用于法，也可以不通过经济基础的中介而直接地作用于法。就是说，生产力对法的决定作用有以下两种形式：

1. 生产力对法的间接作用。前述经济基础对法的决定作用，实际上乃是生产力通过经济基础这一中介间接地作用于法的客观表现。法的产生、发展和消亡及其性质和内容，最终都是由生产力的发展水平决定的。马克思指出："社会的物质生产力发展到一定阶段，便同它们一直在其中活动的现存生产关系或财产关系（这只是生产关系的法律用语）发生矛盾。于是这些关系便由生产力的发展形式变成生产力的桎梏。那时社会革命的时代就到来了。随着经济基础的变更，全部庞大的上层建筑也或慢或快地发生变革。"[2]

2. 生产力对法的直接作用。生产力可以跳过经济基础这一中介而直接对法律产生决定作用，这有以下两种表现：

（1）一国的生产力发展水平往往直接决定着该国法律的发展水平。具体说，经济基础相同的国家，如果其生产力发展水平不同，彼此之间的法律往往就会存在着明显的差异；反之，经济基础不同的国家，如果其生产力发展水平大致相当，彼此之间的法律往往也会存在着一定的共性。

（2）生产力的发展变化可以直接导致法律发生变化。生产力的发展会直接导致新的法律部门的产生，产品责任法、外层空间法、原子能法等的出现就是例证；生产力的发展还会直接导致法律的具体内容发生变化，民法上无过错责任原则的出现就是生产力发展的直接结果。

（二）法对生产力的反作用

与生产力对法的决定作用一样，法对生产力的反作用可以以经济基础为中介，也可以不以经济基础为中介。因此，它同样有间接作用和直接作用之分。

1. 法对生产力的间接作用。这种作用是通过法对经济基础的反作用来实现的。如果法律所保护的经济基础符合生产力的发展要求，或者它所排斥的

---

[1] 张文显主编：《法理学》，法律出版社 1997 年版，第 405~406 页。这种观点源于苏联。苏联学者认为："实际上生产力是通过经济基础的中介来决定上层建筑的。"（〔苏联〕罗森塔尔、尤金：《简明哲学辞典》，中共中央马克思恩格斯列宁斯大林著作编译局译，生活·读书·新知三联书店 1973 年版，第 474 页。）

[2]《马克思恩格斯选集》第 2 卷，人民出版社 1972 年版，第 82~83 页。

经济基础不符合生产力的发展要求，那么，它对生产力的发展就起促进作用；反之，如果法律所保护的经济基础不符合生产力的发展要求，或者它所排斥的经济基础符合生产力的发展要求，那么，它对生产力的发展就起阻碍作用。

2. 法对生产力的直接作用。法律可以通过某些规定直接反作用于社会生产力，由于这种作用与经济基础之间没有必然的联系，所以，它可以存在于不同的社会形态之中。例如，有关劳动保护和技术安全方面的法律法规、有关自然资源保护和环境保护方面的法律法规、有关在生产中采用和推广先进科学技术方面的法律法规等，其内容一般不涉及生产关系，因而可以直接对生产力发生作用。

三、法与经济运行方式

经济运行方式是指经济体制。当今世界有两种经济运行方式，即计划经济和市场经济。改革开放之前，我国实行高度集权的计划经济体制；改革开放之后，我国正努力建立健全社会主义市场经济体制。不同的经济运行方式对法律的需求不同，因而，在不同的经济运行方式下，法律的地位和作用自然大相径庭。在计划经济体制下，国家通过下达行政计划进行资源配置和经济管理，经济运行主要依靠计划而不是法律，或者说"计划就是法律"。法律在经济运行中的地位不高，作用也十分有限。从根本上来说，法律是依附于计划的，其主要任务就是保障国家计划的贯彻实施。所以，计划经济必然是"非法制型"经济。在市场经济体制下，资源配置和经济管理是通过市场机制来进行的，行政权力不再直接干预市场，取而代之的只能是法律。可见，市场经济对法律有着内在的、本能的、强烈的需求。这样，法律在经济运行中的地位和作用必然大大增强。从这个意义上说，市场经济就是法治经济。

在我国社会主义市场经济条件下，必须抛弃过去那种与计划经济相适应的计划经济法律制度，建立符合社会主义市场经济发展要求的市场经济法律制度。这种新的法律制度主要包括以下五个方面：

1. 确认市场主体资格的法律制度。社会主义市场经济的顺利运行，首先就需要有合格的市场主体。为此，必须加强市场主体资格法制建设，保障各类市场主体享有独立的、平等的法律地位，拥有完全的行为能力和责任能力，能够自主地从事法律行为，依法享受法定权利，切实履行法定义务，并对自己行为的结果承担相应的法律责任。

2. 充分尊重和保护财产权的法律制度。财产权是市场交往的基础，所以，在市场经济中，必须建立充分尊重和保护市场主体财产权的法律制度，明确界定产权，加强产权保障，促进产权合理流动。

3. 维护合同自由的法律制度。在市场经济中，合同是市场主体之间进行经济交往的最普遍、最常见的形式。任何主体都必须以平等的身份与他人进行交往，不能强迫他人接受自己的交易条件。因此，合同自由法律制度是市场经济最主要的法律制度之一。

4. 宏观调控法律制度。在市场经济中，单凭市场自发的机制不可能保障市场秩序，因此，政府必须对经济进行适度干预和宏观调控。这方面法律制度的宗旨在于贯彻产业政策、调整和改善经济结构、控制经济运行节律、保持经济总量的平衡，同时，提高经济运行的水平。

5. 社会保障法律制度。市场经济是竞争型经济，竞争的结果必然是优胜劣汰。所以，必须完善社会保障法律制度，给社会弱者（包括失业劳动者、丧失劳动能力者、妇女和儿童等）提供物质保障，维护其基本的生存权利。

■ 第二节　法与政治

何谓政治？这是一个众说纷纭的话题。古今中外的思想家们对政治一词历来有不同的解释。有的对政治作伦理学解释，如儒家的"仁政""德政"思想；有的对政治作统治权术解释，认为"政治是权势之争"；也有的对政治作管理活动解释，如孙中山先生说："政就是众人之事，治就是管理，管理众人之事，就是政治。"[1]马克思主义则认为，政治是建立在一定的经济基础之上的上层建筑现象，是不同阶级（在近现代社会通过各自的政党及其政策）围绕着国家政权而进行的各种活动，其实质是阶级关系。在上层建筑领域，政治离经济基础最近，最直接、最深刻地反映了经济的发展要求。从这种意义上说，"政治是经济的集中表现"。[2]

政治有统治阶级的政治与被统治阶级的政治之分。被统治阶级进行政治活动，是为了推翻统治阶级的统治，夺取国家政权，用反映本阶级意志的法律来取代现行法。因而，法与被统治阶级的政治是根本对立的。相反地，法与统治阶级的政治是密切相关的。它们都属于上层建筑现象，因而不存在谁决定谁的问题。但是，如同上层建筑领域的其他现象都相互影响一样，法与统治阶级的政治也是相互影响、相互作用的。其中，统治阶级的政治对法起主导作用，是矛盾的主要方面；法对统治阶级的政治起制约作用，是矛盾的次要方面。下面，就对它们之间的这种相互作用进行具体的分析。

第六章

---

〔1〕《孙中山选集》（下册），人民出版社 1956 年版，第 611 页。
〔2〕《列宁选集》第 4 卷，人民出版社 1972 年版，第 441 页。

一、政治对法的主导作用

相对于法律来说，统治阶级的政治占据着支配地位，起着主导作用。这主要表现在以下几个方面：

1. 法律在内容上反映着统治阶级的政治要求。法律是统治阶级在阶级斗争中取得的胜利成果，是统治阶级意志的体现，它必然反映并维护统治阶级在政治上、经济上的利益要求。这就决定了任何一个社会的法律都不可能是"超政治"的。从这一角度看，法律就是一种政治措施。当然，并非每一具体的法律都有相应的政治内容，都反映某种政治要求。有的法律，如交通管理、环境保护等方面的法律，调整的是一般的社会管理关系，并不直接涉及阶级关系。所以，我们不能把法律调整的一切关系都归结为阶级关系。

2. 法律始终服务于统治阶级的政治。法律总是要根据统治阶级的政治要求来给社会成员分配权利和义务，从而把统治阶级的政治要求明确化、具体化，以指引人们的行为。对符合统治阶级利益的行为，法律就提供保护；反之，对违背统治阶级利益的行为，法律就予以制裁。这样做的目的，就在于捍卫统治阶级的政治统治。

3. 政治的发展变化直接导致法律的发展变化。法律发展变化的根本原因固然在于生产力与生产关系之间的矛盾运动，但是，阶级关系的变化和统治阶级政治任务的改变也对法律的发展变化产生直接影响，是法律发展变化的外在条件。与其他上层建筑现象相比，政治的灵敏性最强，它能迅速地反映经济的发展要求，并作出相应的调整。一旦政治要求发生变化，法律的任务和内容就将随之发生变化。例如，在新中国成立之初，政治的主要要求是巩固人民民主政权，当时法律的主要任务就是镇压反革命分子的反抗，保障各项社会改革运动顺利进行；在政权已经巩固之后，政治的主要要求是进行经济建设，法律的主要任务就是调整各种经济关系，促进经济发展。

二、法对政治的制约作用

在不同性质的社会里，法律对政治的作用完全不同。在专制社会里，法律只是政治的奴婢，是维护专制政治的工具。统治阶级为了实现其政治目的，往往公开抛弃法律而转向赤裸裸的暴力。应该说，这种脱离法律控制的政治是一种相当危险的政治。相反地，在民主社会里，法律对统治阶级的政治起着制约作用。这主要休现在以下几个方面：

1. 政治斗争原则上必须在法律范围内进行。政治斗争，无论是不同阶级之间的斗争，还是同一阶级内部不同利益集团之间的斗争，原则上都必须严格控制在法律的范围之内。除非不同阶级之间的政治斗争已经达到白热化程度，斗争的双方开始直接使用暴力抢夺国家政权，此时，斗争才能突破法律的限制。例如，在帝国主义阶段，当无产阶级革命处于高潮的时候，资产阶级往往公开抛弃自己的法制，不惜采用一切手段镇压无产阶级革命。此时，无产阶级自然也就不必再受任何法律的约束。[1]舍此之外，一切政治斗争都必须纳入法制的轨道，都必须严格依法进行，绝不能搞"非法专政"和"政治迫害"。对此，邓小平同志曾经反复予以强调。他先后多次告诫全党同志和全体干部，要学会按照宪法、法律、法令办事，学会运用法律武器处理问题。即使是同破坏安定团结的行为进行斗争，也不能有所例外。他指出："这场斗争是政治斗争，但是一定要在法律范围内进行。"[2]

2. 政治权力的划分和行使必须有法律依据。为了防止政治权力的异化，避免权力滥用和权力腐败，必须加强对权力的法律制约。法国思想家孟德斯鸠曾说过："一切有权力的人都容易滥用权力，这是万古不易的一条经验。"[3]因此，必须强调权力取得和权力运行的合法性，依法划分权力，依法行使权力。

3. 各政党必须在宪法和法律的范围内活动。政党作为阶级的政治代言人，在近现代国家的政治生活中，扮演着极其重要的角色。政党的活动是否合法，直接影响到国家的前途和命运。尤其是对统治阶级的政党、执政党来说，更是如此。在一个真正的法治社会中，任何政党都没有超越法律之外、凌驾法律之上的特权，这是民主和法治的内在要求。特别是执政党的活动如果偏离了法治的轨道，那么，法律的权威就必然会受到损害，民主就必然会遭到践踏。

第三节　法与科学技术

科学技术是人类文明的核心部分。按照马克思主义的观点，科学技术也是生产力，而且是第一生产力。一国科学技术水平的高低，不仅决定着其生产力的发展水平，而且对生产关系和上层建筑的各个领域都有着重要的影响。恩格斯曾指出："这种技术装备，照我们的观点看来，同时决定着产品的交往方式，以及分配方式，从而在氏族社会解体后也决定着阶级的划分，决定着

---

[1] 列宁曾说过："无产阶级的革命专政是由无产阶级对资产阶级采用暴力来获得和维持的政权，是不受任何法律约束的政权。"（《列宁全集》第35卷，人民出版社1986年版，第237页。）这段话正是从这种意义上说的。

[2] 《邓小平文选》（1975～1982），人民出版社1983年版，第330页。

[3] 〔法〕孟德斯鸠：《论法的精神》（上册），孙立坚等译，商务印书馆1961年版，第154页。

统治和从属的关系，决定着国家、政治、法律等。"〔1〕可见，科学技术对法律有重要的影响作用。随着现代科学技术的发展，特别是二战以来科学技术的突飞猛进，这种影响作用正日益显著。另一方面，法律对科学技术的发展也有着不可或缺的作用。特别是在当今世界各国，法律已经成为组织科学技术活动、推动科学技术发展的重要手段之一。总之，法与科学技术是紧密联系、互相影响、互相作用的。

一、科学技术对法的影响

科学技术对法的影响是全方位的，涉及法律的内容、法律的运行机制、法律观念和法学研究方法等各个方面。具体而言，这些影响主要表现在以下几个方面：

1. 科学技术的发展大大地丰富和完善了法律的内容。

（1）科学技术的发展，拓宽了人类的活动领域，由此产生了许多新的社会关系，对这些社会关系进行法律调整就形成了新的法律部门。例如，由于现代科学技术的发展，尤其是航天技术的发展，出现了和平探索和利用外层空间方面的国际关系。于是，航空法、太空法等新的法律部门应运而生。

（2）科学技术的发展，引起了人们对科学技术成果的创造、使用、转让和保护等方面问题的关注，涉及科学技术领域的法律、法规日渐增多。例如，有关核试验和核安全方面的法律、知识产权方面的法律等。

（3）科学技术的发展，改变了人类的行为方式和原有的社会关系，以致法律的内容不得不作出相应的调整。例如，随着科技的进步，出现了高度危险性作业和高速运输行为，给社会和他人造成损害的可能性大大增加，对此，法律规定了更严厉的责任，在保留传统民法过错责任原则的同时，在部分场合实行无过错责任原则。

2. 科学技术的发展深刻地影响了法律的运行机制。

（1）从立法上看，席卷全球的新技术革命浪潮，直接影响到世界各国的立法工作，导致立法体制和立法工作方式发生变化。由于立法涉及的科学技术问题越来越多，立法机关往往感到力不从心，不得不把这类立法工作委托给某些专门的机构，这就促成了"委任立法"体制的产生。科学技术的发展还使立法工作方式趋向技术化。立法机关可以利用电脑储存、分析来自社会的各项信息，可以对法律体系进行检查，发现其中的矛盾和漏洞，从而大大提高立法工作效率。

（2）从法的适用上看，新的科学技术成果有助于提高执法和司法工作质

〔1〕《马克思恩格斯选集》第4卷，人民出版社1972年版，第505页。

量。在当今世界各国，先进的科学技术正日益广泛地被运用于执法和司法活动之中。例如，在犯罪侦查活动中，各国普遍使用了现代交通通信设备、自动监控设备、电子信息系统等；在某些领域（例如海关），先进国家已将"法律专家系统"用于执法，实现了执法电脑化；在司法审判过程中，有的国家已经开始运用电脑确定量刑的最佳效应，协助法官判案，等等。当然，先进的科学技术也可能被用来从事违法犯罪活动，如利用信用卡进行盗窃，利用机器人作案等，这就给执法和司法活动提出了新的问题和要求。

3. 科学技术的发展向传统法律观念和法律思想提出了新的挑战。例如，随着科学技术的进步，信息作为一种资源，其财产价值越来越受到重视。这样，传统民法中关于保护"物权"的观念就要加以扩展和更新。又如，随着现代医学的发展，"安乐死"成为一个引人注目的话题。不少人认为，中止以昂贵的或危险的医疗手段维持病人生命的做法是正当的。这样，"生命权至高无上"的传统法律观念就受到了挑战。再如，科学技术的进步大大地提高了人的素质，人的价值日益受到重视，这导致法律中的人文主义色彩日趋浓厚，刑罚轻刑化、废除肉刑和死刑、行刑手段文明化的呼声正日渐高涨。

4. 科学技术的发展使法学研究方法取得了根本性的突破。传统的法学研究一直处于定性分析阶段，对复杂的法律现象，只能进行抽象的概括，难以进行量化分析。随着电子计算机技术的发展，人们可以全面搜集有关法律的各种数据和信息，并对它们进行分析和处理，这样，法学研究就向定量分析大大地迈进了一步。此外，现代科学理论和方法（如由系统论、信息论、控制论构成的"老三论"和由耗散结构论、协同论、突变论构成的"新三论"等）被引入法学研究领域，对法学研究的进步也起了极大的推动作用。

二、法对科学技术的作用

法对科学技术的作用同样是全方位的，涉及科学技术活动的组织和管理、科学技术发展的推动和促进、科学技术成果的使用和推广、科学技术负面效应的抵制和防范等诸多方面。这些作用主要表现在以下方面：

1. 法对科学技术活动有组织和管理作用。现代科学技术活动已经不再是个别科学家的私人活动，而是一项重要的社会活动。这就需要国家参与决策、组织、管理和指挥。当代世界各国都十分注重运用法律手段组织和管理科学技术活动，制定科技发展战略和科技发展计划，建立健全科技组织、科技人员、科技项目、科技经费、科技情报等方面的管理制度。为此，许多国家先后制定了科技基本法，如英国的《科学技术法》，奥地利的《科技组织法》《科技促进法》，法国的《科学研究和技术发展方向和规划法》，美国的《1976 年美国国家科学技术政策、机构和优先目标法》等。有的国家为了保障科学技术活动有足够的经费，还在法律中明确规定了科技研究与开发经费同国民生产总值的比例。

2. 法对科学技术发展有推动和促进作用。为了发展科学技术，必须对科学技术人员的正当权利和利益予以保护，对科学技术成果予以奖励，以调动科学技术人员的积极性。世界上许多国家都规定了知识产权法律制度，依法确认和保护专利权、发明权、发现权、商标权、著作权等。同时，还规定了科技成果奖励制度，对科学发明、发现、科技进步、合理化建议、技术改造等予以奖励，确定了评审的程序和奖励的等级等。

3. 法对科学技术成果的使用和推广有保证和促进作用。科学技术成果只有得到及时的使用和推广，才能迅速转化为实际的生产力。但是，科技成果的使用和推广不仅是一个技术问题，还包含着许多社会问题。比如，由谁来鉴定科技成果，如何鉴定科技成果，科技成果的创造人的权利如何得到保障，别人如何取得该项成果的使用权，未经许可而使用他人科技成果应承担何种责任，科技成果通过何种途径进行推广，等等。针对这些问题，法律规定了科技成果的鉴定制度、使用制度、转让制度和保护制度，从而有效地保证和促进了科技成果的使用和推广。

4. 法对科学技术发展产生的负面效应有抵制和防范作用。科学技术的开发和利用，有其固有的负面效应。这不仅表现在某些科技成果有可能被用于发动战争或进行犯罪活动，从而产生危害人类的后果；而且，也表现在人类在开发和利用科学技术的过程中，可能由于无法预见的原因而产生灾难性后果，如污染环境、破坏生态平衡等。所以，必须运用法律手段坚决抵制并严格防范科技发展所造成的消极后果。例如，为了防止核事故发生，就必须从法律上对因利用原子能而产生的一系列社会问题作出全面的规定，建立健全原子能许可证制度、核安全制度、核材料安全监督管理制度、放射防护保护监督管理制度和核损害赔偿制度等有关法律制度。

思考题

1. 如何理解法与经济基础之间的相互关系？
2. 市场经济法律制度的主要内容有哪些？
3. 法对政治的制约作用主要表现在哪些方面？
4. 如何理解法与科学技术之间的相互作用？

推荐阅读书目

1. 张文显主编:《法理学》，法律出版社 1997 年版。

2. 沈宗灵主编:《法理学》，北京大学出版社 2001 年版。

3. 罗玉中:《科学技术进步法论》，高等教育出版社 1996 年版。

4.〔美〕理查德·A. 波斯纳:《法律的经济分析》，蒋兆康译，中国大百科全书出版社 1997 年版。

第六章

第七章

法与其他社会规范

学习目的与要求　本章要求学生掌握以下内容：①法与道德的关系：在任何社会中，法律与该社会占主导地位的道德都是相互影响、相互作用的。②法与习俗的关系：法律和习俗作为两种社会控制手段，彼此之间是相互影响、相互作用的。③法与宗教规范的关系：在政教合一的社会里，法与宗教规范之间有着明显的相互作用。④法与政策的关系：在我国，党的政策对法具有指导作用，法对党的政策具有制约作用。

■　第一节　法与道德

一、法与道德的一般关系

道德是关于人们思想和行为的善与恶、美与丑、正义与非正义、公正与偏私等观念、原则、规范和标准的总和。它是上层建筑的重要组成部分，其内容和形式都来源于社会的物质生活条件。正如恩格斯所说："一切已往的道德论归根到底都是当时的社会经济状况的产物。"[1]在任何社会中，不同主体（人或人群）的道德彼此之间都既有差异性又有共同性，这种共同性决定了每一社会都有一种占主导地位的道德观念和道德标准。每一社会的法律与该社会占主导地位的道德之间都有着十分密切的联系，它们在内容上互相渗透，在功能上相辅相成，共同发挥着调整社会关系和维护社会秩序的作用。

在西方法哲学界，有关法律和道德的关系问题，是一个长期争论不休的热点问题。围绕这一问题，自然法学派和实证主义法学派展开了激烈的论战。17、18世纪的古典自然法学派认为，法律是正义的化身，是理性的体现，它必须符合道德的要求。违背道德的法律是"恶法"，它不具备法的属性。很明

第七章

---

[1]　《马克思恩格斯选集》第3卷，人民出版社1972年版，第134页。

显，这是一种"恶法非法"的理论。19 世纪，以英国法学家奥斯丁为代表的分析实证主义法学则根本否定法律与道德之间的必然联系。奥斯丁认为，法律无所谓善恶之分，只有有用与无用之别。由此，他得出了"恶法亦法"的结论。[1]"二战"以后兴起的新自然法学派依然认为，法律与道德之间存在着必然的联系，是不可分离的。例如，美国法学家富勒认为，法律是内在道德与外在道德的统一。法律的内在道德是真正的法律制度必须遵循的法制原则，包括法律的普遍性、法律的公开性、法律的非溯及力、法律的明确性、法律的一致性、法律的可行性、法律的稳定性、官方行政与法律的一致性等八项原则。法律的外在道德是指法律制度所追求的实体目标，它不是单一的，而是多元的，包括效率、正义、自由等。[2]"二战"以后兴起的新分析实证主义法学派认为，法律与道德之间有一定的联系，但没有内在的必然联系。例如，英国法学家哈特认为，任何法律都会受到一定社会集团的传统道德的影响，也会受到少数人超过流行道德水平的道德的影响。但不能由此认为，二者在逻辑上和概念上存在着内在的联系。他指出："法律反映或符合一定道德要求，尽管事实上往往如此，然而不是一个必然的真理。"[3]法律规则不会因违反道德而丧失其法的性质和效力，对于严重违反道德的法律，"我们应该说：'这是法律，但它们是如此邪恶以致不应遵守和服从'"。[4]

我国法理学界在分析法律与道德的关系问题时，一般先把道德分为统治阶级的道德和被统治阶级的道德，认为法律与统治阶级的道德在根本上是一致的，它们互相影响，互相作用，而法律与被统治阶级的道德则是根本对立的。

二、法与道德的异同

每一社会的法律与该社会占主导地位的道德是建立在相同经济基础之上的上层建筑现象，其总体精神和主要内容大体相同。二者都是调整社会关系、维护社会秩序的重要手段。但是，法律和道德毕竟是两种不同的社会规范，具有不同的规定性。二者之间的主要区别如下：

1. 产生的社会条件不同。法律的产生晚于道德。法律是人类社会发展到一定阶段的产物，是随着原始氏族制度的解体和私有制与阶级的出现而产生的。道德则是人类早期文明的表现，它的产生是与人类社会的形成同步的。

第七章

---

〔1〕　严存生主编：《新编西方法律思想史》，陕西人民教育出版社 1989 年版，第 201 页。
〔2〕　严存生主编：《新编西方法律思想史》，陕西人民教育出版社 1989 年版，第 288～294 页。
〔3〕　〔英〕哈特：《法律的概念》，张文显等译，中国大百科全书出版社 1996 年版，第 182 页。
〔4〕　〔英〕哈特：《法律的概念》，张文显等译，中国大百科全书出版社 1996 年版，第 203 页。

在原始氏族公社时期，道德是最主要的社会控制手段。

2. 形成的方式不同。法律是由国家制定或认可的，是人们通过"自觉"的方式创制的。道德则是在人们长期的社会生活中"自发"地形成的，统治者难以像创制法律那样积极地创造出道德。

3. 表现形式不同。法律是国家意志的体现，具有明确的内容，因此，它通常表现为宪法、法律、法规、条例等规范性法律文件。道德则没有特定的表现形式，其内容一般存在于人们的社会意识之中，并通过人们的言论和行为表现出来。

4. 调整的范围不同。法律和道德都以社会关系作为调整对象，但是，一般而言，道德的调整范围要比法律广泛得多。法律只调整那些对建立正常社会秩序具有比较重要意义的社会关系，而道德几乎涉及社会关系的各个领域和各个方面。例如，对人们在友谊、爱情等许多私人生活方面的关系，法律都不调整，而道德却进行调整。

5. 作用的侧重点不同。法律主要作用于人的外部行为。尽管法律在评价和处理人的行为时，也要考虑行为人的主观动机和心理状态，但其侧重点始终在于客观行为本身及其后果。道德则主要作用于人的内心世界。尽管道德也要涉及和管束人的行为，但它一般是通过影响人的思想进而引导或控制人的行为的。

6. 实施的方式不同。法律在实施上具有国家强制性，它以国家强制力作为实施的后盾。道德在实施上也有一定的强制性，但没有国家强制性，它主要靠社会舆论和内心信念等力量来获得实施。

三、法与道德的相互作用

在任何社会中，法律与该社会占主导地位的道德都是相互影响、相互作用的。这表现在以下两个方面：

（一）道德对法的作用

1. 道德对法律的创制具有指导作用。任何社会的法律都必须顺应该社会流行的道德观念的要求，否则，它就难以有效地发挥作用。因此，立法者在创制法律时，必须以道德的基本原则和基本精神为指导，努力反映道德的基本要求。有时，立法者甚至要把某些重要的道德规范直接上升为法律规范，使之成为法律的一个组成部分。随着社会的进步和文明的发展，道德的内容往往要发生变化，此时，立法者必须对已经制定的法律进行补充、修改和完善，以顺应道德的发展要求。

2. 道德对法律的实施具有保障作用。道德是法律正常运转的社会心理基础，是法律顺利实施的有力保障，对于国家官员来说，培养和树立良好的个人道德和职业道德，是其正确执法和司法的先决条件；对于公民个人来说，也只有具备良好的道德品质，才能自觉地遵守国家的法律，严格依法办事。

3. 道德对法律的漏洞具有弥补作用。由于立法技术所限和法律固有的局限性，任何社会的法律都存在着一定程度的漏洞。对于一些本应由法律加以调整的行为，法律却缺乏相应的规定。在这种情况下，就可以运用道德手段对上述行为进行评价、引导或调控，通过建立良好的道德秩序来弥补法律的空缺。

（二）法对道德的作用

1. 通过立法赋予道德的基本原则和基本要求以法律强制力。道德的基本原则和基本要求对于维护正常的社会秩序至关重要，通过立法手段对其予以确认，就能将人们最基本的道德义务转化为法律义务，这种义务的履行就有了道德强制力和法律强制力的双重保障。由于法律强制力是以国家强制力为后盾的，所以，它能有效地迫使人们遵守道德的基本原则和基本要求，从而起到维护社会基本秩序的作用。不过，值得注意的是，将道德义务法律化只能针对最起码的、最低限度的道德义务来进行，道德义务中要求较高的部分是不宜一律上升为法律义务的，那样的话，法律必然会因为脱离实际而难以执行。

2. 通过法律实施活动，可以弘扬一定的道德原则和道德观念。在法律实施过程中，人们的合法行为得到保护甚至奖励，违法行为则受到处理甚至制裁，这就从正反两方面促使人们认同符合法律价值取向的道德原则和道德观念。从这一角度看，法律实施的过程，同时也是一个弘扬道德原则和道德观念的过程。

■ 第二节　法与习俗

一、法与习俗的一般关系

习俗是人们在长期的共同生活中形成的共同信守的习惯和风俗。因生产条件、历史背景、文化传统、社会和自然环境的不同，世界各国各民族各有不同的习俗。

习俗和法律一样，都是社会规范和社会调整手段，都担负着调整社会关系、维护社会秩序的功能。但是，在社会发展的不同阶段，它们在社会调整系统中所占的地位有所不同。在人类社会早期，法律尚未出现，习俗是最重要的社会调整方式，几乎调整着所有较为稳定的社会关系。在小农经济和宗法制社会里，各种地方的和家族的习俗与国家的法律一起，共同发挥着调控

第七章

社会的作用。在社会化大生产高度发达的现代社会，习俗的调整范围日渐缩小，法律的调整范围却逐渐扩大，相对于法律调整而言，习俗调整只占次要的地位。尽管如此，习俗依然是现代社会不可或缺的调整手段之一。

从内容上看，有的习俗仅涉及服饰、仪式等社交礼节和社会生活中其他一些不太重要的方面，这类习俗如被违反，社会通常会通过表示社会性的不满或不快的方式作出反应，并不会招致政府强力的干预，因此，这类习俗与法律义务和法律责任没有关系；还有一些习俗涉及婚姻与子女抚养的责任、遗产的继承、契约的缔结与履行等社会生活的重要方面，违反这类习俗，会破坏集体生活的良好条件，所以，"这类习惯完全有可能被纳入与编入法体之中，而且违反它们，会受到法律制度所使用的典型制裁方式（其中可能包括由政府当局所使用的直接强力方式）的惩罚"。[1]可见，不同的习俗与法律的联系是不一样的，社交礼节领域的习俗一般与法律无关，而重要社会事务领域的习俗则与法律有着密切的联系。

二、法与习俗的异同

法律与习俗都属于上层建筑现象，在形式上都表现为社会规范，都是人们进行社会调控的手段。但是，法律与习俗毕竟是两种不同的社会规范，彼此之间存在着明显的差别。这主要表现在以下几个方面：

1. 产生的社会条件不同。如前所述，在人类社会早期，习俗就已经产生，而法律尚未出现。在原始社会，存在着大量的氏族习惯，它来源于人们共同占有生产资料、共同劳动、共同生活的社会实践之中。法律则是在原始社会解体过程中，伴随着私有制和阶级的出现而产生的。

2. 形成的方式不同。法律的创制必须有国家机关和国家权力的参与。习俗则是在人们的长期实践中自发形成的，一般没有权威组织和公共权力的参与。

3. 体现的意志不同。法律是立法者行使立法权的产物，它体现了国家意志。习俗是人们在共同生活中自然而然地形成的，它体现了一定民族、一定地区或一定职业的人群的共同意志。

4. 稳定程度不同。习俗的稳定性比法律要强。一种习俗一旦形成，就会成为人们的行为习性，会延续相当长的时间。即使由于社会环境和社会条件的变化，习俗也随之发生变化，但这种变化的速度是相当缓慢的。法律则往往会随着社会环境和社会条件的变化，而在较短的时期内发生改变。

---

〔1〕〔美〕E. 博登海默：《法理学——法哲学及其方法》，邓正来、姬敬武译，华夏出版社 1987 年版，第 369 页。

5. 实施的方式不同。法律由国家强制力保证实施，对违法行为要由国家专门机关依法予以制裁。习俗的实施则没有国家强制力的保护，它通常依靠社会成员的认同、社会舆论的压力以及社会成员行为之间的相互影响等而获得遵守。

三、法与习俗的相互作用

法律和习俗作为两种社会控制手段，彼此之间是相互影响、相互作用的。这表现在以下两个方面：

(一) 习俗对法的作用

1. 习俗是法律的重要渊源之一，习俗经国家机关认可，赋予其法律效力，便上升为法律，即习惯法。在法律发展的早期，习惯法是最主要的法律渊源；在现代社会，习惯法依然是一种重要的法律渊源。正如美国法学家博登海默所说："习惯在当今文明社会中作为法律渊源的作用已日益减小。然而，这并不意味着，习惯所具有的那种产生法律的力量已经耗尽枯竭了。我们会发现，职业或商业习惯，甚或更为一般性的习惯，仍在非诉讼的基础上调整着人们的行为，而且这种习惯还在法庭审判活动中起着某种作用。"[1]国家认可习俗有两种方式，即明示认可和默示认可。明示认可是指国家机关以立法性文件的形式确认习俗的法律效力；默示认可是指国家机关在适用法律的过程中将某些习俗作为处理案件的依据，从而事实上赋予其法律效力。无论是立法机关还是法律适用机关，其对习俗的认可都是有选择的，选择的标准是看该项习俗是否合理，是否符合现行法的一般原则。

2. 习俗对法律的实施有重要影响。在法律实施过程中，不同的习俗发挥着不同的作用。合理的、合法的习俗推动人们选择合法行为方式，从而有利于法律的顺利实施；反之，不合理的、不合法的习俗则推动人们选择违法行为方式，从而阻碍法律的有效实施。

(二) 法对习俗的作用

1. 法律对合理的、合法的习俗有确认和保障作用。如前所述，合理的、合法的习俗往往会受到国家机关的认可，从而获得法律效力。一种习俗一旦上升为法律，其权威性和强制性就会大大增强，遵守这种习俗就不仅是人们的习惯义务，而且是人们的法律义务。因此，这种习俗在实施上就有了可靠的保障。

2. 法律对不合理、不合法的习俗有否认和抵制作用。国家可以运用法律

---

〔1〕〔美〕E. 博登海默：《法理学——法哲学及其方法》，邓正来、姬敬武译，华夏出版社 1987 年版，第 459 页。

手段，同各种社会陋习进行斗争，如依法禁止封建迷信活动、赌博活动等。不过，值得注意的是，习俗在一定程度上体现了行为的惯性和必然性，法律也往往对它无可奈何。因此，纠正不良习俗，主要靠引导，而不能动辄诉诸法律。美国在 20 世纪 30 年代被迫废止《禁酒法》就是例证。当然，这种情况不应成为法律容忍陋习的借口，对于严重侵犯社会利益和公民正当权利的陋习，法律必须与之作坚决的斗争。

■ 第三节　法与宗教规范

一、法与宗教规范的一般关系

宗教泛指信奉并崇拜超自然神灵的社会意识形态。恩格斯指出："一切宗教都不过是支配着人们日常生活的外部力量在人们头脑中的幻想的反映，在这种反映中，人间的力量采取了超人间的力量的形式。"[1]

宗教规范是由一定的宗教团体制定的或者在一定的宗教活动中自发形成的适用于宗教团体内部的行为规则。它通常规定宗教信仰的基本原则、宗教组织的结构、神职人员和一般教徒在宗教生活中的权利和义务、违反教规行为的惩罚措施等。

法律与宗教规范的关系相当复杂，在不同类型的社会里，有着不同的表现形式。奴隶制社会、封建制社会及当代极少数国家实行政教合一制度，宗教在国家政治生活中占据中心地位。在这些国家，法律与宗教规范互相渗透，融合在一起。宗教规范是法律的渊源之一，甚至是最重要、最基本的渊源之一。资本主义社会一般实行政教分离制度，但这种分离往往不够彻底，宗教对国家政治生活依然有一定的影响。在多数资本主义国家，法律与宗教规范存在着一定的联系。例如，不少国家把宗教的结婚仪式作为法定的结婚方式之一，承认某些宗教规范具有法律效力；有的国家还确认了国法与教法并存的法律制度格局。社会主义社会实行彻底的政教分离原则，禁止宗教干预国家政治生活。这样，法律与宗教规范之间就不存在内在的联系了。

二、法与宗教规范的异同

法律和宗教规范都属于上层建筑现象，都是用来实现社会控制的规范体系。在古代社会，二者往往是合为一体的，当时，大量的社会规范既可以被看成是法律规范，也可以被看作是宗教规范。欧洲文艺复兴运动以后，法律规范和宗教规范才分离为两个独立的规范体系。不过，法律与宗教规范之间

[1]《马克思恩格斯选集》第 3 卷，人民出版社 1972 年版，第 354 页。

也有明显的区别。这主要表现在以下几个方面：

1. 产生的社会条件不同。宗教规范产生于原始社会后期。当时，生产力水平极其低下，人类认识自然和社会的能力十分有限，不可能正确地认识客观世界，从而产生了原始的宗教。法律是随着生产力发展到一定水平，在原始社会逐步解体的过程中才产生的。

2. 创制的主体不同。法律是国家意志的体现，是由国家制定或认可的。宗教规范被视为神意的体现，有的是由宗教组织或宗教领袖假托神的名义制定的，有的是在长期的宗教生活中自发形成的。

3. 调整的范围不同。总体而言，法律的调整范围要比宗教规范广泛。法律要调整政治、经济、文化、婚姻家庭等各个领域重要的社会关系；而宗教规范主要调整与宗教组织和宗教活动有关的社会关系。当然，在政教合一的情况下，宗教规范也会涉及部分世俗的社会关系，但其涉及面毕竟没有法律广泛。

4. 适用的对象不同。法律具有普遍适用性，对一国的全体居民都有约束力。宗教规范原则上只适用于宗教徒，只有在极个别的情况下，才适用于全体居民。例如，在个别特殊的小国，全体居民信仰同一种宗教；或者在某个国家，某一种宗教被定为国教。

5. 规范的内容不同。法律通过规定明确的权利和义务来调整人们的行为，其内容既有权利性规定，也有义务性规定。而宗教规范在内容上大多是义务性规定，强调人对神的服从义务，相对于神来说，人是没有什么权利可言的。

6. 实施的方式不同。法律的实施固然也要靠人们的自愿，但它始终是以国家强制力为后盾的。宗教规范的实施主要依靠教徒的内心信仰，并辅之以一定的外部强制，即由宗教组织内部的专门机构对教徒违反教规的行为进行惩罚，但这种惩罚从根本上不同于法律制裁。当然，在某些特殊情况下，违反教规也会受到法律制裁，那只是在政教合一体制下国家权力异化的结果。

三、法与宗教规范的相互作用

法律和宗教规范作为两种社会控制手段，彼此之间是相互影响、相互作用的。不过，在不同类型的社会，这种相互作用存在着很大的不同。在政教合一的社会里，二者之间的相互作用十分明显；在政教分离的社会（特别是社会主义社会）里，二者之间的相互作用则相当有限。

（一）宗教规范对法的作用

1. 宗教规范对立法的作用。在许多国家，宗教规范所包含的价值观念和主要内容，往往被立法所吸收，从而对立法产生了重要的影响。例如，《圣经》中的诚实、公正观念就对西方国家法律的"诚实信用"原则有直接的影响。在有些国家，宗教经典文献甚至直接被赋予法律效力。例如，在伊斯兰国家，《古兰经》就是最高的法律渊源。

2. 宗教规范对司法的作用。在政教合一国家，教会掌握着一定的司法权，宗教规范成为司法的依据。例如，在西欧中世纪，教会独立行使司法权，世俗政权负责执行教会的命令，如给予教徒开除教籍处分者，在法律上则成为放逐法外之人。此外，宗教规范所宣扬的某些思想观念往往也对司法活动产生直接的影响。例如，《圣经》所说的"不可与恶人联手妄作见证""施行审判，不可行不义"等就有利于司法公正；而《论语》所说的"父为子隐、子为父隐"，则是在鼓励人们为宗族利益作伪证或拒绝作证，这自然会妨碍司法公正。

3. 宗教规范对守法的作用。许多宗教规范都提倡人们要有忍让、博爱、与人为善的精神，这客观上有利于引导人们弃恶从善，不为损害他人和社会的行为，从而提高了人们的守法自觉性。不过，有的宗教规范也对人们的守法习性有不良影响。例如，西方有些宗教信仰和平主义，号召教徒拒绝服兵役，就影响了兵役法的实施。

（二）法对宗教规范的作用

1. 法律对宗教规范的保障作用。在政教合一社会，国家认可某些宗教规范具有法律效力，这实际上是运用法律手段维护宗教规范的实施。在政教分离社会，法律保障宗教信仰自由，只要宗教规范的实施不危害他人和社会的利益，法律就不予干预。

2. 法律对宗教规范的抑制作用。在政教合一社会，法律严厉禁止异教或为现存秩序所不容的宗教，抑制其宗教规范的传播和实施。在政教分离社会，尽管法律保护宗教信仰自由，但这种自由是有限制的，任何宗教规范的传播和实施都不得损害他人的和社会的利益，否则法律就要予以禁止。

■　第四节　法与政策

一、法与政策的一般关系

政策是指一定的社会集团为了实现某种利益，达到某种政治、经济或社会的目的，根据社会发展情况而制定的行动方案。

根据其制定和实施的主体的不同，政策有国家的政策与政党的政策之分。国家的政策是由各种国家机关制定并组织实施的，内容涉及立法、行政和司法等各个领域。政党的政策则是由各政党制定并组织实施的，其中，执政党的政策在整个国家生活中占据着极其重要的地位。无论是国家的政策，还是执政党的政策，都与法律有着十分密切的联系，它们彼此之间互相影响、互相作用。这一点在任何国家都没有例外。因此，有关法律与政策的关系问题就成了一个重要的法学理论问题。

不过，从传统上看，西方法哲学界并不重视法律与政策的相互关系问题。它历来标榜"政治中立"，习惯于把法律和政策看作两种毫不相干的现象。直至20世纪以来，特别是第二次世界大战以来，情况才逐渐发生转变。这一时期，由于经济政策的转轨，西方国家的经济职能大大加强，经常运用政策手段对经济活动进行干预。于是，法律不得不适应政策的需要而不断地调整，政策对法律的影响也日渐明显。针对这一情况，美国法学家拉斯韦尔和麦克杜格尔开始用政策的观点和方法研究法律现象，并侧重于研究政策对法律（包括立法和司法过程）的影响，提出了系统的法律政策学思想。他们认为，以往的法学理论仅仅把法律看成是一些规则或孤立的决定，忽视了社会目的和社会政策的重要性。实际上，法律"是权威性决定的连续不断的过程，既包括国家制定的法律，也包括社会决策赖以制定和重新制立的公共秩序决定"。[1]所以，"当今人类的紧迫需要是把法律作为一种政策工具予以有意识的、从容的、谨慎的运用"。[2]

在法律适用过程中，必须要进行政策思考，因为对司法过程起核心作用的不是法律规则而是社会政策。"事实上法规在具体案件中的每一种运用，都要求进行政策选择。"[3]当代美国另一位著名的法学家德沃金也十分重视政策对法律的重要性。他同样反对把法律单纯归结为规则的做法，认为政策和原则都是法律不可缺少的要素。他指出："当法学家们理解或者争论关于法律上的权利和义务问题的时候，特别是在疑难案件中，当我们与这些概念有关的问题看起来极其尖锐时，他们使用的不是作为规则发挥作用的标准，而是作为原则、政策和其他各种准则而发挥作用的标准。"[4]德沃金还具体地分析了政策和原则在立法和司法中的不同作用。[5]

我国法理学界一直非常重视法律与政策的关系问题，特别是法律与共产

〔1〕〔美〕拉斯韦尔、麦克杜格尔：《自由社会中的法哲学：法律、科学和政策研究》，美国纽黑文出版公司1994年英文版，第25页。

〔2〕〔美〕拉斯韦尔、麦克杜格尔：《自由社会中的法哲学：法律、科学和政策研究》，美国纽黑文出版公司1994年英文版，序言部分。

〔3〕〔美〕麦克杜格尔："法律在世界政治中的作用"，载《密西西比法律杂志》1940年第20期英文版。

〔4〕〔美〕德沃金：《认真对待权利》，信春鹰、吴玉章译，中国大百科全书出版社1998年版，第40页。

〔5〕详见本书第4章第3节对德沃金关于法的要素理论的介绍。

党政策的关系问题。众所周知，中国共产党是我国社会主义事业的领导核心，在国家生活中占据着举足轻重的地位。党的政策是党实现对国家领导的基本方法和手段。正如列宁所说："无产阶级专政就是无产阶级对政策的领导。"[1]因此，党的政策对于国家实现其任务和职能具有至关重要的意义。可以说，在我国，法律和共产党政策是治理国家、管理社会的两种最主要的手段。如何正确处理二者的关系，事关我国社会主义建设事业的全局，事关国家的前途和命运。有鉴于此，本节将着重讨论我国社会主义法与共产党政策的相互关系和相互作用。

二、法与共产党政策的异同

我国社会主义法与共产党的政策在根本上是一致的。这主要表现在：①经济基础相同。它们都是建立在社会主义经济基础之上的上层建筑现象，都是为社会主义经济基础服务的。②阶级本质相同。它们都是以工人阶级为领导的广大人民共同意志的体现，都反映了工人阶级和广大人民的利益要求。③指导思想相同。它们都是在马列主义、毛泽东思想和邓小平理论的指导下制定和实施的。④历史使命相同。它们在根本上都担负着建设社会主义、实现共产主义的历史使命。

我国社会主义法与共产党政策虽然在根本上是一致的，但彼此之间也存在着明显的区别，不能混为一谈。这主要表现在以下几点：

1. 意志的属性不同。法律是国家意志的体现。它是由国家机关按照法定职权和法定程序制定的。法律制定出来以后，必须向全社会公开，现代国家不允许有"秘密法"的存在。政策是政党意志的体现，不具有国家意志的属性。它是由政党的各级组织按照党章规定的程序制定的。有时，出于政治上的考虑，政策可以不向全社会公开，而以"秘密文件""内部文件"等形式存在。

2. 内容和表现形式不同。法律的内容一般比较明确、具体，规范性较强；在形式上表现为宪法、法律、法规等特定的规范性法律文件。政策的内容一般比较原则、抽象，具有号召性和指导性；在形式上表现为纲领、宣言、决议、决定、声明、通知、报告、纪要等党内文件。

3. 调整的范围不同。法律和政策所调整的社会关系在范围上是交叉的。大多数社会关系既要由法律来调整，也要由政策来调整。但是，也有一些社会关系只由法律和政策其中的一种来调整。例如，有关诉讼程序方面的社会关系一般只由法律调整，而党内关系一般只由政策调整。

第七章

---

[1]　《列宁选集》第4卷，人民出版社1972年版，第515页。

4. 稳定的程度不同。法律的稳定性较强，它一旦制定出来，就应在一定的时期内保持不变，而不能朝令夕改，随意变动。至于政策的稳定性问题，则应分情况而定。政策有总政策、基本政策和具体政策之分。一般而言，总政策和基本政策是相对稳定的，具体政策则往往要随着客观形势的变化而作出灵活的调整。当然，具体政策也要尽量保持稳定，不宜变动过快。

5. 实施的方式不同。法律是由国家强制力来保证实施的，具有国家强制性。对于违法行为，有关的国家机关应依法追究法律责任，直至给予法律制裁。政策在实施上也有一定的强制性，但没有国家强制性。对于仅仅违反政策的行为，只能由党组织给予党内纪律处分，不能由国家机关给予法律制裁。

三、法与共产党政策的相互作用

（一）共产党政策对法的指导作用

共产党的性质及其在国家生活中的领导地位，决定了党的政策必然对法律起着指导作用。这主要表现在以下几点：

1. 从法的制定来看，党的政策是制定法律的依据。立法机关在制定法律时，必须始终坚持以党的政策为指导，体现政策的内容和精神。从这个意义说，法律就是政策的定型化、条文化。当然，强调立法活动要以党的政策为指导，是要求立法机关所制定的法律在精神实质上与党的政策保持一致，特别是要符合党的总政策和基本政策的要求，并不意味着立法机关在制定法律时必须照搬党的各项具体政策。事实上，立法是对政策的再加工。立法机关应该对已有的政策进行科学分析，并对其实施的效果作出客观的评价，把正确的、成熟的政策上升为法律，舍弃其中不正确、不成熟的部分。

在我国，凡属重大问题，一般都有一个从政策指导到法律调整的过程，即先由党制定政策进行指导，经过一段时间的试行后，再由立法机关制定法律进行调整。不过，这只是个一般规律，制定政策并非制定法律的必经程序。在没有相应政策的情况下，立法机关也可以根据客观情势，创造性地进行立法，不必坐等政策出台，否则，就会贻误立法的时机。

2. 从法的实施来看，党的政策对法律的贯彻执行有指导作用。在贯彻执行法律的过程中，必须准确地理解法律的内容和精神，而党的政策正是法律的基本精神所在，所以，法律实施活动必须以党的政策为指导。特别是在现有的法律规定存在着一定的漏洞或者已经不完全适应客观形势需要的情况下，就更需要紧密联系党的政策来把握法律的精神实质，以避免可能产生的各种偏差。

必须指出，法律实施活动坚持以党的政策为指导，是要求执法和司法活动不能简单地、机械地照搬法律条文，而要考虑到客观形势的需要和党的政策的要求，以便更好地忠实于法律的精神和立法的本意。但这决不意味着可以借口形势的需要和政策的要求，而突破现行法律的规定。例如，我国自20世纪80年代以来，根据客观形势和政策的要求，对严重危害社会的犯罪活动实行"严打"。所谓"严打"，是指对某些犯罪活动从重、从快予以打击。但是，这里的"从重""从快"必须是依法"从重""从快"，决不能超出法律规定的幅度。

（二）法对共产党政策的制约作用

任何政党（包括执政党）都必须在宪法和法律的范围内活动，这是现代法治国家的基本原则之一，也是我国《宪法》和《中国共产党章程》的明文规定。政党的活动主要表现为制定和实施政策。因此，要求党在宪法和法律范围内活动，自然就要求党的政策必须接受法律的制约。这主要表现在以下几点：

1. 从政策的制定来看，政策的出台必须符合宪法和法律的规定。法律的制定是以政策为依据的，但是，法律一旦制定出来，就对已有政策的修改和新政策的出台起着制约作用。党在制定政策之前，有义务认真地分析国家现行法律的规定，保证自己所制定的政策合宪、合法。党的政策是否合宪、合法，将会直接影响到法律的权威，影响到依法治国的宏伟目标的实现。所以，严格地说，与宪法、法律相抵触的政策是无效的。

相比较而言，党的政策尤其是党的具体政策比法律的灵活性要强，更能适应客观形势的变化发展。但是，不能由此认为，只要客观形势发生变化，党就可以"自由"地调整自己的政策，就可以不顾法律的规定而出台新的政策。任何时候，党都必须注意保持自己的政策与国家的宪法、法律相衔接。如果客观形势发生了变化，党可以在宪法、法律规定的范围内调整自己的政策。如果客观形势发生了巨大的变化，宪法或法律的某些规定已经从根本上"过时"了，那么，党可以向立法机关提出修宪、修法的建议。在这些建议被接受后，由立法机关先修改宪法或法律，然后党再修改、制定政策，或者在立法机关修改宪法或法律的同时，党即着手修改、制定政策。需要强调的是，如果党所提出的修宪、修法建议没有被立法机关采纳，党必须尊重立法机关的意见，不得强令立法机关修改宪法或法律。当然，党可以通过思想政治工作，采取协商的方式，争取立法机关接受自己的主张。

2. 从政策的实施来看，贯彻执行政策的活动必须符合宪法和法律的规定。不仅政策的制定要合宪、合法，政策的实施同样要合宪、合法。党必须在遵守宪法和法律的前提下来推行自己的政策。由于宪法和法律是根据党的政策制定的，所以，遵守宪法和法律，就是从根本上遵守党的政策，这不仅有利于树立宪法和法律的权威，也有利于增强政策的权威。

为了避免在贯彻执行政策的过程中出现违法现象，必须特别注意以下三个问题：

（1）党不得推行与宪法或法律相抵触的政策。由于种种原因，党的政策与宪法或法律之间有时会存在一定的矛盾和冲突。在这种情况下，必须坚持"法律至上"的原则。在矛盾和冲突没有消除之前，党不得强制推行自己的政策。

（2）党不得通过政策干预属于法律范围的问题。就是说，要贯彻党政分开、党法分开的原则，党要善于管好党内事务，不宜管得过多、管得过宽。邓小平同志曾指出："纠正不正之风、打击犯罪活动中属于法律范围的问题，要用法制来解决，由党直接管不合适。党要管党内纪律的问题，法律范围的问题应该由国家和政府管。党干预过多，不利于在全体人民中树立法制观念。"[1]

（3）对党的领导干部和党员个人的违法犯罪行为，不能用党纪处分代替法律制裁。对党的领导干部和党员个人的违法犯罪行为，除了要按照政策的规定追究党纪责任外，还必须坚决依法追究法律责任。任何人都不能享有"官当"式的特权。邓小平同志指出："不管谁犯了法，都要由公安机关依法侦查，司法机关依法办理，任何人都不许干扰法律的实施，任何犯了法的人都不能逍遥法外。"[2]

思考题

1. 法律和道德之间的主要区别有哪些？
2. 法律与一个社会的主流道德之间是如何相互影响、相互作用的？
3. 法律与习俗之间是如何相互影响、相互作用的？
4. 在我国，党的政策和法律之间的主要区别有哪些？
5. 在我国，党的政策与法律之间是如何相互影响、相互作用的？

推荐阅读书目

1. 张文显主编：《法理学》，法律出版社 1997 年版。
2. 沈宗灵主编：《法理学》，北京大学出版社 2001 年版。
3. 〔美〕罗斯科·庞德：《法律与道德》，陈林林译，中国政法大学出版社 2003 年版。
4. 〔美〕伯尔曼：《法律与宗教》，梁治平译，上海三联书店 1991 年版。

---

〔1〕《邓小平文选》第 3 卷，人民出版社 1993 年版，第 163 页。
〔2〕《邓小平文选》（1975～1982），人民出版社 1983 年版，第 292 页。

第二编　法的演进

第八章

法的演进概述

> **学习目的与要求**　掌握法的演进阶段和法的演进模式所面临的时代问题及未来演进趋势；熟悉法的演进的各种动因；了解法的未来发展；熟悉网络空间所引发的法律问题。

在人类社会历史上，法的演进表现为一个漫长的过程，即法从无到有、从低级到高级、从简单到复杂的发展过程。这一过程体现了人类整体文明发展的递进性、规律性和多样性，[1]故此，有关法的演变阶段的考查，其目的在于"依法现象之时间的观察，以明法律之发生与发展之理性"。即"阐明法现象之时间推移之原理"，[2]认识和揭示法的运动过程及这一运动所体现的社会—文化内容，比较历史上法演进的式样或类型，寻求法的传统与法的现代性之间的历史联系，探究法的未来发展的人致走向。

---

〔1〕　诚如前美国首席司法官（Solicitor – General）詹姆斯·贝克在约翰·麦·赞恩的著作《法律的故事》一书序言中指出："法律伴随着人类进步，尤其是政治社会进步的整个历史，在此过程中人类前仆后继地用流血的双脚在充满荆棘的道路上由受奴役到走向自由。"参见〔美〕约翰·麦·赞恩：《法律的故事》，刘昕、胡凝译，江苏人民出版社1998年版，序言。

〔2〕　〔日〕穗积陈重：《法律进化论》，黄尊三等译，中国政法大学出版社1997年版，第1页。

■　第一节　法的演进的阶段

一、法的演进阶段划分

西方有谚语称："有社会即有法律，有法律即有社会"（Ubi societas ibi jus，Ubi jus，ibi societas）。[1]但这只是一个笼统的说法，它所描述的仅仅是法律产生之后的社会状态。事实上，法不是从来就有的，也不是一开始就具有完全成熟的形态，它经历了一个长期的渐进的形成和发展过程。从总体上看，这一过程包括"法的起源"和"法的发展"两大阶段。法的起源，是法从无到有的演进过程；法的发展，是法在产生之后由低级形态向高级形态、由简单形态到复杂形态的演进过程。

法的演进，的确是一个纯粹的时间概念。故此，我们可以参照西方历史的时间流程把法的发展历史分为"古代""中世纪""近代"和"当代"等若干时段。[2]但这种划分并没有概括出法的演进的类型和规律性，似乎更适宜于法律史的研究。在理论上，学者们依据不同的考查角度和标准，对法律形成之后的发展阶段曾作出过各自的划分。例如，旧中国法学教科书通常把"法律统治时代"的法律演进之时间顺序归结为四个时期，即"古代法时期""严正法时期""自然法及衡平法时期"和"法律社会化时期"。[3]日本法学家穗积陈重（1855~1926）在《法律进化论》中指出：法律的进化，是一个从无形法向成形法（有形法）发展的过程。无形法包括"潜势法""规范法"和"记忆法"，成形法包括"绘画法"和"文字法"。其中，文字法又分三期：第一期为"私文书时代"，第二期为"公文书时代"，第三期为"成文法时代"。而从"法之认识"的进化角度看，法律的发展大体又可分为四个时期：①民众绝对不知法的知识之潜势法时代；②禁止民众知法的秘密法时代；③对于国家机关命其知法，对于民众许其知法的颁布法时代；④民众要求知法的公布法时代。这几个时代的发展是与文字的普及、文化的进步、民权的发达、法的社会力之自觉程度等因素分不开的。[4]

法的演进也可以看作法的历史类型的更替过程。"法的历史类型"是前苏

---

〔1〕引自潘维和："中国法律思想史之基础"，载（台）刁荣华编：《中西法律思想论集》，汉林出版社1984年版，第2页。

〔2〕由嵘、胡大展主编：《外国法制史》，北京大学出版社1989年版，第1~4编。

〔3〕（台）何任清：《法学通论》，商务印书馆1946年版，第54~55页；（台）李肇伟：《法理学》，作者自刊1979年版，第23页以下。

〔4〕〔日〕穗积陈重：《法律进化论》，黄尊三等译，中国政法大学出版社1997年版，第1~3编。

联法学家根据社会形态和"国家类型"的理论而提出的概念，用以指称"同一阶级的国家的法区别于另一阶级的国家的法的那些不断发展着的共同的主要的特征"。[1]按照我国学者的理解，所谓法的历史类型，是指将人类历史上存在过的以及现实生活中存在着的法，依其经济基础和阶级本质所作的基本分类。凡是建立在同一经济基础之上，反映同一阶级的意志并由同一性质的国家所创立的法，便属于同一历史类型。与人类的阶级社会形态和国家类型相适应，依次出现了四种不同历史类型的法，即奴隶制法、封建制法、资本主义法和社会主义法。这四种法的历史类型总是遵循着历史发展的客观规律由低级向高级依次更替，具体表现为：封建制法代替奴隶制法，资本主义法代替封建制法，社会主义法代替资本主义法。这种代替，客观上标志着法律的历史发展的进步。[2]

法的演进同样是法的精神、原则及法的本位的演化过程。[3]从各个历史时期法所反映的社会文化内容、法的出发点和法的重心看，迄今为止，法的演进大体上又经历了三个时代：①义务—团体本位时代。这主要是指法律以人的义务为出发点和重心，强调"集团（团体）人格"和集体利益的时代，如奴隶制法和封建制法时代。在这种制度中，很少有"契约"活动的余地。它以公开的"野蛮""残暴"为后盾，其实质在于抑制人们作出与团体本位相左的行为，给人的人身和精神套上难以挣脱的法律枷锁。②权利本位时代。这主要指法律强调以个人权利为出发点和重心的时代。在西方，14～16世纪的文艺复兴运动，推进了人类的个体主体性的全面觉醒。17～18世纪启蒙思想家们（如洛克、孟德斯鸠、卢梭）相继提出"天赋人权""契约自由""法律平等""分权制衡"学说，把个性解放运动从文艺思想领域转向政治法律领域，也引起了社会关系领域的一场革命性的转变。各种权利的宣言，被西方国家18世纪末和19世纪初以来的立法接受为法律的基本原则。这意味着，一个新的法律时代——权利本位时代悄然而至。这个时代持续一个世纪，以崇尚权利观念和原则为基本特征。[4]③社会（责任）本位时代。19世纪末以

---

〔1〕〔苏联〕亚·伊·杰尼索夫：《国家与法的理论的对象和方法》，宗生译，中国人民大学出版社1955年版，第20页。"法的历史类型"，在某些著作中被简称为"法的类型"（Rechtstypen或law types）。〔德〕K.茨威格特、H.克茨：《比较法总论》，潘汉典等译，贵州人民出版社1992年版，第124页。

〔2〕北京大学法律系法学理论教研室编：《法学基础理论》，北京大学出版社1984年版，第54页以下。

〔3〕关于法的本位的理论观点，参见李茂管："法学界关于权利和义务的关系的争论"，载《求是》1990年第24期。

〔4〕王勇飞、王启富主编：《中国法理纵论》，中国政法大学出版社1996年版，第345～346页。

来，随着西方工业经济由"自由资本主义"向"垄断资本主义"的过渡，在法律领域也出现了一种所谓"社会化"倾向（内容详见本书第十章第四节）。这一更迭的总体特征就是将个人权利本位代之以法律的社会（责任）本位。但"社会（责任）本位"的基点是对个人意志和权利的尊重与保护，因此它实际上是权利本位的改造形式，是权利本位在新的条件下的延续和发展。[1]

此外，法的演进是法的实质与形式的理性化的过程。德国思想家马克斯·韦伯依据法的实质和内容与理性之间的关系将法分为四种类型：形式非理性的法、实质非理性的法、实质理性的法和形式理性的法。其认为，法的演进就是从非理性向理性，从实质向形式方向发展的过程。[2]

上述对法的演进阶段的不同划分体现了法作为一种文化现象，由于文化形态的多样性而呈现的丰富多彩的样态。但这并不意味着这些样态是杂乱无章的，我们人类的理性不可对其进行科学的整理，也不是说它不能成为科学研究的主题。相反，我们可以采用不同的观点将这些不同样态的法归为一些类型，并根据一些标准对它们作出评价。[3]

二、法的演进的式样

法律不是超越社会、孤立自在的本体，法律的发展与社会、经济、政治、文化和自然条件是不可分的，[4]总是与一定国家—民族的精神及一定时间、地点的文明相对应，与文明之间存在着一种持久的关系因素：法律不仅是文明的产物，也是通向文明、维系文明和促进文明的工具。[5]正是在此意义上，18世纪法国著名的启蒙思想家孟德斯鸠在其著作《论法的精神》开篇即指出："从最广泛的意义来说，法是由事物的性质产生出来的必然关系。"[6]其具体表现为两大类可变因素：一类是环境因素，分为地理因素（气候、地理位置、土壤等）、社会—经济因素（生产方式、人口、财富和贸易等）、文化因素

---

[1] 王勇飞、王启富主编：《中国法理纵论》，中国政法大学出版社1996年版，第347~350页。也见（台）何任清："法律之进化论"，载（台）刁荣华编：《中西法律思想论集》，汉林出版社1984年版，第257~258页。

[2] Max Weber, *Economy and Society: An Outline of Interpretive Sociology*, California: University of California Press, 1978, pp. 654~658.

[3] 〔德〕H. 科殷：《法哲学》，林荣远译，华夏出版社2002年版，第141页。

[4] 陶希圣指出："法律的进化绝不是法律孤独的发生、发达、衰落与消灭。法律的进化是与经济、政治乃至宗教伦理等现象互相联系的。此互相联系的进化中，法律与经济及其他现象，有时互保均衡，有时互相矛盾。"（台）陶希圣：《法律学之基础知识》，新生命书局1932年版，第8页。另见沈宗灵："论法律移植与比较法学"，载《外国法译评》1995年第1期。

[5] Joseph Kohler, *Philosophy of Law*, trans. A. Albrecht, New York, 1921, pp. 1~2. 也见〔美〕罗斯科·庞德：《法律史解释》，曹玉堂、杨知译，华夏出版社1989年版，第140页。

[6] 〔法〕孟德斯鸠：《论法的精神》（上册），张雁深译，商务印书馆1987年版，第1页。

（宗教、传统和习惯等）；另一类是"纯粹政治因素"（如政体的性质和原则）。[1]正是由于这些可变因素的影响，法的演进在不同的地域才会有不规则的变化，呈现出不同的式样。[2]

1. 在世界范围内，各地域的法律并不是同时形成的；恰恰相反，由于各个地域的文明成熟时间有早有晚，国家的建立有先有后，法律的产生和发展就存在着时间上的差别。因此，有些地域—国家的法律产生和发展得早些，也相对成熟和发达一些，而有些地域—国家的法律就演进得晚些，或显得较为落后一些。[3]例如，早在公元前3000年西亚的两河（底格里斯河和幼发拉底河）流域就出现了世界上最古老的成文法律（如《乌尔纳姆法典》），在古希腊成文法产生于公元前7世纪～前6世纪（如《德腊科法》《梭伦立法》），而直到公元前450年古罗马才出现成文的法律——《十二铜表法》。这表明，法律的形成和发展过程不是某种单一的模式，而是复杂多样的，呈时间递进和地域国别的差异。在世界上，根本不可能寻找到一种超越民族、地域、国家和时代的完全同一的实在法演进历史。

2. 法律在演进过程中也存在着历史传统、表现形式和结构、法律渊源的性质诸方面的差异。随着上述社会经济、政治等可变因素的发展和发达的轴心文明在边缘地域—国家间的流布，法律文化的流传和变异也就不可避免。这样，在若干地域或国家之间就有可能以某一轴心地域—国家（如印度、中国、古罗马）的法律传统、法律渊源为基础，生成形式特征不同、风格各异的法律家族（Rechtsfamilien）或法系。法系的形成，包含着多方面的文化意义。其中，既有边缘地区—国家对轴心地区—国家的法律文化的主动继受，也有它们的被动选择；既有轴心地区—国家对边缘地区—国家的纯文化的输出和交流，也有前者对后者在军事、政治、经济和文化等方面的征服。法系

---

[1] 〔法〕孟德斯鸠：《论法的精神》（上册），张雁深译，商务印书馆1987年版，第1～19章。参见沈宗灵："论法律移植与比较法学"，载《外国法译评》1995年第1期。关于"法的可变要素和不变要素"的分析，也见〔法〕勒内·达维德：《当代主要法律体系》，漆竹生译，上海译文出版社1984年版，第22～23页。

[2] 有学者将法律进化的轨迹概括为八个方面：①从裁判者法到法学者——复返于裁判者法；②从习惯法到法典——复返于习惯法；③从自然法到现实法——复返于平稳法；④从种族主义到地域主义——从地方的到一般的；⑤从形式主义到非形式主义——复返于形式主义；⑥从垂直到水平——复返于垂直关系；⑦从家族本位到个人本位——再进于社会本位；⑧从义务本位到权利本位——复返于义务本位。参见陶希圣：《法律学之基础知识》，新生命书局1932年版，第71～79页。

[3] 对法律的成熟和发达的判断，自然没有一个绝对正确的标准，但如果采用萨维尼的分类，我们能够确定地衡量法律在表现形式、概念的精确性、立法技术等方面的差异。在此意义上，法典法和法学者法相对于习惯法来讲就是一个进步。

的出现，绝不完全是世界各地区—国家法律自然变迁的结果，而是各种法律文化既相互碰撞、冲突，又相互融合的产物。

3. 法的演进体现着法律发展的积累性和总体的进步性，同时也包含着法律运动的平行、趋同、渐进、突发和曲折等状态。[1]按照马克思主义的观点，法的历史运动绝不是一个充满一大堆偶然现象的杂乱无章的时间序列，而表现为"运动的多样性统一"，其中交织着各种复杂因素的内在逻辑矛盾，如客观与主观的矛盾、必然性与偶然性的矛盾、变革与继承的矛盾、必然与自由的矛盾等。[2]的确，从历史经验角度看，一切发达的法律制度都不过是历史上各个时代创造的法律文化的积淀，而社会基本矛盾的运动使法的发展呈现出某种类型化和规律性的特征。但也应注意到，某些具体的法律制度的形成却可能是一些纯粹偶然的历史事件的结果。[3]此外，法律的进步也不可能完全是直线式的，[4]其整体进步中可能含有局部的曲折甚至倒退，局部进步的法律却可能在整体上是反动的（如各种剥削阶级类型的法）。而且，法可能是按照历史的规律循序渐进的，也可能是跨越历史阶段跳跃式发展的。这反映了法的演进的辩证性质。

■ 第二节　法的演进的动因

由法的演进式样的分析可以看出，法总是基于一定的原因或手段起源、演变和发展的。马克思主义唯物史观则从生产力与生产关系、经济基础与上层建筑之社会基本矛盾运动、社会革命、上层建筑因素之相互关系诸方面来揭示法律历史类型变更的规律和条件。这也是我们考查法的演进动因的基本依据。

一、法的演进的经济动因

法总是在一定的社会物质生活条件下生成和发展的，法的内容也由物质生活条件决定。在本质上，法律规则就是以法律的形式表现社会的经济生活条件，它的演进必然受经济诸因素及其发展规律的制约。所以，经济运动是

---

〔1〕　黄万盛主编：《危机与选择：当代西方文化名著十评》，上海文艺出版社 1988 年版，第126 页。
〔2〕　详见公丕祥：《马克思法哲学思想述论》，河南人民出版社 1992 年版，第 160～178 页。
〔3〕　比较典型的事例就是美国"司法审查"制度的形成。详见朱苏力："制度是如何形成的？——关于马伯利诉麦迪逊案的故事"，载《比较法研究》1998 年第 1 期。
〔4〕　英国历史学家汤因比指出："把进步看成是直线发展的错觉，可以说是把人类的复杂的精神活动处理得太简单化了。"引自〔英〕汤因比：《历史研究》（上），曹未风等译，上海人民出版社 1997 年版，第48 页。

法的演进的"更有力得多的、最原始的、最有决定性的"动因。[1]

（一）法的演进与社会基本矛盾运动

历史唯物主义认为，社会是在其内在矛盾的推动下不断发展变化的。生产力与生产关系之间的矛盾、经济基础与上层建筑之间的矛盾，是社会的基本矛盾。马克思指出："社会的物质生产力发展到一定阶段，便同它们一直在其中活动的现存生产关系或财产关系（这只是生产关系的法律用语）发生矛盾。于是这些关系便由生产力的发展形式变成生产力的桎梏。那时社会革命的时代就到来了。随着经济基础的变更，全部庞大的上层建筑也或慢或快地发生变革。"[2]马克思在这里所描述的，是由社会基本矛盾推动的社会发展的一般过程，也是法的演进（尤其是法的历史类型更替）的一般过程。法正是随着生产力的发展，生产关系、经济基础的变化而发展变化的。根据这一原理，法不仅随着社会生产关系和经济基础的根本变革而发生质的变化，而且，即使生产关系和经济基础的部分变化也必然引起法的量的变化，如法律的制定、修改或废止。社会基本矛盾运动是法的起源、发展和演变的根本原因。

（二）法的演进与地理环境

地理环境是指由比较稳定的山川、河流、土地、气候等自然因素构成的一个整体，它对于法的演进并不具有直接的决定性的影响。然而，人类社会总是在一定的地理环境中生存和发展的，而地理环境的差异确实造成了社会政治制度和法律制度发展的不平稳。[3]18 世纪法国启蒙思想家卢梭较早注意到政体与国家贫富、大小的关系，他指出："国君制只适宜于富饶的国家；贵族制只适宜于财富和版图都适中的国家；民主制则适宜于小而贫穷的国家。"[4]孟德斯鸠则详细考察了法律与气候、土壤之间的关系，甚至把后者看作法律形成和发展的决定性因素。例如，炎热的气候，容易产生犯罪和"一夫多妻"的制度；土地肥沃的国家，常常是"单人统治的政体"，土地不太肥沃的国家，常常是"多人统治的政体"；一个从事商业与航海的民族比农耕民族需要范围更为广泛的法典，而从事农业的民族比那些以畜牧或狩猎为生的民族所需要

---

[1] 《马克思恩格斯选集》第 4 卷，人民出版社 1972 年版，第 487 页。

[2] 《马克思恩格斯选集》第 2 卷，人民出版社 1972 年版，第 82～83 页。

[3] 美国法学家哈扎尔德在《法律与变化中的环境》一书中指出："法律是环境的一个方面。法律可以创造环境，同样重要的是，环境也可以创造法律。"在此意义上，法律是一个具有时间、空间和社会目的的事情，它与农业的开发、语言、组织、技术、规划、与帝国的产生、商业、贸易和货币的出现等等均有一定的联系。See Leland Hazard, *Law and the Changing Environment*: The *History and Processes of Law*, Holden - Day, 1971, Preface and Chap. 1.

[4] 〔法〕卢梭：《社会契约论》，何兆武译，商务印书馆 1982 年版，第 105 页。

第八章

的法典的内容要多得多。[1]美籍犹太学者卡尔·魏特夫（Karl A. Wittfogel）
注意到"治水"对于干旱和半干旱地区—国家的政治和法律制度的重要意义。
他甚至认为，正是由于治水，才产生了所谓的"东方专制主义"及其法律类
型。[2]上述观点虽然并不十分科学，但至少说明了地理环境对法律之形成和
发展具有一定程度的影响。

（三）法的演进与人口因素

人口是一个国家或社会构成的基本因素。尽管人口像地理环境一样不是
法的演进的决定因素，但人口的动态分布和变化状态，如人口数量的多少，
人口增长的快慢，人口的规模和密度，人口的结构，人口的迁徙等，也将直
接或间接地影响法律的发展。人口因素常常是一个国家制定诸如国民经济计
划（法）、城市建设规划（法）、人口发展计划（法）、婚姻家庭法等基本法
律的参考依据。人口过分增长的压力甚至可能会导致社会动荡和旧有法律体
系的破坏，而人口数量的过分减少又确实可能是法律发展不平衡的一个重要
原因。[3]

二、法的演进的政治动因

法与政治是关系密切的现象。法的演进的形式和方向，在很大程度上受
政治结构、政治制度和政治关系发展的影响。政治因素，可能是法律进步的
推动力，也可能是法律发展的阻力。

（一）法的变迁受制于政治制度的变迁

政治制度的变迁是政治变迁的核心内容。[4]一种政治制度在向另一种政
治制度转化的过程中必然引起法律制度的相应变化。例如，在奴隶制度下，
父权和对奴隶的支配权是家庭法的基础。在封建制度下，领主法、庄园法、
封建法则构成法的主体内容。而以分权为内容的宪法则只产生于近现代民主
制度和国家之中。正是在此意义上，孟德斯鸠说，法律是与政体的性质和原
则相适应的，最初的基本法律是"直接从政体的性质中产生出来的"。在民主
政治里，建立投票权利的法律，是基本法律；在君主政体中，其基本准则为
"没有君主就没有贵族，没有贵族就没有君主"；而在专制政体里，设置宰相

第
八
章

---

〔1〕〔法〕孟德斯鸠：《论法的精神》（上册），张雁深译，商务印书馆1987年版，第230、260～
261、284页。

〔2〕〔美〕卡尔·A. 魏特夫：《东方专制主义——对于极权力量的比较研究》，徐式谷等译，中国社
会科学出版社1989年版，第2～5章。

〔3〕林喆、谢鹏程："社会发展与法的不平衡发展"，载《法学杂志》1992年第7期。另见吕世伦主
编：《当代西方理论法学研究》，中国人民大学出版社1997年版，第14～15页。

〔4〕李元书："论政治变迁"，载《学习与探索》1995年第5期。

就是一条基本法律。[1] 故此，独立于或超越于一定政治结构、政治制度的法律是不可能存在的。

（二）法的演化取决于一定的政治关系的状况

不同地域—国家的政治关系是复杂多样的，在各个历史时期，其各阶级、政党、民族、国家、领袖和群众之间、地区与地区之间、中央与地方之间的关系也呈现不同的形态。这些复杂的政治关系，直接或间接地影响着法律制度的形成和发展。例如，在政治关系（阶级关系）激烈对抗的国家，其法律多体现出"以刑（法）为主"的特点，在国家间的政治交往频繁的时期，国际法的发展较为迅速。

（三）法的类型更替的直接条件是政治变革或社会革命

如上所述，马克思主义的唯物史观承认社会的基本矛盾运动是法的历史类型更替的原因，但它也同时指出，法的历史类型的更替还离不开人们有目的、有意识的活动。尤其是新的历史类型的法代替旧的历史类型的法（如资本主义法代替封建制法），往往不是自发地、和平地实现的，而是经过社会革命实现的。例如，尽管英国法和法国法的具体发展历史不同，但两国资本主义法的建立，都是资产阶级革命的产物。[2] 在这里，社会革命成为生产关系和上层建筑变革的杠杆和条件，也是法的历史类型变更的一个条件。

三、法的演进的文化动因

法律史和文化史的研究几乎都揭示了一个相同的事实：法的起源是人类文化进化的结果，法的发展与每一地域、国家和民族的文化的发展相关联。对那些在独立的环境系统中生成和发展的法律体系而言，法律实际上是一个民族文化创造的一部分，它们体现着这个民族的精神品质。萨维尼曾说：法律是由民族特性、"民族精神"（Volksgeist）决定的，就像语言、风俗和建筑一样，不是任意的、故意的、意志的产物，而是缓慢的、逐渐的、有机的发展的结果。法律不是孤立存在的，而是整个民族生活作用的结果。法律随着民族的成长而成长，随着民族的加强而加强，最后随着民族个性的消灭而消灭。[3] 这可以在上述"法的演进式样"中得以证明：无论是法系的差别，还是具体的法律制度、法律原则的特性，事实上都是由民族的文化类型塑造的。那些在亿万民众生活实践中生成和流行的观念和意识（包括法观念、法意

---

〔1〕〔法〕孟德斯鸠：《论法的精神》（上册），张雁深译，商务印书馆1987年版，第2章。

〔2〕关于这两种资本主义法产生的意义和特点之评述，参见《马克思恩格斯选集》第3卷，人民出版社1972年版，第395页。

〔3〕〔美〕E. 博登海默：《法理学——法哲学及其方法》，邓正来、姬敬武译，华夏出版社1987年版，第82~83页。

识），作为具有生命力的文化因素，对于任何时代的法律制度的变迁都会产生深刻的影响。从这一点看，新旧文化之间、域外文化与本土文化之间的冲突将促成法律制度的转型，而法律制度的变化则必须以国民法观念、法意识的转变为前提。[1]

■　第三节　法的未来发展

一、"法的消亡"理论

马克思主义法学认为，法是一个历史的范畴，它不是从来就有的，也不是永恒存在的。它是特定社会的历史现象，始终与阶级和国家的历史使命相联系。法随着阶级和国家的产生而产生，也随着阶级和国家的消失而完结自己的历史使命，逐步走向消亡，这是历史发展的必然结果。

不过，需要指出的是，在马克思主义代表作家（如马克思、恩格斯、列宁）的著作中并没有"法的消亡"（withering away of law）一语，而所谓"法的消亡"理论不过是马克思主义经典著作中关于"国家消亡"理论的推衍。关于"国家消亡"，恩格斯曾在《反杜林论》中作过详细论述："当国家终于真正成为整个社会的代表时，它就使自己成为多余的了。……那时，对人的统治将由对物的管理和对生产过程的领导所代替。国家不是'被废除'的，它是自行消亡的。"[2]但国家的消亡只是一个总的历史趋势，一个长期渐进的发展过程，一种必然性。列宁指出："我们只能谈国家消亡的必然性，同时着重指出这个过程是长期的，它的长短将取决于共产主义高级阶段的发展速度。至于消亡的日期或消亡的具体形式问题，只能作为悬案，因为现在还没有可供解决这些问题的材料。"[3]这就意味着，国家和法的消亡还需要具备一定的历史条件。在这些条件没有成就以前，还谈不上消灭国家和法律的问题。[4]

二、法的演进所面临的时代问题

"法的消亡论"是对法的历史演进和发展之根本规律的概括，但它并不能完全代替法理学对每个时代所面临的法律演进和发展问题所作的实证研究或

第八章

---

[1]　〔日〕川岛武宜：《现代化与法》，申政武等译，中国政法大学出版社1994年版，第4章。

[2]　《马克思恩格斯选集》第3卷，人民出版社1972年版，第320页。

[3]　《列宁选集》第3卷，人民出版社1995年版，第253页。

[4]　西方关于"法与国家的消亡"理论（Doctrine of the Withering Away of Law and State）的评论，载 R. W. M. Dias, *Jurisprudence*, 4th edn., London, 1976, p. 548ff. 另见〔英〕戴维·米勒、韦农·波格丹诺编：《布莱克维尔政治学百科全书》，邓正来主编，中国政法大学出版社1992年版，第802页。

价值研究。应当指出，从世界范围看，法经过历史上若干世纪的演进和发展，到了当代，它实际上有着较以往的时代（如 19 世纪及其以前）更为复杂的社会经济、政治和文化背景，也面临着更为复杂的时代问题和矛盾。学者们发现，在当代，由于 17～18 世纪"启蒙运动"以来的许多观念和原则（"普遍的历史观念"、不断进步的发展观、理性原则等）受到怀疑，人类的历史似乎进入了一个"没有根据的时期"，以启蒙思想为基础所形成法律制度和原则受到挑战，普遍主义的法治秩序出现了深刻的正统性（legitimacy）危机。[1]对于"非西方后发展国家"（如中国）而言，其法律的发展则可能遭遇更为特殊的多重社会问题和矛盾。这表现在：①这些国家既要实现法制的现代化，建立"理性化"的法律制度和秩序；又必须认真对待传统的法律文化的压力和所谓"后现代主义"的法律文化的冲击。[2]②这些国家都不可能摆脱"国际摩擦的法律文化背景"：一方面，世界经济的一体化要求各个国家的国内法与国际惯例接轨；另一方面，法律在本质上体现国家性，要保护本国的国家利益。因此它们的法律的发展也将面临价值选择的冲突和矛盾，也必然存在一系列悖论，如法的"全球化"（国际化）与"地方化"（本土化）、法的"统一性"与"多样性"、法的"平衡发展"与"非平衡发展"，等等。[3]这些多重矛盾和冲突因素，都将制约和影响未来法律的演进和发展。

三、法的未来演进的趋势

正如上文所述，由于法律在各地域—国家的发展的差异，要寻找到一个普遍适用的法的未来演进模式是不可能的。尽管如此，我们根据当代政治、经济、文化的发展的总体特征和它们对法律制度的影响，根据法律制度自身发展的规律性，对法在当代及未来演进的基本趋向作些概要的分析。

从总体上看，随着科技文明的不断进步，市场经济的发展，政治民主的

---

[1]　季卫东："面向二十一世纪的法与社会——参加法社会学国际协会第三十一届学术大会之后的思考"，载《中国社会科学》1996 年第 3 期。

[2]　季卫东："面向二十一世纪的法与社会——参加法社会学国际协会第三十一届学术大会之后的思考"，载《中国社会科学》1996 年第 3 期；苏力：《法治及其本土资源》，中国政法大学出版社 1996 年版，第 268 页以下；舒国滢："中国法治建构的历史语境及其面临的问题"，载《社会科学战线》1996 年第 6 期。

[3]　关于讨论上述问题的参考文献有：朱景文："关于法律与全球化的几个问题"，载《法学杂志》1998 年第 3 期；〔澳〕克里斯托夫·阿尔普："全球化与法——一个形成中的交接点"，载《南京大学法律评论》1997 年第 1 期；更成："市场经济与法制的国际化"，载《经济法制》1994 年第 11 期；李林："全球化背景下的中国立法发展"，载《学习与探索》1998 年第 1 期；张廉、刘芳："论法律发展的多样性与趋同性"，载《南京大学学报（哲学·人文科学·社会科学版）》1996 年第 2 期。

建立和民众权利意识、主体意识的增强，实现法治成为世界各国（尤其是非西方后发展国家）法的发展的一个目标。尽管法治并不是完美无缺的，[1]但法治作为"理性化的制度"，反映了人类制度文明发展的客观必然性。法治的原则、制度、精神和价值，已愈来愈多地被各国政府和人民所认识和接受，成为治理国家之基础。在已经实行法治的国家，完善法治和设计出适合时代发展的法治是一个必须面对的问题。而对于那些尚未实现或正在实现法治的国家，它们所要完成的任务则更为繁重和复杂一些，例如，正确处理发展与稳定的关系，继承传统和合理吸收、借鉴域外法律制度，完成法治精神和原则（从"身份"到"契约"，从"国家本位"到"个人本位"，从"权力至上"到"法律至上"，从"意志本位"到"规律本位"）的转变，等等。[2]无论如何，法治化趋向已是法的未来演进的一个主要倾向。

但"法治化"绝不是指法的"一元化"或"一体化"，即世界各国最终绝不会采取同一种法治模式，走完全相同的法治道路。事实上，由于法律发展的起点和社会背景不同，要求一切后发展国家重复西方国家 17~18 世纪以来的法治演进的轨迹是不可能的。正如美国法人类学家霍贝尔（E. Adamson Hoebel）所指出的："在法的进化过程中，没有一条笔直的发展轨迹可循，作为社会进化一个方面的法的进化，同生物界中各种生命形式的进化一样，不是呈一种不偏离正轨的单线发展态势。"[3]这主要是因为法的进化像文化的进化一样，是"由简单而复杂、由同质而异质的发展过程"，这样一个过程在未来将仍然表现出多样化的特点。各民族—国家文化的差异和冲突，不同社会制度（社会主义和资本主义）意识形态的矛盾不会因为人类对法治的选择而消失，反而可能会因此而强化。[4]在此意义上，各种具有文化和历史传统的法律制度（如大陆法系与英美法系），尽管在本质上可能属于同一历史类型，但它们之间的差别是不会彻底消除的。

法的未来演进还将表现为法律体系结构和具体的法律制度及原则的变化。

---

[1] 关于"法治的利弊"的分析，参见〔美〕E. 博登海默：《法理学——法哲学及其方法》，邓正来、姬敬武译，华夏出版社 1987 年版，第 14 章。

[2] 江平："罗马法精神在中国的复兴"，载杨振山、〔意〕斯奇巴尼主编：《罗马法·中国法与民法法典化》，中国政法大学出版社 1995 年版，第 1~11 页。张文显："市场经济与现代法的精神论略"，载《中国法学》1994 年第 6 期。

[3] 〔美〕E. A. 霍贝尔：《初民的法律——法的动态比较研究》，周勇译，中国社会科学出版社 1993 年版，第 323 页。

[4] 美国当代政治哲学家塞缪尔·亨廷顿于 1993 年在美国《外交事务》杂志撰文说，未来世界的冲突将是"文明的冲突"。参见王希礼译："亨廷顿'文明的冲突'一文俄文辑要"，载《俄罗斯研究》1995 年第 6 期。

关于法律体系结构的变化，可以肯定的是，随着未来社会经济、政治和文化生活的日益复杂化，一些新的法律子部门将不断产生，如信息法、计算机法、生物工程法等。而另一些传统的法律部门也将不断膨胀，以至构成整个法律体系的主要部分。在此方面表现最为突出的，就是行政法的发展。行政法是宪政的重要法律支柱，它的发达是现代法治发展的一个标志。行政法时代是继"刑法时代""民法时代"之后正在形成和发展的又一个法律时代。[1] 此外，未来社会情势的变更，未来法律精神、价值观念的变化，会使当代一些通行的法律原则、法律制度得以补充、修改或废止。未来的社会也可能会根据时代的具体情况而创造出符合时代要求的法律制度和法律原则，这些制度和原则既可能是现行法治精神、价值和传统的延续，也可能是对其的否定。

■ 第四节　网络空间与法律

信息技术革命正在给人类带来更大更复杂的生活和生存空间。网络空间（cyberspace）对于有些人来说非常熟悉，可以通过它与朋友聊天、收发电子邮件、浏览新闻，是一种真实而能置身于其中的世界。然而对另一些人来说，电脑以及通过电脑网络的交流，可能仍然是一件神秘而又不可思议的事情。无论我们是否参与到网络空间，我们都应当对这种新的交流媒介对法律变革所产生的重要影响有所了解。只是由于网络技术和相关信息技术的飞速扩展和更新，这个领域所涉及的法律问题和相关界线及其理论的建构仍然是模糊的。

一、网络空间的边界

（一）网络空间的定义

我们生活的时代是各种信息和知识呈现加速度急剧增长的时代，计算机与互联网的广泛普及和应用正在逐步改变人们的生存、生活和思维方式。"信息爆炸""信息社会""电脑时代""网络世界"等新名词大量地、高频率地出现在世界各国的多种媒体上，这一方面反映出由于人们对信息功能和作用的不了解或者是盲目推崇在某种程度上激发的"信息崇拜"，另一方面也反映了人们面对成指数增长的信息、知识和无法回避的互联网所表现出来的不安、焦虑和无所适从。电子计算机、互联网络和现代通信技术构成了信息网络时代的技术基础，由这"三驾马车"所驾驭的计算机网络正在从根本上改变人类社会的通信、传播、交往沟通、工作、认识和思维方式。"数字化生存"

─────────

[1] 蔡定剑："法制的进化与中国法制的变革——走向法治之路"，载《中国法学》1996 年第 5 期。

(Being Digital)[1]和"网络生存"（Being Internet）已经不再是科学幻想，而成为一种正在向我们一步步逼近的崭新的生活方式。

网络空间或者称"赛博空间（Cyberspace）"[2]就是利用电子计算机、互联网络和远程通信技术以数据存储和交换为方式构筑的一个非物理空间，也有人称之为"虚拟世界"，但是，人们可以通过终端计算机介入这个场所并感觉到它的存在。人们可以在此进行交易、工作、交流和游戏，并可如同在现实世界中一样触犯法律。

网络空间与真实世界不同，它没有以地域为基础的边界。原因在于，信息在网络上传输的费用和速度完全不受其物理位置的影响，在网上，信息可以从任何物理位置传输到任何其他位置而不会造成信息的减损、变质或者实质的延迟；也没有任何物理障碍能够使那些在物理位置上遥远的地区生活的人们相互隔绝开来。

（二）网络空间的结构

网络空间包含被称为数据高速公路的互联网络以及将其连接起来的支撑实体，它主要涵盖以下四个领域：

1. 在线服务。任何拥有计算机和相应上网设备的用户都可以通过一个系统登录互联网络，各系统提供给用户的活动数量和性质可能会有所不同，但相当多的功能和服务是大部分系统所共享的。通常用户想注册某项服务时，需要输入一个独有的名称和口令向主系统证明自己的身份以便系统接受其访问。在线服务的内容非常广泛，包括新闻、各类信息、综合数据库和电子邮件等，也包括网上购物、机票、客房预订以及与注册于同一系统的网上用户的实时"交谈（聊天）"等。网上提供的丰富多彩的活动使用户有种身处社区的感觉。

2. 公告牌系统（BBS）。公告牌系统的用户大部分是终端用户，早期主要是由电话线连接上网的，现在则主要通过局域网与互联网连接。人们常常很难看出大型的公告牌系统和在线服务之间的区别，事实上它与在线服务为用

---

〔1〕 美国著名的信息专栏作家尼葛洛庞帝 1995 年出版《数字化生存》一书，他在书中创造性地把人类所处的时代分为原子时代和比特时代。原子时代指的是物质时代，而比特时代指的是信息的时代。互联网的发展也正是他在本书中的前瞻性的预言。中国的互联网一开始就与这位学者密不可分，正是他激动人心的观点影响着中国互联网的发展，中国互联网的起步不是在技术发展的基础上建立的，更多的是在讯息观念的召唤下，媒体的鼓吹下浮躁地、盲目地、快速地膨胀起来的。

〔2〕 "赛博空间"这个词是加拿大科幻小说家威廉·吉布森（W. Gibson）于 20 世纪 80 年代中叶首先使用的，他在一本名为《新浪漫者》的科幻小说中描写了计算机网络化把全球的人、机器、信息源都联结起来的新时代，如今他所描述的这个"空间"已经呈现在我们的生活之中。

户提供的信息和数据几乎一样丰富，只不过访问该系统大都是免费的，因为系统经营者经常将经营公告栏当作一种个人爱好。正因如此，公告牌系统的经营者们在构造他们的公告牌、选择其会员和制定参与规则方面就拥有广泛的自主权，这使得公告牌系统成为一个讨论社会、法律、政策等问题的活跃和相对自由的场所。

3. 局域网（或非公开系统）。这是赛博空间里只供一部分人使用的资源，管理这些系统的组织或者公司不希望将它们对外开放。但是，当这些资源能够被一台终端计算机用户访问时，它也就成为网络空间的一个组成部分了。

4. 计算机网络。可以相互交换的互联系统的总和被称作计算机网络。前面讨论的每一个部分都是计算机网络的一个组成部分，截至 2016 年，全球互联网用户已达 34 亿多，接近全球 1/2 的人口。随着电子数据处理功能和装备的不断完善及硬软件成本的大幅度降低，已经有条件将计算机大规模地应用于公共行政管理、司法行政管理和律师业务中。法律信息系统也已经在一些国家和地区建立，而且事实证明该系统在商业上有着广阔的利用前景。中国互联网信息中心（CNNIC）的统计数据表明，截至 2016 年底，我国互联网用户已达 7.3 亿，位居全球第一。而且，这些数据每年都在以更加惊人的速度增长着。虽然我国互联网计算机的使用在地区和用户阶层分布上极不平衡，但就目前的状况而言，每个社会成员直接面对或间接利用互联网计算机的机会已大大增加。

与其他领域相对而言，经济领域是计算机网络较早地、也是非常深刻地渗透和普及的一个领域。许多与计算机相关的问题，如"计算机犯罪"[1]"自动化的营业和支付业务"、电子文本和电子数据合同、软件和数据库的法律保护、个人对数据及数据保护的权利，以及信息自主权等都由此而产生。

（三）电子数据的法律地位及保护

电子数据（DATA）是以物理方式存储在计算机系统内部及其存储器当中的指令和资料，包括计算机程序和程序运行过程中所处理的信息资料。从本质上来说，电子计算机数据是一种信息，具有重复性、易修改性和主体利益的复杂性等特点。在传统法律领域，电子计算机数据信息是作为"物"，还是作为"权利"或其他客体受到保护并不十分清楚。

1. 知识产权中的电子数据。知识产权领域的电子数据所产生的法律问题主要如下：

---

[1] 有资料显示，1999 年我国公安机关立案侦查的计算机违法犯罪案件为 400 余起；2001 年陡增至 4500 起，且其中 90% 以上的计算机违法犯罪案件与网络有关。

（1）计算机数据作品的版权保护。由于现代图书馆越来越多地使用数字化方式来保存和使用作品，在为用户提供阅读服务时，可能导致借阅者私自复制作品而不向权利人支付任何报酬，作者和出版商就会抵制甚至反对作品的电子化使用。而1996年8月在北京召开的第62届国际图联大会通过的一项立场性文件指出：为了文化和教育的目的出借公开出版的电子信息资源不应受到立法的限制，版权保护不应阻碍信息的传播和流通。对作品的复制也已经不只是将作品输入计算机——固定在某一有形载体上，作品信息以电子脉冲的方式从一个系统被传输到另一个系统同样可能涉及复制的问题，如何平衡公众信息获取权和作品权利人的合法利益就成为数据作品版权保护的主要问题。

（2）作为专利的电子计算机数据。专利取得有一个重要的条件就是发明作品的新颖性，各国专利法对新颖性的地域的审查方式主要有三种：世界新颖性、国内新颖性和混合新颖性。互联网在瞬间即可以将电子数据信息传递到世界任何一个角落的强大功能，有可能使发达国家利用技术信息的发布迫使那些采用国内或混合新颖性标准的国家采用世界新颖性对专利进行审查，这对广大发展中国家的技术进步非常不利。

（3）域名抢注。在 Internet 上，为了帮助人们访问网络的各个站点，在对各站点分配一个以数字命名的地址的同时，允许各站点用户为自己站点的网址选择一个英文名字来命名，这个名字就是域名。[1]目前国际上囤积域名和抢注驰名商标域名等现象仍然十分严重，一些国家通过判例确认了域名在法律上的商标地位。我国知识产权法学界大多数人认为可以适用《商标法》和《反不正当竞争法》解决域名纠纷，个别学者对此提出了不同看法，认为域名不等于商标，商标更不能涵盖域名，两者为并行不悖的知识产权，应建构专门的规则体系来进行调整。[2]

2. 电子数据处理在司法和行政管理领域的应用主要在以下几个方面：①通过法律数据库、法律信息系统（如 JURIS 法律信息系统）等介绍和提供法律信息；②日常工作尤其是行政管理的自动化；③建立重大事项登记数据库，

---

[1] 域名的一般格式为：单位名称. 组织代码. 国家（地区）代码，域名当中的领域代码和国家（地区）代码是固定分配好的。按照目前 Internet 域名规范的规定，Internet 有三类顶极域：国际通用域，包括 COM（公司企业）、ORG（非营利组织）、NET（网络服务机构）；由国际标准化组织确定的由两个字母组成的国家和地区代码域，例如"CN"代表中国；美国专用域代码，包括 GOV（政府）、MIL（军事）、EDU（教育）。除了美国外，一般国家的域名都必须包括国际通用域代码和国家（地区）代码。

[2] 参见沈木珠、乔生："Internet 域名抢注的法律思考"，载《民商法学》（人大复印资料）2002年第6期。

如居民、机动车、土地籍簿、公司、刑事违法犯罪记录、债务人等；④判决与自动执行支持，如知识支持系统、法律专家系统。

司法和行政管理自动化意味着该领域信息系统一开始就着眼于数据和办公辅助的各种应用，也即在实施行政管理中产生的日常数据，不仅仅在适当的数据库中服务于继续实施行政，还将服务于其他的任务。办公辅助系统与局域网共同使网络行政更加快捷、高效，并使行政过程更具程序性。随之而来的是行政表达（意思表示）越来越多地以电子文本方式传递，纸质文本文件将不再是行政实施的主要方式之一。这必然要求在法律上赋予电子文本与纸质文本文件同等的规范效力，同时电子文本"送达""签收"的方式以及由于系统故障所导致的信息数据传输阻断的责任，在传统法律领域都不是清晰可辨的。仅就网上信息数据传输阻断而言，可能的原因有行政机关系统故障、用户系统故障、网络系统故障、网络系统遭受攻击与破坏等，无论何种原因都可能使自动化管理目标落空，甚至可能会严重损害行政相对人的利益。能否运用侵权责任理论解决上述问题，网络侵权与一般民事侵权在表现、救济方式、责任承担等方面有何区别，这些都是界定网上信息数据传输阻断责任需要厘清的问题。

在法律上解决电子数据处理在经济和行政中的应用带来的问题尤为重要，特别是自动化营运业务、风险归责、废除纸张的影响等，主要表现在：①电子数据交换——电子营运数据交换，电子合同成立及效力；②电子"文件"及其证据价值；③电子签名的方式及识别；④网上购物所产生的"交（支）付"、转移占有及其风险责任。

二、网络化与隐私权

（一）概说

互联网计算机的触须几乎已经侵入了所有的行业，各类可利用的信息资源的检索、调取、处理在时空上非即时性的困难在互联网操作平台上已经不再成为问题。司法与行政管理的自动化和社会服务的网络化使各类数据信息成为网上的共享资源，为人类的生产和生活带来了极大的便利。但是随之而来的是网络知识产权纠纷迭起，宣扬色情、淫秽、暴力等内容的信息在网上泛滥，垃圾邮件肆虐造成网络阻塞、计算机病毒、非法入侵导致数据丢失或信息系统瘫痪，个人和企业资料也可能毫无隐私可言等问题。因此，对国际互联网进行必要的管制已成为当今的一种世界性趋势，对互联网的具体管制，各国做法有所不同，一般有三种方式：①采取控制计算机网络国际联网出入口信道的方式，新加坡、印度等都采取这种方式，我国对互联网的管制也采取这种方式；②通过制定专门调整计算机互联网络的国内立法的方法来进行管制，美

国、澳大利亚、德国等国家就采取这种方式；③通过积极尝试和推进网络业界的行业自律来实现网络管理的目标，英国就是这种做法的代表。

随着计算机网络技术的发展，各种类型的数据库建设也越来越全面，数据库已经成为社会生活中不可缺少的部分。由于很多数据库的建立依赖于对大量的个人数据的收集，于是就造成了个人数据的隐私保护与公共数据的收集之间的矛盾越来越尖锐。

在互联网中，隐私数据保护和信息权的冲突同样是一个比较棘手的问题。数据保护的目标前提是确立数据保护是一种重要的基本权利的认识，这就要求在真正侵犯隐私之前，立法即将数据的运用调整到正确的轨道上来。1977年《联邦德国数据保护法》确定了数据保护的一项基本原则——禁止原则，这一原则同时适用于公共领域和私人领域。在公共领域，该原则的基本精神是用户处理公共和私人领域中的信息数据的禁止（不包括私人信息的合法更新）；私人领域主要涉及用户的信息获取、使用、处理以及由此所产生的信息的完整性、及时性、正确性和可靠性等一系列其他的法律问题，特别是对有缺陷信息的责任问题。

（二）网络上的隐私权

随着互联网络技术的发展与普及，在人们利用网络进行工作交流的同时，许多犯罪分子也逐渐利用网络便利进行犯罪，这导致不仅许多犯罪信息在网络上传播，而且一些犯罪直接利用网络进行。大量色情、淫秽的信息垃圾也泛滥成灾。为净化网络环境，各国政府都十分重视这一领域，并试图采取各种手段来解决。美国是网络技术最为普及的国家之一，也是网络犯罪最多的国家之一。20 世纪 90 年代由政府的网络管制引起的"密码算法"[1]和"监听晶片"[2]之争以及联邦最高法院对《通信行为规则法案》的违宪审查均表明，虽然计算

---

[1] 一方面，由于密码算法的特点，随着密码数字的位数增多，解密也就越来越难，甚至在短时期内无法解密，因此为了保证网上通信的安全就广泛地使用了这种技术。另一方面，犯罪活动可以在加密技术下进行，而政府对之无法进行监控，国家安全受到威胁，所以美国一直将密码技术视为高级国防科技而加以严格控制，对于研究者开发的有关软件和著述的出版发行往往持限制甚至反对的态度。这样一来，《宪法》修正案赋予公民的言论和出版自由的权利就可能因此受到损害，*Karn v. Department of Starepvs* 案就是由此引起的。参见孙铁成：《计算机与法律》，法律出版社 1998 年版，第 117 页。

[2] 为控制网络上越来越多的淫秽信息，美国政府在 1995 年时曾经提出过一个控制办法，就是规定所有有关性的资料都必须加上限制的识别码，即每台计算机都必须安装一块能够识别所接收信息的性质的芯片（监听晶片），以此来控制用户可以接受的数据信息。此举不仅能够对黄色信息加以控制，而且政府可以利用该芯片对个人的通信进行控制，因此引起了公众的广泛反对，最终不了了之。参见孙铁成：《计算机与法律》，法律出版社 1998 年版，第 118~119 页。

机网络存在着诸多弊端，但是美国公众对隐私权的保护还是非常重视的，宁可容忍网络上的某些不良现象，也不能够接受政府对网络上个人隐私的干扰。

网络上的隐私权主要包括：①通信者身份的保密，即所谓"匿名通信"。这虽然可以保证某些合法的但又不想为人所知的行为人的行为安全，但同时也使得恐吓、诬告及造谣之徒在网络上有了藏身之处。②通信内容的安全和保密，网上通信的加密与政府对网络的管制之间必然会产生冲突。③个人计算机内部资料的安全，包括在系统遭到入侵时个人资料的安全，及遭到没收时个人资料的安全。④个人生活的安宁，包括信息垃圾和网络成瘾对个人生活造成的负面影响。

虽然网络隐私的保护非常重要，但是大多数国家的政府在网络管制方面的态度日趋强硬，譬如德国 1997 年通过的一项计算机互联网络法令就规定，如果联网服务商的网址提供诸如儿童淫秽书刊、宣传纳粹之类的非法内容，那么有关的联网服务商就要受到指控。不少亚洲国家在这一问题上宁可遭受批评，也绝不放弃对网络信息的管理。[1]政府对网络信息的强制性管理，除了经济和安全方面的因素外，更多是出于使那些很容易接触网络但还不具有正确识别能力的儿童免受网络不良信息侵害的考虑。

三、网络交易的法律问题

（一）网络交易的合同效力

通过网络交易所订立的合同主要有两类：①将网络作为一种信息传递的手段来完成合同订立的整个过程。在这一过程中，网络所起的作用就是替代传统的电报、传真等通信手段，以电子邮件的便捷来更好地辅助交易的完成。②直接为网络交易服务，即交易的内容也是通过网络传递的，如利用网络进行软件交易、为收费会员提供会员信息等。

电子合同的合法性在一些国家已经不再是问题，[2]但是合同鉴证仍然是一个难题。在网络交易中双方可能远隔万里而互不相识，在交易的过程中也可能自始至终不见面，因此双方的身份就难以确认。为避免这种情况，人们一般都使用电子签名的方式来证明自己的身份。但是，电子签名本身的法律地位也是一个有待确定的问题。现有的法律并不认为它具有法律效力。由于

〔1〕　参见孙铁成：《计算机与法律》，法律出版社 1998 年版，第 116～122 页。
〔2〕　《中华人民共和国合同法》第 11 条规定合同的"书面形式是指合同书、信件和数据电文（包括电报、电传、传真、电子数据交换和电子邮件）等可以有形地表现所载内容的形式。"这一立法内容无疑是先进的，但是它和目前所有关于计算机网络的立法一样，也是把计算机网络仅仅看作一种通信和信息交流的媒介，并没有把它看成是一个与真实世界不同的另一个我们可以感知和置身其中的世界。

第八章

网络通信可能在中途被他人截获并篡改，因此即使收到一份附电子签名的电子文书也不能保证这就是对方的真实意思表示。

实践中可以使用公开密钥算法等数据加密手段，但是由于各国在加密算法上的政策仍处于保守状态，要广泛使用这一技术还存在着政策上的困难。在这种情况下，国外提出了建立数字签名认证中心的解决办法，以此来确认交易双方的身份。在公开密钥算法的技术基础上，通过该机构进行公开密钥和私人密钥加密，建立起类似印鉴管理和邮政登记的制度，从而该中心可以担负起对电子文书的真实性进行证明或鉴定的责任。

（二）交易的课税问题

美国在 1997 年发布的《全球电子商务纲要》中提出，对通过网络缔约并通过网络传送的软件、音乐、电影等数字商品免征关税，并希望其他国家也采取这种做法。这一提议得到了一些国家的响应。

我国法律目前尚未涉及这方面的问题。网络交易作为一种商业活动应当纳税，但是从促进网络经济发展的角度出发也许应该免税。

四、网络空间的其他法律问题

（一）链接

互联网技术的出现给信息快速传播提供了现实可能性，最突出的传播技术被称为"链接"。它使存于不同服务器上的文件被互相"连接"起来，使用户能够简单快捷地从一个网站跳到另一个网站，极大地方便了信息的查找和传播。链接的基本原理是：设链者在自己的网页上设置各种图标或者文字标志，在该图标或者文字标志后面储存了其他网站的地址。当互联网用户点击链接标志时，计算机就自动转向预先储存好的网址。有人认为，链接是互联网的根本特征之一，没有了链接，互联网也就失去了生命力。

链接主要有三种，文本链接、图像链接和图文框链接。某些网站利用这种链接技术剽窃其他网站的内容，同时打上自己的标志和广告，用以吸引访问者。早期，为了防止剽窃，有些网站会在每一个网页上打上自己的标志和广告。但"加框技术"面世后，它能给网页内容"加框"，把用户不想看到的内容掩盖掉，这样就使得剽窃者更加有可能为所欲为地大量剽窃其他网站辛辛苦苦制作的内容。

关于链接的法律责任，在实践当中发生最多的往往是间接链接侵权的情况，如搜索引擎所链接的网站又擅自链接侵权内容。如果仅以步骤分析，由于用户是通过"搜索引擎—侵权网站—侵权内容"这样一步步链接到侵权内容的，所以上述情形表面上符合传统民法侵权理论中所述的"间接侵权"或者"帮助侵权"。

当网上的信息内容发生侵权时，其法律责任应当由信息提供者承担，对于仅提供链接技术或设施的服务商，一般不应承担赔偿责任。但是，如果著作权人明确要求停止链接，设链者未积极作为的，则视为设链者与侵权内容提供者具有共同侵权故意，则应当承担侵权责任。它依据的是民法上的不作为侵权原则：任何与该侵权行为或结果发生关系的人，都有义务采取积极的措施，防止侵权行为结果扩大，否则构成侵权。

从技术角度讲，当提供链接服务的网站实质上仅提供了搜索服务的工具，引导用户利用这个工具到其他网站或网页上浏览相关信息，但并未实际复制这些信息并存储在自己的服务器上时，提供链接服务的网站不存在复制行为，也不存在传播行为。按照传统的版权法理论和中国现行的著作权法的规定，设链者是不承担法律责任的。但是，上述行为显然是对他人合法利益的巧取豪夺，如不惩治则有违法律的"公平合理"之本意。因为无论是网络内容的制作还是网络经营都要投入大量的经济成本，当网络经营者经营的网站被他人不受限制地随意链接时，就意味着网络经营者之间竞争成本和竞争地位的巨大差异，实质上造成了随意链接者的不正当竞争。

我国司法界在知识产权法存在局限的情况下，尝试运用《反不正当竞争法》对网络链接进行规整。譬如，原告北京金融城网络有限公司于2000年6月发现自己在"295网站"上制作并发布的"外汇币种走势图"被被告成都财智公司在自己的网站上作了深层链接。当用户访问财智公司网站上的走势图标志时，计算机就自动绕过"295网站"的首页直接指向显示走势图的末级页面。原告认为被告作此链接未经其同意，造成用户对服务者的误认，其行为已经构成不正当竞争，遂起诉至法院，结果被告败诉。

（二）网络交易的管辖权与准据法

网络上的"法律空间"是由将有形世界与虚拟世界分离开来的屏幕和口令构成的。传统法律将网络视为一个单纯的传媒，仅仅是为方便不同物理位置的信息和人们的交流，这样就很难回答网上交易发生在地理世界"什么地方"这类问题。因而，人们倾向于将网络空间视为一个独立"空间"，因为进入这个存储在网上的信息世界，要通过一个屏幕和一个口令所形成的边界，就像人们在真实世界从一个国家（地区）进入另一个国家（地区）需要持有一本护照并通过海关一样。没有人会偶然误入网络空间的边界，跨进网络空间是一个有意义的行为，因此，对网络空间适用的法律应当是适应于网络空间发展的一套独特的规则体系。

在网络空间出现以前，基本上不存在"真实世界"的地域边界和"网络空间（虚拟）"的法律边界问题。因为直到现在，一个国家或地区的边界和它的"法律空间"的边界基本上是紧密联系的,"所有的法律初看起来都明显是地域性的",[1]地域边界所描绘的区域基本上也就是各种不同法律规则适用其间的那些区域。网络空间的发展,使传统的地域边界和法律边界之间的这种紧密联系变得日渐疏离。传统上,一个公开的信息会从一个物理位置(信息源地)四射出去,在信息源周围形成一个影响力度逐渐减弱的一系列同心圆。在网络空间,实际的状况是:一个物理上处于美国的网址,它所提供的信息对美国境内的人的影响,不一定会比对一个物理上位于英国或者是中国的人的影响更大。网络空间也许正在改变着传统情境下,一个国家的法律的效力通常只及于这个国家的真实边界内的现状。

(三)虚假的网际关系对真实和信任的损害

按惯例,任何登录互联网的人都要有一个网名,并有一个只为他自己所独享的密码或者说是口令,用于进入网络空间的身份识别。但是这种网络成员的身份识别没有任何的实际意义。直面网络的人们,其性别、年龄、种族、宗教信仰都是不重要的,重要的是他在网络中的存在和表达方式,其他的差别统统简约为键盘的敲击——一个人在网络中的说话方式。当他们退回现实的物理空间交换各自的真实信息时,被欺骗的感觉会使真实存在的人们失去互相的信任,甚至还可能造成更大的身心损害。

网络空间会不会形成一个新的法域,关键在于人们对于网络空间的态度,也即是否把这个虚拟的世界看作一个"所在",一个我们可以感觉并可以置身其中生存和生活的"所在"。前面我们已经指出网络空间的"边界"是真实的,进入网络空间要越过类似于地域边界的限制。另外,网络空间也不是一个同质的所在,在各种不同网址上发现的群体和他们的活动都是独具特色的,这也有如现实世界中政府之间的有形边界一样清晰可辨。当然,如果人们,特别是那些置身于网络空间的人们还没有认识到这两个世界的活动规则有什么不同,"网络法律"就会表现为传统法律在网络空间的某种延伸,也即人们会努力运用现有的法律规范或者通过发展现有的法律来规制网络空间的生活。

第八章

思考题

1. 试述法的演进的阶段与动因。
2. 互联网的发展引起了哪些法律问题?

---

〔1〕　参见〔美〕博西格诺等:《法律之门》,邓子滨译,华夏出版社2002年版,第745页以下。

推荐阅读书目

1. 〔美〕约翰·麦·赞恩:《法律的故事》,刘昕、胡凝译,江苏人民出版社 1998 年版。

2. 〔美〕博西格诺等:《法律之门》,邓子滨译,华夏出版社 2002 年版。

3. 〔日〕穗积陈重:《法律进化论》,黄尊三等译,中国政法大学出版社 1997 年版。

4. 〔德〕H. 科殷:《法哲学》,林荣远译,华夏出版社 2002 年版。

5. 杨振山、〔意〕斯奇巴尼主编:《罗马法·中国法与民法法典化》,中国政法大学出版社 1995 年版。

6. 孙铁成:《计算机与法律》,法律出版社 1998 年版。

第
八
章

第九章

法 的 起 源

学习目的与要求　本章要求学生了解原始社会的社会组织和社会规范；熟悉法律产生的原因、过程和标志；掌握法起源的形式与规律。

　　在拉丁文和英文中，"本质（nature）"一词的原意是"起源"或"发生"。因此，探求法的起源就是为了正确地认识和理解"法"这个事物的本质。正如意大利思想家维柯所说："各种制度的自然本性（本质——引者注）不过是它们在某些时期以某些方式产生出来了。时期和方式是什么样，产生的制度也就是什么样，而不能是另样的。各种制度的不可分割的特性必然是由于它们产生的方式，所以根据这些特性，我们就可以断定他们的本性或产生情况是这样而不是另样的。"〔1〕

　　法的产生无疑是人类社会历史上一个重大的事件。这是因为，法的起源过程代表着人与自然、人类个体与人类整体之斗争与抗衡、顺应与服从的历史，是人类从蒙昧无知到心灵觉醒、从社会生活的动物形态到日益文明的规范形态演进的历史。一部法的起源史，同时是一个民族、一个人的类群的文明变迁史。在理论上，尽管人类学家和法学家们对法的概念、法的起源的时间和形式尚有争论，〔2〕但至少在下列方面已达成共识：法是人类社会一定发展阶段的产物；在人类原始社会漫长的历史中，没有阶级、私有制，也没有代表复杂社会组织和制度形态的国家和法；法是随着社会生产力的发展和生产关系的变化，私有制、阶级、国家的产生而产生的，同时也受到诸如人的

---

〔1〕〔意〕维柯：《新科学》（上册），朱光潜译，商务印书馆1997年版，第106页。

〔2〕古今中外关于法的起源问题的论述，参见周长龄：《法律的起源》，中国人民公安大学出版社1997年版，第1～2章。主张原始人类社会有法律的人类学著作，参见〔美〕E. A. 霍贝尔：《初民的法律——法的动态比较研究》，周勇译，中国社会科学出版社1993年版；〔英〕布·马林诺夫斯基："初民的法律与秩序"，许章润译，载《南京大学法律评论》1997年第2期。

认识能力、人的语言能力、文字的发明等因素的影响。考查法的起源，就是要从法学、历史学和人类学的角度对法的形成过程、阶段作出客观的描述，探究法起源的动因和奥秘，把握法起源的规律性和类型，并进而从动态上认识法存在的本质和特征。而这种考察，首先是要追寻人类社会的初始状态，研究法律史前社会（初民社会或原始社会）的规范及其功能和特征，以便为法的存在找到一个历史的基础和出发点。

■ 第一节 原始人的社会规范

人类种群的进化至少经历了 1000 万年,[1] 但直到石器工具的制造，人类才开始了原始社会的历史。[2] 一般认为，整个原始社会大体分为原始群和氏族公社两个时期，而后者又包括母系氏族公社和父系氏族公社两个阶段。1836 年，丹麦考古学家汤姆逊（Christian Jurgensen Thomsen，1788～1865）根据北欧考古资料，最先将原始社会分为石器、铜器和铁器三个时期。[3] 此后，美国学者摩尔根（Lews H. Morgan，1818～1881）在《古代社会》（1877 年）、恩格斯在《家庭、私有制和国家的起源》（1884 年）中根据生活资料生产的进步，把人类社会分为蒙昧时代、野蛮时代和文明时代，并将蒙昧、野蛮两时代又分为低级、中级、高级三个阶段。原始人的社会规范,[4] 是经过漫长的历史演化由低级到高级、由简单到相对复杂逐步形成和发展的。

一、禁忌

规范的产生，最初来源于初民（原始人）对"超自然的神秘力量"的认识和崇拜。与此相适应，最早出现的原始人类的规范多带有禁止性的特点，而原始的禁忌就成为人类后世社会之一切规范（包括道德、宗教、法律）的总源头。[5] 禁忌，或称"塔布"（Taboo，Tabu），原为南太平洋波利尼西亚汤

---

[1] 19 世纪考古学家发现距今约 1500 万年前的森林人类的化石，这种古猿被认为是人类的祖先。参见齐思和主编：《世界通史·上古部分》，人民出版社 1962 年版，第 10 页。

[2] 汪永祥、李德良、徐吉升编著：《〈家庭、私有制和国家的起源〉讲解》，中国人民大学出版社 1986 年版，第 82 页。

[3] 齐思和主编：《世界通史·上古部分》，人民出版社 1962 年版，第 7 页；也见《简明不列颠百科全书》（7），中国大百科全书出版社 1986 年版，第 669 页。

[4] 有学者把原始人的社会规范称为"原始规范"，亦称"第一次社会生活规范"。参见（台）袁坤祥编著：《法学绪论》，三民书局 1980 年版，第 10 页。

[5] 任骋编著：《中国民间禁忌》，作家出版社 1991 年版，第 14 页；〔日〕穗积陈重：《法律进化论》，黄尊三等译，中国政法大学出版社 1997 年版，第 310 页；周长龄：《法律的起源》，中国人民公安大学出版社 1997 年版，第 104 页以下。

加岛人的土语，意指"神圣的"和"不可接触的"。原始的人类，在其与自然和相互之间的交际中发现，某些特定的事物、现象或人本身，被以自然的、直接的方式或以间接的、传染的方式附着一种神秘的"灵力"（mana，曼那），而成为"似魔鬼的""不洁的"或"神圣的""不可接触的"对象。这种原始的观念就形成了原始人心目中的禁忌物，并由此产生了人类历史上最早的禁制。[1]在原始人的生活中，禁忌（制）的表现形式多样，大体包括普通禁忌和特别禁忌，永久禁忌和临时禁忌，人之禁忌、行为禁忌和物之禁忌，保护禁忌和扑灭禁忌等。[2]其中，有关食物和性的禁忌，被看作人类社会最早的禁止性规范，[3]它们反映出原始人类对自然、自我类群及其生存、两性关系的朦胧认识和对自我行为的半自发性—半自觉性调整。就其性质而言，禁忌是"人类的童年时代"（蒙昧时代）存在的准宗教现象，是原始群体生活中唯一的约束力，它通过制止和抑制的方式对人们的行为和心理产生影响，从而实际体现为某种社会凝聚力，起着社会控制、调整和社会整合的作用。

二、图腾崇拜

随着原始的禁忌演进而产生的，是在本质上属于禁忌之一种的图腾崇拜观念及规范。"图腾"为印第安语 totem 的音译，源于奥季布瓦（Ojibwa）族方言 ototeman，意指"他的亲属""他的图腾标志"。[4]事实上，图腾就是标志或象征某一群体或个人的一种动物、植物或其他物件。而所谓"图腾崇拜"，是指相信人与某一图腾有亲缘关系或相信一个群体、个人与某一图腾有神秘关系的信仰。图腾崇拜是随着氏族社会的出现而同时产生的，[5]是氏族社会的自然崇拜。这种崇拜的特征表现在：①崇拜者视图腾为伴侣、亲人、保护者、祖先或帮手，人们尊敬、崇拜图腾，但也畏惧图腾。②用特殊的名

---

[1] 任骋编著：《中国民间禁忌》，作家出版社 1991 年版，第 6 页。

[2] 参见〔日〕穗积陈重：《法律进化论》，黄尊三等译，中国政法大学出版社 1997 年版，第 303 ~ 304 页。

[3] 有学者认为，食物禁忌和性禁忌大体发生在原始的直立人阶段（100 万年前左右）。在这一阶段，经济生活开始了采集与狩猎的自然分工，两性关系为血缘群婚，人们刚刚学会使用分节语和手势语，原始意识初步形成。参见周长龄：《法律的起源》，中国人民公安大学出版社 1997 年版，第 108 页以下。关于这一点，18 世纪意大利人文学者维柯的解释比较独特，他把原始规范的起源归结为人类对自然现象的好奇心和惊奇感的产生。参见〔意〕维柯：《新科学》（上册），朱光潜译，商务印书馆 1989 年版，第 183 页以下。

[4] 任继愈主编：《宗教词典》，上海辞书出版社 1981 年版，第 661 页。也有学者认为，ototeman 一词原意为"我的亲属"。参见何星亮：《图腾文化与人类诸文化的起源》，中国文联出版公司 1991 年版，第 14 页。

[5] 学术界认为，图腾产生于约 25 万 ~20 万年前，处于旧石器的初期向中期过渡的时期。参见周长龄：《法律的起源》，中国人民公安大学出版社 1997 年版，第 118 页。

称或徽号代表图腾。③崇拜者在一定程度上与图腾合而为一，或用象征的方法表示与图腾同化。④氏族规定不得屠宰、食用或接触图腾。⑤举行图腾崇拜的特殊仪式。[1]图腾崇拜的规范主要体现为原始人对图腾的行为、食用、称谓（语言）及婚姻的禁忌规则，例如，禁止直呼图腾之名，禁止观瞧图腾物，属于同一图腾群体的氏族男女成员之间禁止通婚，等等。图腾禁忌规则在原始氏族生产和生活中具有惩戒和协调作用，一旦有人触犯氏族的图腾禁忌，则可能被处以忏悔、献祭或驱逐出氏族的处罚。这种伴随人类惩罚（而不是仅依赖自然惩罚）的禁止性规范，是后世一切惩罚性规范（包括惩罚性习惯和法律）的胚胎和萌芽。

三、复仇

在由原始群阶段向氏族社会演进的过程中，原始人类逐渐形成处理各种生产和生活关系的规则，这些被氏族社会所普遍遵守的规则（规范），笼统地被称为"氏族习惯"。其中，复仇是氏族社会生成和发展过程中的一个最为重要的习惯，具有广泛性和普遍性。[2]复仇习惯的演变历史大体反映了氏族习惯由低级到高级、由简单到复杂、由非理性到相对理性的发展过程。

复仇，是指被害人或其亲属对加害人所采取的报复行为。它是人的自卫本能的体现，因此最初也只是人的动物本能的自发抵抗侵害的个人行为。随着氏族社会的逐渐形成，复仇变成了受害者的整个家庭或整个氏族的集体行动，成为整个家庭或全体氏族成员的共同义务。这种集体行动后来演化为氏族社会的一项习惯，这一过程经历了以下三个阶段：①血族复仇。这是在氏族社会早期产生的复仇习惯，即一个氏族的成员被另一氏族的成员加害时，被害者的整个氏族向加害者氏族进行报复。这种报复往往演变成氏族之间、甚至部落和部落联盟之间的战争，具有相当大的代价和危险性。②血亲复仇。这是产生于氏族社会中期的一种复仇习惯，即通过被害者近亲属对加害者近亲属实施报复来实现。由于报复的范围缩小，血亲复仇给整个氏族带来的危险也相对减小，有利于氏族的生存和繁衍。③同态复仇。这是指以大体相当的程度、方式和数量对加害行为所实施的报复。此种习惯所遵循的原则为："以命偿命，以目偿目，以牙偿牙，以手偿手，以足偿足，以烧偿烧，以伤偿伤，以打偿打。"[3]这一复仇习惯是氏族习惯的一个重要发展，它体现了原始人类为避免血族（或血亲）复仇的毁灭性后果而作出的自然选择，也是人类

---

〔1〕　引自《简明不列颠百科全书》（8），中国大百科全书出版社1986年版，第22页。
〔2〕　瞿同祖：《中国法律与中国社会》，中华书局1981年版，第65~66页。
〔3〕　引自《旧约全书·出埃及记》第21章。

从蒙昧、野蛮走向半开化—文明的标志。

四、其他的氏族习惯

进入母系氏族社会晚期（野蛮时代的低级）以后，原始人类的生产工具（石器）的制造和使用、经济基础、社会组织及职能、婚姻关系、心智认知能力、语言交际水平等均已发生变化，氏族习惯也开始变得多样化，但在形态上，它们往往又与原始社会的道德、宗教、禁忌、图腾—祖先崇拜、祭祀等混为一体。除复仇习惯外，原始氏族习惯的内容还包括：有关氏族酋长或军事首领的推选和撤换；氏族内禁止通婚；氏族成员财产的相互继承；外族人的收养和接纳；宗教节日和宗教仪式的举行；氏族议事会的活动；等等。[1]这些习惯在以血缘关系为纽带的氏族内部通行，为氏族成员自觉遵守。

总之，在原始社会氏族（尤其是母系氏族）制度下，没有私有制、阶级、国家，自然也没有军队、警察、监狱和法庭，"一切争端和纠纷，都由当事人的全体即氏族或部落来解决，……在大多数情况下，历来的习俗就把一切调整好了"。[2]

■ 第二节 法起源的原因与过程

一、法起源的原因

原始氏族社会组织及习惯是人类历史上最古老、持续时间最长的制度和规范，它们起源于原始社会的蒙昧时代，发展于野蛮时代的三个阶段。[3]然而，随着氏族社会的进一步演进，氏族制度注定是要灭亡的。这是因为，从总体上看，氏族制度本身存在着难以克服的局限性。一方面，氏族制度具有狭隘性，人们的思想和活动仅仅以血缘关系为纽带，局限于狭小的氏族或部落的范围之内，在氏族或部落以外的"没有明确的和平条约的地方"，就会存在部落之间的战争，成为氏族社会的一大灾难。[4]另一方面，氏族制度已不能适应原始社会后期生产力和文明进一步发展的需要。因此，当氏族制度经历蒙

[1] 〔美〕路易斯·亨利·摩尔根：《古代社会》（上册），杨东莼、马雍、马巨译，商务印书馆1981年版，第69页以下；恩格斯："家庭、私有制和国家的起源"，载《马克思恩格斯选集》第4卷，人民出版社1972年版，第81页以下。

[2] 〔德〕恩格斯："家庭、私有制和国家的起源"，载《马克思恩格斯选集》第4卷，人民出版社1972年版，第92~93页。

[3] 〔美〕路易斯·亨利·摩尔根：《古代社会》（上册），杨东莼、马雍、马巨译，商务印书馆1981年版，第63页以下。

[4] 〔德〕恩格斯："家庭、私有制和国家的起源"，载《马克思恩格斯选集》第4卷，人民出版社1972年版，第94页。

昧、野蛮阶段而达到文明阶段时，它就完成了自己的历史使命。

早在 1845 ~ 1846 年，马克思和恩格斯在其合著的《德意志意识形态》中就曾注意到法律（尤其是私法）产生的经济动因。1873 年，恩格斯在《论住宅问题》中进一步指出："在社会发展的某个很早的阶段，产生了这样一种需要，把每天重复着的生产、分配和交换产品的行为用一个共同规则概括起来，设法使个人服从生产和交换的一般条件。这个规则首先表现为习惯，后来便成了法律。"[1]恩格斯在《家庭、私有制和国家的起源》一书中则进一步对此问题作了历史的实证考察。根据马克思、恩格斯的基本原理和 19 世纪以来的考古学、人类学研究成果，大体上可以把法的起源的原因归结为三个方面：

（一）经济根源

任何社会规范的存在都是以一定的社会经济条件为基础的，氏族习惯以原始的氏族公社公有制为存在基础，而法律则是在私有制和经济体制出现之后才产生的。考古学资料证明，在原始母系氏族社会的晚期，由于金属工具（青铜器及其以后的铁器）的制造和使用，社会生产力得到发展，原始的农业向犁耕农业过渡，产品有了一定的剩余。而且，农业的发展也实现了人类社会历史上的劳动分工（即农业与畜牧业、手工业和商业的分离），引起原始部落之间的物物交换。这使得执行交换任务的氏族代表把氏族财产转归己有成为可能，私有财产得以存在。氏族内部开始出现贫富的分化，这给氏族制度打开了"一个缺口"。总之，由于新的经济关系的出现和私有制的产生，原始的氏族习惯已经不能充分执行其作为社会调整手段的职能，而法律作为新的社会调整手段就应运而生。

（二）政治根源

政治组织、政治关系和政治活动是文明时代存在的社会现象，然而其渊源可以追溯至原始社会末期的社会结构的变化。在父系氏族社会的后期，随着私有财产关系的产生和部落之间战争的加剧，氏族内部开始出现本族人与外族人、穷人与富人、主人与奴隶、债权人与债务人等多重身份等级的差别和矛盾，氏族成员原有的血缘亲和关系代之以奴役、剥削和压迫关系。随着这些关系和矛盾的发展，父系氏族公社逐渐解体，而形成以地域关系为基础的农村公社。农村公社的出现，不仅意味着土地公有制向私有制的过渡，而且意味着原始社会向阶级社会的过渡。[2]按照马克思主义的理论解释，此时，社会上的集团已经不能依氏族组织来划分，而只能依阶级的利益来划分了。

---

[1] 《马克思恩格斯全集》第 2 卷，人民出版社 1972 年版，第 538 ~ 539 页。
[2] 齐思和主编：《世界通史·上古部分》，人民出版社 1962 年版，第 30 ~ 31 页。

氏族制度已经过时，它为阶级之间的冲突所爆破。调整社会关系的职能由新的公共权力和新的社会规范来承担，这就是国家和法律。

（三）社会文化根源

法的起源，除了经济和政治原因以外，还取决于社会文化因素的成长。这些因素包括：①人类智力水平的提高和理性认知能力的增强，使人们不再自发适应传统的习惯力量，而是在认识自然法则的基础上主动选择或创造社会规范。②艺术、文学、科学和哲学的产生和发展，丰富了人的精神世界，也同时强化了人的自主意识。调整氏族血缘亲和关系的氏族习惯多少带有一些非理性成分，已经不能适合人的这种精神状态的变化，而作为"免除一切情欲影响的神祇和理智的体现"[1]的法律却可能是文明时代的文化精神所需要的。③语言的逐渐发达，使人类能够用复杂而相对统一的表达方式来描述、传达和保存人定规则。尤其重要的是，原始社会末期文字的发明，为法律的成文化及法律的记忆、公布和流传提供了条件。

二、法起源的过程与形成的标志

法的起源，表现为一个历史过程。这一过程实际上就是原始社会末期的社会结构、经济关系、文化的发展的历史。或者说，法的起源过程也是阶级、私有制、国家、语言文字、社会意识形态等的起源和发展过程。对法的起源过程问题的考查，就是通过对上述因素演变的分析来给法的生成确定一个时间范围和阶段。

（一）法的起源阶段的划分

法的起源作为一个历史过程，是包括若干时间阶段的。根据恩格斯、摩尔根及其他学者的研究，大体上可以把这一过程分为以下三个时期：

1. 法的萌芽期。这一时期相当于野蛮时期的中级阶段，是母系氏族社会向父系氏族社会的过渡时期。此时，原始人类开始制造和使用青铜器，而且发生了人类历史上的第一次社会大分工，即农业和畜牧业的分离。这导致经济关系、社会结构发生一系列变化，也使通行于母系氏族社会的习惯开始部分变更。一些反映这一时期社会经济结构变化（私有制和阶级之胚胎状态）的新的氏族习惯得以产生，诸如家庭对耕地的占有的习惯、父系宗亲财产继承的习惯、确认父权的习惯等。从它们所反映的社会关系的内容看，这些新的氏族习惯多少带有法的胚芽性质。

2. 法的雏形产生期。在这一时期，原始社会已进入父系氏族阶段（野蛮时代的高级阶段），铁器开始使用，犁耕农业得到发展，发生了第二次社会大

第九章

---

〔1〕 参见〔古希腊〕亚里士多德：《政治学》，吴寿彭译，商务印书馆1983年版，第169页。

分工（手工业和农业的分离），商品和货币开始出现，父权家庭向一夫一妻制家庭过渡，人类已发明文字。这些因素均影响着氏族习惯的发展，其中有些习惯已具有法的雏形。例如，土地个人占有的习惯，财产由父系子女继承的习惯，具有刑罚（惩罚）功能的习惯，等等。

3. 法的形成期。这一时期处在父系氏族社会向奴隶社会（或野蛮时代的高级阶段向文明时代）过渡的过程之中，发生了第三次社会大分工（商业与农业的分离），它使社会成员分裂为自由民和奴隶、富人和穷人，私有制度得以确立，政治国家趋于成熟。具有法的雏形的习惯被国家认可，成为习惯法。

（二）法形成的标志

最早的法的成熟时间，由于在历史上没有留下文字的记述或这些记述已散失殆尽，无从查考。但作为一个新的规范形态，其形成的标志大体包括以下几点：

1. 法律概念的产生。法律观念和概念，如法、权利、义务、人格、债、契约等，是文明时代的产物，它们是随着社会事务的复杂化和人类认知能力的增强而必然产生的。专门法律概念的存在，摆脱了原始人类模糊的、浑然一体的观念，可以看作社会规范发展的一个进步。

2. 刑罚体系的发达和以刑罚为主要内容的规则的出现。刑罚及其种类的多样化，是阶级社会矛盾、冲突的反映和必然要求，也是阶级社会的创造。刑罚性几乎成为法律的一个本质的特征。故此，早期的法律亦多为刑法。[1]

3. 专门的裁判机关（法院）的出现。争讼的裁判，在父系氏族社会的末期即开始存在，通常由氏族酋长或部落议事会行使此项职能。但真正专门的裁判机关（法院）的出现，还是文明时代的事情，它是随着国家的建立，随着国家职能的复杂化，要求进行机构职能分工而专门建立的。[2]裁判机关（法院）的诞生，不仅在司法上，甚至在立法上使法的领域变得更加确定，使法律的规则逐步变得更为精确。[3]

4. 诉讼程序（仪式）的形成。诉讼程序（仪式）是法律活动专门化的个表征，有关诉讼种类的确定和诉讼权利的划分，有关诉讼手续、过程和仪

---

〔1〕 英国法学家梅因（Henry Sumner Maine）指出："法典愈古老，它的刑事立法就愈详细、愈完备。"参见〔英〕梅因：《古代法》，沈景一译，商务印书馆1984年版，第207页。关于这一点，中国古代的法律或许可援为一例。

〔2〕 美国法学家赞恩（John Maxcy Zane）在《法律的故事》一书中写道："巫师最初似乎是从事法律的法官，但后来被所谓的布雷恩——职业法官阶层——所取代。"引自〔美〕约翰·麦·赞恩：《法律的故事》，刘昕、胡凝译，江苏人民出版社1998年版，第52页。

〔3〕 George Whitecross Paton，*A Textbook of Jurisprudence*，Oxford，1946，p. 38.

式的规定等，都是法律存在的反映。[1]

5. 监狱的建立。狱制的渊源虽然可以追溯至原始时代，但就其本质而言还是国家的法律制度，监狱也只是作为国家的一个重要的暴力机关而存在的。在此意义上，监狱或狱制的创设可以视为法形成的一个标志。[2]

三、法与氏族习惯的区别

法是从原始氏族习惯的基础上逐渐演变发展而来的。氏族习惯是法之源，法是氏族习惯之流。然而，法毕竟不是氏族习惯的简单延续，两者之间还存在着一定的区别，表现在以下几个方面：

1. 两者所反映的社会内容不同。这主要是指：法与氏族习惯是不同社会形态和条件下存在的社会规范，它们都是所处的社会物质条件和文化条件的反映。氏族习惯反映的氏族内部血缘关系的要求，建立在原始氏族公社公有制的基础之上。总体上讲，它适宜于结构和关系相对简单的"熟悉人社会"（家庭、氏族或部落），一旦面对像阶级社会这样典型的不平等社会和"陌生人社会"的关系，它就不能起到实际的作用。而法律作为国家—官方的规则体系，它所反映的是阶级社会的经济、政治和文化的关系，其性质、表现形式和复杂程度，都是原始社会的结构和社会关系难以比拟的。[3]

2. 两者形成的方式和表现形式不完全相同。氏族习惯是原始人类在漫长的生产和生活实践中自发形成的，它伴随着人类认识水平的提高而增强，伴随着人的语言能力的生长而生长。法则是由国家来选择、确认（认可），或由国家的立法机关有目的地创制出来的。氏族习惯只是依靠人们（通常是酋长、祭师）来记忆和流传的，存在于人们的思想观念和行为活动本身，而法律则可能会通过正式公布的方式晓喻世人，以文字的形式记录或表达。

3. 两者承担的职能不同。法和氏族习惯作为社会规范均有调整社会关系、维护社会秩序的作用，然而由于它们所调整或保护的社会关系和秩序之内容和性质尚有差别，两种社会规范的职能就不完全相同。至少，在原始社会的社会管理中还谈不上有政治的意义，因此氏族习惯也就不可能执行政治职能。与之相反，承担政治职能（在一定程度上包括阶级镇压）却是法之任务的一个重要方面。

4. 两者适用的范围和保证力量不同。氏族习惯只在具有血缘关系的同一

---

[1] 从古罗马诉讼制度的沿革，也可以看到法律产生的证据。参见〔意〕彼德罗·彭梵得：《罗马法教科书》，黄风译，中国政法大学出版社 1992 年版，第 85 页以下。

[2] 监狱的起源，详见许章润：《监狱学》，中国人民公安大学出版社 1991 年版，第 1 章第 3 节。

[3] 〔英〕哈特：《法律的概念》，张文显等译，中国大百科全书出版社 1996 年版，第 93 页以下。

氏族或部落内部适用，它通常依靠集体的凝聚力和传统的力量来保证氏族或部落成员自觉遵守。法则与国家相关联，它在国家管辖范围内实施并依靠国家强制力保证人们遵守。[1]

■ 第三节　法起源的形式与规律

一、法起源的不同形式

从世界范围看，人类的文明往往最先诞生于大河流域，如埃及的尼罗河，西亚的底格里斯河和幼发拉底河，印度的印度河和恒河，中国的黄河、长江等，都曾孕育过人类不同类型的古老文明。人类最早的国家和法律也产生于这些地区。通说认为，在公元前 3000 年左右起源于西亚两河流域的"楔形文字法"是目前所知的世界上最古老的成文法律，如《乌尔纳姆法典》《苏美尔法典》《汉穆拉比法典》等。[2]此外，公元前 11 世纪左右出现的"希伯来法"（摩西律法）、中国史籍中传说的"禹刑"等也都是较古老的法律。不过，这些法律的产生时间过于久远，后世学者已不可能探究其起源之详情，也难以对此作类型的研究。[3]恩格斯在《家庭、私有制和国家的起源》中根据当时的考古学、历史学和人类学研究的资料，以欧洲为考查范围概括出国家产生的三种形式，这实际上也可以看作法起源的三种形式。

（一）希腊雅典法的产生

公元前 8 世纪～前 6 世纪，古希腊各地区社会生产力有了很大的增长，促进了社会的分工和社会结构的变化，氏族内部孕育的阶级矛盾日益加剧，导致城邦国家一个接一个地出现。其中，雅典国家的产生是"最纯粹、最典型的形式"，其城邦国家是"直接地和主要地从氏族社会本身内部发展起来的阶级对立中产生的"。[4]与此相适应，雅典法的产生有两大特点：①雅典的氏族习惯向法的转变，是在没有外来力量的干预下进行的，是在雅典氏族社会内部发展起来的阶级冲突和斗争的推动下完成的。②雅典的氏族习惯向法的

---

[1]　在一般的教科书中，也有人把法和习惯适用范围的区别概括为"属地主义"（法）和"属人主义"（氏族习惯）基础上的差别。

[2]　由嵘、胡大展主编：《外国法制史》，北京大学出版社 1989 年版，第 15 页以下。

[3]　马克思曾于 1853 年在《纽约每日论坛报》上发表文章，讨论"亚细亚社会"的性质，研究亚洲的生产方式和整个制度秩序。参见〔美〕卡尔·A. 魏特夫：《东方专制主义——对于极权力量的比较研究》，徐式谷等译，中国社会科学出版社 1989 年版，第 390 页以下。

[4]　〔德〕恩格斯："家庭、私有制和国家的起源"，载《马克思恩格斯选集》第 4 卷，人民出版社 1972 年版，第 165 页。

转变，是历史上发生的一系列政治改革的结果。这些改革主要有四次：①提秀斯改革。这次改革开始了雅典氏族习惯向法转变的质的飞跃，创立了恩格斯所说的"雅典民族法"。[1]②德腊科（一译"德拉古"）改革。这次改革为雅典制定了第一部成文法——"德腊科法"。[2]③梭伦改革。这次改革进一步完善了雅典"民族法"，并在此基础上创立了"雅典宪法"。[3]④克利斯提尼改革。这次改革进一步"集中于雅典宪法的改造"，明确规定了雅典国家的性质、体制设置、官吏任免以及公民权利和义务等，并首创"贝壳放逐律"（Ostrakismos）。[4]总体上看，雅典法的产生反映了各国法产生过程的某些共同特征，因而是具有普遍意义的形式。

（二）罗马法的产生

古罗马法被恩格斯誉为"纯粹私有制占统治的社会的生活条件和冲突的十分经典性的法律表现"，[5]是"商品生产者社会的第一个世界性法律"。[6]据认为，罗马"王政时代"第六代王塞尔维·图里阿在公元前576年左右进行的改革意味着罗马国家和法律的形成，而公元前450年颁布的《十二铜表法》则是罗马进入成文的习惯法时代的标志。与雅典法的产生不同，罗马法的起源有自己的特点：罗马氏族习惯向法的转变，不是直接由氏族内部发展起来的阶级冲突和矛盾完成的，而是由站在氏族外面的外来人（平民）集团反对该氏族贵族集团的斗争以及这一斗争的胜利完成的。或者说，外力在法的产生过程中起了极其重要的作用。

（三）日耳曼（德意志）法的产生

日耳曼（德意志）法是对公元5世纪以后西欧早期封建制时期适用于日耳曼人的法律的统称。在公元5～13世纪的几百年间，日耳曼各邦国先后编纂了一系列成文的习惯法，通称"蛮族法典"，如《优利克王律书》《勃艮第法典》《撒利克法典》等。日耳曼（德意志）法产生的形式，既不同于雅典

---

〔1〕〔德〕恩格斯："家庭、私有制和国家的起源"，载《马克思恩格斯选集》第4卷，人民出版社1972年版，第106页。

〔2〕《德腊科法》在历史上以"酷法"著称，据说是用血写成的，它对偷窃蔬菜的行为都规定处以死刑。故此，日本法学家穗积陈重说：德腊科（德拉古）之酷律，犹如"秋霜烈日"。参见〔日〕穗积陈重：《法律进化论》，黄尊三等译，中国政法大学出版社1997年版，第99页。

〔3〕关于"雅典宪法"的概念和内容，参见由嵘、胡大展主编：《外国法制史》，北京大学出版社1989年版，第41～47页。

〔4〕吴于廑：《古代的希腊和罗马》，中国青年出版社1979年版，第29～31页。

〔5〕《马克思恩格斯全集》第21卷，人民出版社1965年版，第454页。

〔6〕〔德〕恩格斯："家庭、私有制和国家的起源"，载《马克思恩格斯选集》第4卷，人民出版社1972年版，第248页。

法，也不同于罗马法。它们既不是在本氏族内部产生出来的阶级冲突和斗争的直接推动下，从氏族习惯中异化出来的，也不是在日耳曼（德意志）人的氏族贵族同外来平民集团的斗争中产生的。日耳曼（德意志）人的法"是作为征服外国广大领土的直接结果而产生的"。[1]公元 5 世纪，日耳曼（德意志）人在征服罗马帝国后，为情势所迫逐步抛弃和改革了本氏族的制度和习惯，建立起封建制国家和封建制法。这种法的产生同样具有普遍意义，它表明：一切落后民族均可以在自己社会内部基本矛盾运动的基础上，学习、借鉴和吸收先进民族的经验，迅速完成本民族社会制度的变革，从一种社会形态进入到另一种社会形态，甚至可以跨越某一历史阶段，进入更高一级的社会形态，建立起新的政治制度和法律制度。

二、法起源的一般规律

根据对法起源的原因、过程和形式的考察，可以看出：尽管世界各国法律的起源有各自经济、政治和文化条件、原因及不同的形式，但它们仍有共同的特征和规律性，概括起来，有下列五个方面：[2]

1. 法的起源是一个长期的、渐进的发展过程。我们的考查表明：法的起源过程开始和发展于原始社会的父系氏族公社时期，即野蛮时代的中级阶段和高级阶段，完成于奴隶社会建立之初，即文明时代的初级阶段。它跨越了两个性质完全不同的社会形态，经历了很长的时间，体现了法起源的长期性。而且，法的起源在形态上也经历了一个演变过程，即由法的萌芽发展为法的雏形，最后才形成习惯法。这是一个由量变到部分质变，再到质的飞跃的演化过程。这一过程不但表明法同氏族习惯的区别，也表明了它们之间的历史联系。[3]

2. 法的起源是一个由自发到自觉、由个别到一般的发展过程。由个别到一般、由自发到自觉，是人类认识发展的一条基本规律，也是法起源和发展的规律。在人类社会中，总是先有自发产生的氏族习惯，才有后来经国家自觉认可或制定的法律规范；总是先有一个又一个的个别裁决，才有后来的具有一般意义的和普遍约束力的法。这一过程也符合人类智力的成长发展以及

---

[1] 〔德〕恩格斯："家庭、私有制和国家的起源"，载《马克思恩格斯选集》第 4 卷，人民出版社 1972 年版，第 166 页。

[2] 陶希圣把法起源和发达的倾向概括为三方面：①由法律形体观之，法律的发达是由无形法到有形法。②由法律观念言之，法律的发达是由神意到权力。③由法律的执行观之，法律的发达是由私力到公权。详见（台）陶希圣：《法律学之基础知识》，新生命书局 1932 年版，第 23～24 页。

[3] 理论界关于"原始社会有无法律"的争论，无论是赞成者还是否定者都实际上把这一历史联系决然分开，不免陷入纯概念的游戏。

人的认识由经验到理性、由简单到复杂的演变过程。[1]

3. 法的起源是一个由氏族习惯到习惯法，再由习惯法到成文法的发展过程。任何国家法的起源，都不可能在刚形成时就是一个完全成熟的形态，或只有一种形态。事实恰恰相反，法的形态总是先表现为不成文形式，然后才出现成文形式。[2]显然，在这一过程中，文化的因素（尤其是语言文字的成熟状态）起着相当大的作用。

4. 法的起源与国家的起源是密不可分地联系在一起的，它们是由于同样的原因，同时发生、同时发展和同时完成的。无论在希腊还是在罗马，无论在日耳曼国家还是在中国，当氏族习惯中演化出法的萌芽和雏形的时候，氏族组织结构和管理中也产生出国家的萌芽和雏形；当氏族习惯演化成习惯法的时候，氏族组织也演化为城邦国家；当习惯法发展为成文法的时候，国家也进一步发展起来，呈现出不同的政体形式（君主制、民主制等）。就演化过程和形态的成熟而言，两者很难说孰先孰后，而是同时形成的。

5. 法的起源过程是社会调整从多种手段的浑然一体到它们的相对独立的过程。法从氏族习惯的母体中孕育生长，而氏族习惯融合原始的道德、宗教等多种社会规范于一体，它们之间没有明确的界限。法的形成过程，实际上就是日益脱离习惯、道德和宗教规范而成为独立的社会规范体系的过程。但这一分离在历史上从来没有达到完全纯粹的状态，法在其独立的过程中也还同时受到来自习惯、道德和宗教规范、精神和观念的影响，早期国家的法甚至还多带有原始氏族习惯、道德、宗教的痕迹。

思考题

1. 原始社会的规范有哪些？
2. 你认为法起源的因素有哪些？
3. 试述法起源的过程与标志。
4. 举例说明法与氏族习惯的区别。
5. 论述法起源的一般规律。

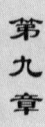

[1] 故此，穗积陈重指出："法律之进化，为社会力之自觉史。"引自〔日〕穗积陈重：《法律进化论》，黄尊三等译，中国政法大学出版社 1997 年版，第 275 页。

[2] 关于法的形态的演进过程，穗积陈重作了较为详尽的描述。他把从"无形法"到"成形法"的过程又具体分为以下阶段："潜势法"→"规范性"（公平法、自然法）→"记忆法"（句体法、诗体法、韵文法）→"绘画法"→"文字法"。详见〔日〕穗积陈重：《法律进化论》，黄尊三等译，中国政法大学出版社 1997 年版，第 1 ~ 2 编。

推荐阅读书目

1. 《马克思恩格斯选集》第 4 卷，人民出版社 1972 年版。

2. 周长龄：《法律的起源》，中国人民公安大学出版社 1997 年版。

3. 〔美〕路易斯·亨利·摩尔根：《古代社会》（上、下），杨东莼、马雍、马巨译，商务印书馆 1977 年版。

4. 〔美〕E. A. 霍贝尔：《初民的法律——法的动态比较研究》，周勇译，中国社会科学出版社 1993 年版。

5. 〔英〕梅因：《古代法》，沈景一译，商务印书馆 1984 年版。

第
九
章

第十章

资本主义法

学习目的与要求 本章的目的是帮助学生进一步深入了解法律产生与发展的一般规律。要求学生能够在历史唯物主义视角下，运用马克思主义的基本观点与方法对前资本主义和资本主义法律、法律制度的本质和特征进行分析；熟悉和掌握该时期法律与法律制度的基本情况。

■ 第一节 前资本主义法

现代法治与宪政是资产阶级最早提出和实践的，哈耶克认为虽然法律至上的观念早在中世纪就已形成，但法治思想的巩固则源于 18 世纪上半叶英国的法律实践，其最初的标志是 1701 年《王位继承法》确立的法官独立。而宪政则是美国的贡献。[1]资本主义法律制度也是当代世界最有影响的法律制度之一。同时，经过长期的演变，资本主义国家积累了一定的与工业化、市场化及现代化相适应的法制建设经验。因此，正确认识和评价资本主义法，不仅有助于深入研究法律现象，而且有助于我国当前法制建设的深化。

资本主义法不是资产阶级思想家创造的，而是基于社会生产力的逐步发展、法制建设经验的积累及千百年法律文化的积淀等多种原因形成的。根据历史唯物主义原理，在资本主义法形成之前，人类社会还经历了奴隶社会、封建社会。这个时期的法又被称为前资本主义法，其法律制度总体上看是剥削阶级性质的，对此，必须有一个基本认识；同时，又要认识到，该时期的法也是人类社会法律发展史的重要组成部分，因此，需要同时把它作为一种历史现象来分析。

---

[1] 参见〔英〕弗里德利希·冯·哈耶克：《自由秩序原理》（上），邓正来译，生活·读书·新知三联书店 1997 年版，第 203~243 页。

一、奴隶制法及其特征

奴隶制法是人类社会最早出现的以私有制为基础的法的历史类型。它随着原始社会的解体，私有制、阶级、国家的产生而产生的。世界上大部分民族都经历过奴隶制时期，相应地也都存在过奴隶制法，其中比较典型的有古代埃及、巴比伦、印度、罗马、希腊及中国的法律制度。这些法律制度是奴隶制时代社会关系的体现和反映，也是人类社会法律制度的最初形态。

奴隶制法是奴隶主阶级意志的体现，这是由奴隶制社会的生产方式特别是经济基础决定的。原始社会后期，随着生产力的发展，原始社会关系发生了根本变化。原始公有制解体，奴隶主占有全部生产资料，奴隶主阶级支配着全部社会生产并占有所有劳动产品，同时，完全占有生产劳动者奴隶的人身。在许多地方，奴隶不仅不算公民，而且不算人。他们从事繁重的劳动，被视为会说话的工具。[1]这种经济结构决定了奴隶制社会在政治上必然分化为两大对立的阶级，一方是拥有全部生产资料、劳动产品及劳动者人身的奴隶主阶级，另一方则是失去了自己人身自由、被迫依附于奴隶主阶级的奴隶阶级。两个阶级的根本利益是完全对立的。奴隶主阶级在政治、经济和文化领域都占据着绝对的统治地位，因此，奴隶制社会的法从根本上看必然是奴隶主阶级意志的体现。

与其他法的历史类型相比，奴隶制法具有以下四个基本特征：①确认和维护奴隶制社会的经济基础及奴隶主对奴隶的人身占有关系，使奴隶主阶级的统治合法化；②公开规定自由民之间的不平等，反映和维护奴隶主贵族的等级特权地位；③刑罚极其野蛮和残酷，不仅规定了大量的肉刑，而且具有相当大的神秘性和任意性；④保留了大量的原始公社行为规范的残余。

各民族奴隶制法的本质和基本特征是相同的，但在以古希腊与古罗马为代表的古典奴隶制法和以古巴比伦、印度、中国为代表的古东方奴隶制法之间仍然存在不少区别：①古东方奴隶制法是建立在土地国有制的基础上的，古典奴隶制法是以土地私有制为基础的；②古东方奴隶制法维护奴隶制君主专制，古典奴隶制法曾维护奴隶制民主和奴隶制共和国；③在法律渊源方面，古东方奴隶制法长期以习惯法为法的主要渊源，而古典奴隶制国家，成文法已比较发达，特别是在古罗马，立法技术已相当完备；④古东方奴隶制法比

---

[1] 法治的倡导者、古希腊著名思想家亚里士多德在其《政治学》一书中提出，任何人本性上不属于自己的人格而从属于别人，就是奴隶。奴隶是有生命的工具和财产，是天生的被统治者。对奴隶来说，"奴役既属有益，而且也是正当的。"〔古希腊〕亚里士多德：《政治学》，吴寿彭译，商务印书馆1965年版，第13～16页。

古典奴隶制法的神权色彩要更浓厚。[1]

奴隶制法的产生是有其必然性的,它是阶级矛盾不可调和的产物。生产力的发展导致私有制出现,进而出现了严重的阶级对立。为了将阶级对立维持在"秩序"的范围内,国家和法律便产生了。[2]因此,奴隶制法一方面不可避免地具有一定的阶级性,体现奴隶主阶级的意志;另一方面,它的产生又有一定的客观基础。从历史的观点看,奴隶制时代积累的法律技术对后世具有重大影响,比较典型的是古罗马法。古罗马法是"商品生产者社会的第一个世界性法律",[3]它不仅为民法法系的形成与发展奠定了基础,而且对所有采纳市场经济体制的国家的法制建设都是有启发性的。[4]另外,该时期的一些思想家,如孔子、柏拉图、亚里士多德、西塞罗等,都在人类法律文化史上占有重要地位,对不同法律传统的形成发挥了重大作用。

二、封建制法及其特征

封建制法是继奴隶制法之后又一以私有制为基础的法的历史类型。封建法律制度的典型是西欧中世纪法律制度和中国封建制法。西欧封建制度存续时间只有数百年,且存在激烈的内部矛盾,包括君主权力与领主权力、王权与神权的斗争,这对西欧资本主义法的形成起到了重要作用,尤其是教会法与世俗法之间的关系,对后世影响更大。而中国封建制度则有着漫长的历史,其间,虽然也存在各种不同类型的内部斗争,但统一的王权和王权统一的理想一直占据主导地位。除了政治、经济、文化等因素外,法律制度的独特性也对封建制度的长期存在产生了重大作用,并抑制了资本主义因素的形成和发育。[5]

---

[1] 关于古东方奴隶制法与古典奴隶制法的区别,参见孙国华主编:《法学基础理论》,法律出版社1982年版,第91~93页。

[2] 在《家庭、私有制和国家的起源》一书中,恩格斯指出:"国家是社会在一定发展阶段上的产物;国家是表示这个社会陷入了不可解决的自我矛盾,分裂为不可调和的对立面而又无力摆脱这些对立面。而为了使这些对立面、这些经济利益互相冲突的阶级,不致在无谓的斗争中把自己和社会消灭,就需要有一种表面上凌驾于社会之上的力量,这种力量应当缓和冲突,把冲突保持在'秩序'的范围以内;这种从社会中产生但又自居于社会之上并且日益同社会脱离的力量,就是国家。"详见《马克思恩格斯选集》第4卷,人民出版社1972年版,第166页。

[3] 《马克思恩格斯选集》第4卷,人民出版社1972年版,第248页。

[4] 江平教授把随着中国社会主义市场经济改革而产生的中国法律制度和法律观念的重大变化称为罗马法精神在中国的复兴。参见杨振山、[意]斯奇巴尼主编:《罗马法·中国法与民法法典化》,中国政法大学出版社1995年版,第1页。

[5] 关于中国封建社会内部,尤其是明朝,是否萌发了资本主义因素,史学界有不同观点。近年来,否定意见渐多。而黄仁宇在分析中国封建经济没能向资本主义发展的原因时指出:"中国二千年来,以道德代替法制,至明代而极,这就是一切问题的症结。"参见黄仁宇:《万历十五年》,生活·读书·新知三联书店1997年版,自序第3~4页及附文"'万历十五年'和我的'大'历史观"。

封建制法尽管存在各种差异，但从根本性质上看，整体上仍然是封建主阶级意志的体现。封建制社会的经济基础是地主或领主占有土地和部分占有农民或农奴，以地租的形式进行剥削。由此决定了封建社会的基本阶级关系是地主（领主）阶级和农民（农奴）阶级的斗争。地主（领主）阶级占据了政治、经济、文化领域的统治地位，是统治阶级，农民（农奴）阶级是被统治阶级。地主（领主）阶级与农民（农奴）阶级的矛盾是封建社会内部各种阶级矛盾中的主要矛盾。封建制法必然体现封建主阶级的意志。

封建制法的基本特征是：①确认和维护封建主阶级对最主要的生产资料——土地的占有关系，并维护地主与农民通过土地形成的人身依附关系。②法自君出，君主言出法随，他既是最高立法者，又是最高司法者。③公开确认和维护等级特权制度。④刑罚残酷，野蛮擅断。

同时，中国封建制法与西欧封建制法又有各自的特点：①在西欧中世纪中后期，就出现了带有资本主义因素的法律，而在中国整个封建社会中，并未出现此类法律。②西欧封建社会早期君主与领主、诸侯之间没有严格的上下级之分，况且世俗君主与教皇之间的斗争贯穿了西欧封建社会相当长的时期，因此，君主专制的时间很短暂。相应地，地方习惯法、教会法居于重要地位。而中国封建制法则以维护封建王权及君权至上为主要内容。③在法的渊源方面，与中央集权的君主专制体制相一致，中国封建社会以统一的成文法典为法的主要表现形式，而西欧封建社会则没有统一的世俗法律，各种法律体系并存，且相互排斥、冲突。④在法律的指导思想上，儒家思想是中国正统法律思想的核心，而西欧封建制法一般是以基督教神学为指导的。[1]

前资本主义法，即奴隶制法和封建制法，虽然各有特点，但又具有一些共同的基本点。马克思曾指出："人的依赖关系（起初完全是自然发生的）是最初的社会形态，在这种形态下，人的生产能力只是在狭窄的范围内和孤立的地点上发展着。以物的依赖性为基础的人的独立性是第二个形态，在这种形态下，才形成普遍的物质交换、全面的关系、多方面的需求以及全面的能力的体系。建立在个人全面发展和他们共同的社会生产能力成为他们的社会财富这一基础上的自由个性，是第三个阶段。"[2]这就指出了前资本主义社会与资本主义社会、未来的共产主义社会社会关系的不同，前资本主义法的内容正是以人的依赖性为特点的。

---

〔1〕　参见孙国华主编：《法学基础理论》，法律出版社1982年版，第100～103页。
〔2〕　《马克思恩格斯全集》第46卷（上），人民出版社1979年版，第104页。

■　第二节　资本主义法的产生

从主要资本主义国家的历史来看，资本主义法的产生过程体现了下述一般规律和特点：

一、带有资本主义因素的法律早在封建社会中后期就开始出现

资本主义法一般是与资本主义国家同时产生的。但资本主义经济关系及与这种经济关系相适应的法权关系早在资本主义国家产生之前就已孕育、萌芽。[1]

中世纪中期，西欧部分地区的简单商品生产者分化为最初的资本家和雇佣工人，商人阶层迅速发展，资本主义经济关系开始出现。当时，法律制度从总体上看仍然是封建性质的，但是，封建主义法已开始发生变化，出现了一些与资本主义经济关系相适应的具体法律制度，即带有资本主义因素的法律，其例证有：

1. 商法（尤其是海商法）的兴起。商法是调整商业活动的法律规范的总和。中国有句古话，"无商不奸"。这比较充分地反映了中国以往对商人的心态。其实，西方也一样。公元 1000 年左右，商人在西欧刚出现时，在封建领主的大厅里，他们也是被嘲笑、侮辱、甚至憎恨的对象。那时，人们认为商人应该下地狱。社会赞誉的是"全仗辛苦和勤劳"生活的人，如骑士。而获得利润在当时则被视为高利贷的一种形式，是不名誉的。[2]但随着商品经济的发展，商业活动开始被认可，在地中海、北海和波罗的海沿岸出现了海商法，商人和商事活动具有了法律地位。如公元 11 世纪左右意大利那不勒斯城附近的阿马尔斐城制定了西欧中世纪第一个海商法——《阿马尔斐法典》，奥列龙岛 12～13 世纪制定了通行于西北欧地区海上贸易的《奥列龙法》，还有

---

[1] 资本主义法经历了一个漫长的形成过程。推动这一过程的原因和主要线索究竟是什么，马克思主义从经济角度进行了分析。另外，有两种观点也值得注意：一种是伯尔曼在《法律与革命》中提出的。他认为，宗教是了解西方法律传统的关键，近代西方法律发源于 1075 年的教皇革命，即教皇格列高利七世与罗马帝国皇帝亨利四世之间的授职权之争。这场争论导致了统一教会法的产生；一种是泰格和利维在《法律与资本主义的兴起》中阐述的，认为在 11～19 世纪 800 年间，商人阶层与封建领主、城市行会与中央君主之间的斗争及其中契约与产权观念的变化是西方法律传统形成的主线（参见［美］哈罗德·J. 伯尔曼：《法律与革命——西方法律传统的形成》，贺卫方等译，中国大百科全书出版社 1993 年版；［美］泰格、利维：《法律与资本主义的兴起》，纪琨译，学林出版社 1996 年版）。事实上，宗教与经济、教皇与商人对近代资本主义法的形成都发挥了重要作用。

[2] ［美］泰格、利维：《法律与资本主义的兴起》，纪琨译，学林出版社 1996 年版，第 4 页。

15 世纪的《海事法汇编》等。[1]这些法律的出现表明，体现资本主义经济关系的国际贸易及其他商品交换活动已逐步得到统治者认可。

2. 罗马法的复兴。罗马法的复兴是资本主义法律发展史上的一次重大事件。罗马帝国灭亡后，罗马法几乎是默默无闻的，是教会起到了保存和传播罗马法的作用。自公元 11 世纪起，教会法开始在西欧产生重要作用，而教会法本身又明显地受到罗马法的影响。[2]中世纪，西欧的法律并不统一。由于地方势力强大，各种各样的日耳曼法、地方法（封建法）、城市法、商法、国王的敕令及罗马法、教会法等并存，这种状况难以适应资本主义经济关系的发展需要。在这一背景下，从 11 世纪末到 16 世纪，西欧大陆持续出现了一个学习、研究、传播罗马法的运动，即所谓罗马法复兴。[3]罗马法的复兴推动了资本主义经济的发展，被誉为资产阶级革命的重大准备。[4]罗马法之所以能够复兴，与资本主义经济发展的需要分不开：①罗马法原本就是一个统一的、拥有世界霸权的大帝国的法律；②罗马法是以私有制和简单商品生产关系为基础的法律，对简单商品经济有比较详尽的规定，代表了比较高的法律文化水平。它的这些特点既适应了当时新兴市民等级建立统一大市场、发展资本主义经济的要求，又符合与这一等级结成联盟的君主专制的中央集权国家的需要。

3. 有关资本原始积累的法律的出现。资本原始积累是指资本主义生产方式确立前，通过暴力使小生产者同生产资料分离并积累货币资本的活动。[5]在西欧，这一活动始于 15 世纪，以英国最为典型：除掠夺殖民地、贩卖奴隶、发行公债的方式外，主要通过对农民土地的剥夺（如圈地运动），使农民成为无产者，并强迫他们到资本家的工厂去做工。[6]农民离开土地后，整批转化为乞丐、盗贼、流浪汉。15 世纪末到 16 世纪，西欧各国制定了大量诸如

---

〔1〕 沈宗灵主编：《法理学》，高等教育出版社 1994 年版，第 98 页；孙国华主编：《法学基础理论》，法律出版社 1982 年版，第 104 页。

〔2〕 〔美〕哈罗德·J. 伯尔曼：《法律与革命——西方法律传统的形成》，贺卫方等译，中国大百科全书出版社 1993 年版，第 5 章。

〔3〕 沈宗灵：《比较法总论》，北京大学出版社 1987 年版，第 69～79 页。

〔4〕 文艺复兴（Renaissance）、宗教改革（Religion Reform）、罗马法复兴（Recovery of Roman Law）被称为资产阶级革命的三大准备运动，简称"三 R 运动"。这三大运动推动了欧洲大陆世俗的、现实的人的解放和被承认。

〔5〕 目前我国理论界对原始积累有不同评价。一种观点认为，原始积累是财富集中和资本集中的活动，并不必然是血腥的，所有市场经济国家都要经历这一过程；另一种观点则认为，原始积累是凭权力积累，是血腥掠夺，因此，不是市场经济国家的必经过程。参见卞悟："拒绝'原始积累'"，载《读书》1998 年第 1 期。

〔6〕 沈宗灵主编：《法理学》，高等教育出版社 1994 年版，第 99 页。

惩治流浪者的法律。对此，马克思说："这样，被暴力剥夺了土地、被驱逐出来而变成了流浪者的农村居民，由于这些古怪的恐怖的法律，通过鞭打、烙印、酷刑，被迫习惯于雇佣劳动制度所必需的纪律。"[1]

二、资本主义法的产生与资产阶级国家政权

虽然封建社会中后期就已出现带有资本主义因素的法律，但那时期的法仍然属于封建主义性质。资本主义法是在资产阶级夺取国家政权的革命过程中逐步确立的，与资产阶级国家政权的建立是同步的、互动的。而且，资产阶级国家政权的形成方式的不同，对各国资本主义法的产生方式和内容也有重要影响。

在英国，资产阶级革命始于 17 世纪的国会[2]与查理一世的斗争。马克思认为，这场革命的特点是"资产阶级和新贵族结成了同盟反对君主制度，反对封建贵族和反对占统治的教会。"[3]这场革命持续到 1688 年的"光荣革命"，形成了 1689 年的《权利法案》和 1701 年的《王位继承法》两个重要的法律文件，英国开始确立资产阶级与新贵族相妥协的君主立宪制政体。在 18～19世纪，英国的封建法律终于被改造为资本主义法律。

在美国，资产阶级国家政权的建立与反对英国殖民统治的斗争是融合在一起的。独立战争前，美国的前身是北美的英属 13 个殖民地，适用英国法律。1776 年 7 月 4 日，第二届大陆会议通过了《独立宣言》，宣布独立的资产阶级共和国——美利坚合众国成立。经过 7 年的独立战争，1783 年英国才承认美国作为主权国家的存在。《独立宣言》、1781 年《联邦条例》、1787 年《宪法》，是美国资产阶级宪政制度的法律基础。

在法国，1789 年的革命是一次比较彻底的反封建的革命。恩格斯说过："在法国，革命同过去的传统完全决裂；它扫清了封建制度的最后遗迹，并且在民法典中把古代罗马法——它差不多完满地表现了马克思称为商品生产的那

---

〔1〕《马克思恩格斯全集》第 23 卷，人民出版社 1972 年版，第 805 页。

〔2〕1215 年，英国贵族发动起义，迫使英王约翰签署了后来被称为"民主制度基石"的大宪章（英国法律史学家斯杰波斯认为，"英国全部的制宪历史都不过是对自由大宪章的注释而已"）；1258 年亨利三世试图摆脱大宪章的约束，招致新的反抗，迫于大封建主的压力成立了国会；1272 年第三等级经过斗争作为一支独立的力量派出代表出席国会，标志着英国资产阶级开始登上政治舞台。因此，英国国会一直是各种政治力量斗争的舞台。参见〔苏联〕费多罗夫：《外国国家和法律制度史》，叶长良、曾宪义译，中国人民大学出版社 1985 年版，第 6 章、第 10 章；〔英〕温斯顿·丘吉尔：《英语国家史略》（上），薛力敏、林林译，新华出版社 1985 年版，第 222～257 页、第 641～680 页。

〔3〕《马克思恩格斯全集》第 6 卷，人民出版社 1961 年版，第 124 页。

第
十
章

个经济发展阶段的法律关系——巧妙地运用于现代的资本主义条件……"〔1〕法国资产阶级革命的导火索是：1789 年 5 月 5 日，国王为了补充国库，召开了长达 175 年没有召开的三级会议。因对会议不满，第三等级的代表 6 月 17 日宣布自己为国民会议，代表全国；1789 年 7 月 9 日，又宣布自己为制宪会议。国王在驱散会议代表时激起了巴黎市民的愤怒和反抗，7 月 14 日人民起义成功。8 月 26 日制宪会议通过了一个具有巨大革命意义的文件——《人和公民权利的宣言》（即《人权宣言》），规定了一系列资产阶级法律原则。而 1804 年制定的《法国民法典》则标志着法国资产阶级开始系统地制定巩固和发展资本主义社会的基本法律。

在德国、日本等国，资产阶级在夺取政权的过程中及革命胜利后，也都通过立法的方式，巩固自己的胜利成果。所以，资本主义法的产生与资产阶级革命的过程是交织在一起的，而资产阶级夺取政权后，则运用法律确认和巩固资本主义经济关系和国家政权。

三、资本主义法与以往私有制社会的法的继承关系

如上所述，资本主义法的产生与资产阶级夺取政权的斗争是紧密联系在一起的。而这一点又对资本主义法与前资本主义法的关系具有重大影响。一般来说，由于资本主义法与前资本主义法同属于以私有制为基础的法，因而相互之间存在着密切关系。〔2〕然而，资产阶级夺取政权的具体方式的不同，在反映各国阶级力量对比关系状况的同时，也给予各国法律制度不同的特点，导致各国资本主义法与前资本主义法之间继承关系的不同。

恩格斯在《路德维希·费尔巴哈和德国古典哲学的终结》一书中曾探讨了西方法律制度中私法确认经济关系的不同形式，指出了资本主义法与以往以私有制为基础的法之间的继承关系的多种形式。他把这种继承关系首先分为两类：一类是英国式的，即保留了大量的封建的法律形式，但赋予这种形式以资产阶级的内容；一类是西欧大陆式的，即以古代罗马法为基础的确认形式。后一类确认形式又可以分为三种：第一种以德国中世纪后期的普通法为代表，其特点是通过审判实践吸收并改造罗马法，使之与原有的封建习惯相结合；第二种以 1794 年的《普鲁士邦法》为代表，其特点是：依靠法学家的帮助，以罗马法为基础制定法典，但该法典内容庞杂，大量体现封建的、

---

〔1〕　《马克思恩格斯选集》第 3 卷，人民出版社 1972 年版，第 395 页。
〔2〕　我国法理学教科书中，一般沿袭苏联学者的提法，将资本主义法与前资本主义法统称为剥削阶级法（参见孙国华主编：《法学基础理论》，法律出版社 1982 年版）。然而，促使资本主义法与前资本主义法保持密切联系的因素可能不仅在于政治的或经济的领域（尽管这是极其重要的）。如比较法学者就认为，"传统"在法的演进过程中也具有重大作用。

第十章

军事专制的要求;第三种以 1804 年的《法国民法典》为代表,是以罗马法为基础的典型的资本主义社会的法律。[1]

资本主义法与前资本主义法之间继承关系的不同,直接决定于资产阶级革命的特点与具体形式。在英国,资产阶级与贵族的妥协导致新政权对旧政权法律效力的认可;在法国,资产阶级政治上完全胜利的法律后果之一则是不承认旧法的效力。但总体上看,新旧法律之间仍保持密切联系。

■ 第三节 资本主义法的本质与特征

一、资本主义法的本质

马克思主义认为,政治法律制度作为上层建筑的组成部分是由一定的经济基础决定的。资本主义法是建立在资本主义经济基础上的上层建筑,是与以资本家占有生产资料并剥削雇佣劳动者为基础的经济制度相适应的法律制度。因此,资本主义法体现和反映了资产阶级的利益和意志。

在认识资本主义法的本质时,需要注意以下三个问题:

1. 资产阶级在夺取政权后一般都强调它的法律是公共意志的体现。前资本主义时期,法律的制定者常常公然宣布法律是自己意志的体现,反映了专制时代法律的特征。而资本主义社会情况则有所不同:早在启蒙时期,卢梭等思想家就提出了与君主专制针锋相对的人民主权理论,指出法律是公意的体现;[2]现代西方法学领域的主流思潮则都是在法律的超阶级性的基础上立论。资产阶级立法中一般都有"法律是公共意志的体现"的文字规定。这虽然反映了资产阶级与封建统治在法律思想理论领域的激烈冲突,但在实践中,资产阶级也不可能实现法的超阶级性。在一个以阶级划分为基础的社会结构中,是不可能存在超阶级的法律的。

2. 在资本主义法制定和实施的过程中,资产阶级内部各垄断集团之间存在着斗争与妥协。在西方资本主义国家,资产阶级内部各利益集团为了扩大对资源的占有,争取最大利益,相互之间往往展开激烈的争夺,但不能因此认为资本主义法只是一定时期占主导地位的某集团意志的体现。因为,资产

---

〔1〕《马克思恩格斯选集》第 4 卷,人民出版社 1972 年版,第 248~249 页。

〔2〕〔法〕卢梭:《社会契约论》,何兆武译,商务印书馆 1982 年版,第 2 卷第 6 章。近年来,学术界对卢梭的人民主权理论有些争议,有学者认为,卢梭的理论为专制者提供了借口。如罗素提出:"希特勒是卢梭的一个结果。"(参见〔英〕罗素:《西方哲学史》(下册),马元德译,商务印书馆 1982 年版,第 225 页;河清:"也谈卢梭",载《读书》1997 年第 6 期。)但这并不影响卢梭在其所处时代作为一位反专制斗士的地位。

阶级内部在根本利益上是一致的，资产阶级内部矛盾有时虽然可能有助于改善劳动者的生活境况，但却不可能导致对资产阶级意志和利益的统一性的破坏。

3. 资本主义法规定了一些有利于劳动人民的条款，也会对资产阶级内部的违法犯罪分子进行追究，这并不表明资产阶级法同时体现了劳动者的意志，而是资产阶级维护其根本利益的需要。资本主义国家的发展过程中，由于阶级力量对比关系的变化，公民权利的内容和范围有所扩大，[1]这是与劳动人民的斗争不可分的，也是资产阶级延续其统治的必要条件。对此，应该认识到，一方面这是社会进步的表现，应给予肯定；另一方面，在资本主义社会，法的资本主义性质是不会改变的。

二、资本主义法的基本特征

与前资本主义法相比，资本主义法具有以下特点：

（一）维护以剥削雇佣劳动为基础的资本主义私有制

1789 年法国《人权宣言》第 17 条规定，财产是神圣不可侵犯的权利，除非当合法认定的公共需要显然必需，且在公平而预先赔偿的条件下，任何人的财产不得受到剥夺。私有财产神圣不可侵犯不仅是法国，而且是所有资产阶级宪法的一项基本原则，也是资本主义法律制度的核心。按照这一原则，人们对自己的财产具有占有、使用、处分的绝对权利，任何人非经所有权人许可不得干涉其行使财产权。法律保护私有财产不受他人侵犯，国家、政府也不得任意侵犯、剥夺他人财产。

为了切实保证财产权的自由行使，早期资本主义国家法律一般都有契约自由的规定，要求政府扮演"守夜人"的角色，反对国家和法律直接干预经济生活，鼓励自由竞争。前资本主义社会人身依附关系解体后，人与人之间的关系开始建立在契约的基础上，人们享有订立契约的绝对自由，政府不得干预。契约成为人们行使财产权的基本形式，[2]国家在经济活动面前是消极的。"自由竞争不能忍受任何限制，不能忍受任何国家监督，整个国家对自由竞争是一种累赘，对它来说，最好是没有国家制度存在，使每个人都可以随心所欲地剥削他人，……但是，资产阶级为了使自己必不可少的无产者就范，就不能不要国家，所以他们利用国家来对付无产者，同时尽量使国家离自己

---

〔1〕 沈宗灵主编：《法理学》，高等教育出版社 1994 年版，第 111 页。

〔2〕 英国法学家梅因指出：前资本主义社会向资本主义社会的过渡伴随着一个"从身份到契约"的运动（〔英〕梅因：《古代法》，沈景一译，商务印书馆 1959 年版，第 95～97 页）。但这并不是资本主义国家独有的现象。在所有市场经济社会，包括选择市场经济体制的我国，契约都具有普遍意义和重大作用。

第
十
章

远些"。[1]

19 世纪末 20 世纪初，资本主义经济由自由竞争进入垄断时期，国家加大了对经济生活的干预，私有财产神圣不可侵犯及契约自由原则都发生了一定的变化，受到一定限制。但是，维护以剥削雇佣劳动为基础的私有制仍然是资本主义法与前资本主义法相区别的基本特征。

（二）维护以"代议制"为基础的资产阶级政治统治

资产阶级进行政治统治的基本方式和主要形式是建立"代议制"政府，即由公民通过选举产生的代表组成立法机关（议会），政府在宪法和法律范围内活动，公民在法律面前一律平等并享有其他基本权利和自由。[2]资本主义法维护资产阶级政治统治的作用主要体现在通过法律手段保证代议制政府的有效运行，具体体现在三项制度中：①政党制。与前资本主义相比，资产阶级一般是通过自己的政党来执掌政权的。资产阶级政党制又可以分为两党制与多党制。前者指由两个最大的政党通过竞选轮流执政；后者指有更多的政党相互角逐，竞选执政权力。②普选制。在资本主义国家，政府的组成及重要决策通常由议会决定，而议会一般是由享有选举权的公民依法选举产生的，有些国家的国家元首甚至也直接由选民选举产生。因此，普选制是资本主义国家的一项重要政治制度，也是资本主义国家权力运行的一个关键环节。③分权制。在实践中，绝大部分资本主义国家实行分权制，[3]即立法权、行政权、司法权三权分立并相互制衡。[4]对于资本主义国家来说，这种分权体制是保证政权稳定并具有连续性的重要措施。

就统治方式而言，有的资产阶级国家还曾实行过法西斯统治，但在全世界爱好和平与进步的力量的反抗下，法西斯势力很快被战胜。所以，现在的资本主义国家一般都选择较为缓和的代议制政府的统治方式。

（三）维护资产阶级人权

人权是指人作为人而享有或应该享有的权利。"享有充分的人权，是长期以来人类追求的理想。从第一次提出'人权'这个伟大的名词后，多少世纪以来，各国人民为争取人权作出了不懈的努力，取得了重大的成果。"[5]人作

---

[1]《马克思恩格斯全集》第 2 卷，人民出版社 1957 年版，第 566 页。

[2] 沈宗灵主编：《法理学》，高等教育出版社 1994 年版，第 115 页。

[3] 欧洲启蒙时期，孟德斯鸠、洛克等主张分权体制，而卢梭则认为主权不可分割，倡导人民主权。后者的理论在法国大革命后曾短暂实践过，但现在大部分资本主义国家实施的是分权体制。

[4] 三权分立是对资本主义国家分权型政治体制的典型表述，实际上，各资本主义国家分权模式并不完全相同，如孙中山先生就曾提出五权分立的观点。

[5] 国务院新闻办公室：《中国的人权状况》前言（1991 年 11 月）。

为人为争取人的权利而斗争，始于人的尊严被践踏的时代。而人权作为一个问题、作为一个口号、作为一个政治与法律原则，则是资产阶级首先提出的。[1]从经济角度看，资本主义市场经济使劳动与生产资料相分离，劳动者不再对生产资料的所有者产生人身依附关系，人才有条件具有独立人格。从思想渊源来看，14～15 世纪以意大利为中心的欧洲文艺复兴运动和德国及法国的宗教改革，强调人的自然本性、人的尊严和价值，在思想文化领域确立了现实的、具体的、个人的中心地位。布克哈特评价道："在中世纪……人类只是作为一个种族、民族、党派、家族或社团的一员——只是通过某些一般的范畴而意识到自己。在意大利，……人成了精神的个体，并且也这样来认识自己。"[2]从法律角度来看，12 世纪以后持续 500 年之久的罗马法复兴，"促进了西欧社会法律的世俗化和世俗社会的法律化。"[3]这不仅使罗马私法与新的历史条件相结合，而且促使私法原则向公法领域渗透，导致公法领域的革命。由于上述准备活动，资产阶级革命胜利后，很快将其人权要求转化为法律权利，尤其是宪法中有关公民基本权利的规定及对公权力的限制。

资本主义法对人权的保障，具有重大的历史和现实意义。它不仅废止了封建的人身依附、等级特权、专制独裁，而且为人民团结起来，反抗压迫、抵制专制、改善生活境况提供了条件，同时，也为世界范围的争取与保障人权的斗争提供了经验与教训。现在，人权已成为世界性的论题，《联合国宪章》《世界人权宣言》《公民权利和政治权利国际公约》《经济、社会和文化权利国际公约》等共同构成了国际人权法体系。[4]

运用法律手段保障人权，是由资本主义政治、经济、社会制度决定的。因为只有对人权尤其是个人人权提供保证，资本主义社会化大生产才得以进行。所以，维护人权是资本主义法的一大特征。但是，资产阶级人权法律制度又受到资产阶级利益的限制。它是资产阶级占有生产资料基础上的人权，因此，资产阶级控制和掌握着人权实现的物质条件。如此，人权对劳动者来说，也就只有形式上的意义，是不彻底的（同时，在早期资本主义法中，男

---

[1] 夏勇通过对"jus"一词词义转换过程的考查，提出历史上第一个在人权意义上使用该词的是奥肯的威廉（William of Ockham, 1290～1349），经由 200 年后的苏尔雷兹（Jesuit Francisco Suarez）和格老秀斯的发展，"jus"一词具有了人权的意义，即"一个人所具备的能够使他正当地拥有某种东西或者去做某事的一种道德资格"。参见夏勇：《人权概念起源》，中国政法大学出版社 1992 年版，第 136～141 页。

[2] [瑞士] 雅各布·布克哈特：《意大利文艺复兴时期的文化》，何新译，商务印书馆 1979 年版，第 125 页。

[3] 夏勇：《人权概念起源》，中国政法大学出版社 1992 年版，第 135 页。

[4] 徐显明主编：《公民权利义务通论》，群众出版社 1991 年版，第 479～501 页。

女之间、白种人与有色人种之间往往是不平等的）。可见，资本主义法对人权的保障与资产阶级统治是联系在一起的，是资本主义生产方式的产物，所保障的只能是资产阶级所需要的人权。

■ 第四节　资本主义法制

一、资本主义法制的概念

现代汉语中，法制与法治的含义大不相同。[1]但在资本主义国家，法制、法治、法治政府、法治国等词语的内涵则大体相当，学理上并无严格区别。至于其确切含义，没有统一的确定的解释，因各个学者观察问题的角度、习惯及政治立场的不同而有所不同。人们使用这些概念的基本及共同的倾向是对抗专制，所以，资产阶级法制是一个与资产阶级民主相联系的并与专制相对立的但又难以统一定义的概念。[2]

资产阶级学者有关法制概念的论述，较为统一的内容是：①所有的人和组织特别是国家机构，必须服从符合一定原则的法律，依法办事，法律至上。违法者，无论是普通公民还是国家元首，都应依法受到追究。②自由权是法律的基础。法无明文规定不为罪，法无明文规定不处罚，未经法定程序和司法机关的审理，不得剥夺人的自由。不能禁止人们从事法律未禁止的行为。自由不是法律赋予的，而是法律的基础。所以，国家不能任意制定法律剥夺人的自由。③国家权力的行使必须有法律依据。为了防止国家机构滥用职权，必须以权力制约权力，实行多党与分权的宪政体制，保障司法独立。[3]

20 世纪 60 年代以来，由于受西方国家法学领域中的批判法学等"左"派思想及人文社会科学领域后现代思潮的影响，资产阶级传统的法治理论受到挑战。但总体上看，要法治不要人治仍然是资产阶级法的最基本的原则。

二、自由资本主义时期的法制

资产阶级夺取政权之后，资本主义法制建设进入了一个较快的发展阶段，

---

〔1〕　详见本书第 14 章：社会主义法制与法治。

〔2〕　沈宗灵主编：《法理学》，高等教育出版社 1994 年版，第 123～124 页。《牛津法律大辞典》有关法治的说明，一开始即指出：法治是"一个无比重要的、但未被定义、也不是随便就能定义的概念"。

〔3〕　参见沈宗灵主编：《法理学》，高等教育出版社 1994 年版，第 123～124 页；孙国华主编：《法理学》，法律出版社 1995 年版，第 122 页；〔英〕戴维·M. 沃克：《牛津法律大辞典》，北京社会与科技发展研究所组织翻译，光明日报出版社 1988 年版，第 790～791 页；〔英〕弗里德里希·冯·哈耶克：《自由秩序原理》（上），邓正来译，生活·读书·新知三联书店 1997 年版，第 16～18 页、第 203～259 页。

其主要表现是：①制定了成文宪法或宪法性文件，确立资本主义基本政治、经济制度，保障资产阶级民主与人权。现代法学中所说的宪法，是近代意义的国家的根本大法，是资产阶级创立的、用于规定主要国家机构的相互关系及职权范围、国家与人民的关系并保障公民权利的国家法、政治法。[1]宪法的存在及实施，标志着资产阶级统治地位的确立。②进行了大规模的立法活动。例如，法国资产阶级革命胜利之后，于19世纪初，在拿破仑主持下进行了大规模的法典编纂工作，陆续制定了《法国民法典》《法国刑法典》《法国民事诉讼法典》《法国刑事诉讼法典》和《法国商法典》。其中《法国民法典》对后世产生了广泛影响，它所确立的私有财产的绝对权利、契约自由、无过失责任等原则代表了早期资本主义法的基本特征。③建立了保证宪法和法律实施的司法制度等。

资产阶级法制原则在这一时期基本确立。资产阶级比较重视法制建设，一方面是因为资本主义法制能够有力地推动自由竞争，符合资本主义经济发展的需要；另一方面，由于资产阶级与无产阶级的矛盾加剧，资产阶级需要运用法律手段缓和阶级矛盾。所以列宁说过："自由资产阶级，尤其是自由资产阶级知识分子，不能不追求自由和法制，因为没有自由和法制，资产阶级的统治就不彻底、不完整，没有保证。"[2]

三、现代资本主义时期的法制

现代资本主义时期（有的教材称帝国主义时期，有的称当代资本主义时期）的法制发生了很大的变化，出现了两个趋向：一个是列宁所说的法西斯化倾向；[3]另一个则是主要资本主义国家进一步加强了法制，较之自由资本主义时期，法律制度出现了明显的结构性变化。这种变化，西方学者给予了不同概括。[4]我国学者一般习惯用"法的社会化"一词加以表达，即"由于资本主义从自由竞争发展为垄断，国内外矛盾加剧，资产阶级要求充分利用国家权力，以缓和阶级矛盾或加强暴力镇压，加强国家对经济生活的干预。"[5]这

---

[1]　我国老一代宪法学者章友江很早就指出："与专制政治的国家相对，而承认国民的参政权，国民有直接的或由代表机关参与国家的统治，单是这种国家始称为立宪国，单是这种国家的基本法才称为宪法，属于这种意义的宪法，至近代始行发达。"（转引自龚祥瑞：《比较宪法与行政法》，法律出版社1985年版，第13页。）

[2]　《列宁全集》第22卷，人民出版社1958年版，第130页。

[3]　《列宁全集》第20卷，人民出版社1989年版，第16页。德国、意大利、日本的法西斯统治和扩张最终导致世界范围的反法西斯阵营的形成。"二战"结束后，一些国家出现了新的社会主义法律制度，世界各国也开展了法律领域的广泛合作，与反法西斯阵营的形成存在一定联系。

[4]　孙国华主编：《法理学》，法律出版社1995年版，第124页。

[5]　孙国华主编：《法理学》，法律出版社1995年版，第133～134页。

导致崇尚个人权利的法律精神被社会本位的法所代替，法律不仅保护个人权利，而且更强调保护社会利益。实际上，西方国家各国情况不尽相同。但总体上看，国家和法律在社会生活中更具有积极意义，具体来说体现在以下几个方面：

1. 国家不再只是"守夜人"，而开始积极参与社会财富的再分配。早期资产阶级民法中的"私有财产的绝对权利""契约自由""过失责任"三大原则在各国有不同程度的变化；一些国家刑法领域出现了"社会防卫主义"和"保安处分"；行政权力大大加强。

2. 基于福利国家的政策，出现了大量的社会立法。这一方面导致立法中有关住房、医药卫生、最低工资标准、失业救济等社会保障法和"反垄断法"等经济法的出现，改变了原有的公、私法划分的格局；另一方面，司法领域开始考虑法律的目的、原则和相关政策规定，开始注意"结果公正"，法官自由裁量权有所扩大。

3. 授权立法、行政立法的作用增加，议会立法的中心地位被削弱。加之特别法、单行法的广泛出现，原有的法律体系已无法解释新问题，出现了一些混乱。

4. 建立了违宪审查制度。有的国家建立了宪法法院或宪法委员会；有的国家由普通法院行使审查权力，对法律、其他规范性文件及行政行为的合法性进行审查。这在加强法制的同时动摇了作为西方政治制度基础的分权原则。

5. 法律理论领域，概念法学及严格规则主义受到批判，人们试图从更为广泛的社会角度认识法律现象。如美国现今流行的权利法学、经济分析法学及批判法学都具有这种倾向。[1]

思考题

1. 奴隶制、封建制、资本主义法相互之间有哪些联系与区别？资本主义法为什么能够又是如何继承前资本主义法的？

2. 资本主义法的产生过程中，政治与法律之间存在什么样的联系？

3. 在对待法律发展的问题上，历史唯物主义法律观的特点是什么？

4. 为什么说法在当代资本主义社会生活中的作用进一步加强？它呈现出了什么样的新特点？

---

[1] 沈宗灵主编：《法理学》，高等教育出版社 1994 年版，第 127～128 页；孙国华主编：《法理学》，法律出版社 1995 年版，第 124～126 页。

推荐阅读书目

1. 张文显主编:《法理学》,高等教育出版社 2005 年版。

2. 孙国华主编:《法学基础理论》,法律出版社 1982 年版。

3. 沈宗灵:《比较法总论》,北京大学出版社 1987 年版。

4. 〔英〕弗里德里希·冯·哈耶克:《自由秩序原理》(上、下),邓正来译,生活·读书·新知三联书店 1997 年版。

5. 〔英〕温斯顿·丘吉尔:《英语国家史略》(上、下),薛力敏、林林译,新华出版社 1985 年版。

6. 〔美〕哈罗德·J. 伯尔曼:《法律与革命——西方法律传统的形成》,贺卫方等译,中国大百科全书出版社 1993 年版。

7. 〔美〕泰格、利维:《法律与资本主义的兴起》,纪琨译,学林出版社 1996 年版。

第十一章

社会主义法

学习目的与要求 本章介绍社会主义法的概况，需要掌握的主要内容是：①社会主义法的产生：虽然各国社会主义法产生的具体过程各具特色，但其中也蕴含着某些共同的规律。②社会主义法的本质与特征：社会主义法在本质上是工人阶级领导的广大人民共同意志的体现；社会主义法的基本特征是人民性、民主性、科学性和社会性。

第一节 社会主义法的产生

一、社会主义法产生的一般规律

社会主义法的产生是社会物质生活条件发展的必然要求，具有客观的历史必然性，但这并不意味着它会自发地从社会物质生活条件中产生出来。事实上，社会主义法是由无产阶级运用国家政权的力量积极地创建的。由于各国的具体国情不同，无产阶级革命面临的历史条件不同，因此，各国创建社会主义法的具体过程必然各具特色。但是，它们也遵循着某些共同的规律。

（一）无产阶级夺取政权是社会主义法产生的基本前提

法律发展的历史表明，任何一种新的历史类型的法的产生都是社会革命胜利的产物。一个阶级能否把自己的意志上升为国家意志，变成法律，关键在于它是否掌握国家政权。任何阶级，如果没有掌握国家政权，也不可能制定出反映自己意志的法律，也不可能实现自己的利益要求。恩格斯曾指出："从某一阶级的共同利益中产生的要求，只有通过下述办法才能实现，即由这一阶级夺取政权，并用法律的形式赋予这些要求以普遍的效力。"[1]所以，无产阶级要建立体现自己意志的法律，就必须首先取得政权。

---

[1]《马克思恩格斯全集》第21卷，人民出版社1965年版，第567~568页。

（二）摧毁旧法体系是社会主义法产生的必然要求

无产阶级取得政权以后，必须摧毁旧法体系，否则，社会主义法就无从产生。这是社会主义法产生的一般规律。

历史上一切剥削阶级在掌握国家政权以后，并不摧毁旧法体系，而是把旧法保留下来，继续加以援用，并根据本阶级的利益逐步赋予新的内容，对旧法进行修改、补充和发展，或者在旧法的基础上重新制定自己的新法。这是因为，在剥削阶级社会，旧法和新法赖以建立的经济基础和社会关系并没有发生根本变化，它们在实质上是一致的。

无产阶级在创建社会主义法的过程中，决不能承袭旧法，而必须彻底摧毁旧法体系。这是因为，旧法建立在以私有制为核心的经济基础和社会关系之上，新法则建立在以公有制为核心的经济基础和社会关系之上，二者在本质上是根本对立的，不"破旧"就无以"立新"。正如马克思所说："旧法律是从这些旧社会关系中产生的，它们也必然同旧社会关系一起消亡。"[1]

（三）批判地继承旧法是社会主义法产生的必要条件

唯物辩证法认为，任何新事物对旧事物的否定都不是全盘抛弃，而是辩证的扬弃，即在从本质上否定旧事物的同时，又要吸收旧事物中的合理因素，作为新事物继续发展的必要条件。社会主义法取代旧法，同样要遵循事物发展的辩证规律。摧毁旧法体系是社会主义法产生的必然要求，但这并不是说对旧法必须全盘抛弃。实际上，摧毁旧法体系是指从本质上、整体上对旧法加以否定，同时，又要批判地吸收旧法中一切合理的因素，否则，社会主义法就失去了产生和发展的基础。

社会主义法之所以要批判地继承旧法，是由以下几方面原因所决定的：

1. 社会主义法和旧法所依存的经济基础之间有一定的历史连续性。社会主义经济基础与旧的经济基础在根本上是对立的。但是，社会主义经济基础不是凭空产生的，而是在旧的生产方式所提供的生产力、资金和环境下形成的，它还保留着旧经济基础中的某些因素。马克思和恩格斯指出："历史的每一阶段都遇到有一定的物质结果、一定数量的生产力总和，人和自然以及人与人之间在历史上形成的关系，都遇到有前一代传给后一代的大量生产力、资金和环境，尽管一方面这些生产力、资金和环境为新的一代所改变，但另一方面，它们也预先规定新的一代的生活条件，使它得到一定的发展和具有特殊的性质。"[2]可见，新旧经济基础之间总有一定的历史连续性。这是社会

---

〔1〕《马克思恩格斯全集》第6卷，人民出版社1961年版，第292页。
〔2〕《马克思恩格斯选集》第1卷，人民出版社1972年版，第43页。

主义法批判地继承旧法的客观依据。

2. 法的发展具有相对独立性。法的产生和发展归根到底是由经济基础所决定的，从这个意义上说，法没有不受经济基础制约而完全独立的发展史。但是，法的发展除了受经济基础制约外，还要受到上层建筑中其他因素的影响，同时也要受到法和法学自身发展规律的影响。因此，相对于经济基础而言，法也有自己的相对独立性，有其自身发展的"惯性"。这就决定了社会主义法与旧法在内容上总有某些相同或相似之处。

3. 旧法中包含着某些具有历史进步性的合理因素。旧法中，特别是资产阶级的法律中，包含着不少符合历史发展进程的法律思想、原则和制度，诸如人民主权思想，法律面前人人平等的原则，以及上诉制、陪审制、合议制等法律制度。对此，社会主义法应予以批判地继承。

4. 社会主义法和旧法都要执行管理社会公共事务的职能。旧法中有许多关于社会公共事务管理的规定，如交通管理、环境保护、自然资源保护等。这些规定反映了人类对客观规律的认识，凝结着人类管理自然和社会的经验，具有客观性和科学性。社会主义法也要对社会公共事务进行管理，所以，有必要吸收和借鉴旧法中的相关规定。

二、新中国法产生的历史特点

新中国法的产生固然要遵循社会主义法产生的一般规律，但是，中国独特的国情和中国革命所走的独特道路，决定了新中国社会主义法的产生必然具有自己的历史特点。

（一）新中国法是革命根据地法的继续和发展

中国革命发生在半殖民地半封建社会，这种国情决定了中国革命必须经历新民主主义革命和社会主义革命两个阶段。在新民主主义革命的各个时期，各革命根据地都积极开展法制建设，先后制定了许多适应当时当地情况的法律、法规，为新中国法的产生奠定了基础。早在第一次国内革命战争时期，就出现了农会禁条，这是革命法制的最初萌芽。第二次国内革命战争时期，先后制定了《湖南工农兵苏维埃政府暂行组织法》《井冈山土地法》《中华苏维埃共和国宪法大纲》《中华苏维埃共和国土地法》《中华苏维埃共和国惩治反革命条例》等法律、法规。抗日战争时期，各根据地制定了施政纲领和其他法律、法规，如《陕甘宁边区抗战时期施政纲领》《陕甘宁边区政府保障人权财权条例》《陕甘宁边区土地条例》等。解放战争时期，除制定了适用于全国解放区的《中国土地法大纲》外，各解放区还制定了自己的施政纲领和许多单行法规，如《东北各省市民主政府共同施政纲领》《内蒙古自治政府施政纲领》等。尽管这些法律、法规在内容上比较简单，不可避免地带有地方性和局限性，且主要服务于各项民主革命任务，但却为新中国的法制建设积累了丰富的经验。新中国的法正是在总结这些经验的基础上产生的，是革命根据地法的继续和发展。

（二）新中国法是在迅速彻底地废除国民党旧法的基础上创立的

摧毁旧法体系是社会主义法产生的一条共同规律，但在废除旧法的时间和程度上，各国却有所不同。多数社会主义国家在新政权建立之后，并未立刻完全废除旧法，而是在一段时间里有条件地参考援用旧法。我国则在全国性政权建立之前就宣布彻底废除旧法。这种差别，是由各国不同的历史条件和不同的革命道路所决定的。

如前所述，在新中国成立之前，各革命根据地就已经制定了大量的法律、法规，并积累了丰富的法制建设经验。这就为在革命取得胜利后迅速彻底地废除旧法创造了条件。早在 1949 年元旦，中共中央在《关于接管平津司法机关之建议》中就明确指出："国民党政府一切法律无效，禁止在任何刑事民事案件中，援引任何国民党的法律。"1949 年 1 月 14 日，毛泽东同志在《关于时局的声明》中又明确提出，必须废除国民党的伪宪法和伪法统。1949 年 2 月，中共中央又发布了《关于废除国民党的六法全书与确立解放区的司法原则的指示》，规定："在无产阶级领导的工农联盟为主体的人民民主专政政权下，国民党的六法全书应该废除，人民的司法工作不能再以国民党的六法全书为依据，而应该以人民的新的法律作依据。"根据这些指示，新生的人民政权在极短的时间里就彻底废除了国民党旧法，从而为新中国法的产生开辟了道路。

值得一提的是，在新中国建立之前，废除国民党旧法是完全必要的。但是，客观地说，这场摧毁旧法的行动有些过激，对国民党旧法中的合理因素没有批判地予以继承，从而给新中国的法制建设造成了一定的不良影响。而且，"在摧毁旧法的过程中，人民政权反复强调必须用极端蔑视的态度来对待旧法，这种态度大大助长了人们蔑视一切法律的心理"。[1]

（三）新中国社会主义法的产生经历了从新民主主义法向社会主义法的过渡

中国革命的性质和特点决定了在无产阶级取得政权之后，国家需要经历的不是从资本主义向社会主义的转变，而是从新民主主义向社会主义的转变。因此，新中国社会主义法的产生也经历了一个从新民主主义法向社会主义法的过渡时期。从 1949 年新中国成立至 1956 年生产资料私有制的社会主义改

---

[1] 丁以升、孙丽娟："中国五十年代法律思潮研究（上）——法文化视角的剖析与思考"，载《法学》1998 年第 11 期。

造基本完成，是国家的过渡时期。这个时期的法就是新中国过渡时期的法。

新中国过渡时期的法主要反映工人阶级领导下的广大人民的意志，同时也反映一部分非劳动人民（包括民族资产阶级等）的意志。它是社会主义类型的法，但还不是完全的社会主义法。过渡时期的法在恢复国民经济、开展各项社会改革运动及生产资料私有制的社会主义改造过程中，都发挥了重要的作用。随着新中国由新民主主义社会向社会主义社会转变的完成，新中国法也完成了由新民主主义法向社会主义法的过渡，完全的社会主义法从此正式诞生。

■ 第二节　社会主义法的本质与特征

一、社会主义法的本质

马克思主义认为，法的本质不是某种单一的属性，而是由多层次属性构成的一个有机整体，具体包括法的国家意志性、阶级意志性和物质制约性三个层次。[1]这一论断是马克思主义关于法的本质的一般理论，同样适用于社会主义法。[2]要正确认识社会主义法的本质，也必须从以下三个层次着手：

（一）社会主义法是社会主义国家意志的体现

社会主义法与社会主义国家之间有着十分密切的联系。从来源上看，社会主义法是社会主义国家机关按照法定职权和法定程序创制的，是社会主义国家机关行使立法权的产物；从内容上看，社会主义法规定了社会主义国家的各种组织机构及公民个人的权利和义务；从实施上看，社会主义法是由社会主义国家的执法机关和司法机关运用国家强制力来保证实施的；从功能上看，社会主义法是社会主义国家管理经济、政治、文化和社会的工具，是治国安邦的基本准则。由此可见，社会主义法就是社会主义国家意志的规范化、制度化的表现形态。

社会主义国家是真正的人民主权国家，国家的一切权力属于人民，人民是国家的主人。因此，社会主义法所体现的国家意志应该是人民的意志，决不能把国家意志片面地理解为"国家机关的意志"或"国家官员的意志"。国家机关和国家官员只是以"代表"的身份把人民的意志归纳、集中起来，

---

〔1〕 详见本书第 2 章第 2 节的有关论述。

〔2〕 国内不少法理学教材在分析社会主义法的本质时，往往只用一句话来进行概括，即"社会主义法是工人阶级领导的全国人民共同意志的体现"，相对忽视了社会主义法的国家意志性和物质制约性。参见沈宗灵主编：《法学基础理论》，北京大学出版社 1988 年版，第 196～198 页；卢云主编：《法学基础理论》，中国政法大学出版社 1994 年版，第 133～141 页；等等。

并上升到社会主义法律之中，他们无权把自己的意志凌驾于人民的意志之上。当然，社会主义国家的本质决定了社会主义国家机关及其工作人员的意志与广大人民的意志在根本上是一致的，而且，这种意志在人民意志的形成过程中起着极为重要的作用。但是，如果国家机关及其工作人员的意志与人民的意志不一致，那么，它必须无条件地服从于人民的意志。

社会主义国家是法治国家，法律在国家和社会生活中具有最高的权威，并发挥着最重要的作用。因此，社会主义国家应该善于把"国家意志"上升为法律，注重运用法律手段推行自己的意志。如果某种"国家意志"尚未上升为法律，就不能借助法律手段强制推行，否则，就会破坏国家的民主和法制。

（二）社会主义法是工人阶级领导的广大人民共同意志的体现

从阶级本质上看，社会主义法是社会主义国家意志的体现。由于社会主义国家是人民民主国家，所以，这种国家意志就是人民的意志。"人民"是个范围相当广泛的概念。在我国，人民包括以工人、农民、知识分子为主体的社会主义劳动者，也包括拥护社会主义的爱国者和拥护祖国统一的爱国者。法律体现人民的意志，是不是意味着法律要对人民内部各阶级、各阶层的意志等量齐观地予以反映呢？回答是否定的。这是因为，社会主义国家是工人阶级领导的政权，所以，在广大人民的共同意志中，工人阶级的意志占据着领导地位。就是说，社会主义法同样具有阶级意志性，是工人阶级领导的广大人民共同意志的体现。这是社会主义法最本质的属性。

社会主义法的阶级意志性表明，体现在社会主义法中的广大人民共同意志并不是人民内部全体成员意志的简单相加，更不是少数领导成员的个人意志，而是全体人民在工人阶级领导下基于整体利益、根本利益和长远利益的一致而形成的共同意志。由于工人阶级是与最先进的生产方式联系在一起的，它最先进、最有远见、最大公无私，所以，工人阶级的意志从根本上代表了广大人民的意志。法律反映工人阶级的意志，就从根本上反映了广大人民的意志。当然，工人阶级的意志和广大人民的意志有时也会发生某些非根本性的矛盾。在这种情况下，法律只能反映工人阶级的意志，这是由工人阶级的性质及其领导地位所决定的。

在理解社会主义法的阶级意志性时，有以下两个问题值得我们注意：

1. 在我国，当前剥削阶级作为一个完整的阶级已经消灭，那么，法还有没有阶级意志性？还能不能说"法是统治阶级意志的体现"？对此，我国法理学界多数学者持肯定的态度。其主要理由是：①法的阶级意志性理论是马克思主义法学的基本原理之一。它普遍适用于所有社会的法，包括我国当前的社会主义法。②虽然当前被统治阶级即剥削阶级作为一个完整的阶级已经消灭了，但不能由此认为，统治阶级即工人阶级也不存在了。因为在我国，还存在着各种剥削阶级分子，阶级斗争还将在一定的范围内长期存在，所以，工人阶级必须组织成一个完整的阶级，担负一定的阶级斗争任务。在这种情况下，法律只能反映以工人阶级为领导的广大人民的意志，还不能反映全民的意志。不过，对这种观点，也有部分学者持反对态度。[1]

2. 在"一国两制"条件下，我国的法律还有没有阶级性？还是不是工人阶级意志的体现？所谓"一国两制"，就是在我国大陆实行社会主义制度，在港澳台地区实行资本主义制度。"一国两制"必然会造成"一国两法"的局面，即大陆的社会主义法与港澳台地区的资本主义法并存。这必然会对我国的法律制度产生很大的影响，但不会改变我国社会主义法的本质。这是因为：①在"一国两法"中，大陆的社会主义法占据主导地位，是决定我国法的本质的矛盾的主要方面。港澳台地区的资本主义法只占次要地位，是矛盾的次要方面。②"一国两法"中的资本主义法不同于一般资本主义国家的法，具有两面性：一方面，它是一种资本主义的法；另一方面，它又是以我国最高国家权力机关根据社会主义性质的宪法制定的特别行政区基本法为基础的。因此，它不是"纯粹"的资本主义法。

（三）社会主义法所体现的意志是由社会主义社会的物质生活条件决定的

社会主义法体现了工人阶级领导的广大人民的共同意志，但是，这种意志不是凭空产生的，也不是人们随心所欲地创造的，而是由社会主义社会的物质生活条件所决定的。这是社会主义法的最深层的本质所在。

社会主义社会的物质生活条件包括地理环境、人口和生产方式等，它们对社会主义法的本质、内容、形式和发展变化等各方面都产生程度不同的影响。其中，起决定性作用的主要是社会主义生产方式，特别是社会主义生产关系即经济基础。我国改革开放以来，为适应社会生产力的发展水平和发展要求，在经济基础和经济体制领域实行全面改革。其主要内容有：改革过去单一的所有制结构，实行以公有制为主导的多种所有制形式；改革过去单一的分配方式，实行以按劳分配为主的多种分配形式；改革过去的社会主义计

---

[1]　有学者认为，"法是统治阶级意志的体现"这一公式只适用于阶级对立的社会，对于我国这样一个已经消灭了剥削阶级的社会主义社会是不适用的。在我国现阶段，阶级矛盾和阶级斗争已不再是社会的主要矛盾。"在这种情况下，仍将我国法律称为统治阶级意志的体现，或者将全国人民的意志和统治阶级意志等同起来，无论在理论上、事实上或逻辑上，都是难以成立的。试问现在我国，谁是统治阶级？谁是被统治阶级？法的主要任务是维护阶级统治吗？"参见沈宗灵："研究法的概念的方法论问题"，载《法学研究》1986年第4期。

划经济体制，实行社会主义市场经济体制。这些改革无疑将对我国社会主义法的各个方面产生深刻的影响。

社会主义法除了受社会主义社会的物质生活条件制约外，还要受社会主义社会上层建筑领域诸因素的影响，包括哲学、政治、道德、艺术等各种因素。我国改革开放以来，在政治体制领域也实行了全面改革。改革的内容包括加强和完善人民代表大会制度、共产党领导的多党合作和政治协商制度等。这些改革对于发扬社会主义民主、健全社会主义法制起了积极的推动作用。1996 年以来，党和国家又提出了"依法治国，建立社会主义法治国家"的奋斗目标，这必将对我国社会主义法的发展和完善产生重大的、深远的指导作用。

二、社会主义法的特征

社会主义法是人类社会最高历史类型的法，与以往的剥削阶级类型的法相比，它具有新的特征。

（一）人民性

法的人民性是指法反映广大人民意志的程度。在剥削阶级社会，法在本质上都是剥削阶级意志的体现。由于剥削阶级的意志与广大人民的意志在根本上是对立的，它不可能真正反映人民的"公意"，其人民性往往是狭隘的，甚至是虚假的。在社会主义社会里，法在本质上是工人阶级意志的体现。由于工人阶级是最先进的生产力的代表者，其意志总是和社会的发展方向相一致，而广大人民的意志和社会的发展方向也是一致的，所以，法反映工人阶级的意志，也就从根本上反映了广大人民的意志。社会主义法真正实现了阶级性与人民性的统一，是工人阶级领导的广大人民共同意志的体现，具有广泛的人民性。

（二）民主性

在剥削阶级社会，国家权力和社会生产资料都掌握在人口占少数的剥削阶级手中，这就决定了剥削阶级法所确认和保障的民主只能是少数人的民主。对广大人民来说，其政治权利、经济权利及其他各项民主权利都不可能得到真正的保障。社会主义社会是真正的人民主权社会，国家的一切权力属于人民。法律规定人民享有管理国家的一切权力，并赋予人民以广泛的权利和自由。而且，在社会主义社会，生产资料公有制在所有制结构中占据着主导地位，这就使人民行使民主权利有了充分的物质保障。所以，社会主义法所确认和保障的民主是广泛的、真实的民主，它具有真正的民主性。当然，由于种种原因，社会主义民主制度还存在不少不完善的地方，还有待于进一步改革和发展。

（三）科学性

法的科学性是指法反映客观规律的程度。在剥削阶级社会，只有当这个阶级处于上升时期，或者它所代表的生产关系在一定程度上适应生产力的发展要求时，法才具有一定的科学性。但是，由于剥削阶级的意志在根本上是不符合社会的发展方向的，所以，剥削阶级法的科学性始终是有限的。当剥削阶级处于腐朽没落时期，其法律的科学程度就会更低，甚至是反科学的。在社会主义社会，由于法所体现的工人阶级领导的广大人民的共同意志与社会的发展要求是一致的，所以，社会主义法从根本上讲是符合社会客观规律的，是科学的。不过，由于受"左"的思潮影响和法制自身发展水平的限制，在社会主义国家的法制实践中，也曾多次出现法律违背客观规律的情况。这说明，社会主义法能否真正反映客观规律的要求，往往要受多种因素的影响。

（四）社会性

法的社会性是一个含义相当广泛的概念，但一般可以把它理解为以下两层含义：①法在一定程度上执行着管理社会公共事务的职能；②法在一定程度上发挥着推动社会进步的作用。无论从哪种意义上看，剥削阶级法的社会性都不可与社会主义法同日而语。

第一，在剥削阶级社会，阶级矛盾是社会的主要矛盾，因此，法主要担负着阶级统治职能，其管理社会公共事务的职能相对处于次要地位。在社会主义社会，阶级矛盾已经不是社会的主要矛盾，法的主要职能不是维护阶级统治，而是管理社会公共事务。

第二，在剥削阶级社会，法是剥削阶级意志的体现，这种意志只在一定时期和一定程度上符合社会的发展要求，此时，法才对社会进步起到某种推动作用。一旦剥削阶级的意志违背了社会的发展要求，法就对社会进步起阻碍作用。在社会主义社会，由于法体现了工人阶级领导的广大人民的共同意志，这种意志在根本上是符合社会的发展要求的，所以，法对社会的进步有巨大的推动作用。

总之，社会主义法具有广泛的社会性。不过，在社会主义国家的法制实践中，也曾出现过片面夸大法的阶级斗争功能、忽视法的社会管理作用的错误倾向。甚至有的法律因为违背了客观规律，还给社会的进步造成了某种负面影响。这说明，社会主义法的社会性也有一个不断完善的过程。

思考题

1. 社会主义法产生的一般规律有哪些？
2. 社会主义法的基本特征有哪些？

推荐阅读书目

1. 吴大英、沈宗灵主编：《中国社会主义法律基本理论》，法律出版社 1987 年版。
2. 赵震江主编：《中国法制四十年（1949～1989)》，北京大学出版社 1990 年版。
3. 公丕祥主编：《当代中国的法律革命》，法律出版社 1999 年版。

第十二章

法的传统

第
十
二
章

> **学习目的与要求**　本章的目的是帮助学生进一步提高关于法律
> 的历史意识，初步了解和掌握传统、文化、文明及法系这些概念在
> 法学研究中的重要地位。要求学生能够从文化传统的角度比较、观
> 察、分析法律制度和法律现象，深刻认识法治建设的复杂性。

■　第一节　法与文化

一、法的传统与法律文化

法的传统是指世代相传、辗转相承的有关法的观念、制度的总和。法律
文化在我国则是一个晚出的、含义极不统一的概念。[1]大体上有两种具代表
性的用法：一种是把法律文化概念作为分析工具，试图提出一个观察法律问
题的新的视角；[2]一种是用这一概念指称一个特定的对象。后一种用法又可
以分为两种情况：一种认为法律现象包含着一些人类社会发展中形成的共同
的法律知识、意识、技术、调整方法等法律文化的内容。法的这些内容属于
社会的精神财富，反映了法的进步。[3]另一种则根据文化类型的不同将不同
社会的法律区分为不同类型。试图从一种文化的历史延续中找到其得以维系
的精神内涵并进而说明、解释本国法的特殊性或法的地域性。从总体上看，
法律文化研究将现实与历史结合起来，运用法学、史学、哲学、社会学、人

---

〔1〕　法律文化概念在我国法学界的广泛使用始于 20 世纪 80 年代中期，是当时我国知识界就文化问
　　　题展开的热烈讨论的扩展。这一概念最初被用于说明法律的历史延续性和继承性，后来则在各
　　　种不同乃至对立的意义上被使用。可以说，现在这是一个常用的且使用相当混乱（有人甚至认
　　　为几乎一开始就被滥用和庸俗化——梁治平语。参见《梁治平自选集》，广西师范大学出版社
　　　1997 年版，第 102 页注）的概念。
〔2〕　梁治平：“法律的文化解释”，载《梁治平自选集》，广西师范大学出版社 1997 年版。
〔3〕　孙国华：《法学基础理论》，天津人民出版社 1988 年版，第 215～217 页。

类学等多学科知识，为法学研究开辟了一个新的领域。它的主要成果之一就是揭示了法与传统的错综复杂的关系，而法的传统也就构成了法律文化的精髓。

19世纪德国著名法学家萨维尼于1814年提出了法律与民族精神相一致的历史主义法律观。他指出："有文字记载的历史初期，法律如同一个民族所特有的语言、生活方式和素质一样，都具有一种固定的性质。""这些属性之所以能融为一体是由于民族的共同信念，一种民族内部所必需的同族意识所至。""法律和语言一样，没有绝对中断的时候。"[1]在他看来，国家如对本民族社会规范的自然演变不予重视，法典化就近乎一种灾难，必将使这一自然演化过程萎缩并导致法律的凝固化及法的生命力的衰萎。因此，凝聚着民族生活传统的习惯才是法的主要渊源和生命原动力。[2]19世纪，不仅在德国，而且在英国、美国以及其他世界各国都出现了法的历史研究的倾向（尽管观点不同），以至美国法学家博登海默评论："这种历史兴趣则是19世纪法理学的特点。"[3]

进入20世纪后，由于比较法学的迅速发展，各国、各民族法的特殊性逐渐受到普遍关注。而民族历史传统的不同，正是各国法律，尤其是法律技术与意识领域存在种种差异的重要原因之一。因此，传统之于法，就不仅具有经验意义上的历史价值，而且它本身就是现实法的组成部分。

在研究法的传统与法的现实的关系时，"文化"一词具有特别重要的工具价值。英国人类学家爱德华·泰勒于1871年提出了一个经常被引用的"文化"的定义，即"文化或者文明，就其广泛的民族学意义而言，乃是这样一个复杂整体，它包括知识、信仰、艺术、道德、法律、风俗以及所有其他作为社会一员的人习得的能力和习惯。"[4]文化不是先天的遗传，而是后天学习获得的。法律文化就是每一代人从其生活环境尤其是前人的经验中学习而来的有关法及法律的知识。正是通过学习，前人的经验连同教训一起流传后世，

---

[1]　法学教材编辑部《西方法律思想史编写组》编：《法学西方法律思想史资料选编》，北京大学出版社1983年版，第526~527页；〔德〕弗里德里希·卡尔·冯·萨维尼：《论立法与法学的当代使命》，许章润译，中国法制出版社2001年版，第6页以下。

[2]　〔英〕戴维·M. 沃克：《牛津法律大辞典》，北京社会与科技发展研究所组织翻译，华夏出版社1988年版，第798页。

[3]　〔美〕E. 博登海默：《法理学——法哲学及其方法》，邓正来、姬敬武译，华夏出版社1987年版，第85页。

[4]　转引自《梁治平自选集》，广西师范大学出版社1997年版，第105页。严格地说，文化与文明是两个不同的概念。文明与愚昧相对应，体现为"进步""先进"；而文化则多指传统、习俗、法律的多样性。不同文化之间没有优劣或进步与落后之别。

形成了特定群体的特殊生活方式。正因如此，历史才不是单纯的时间概念，而是特定人群的精神联系，具有传统的意蕴。一些突发事件有时会带来历史的重大转折，但却不会中断历史本身，也难以改变一个民族的精神取向。所以，可以说，现实的法又同时是历史的，它本身就包含着一定的历史经验。

这里有两个需要进一步说明的问题：

1. 在法的传统的延续中，文化的、政治的因素都在发挥重大作用。从理论上说，越封闭的社会，越具有自己的浓厚的历史传统；而越开放的社会，由于与外界经常交流，因而更具有文化的多元性特征。而实践中，我们虽然生活在一个有许多便利条件进行世界范围的经济、文化、包括法律交流的时代，但根深蒂固的传统仍然在困扰着我们。这一方面有文化的原因，毕竟人只有通过语言形式、艺术想象、神话、宗教仪式等符号系统才能认识事物。[1]这些符号却表征着每个民族的内在性，传递着民族最古老、最持久的信仰与价值，是不易改变的。[2]另一方面也有政治的原因。在现代化的过程中，后起的向现代化发展的国家往往需要借助民族的文化特性，增强凝聚力，维护国家主权与独立。

2. 从文化的角度观察法律现象，需要借助更为宽泛的法的概念。现在，一般认为，法与国家是紧密联系的，法是由国家制定或认可的。这种观念在成文法国家更为普遍。然而，由于制定法是掌握政权的阶级有意识行为的结果，具有鲜明的构造性，因此，根据国法希望建立的秩序与社会的"自发"秩序之间必然存在一定的差异与冲突，国法与"民间法"也会存在较量。所以，法律文化研究就不仅要分析国家制定法，也要考查由习俗、道德、宗教等构成的民间法；不仅要研究法的制定，更侧重研究法的实施；[3]不仅研究纸上的"超验"的、"先验"的"法"，而且更重视研究实际生活中的"经验"的"法"。[4]这也反映了法学研究趋向于借助多学科特别是社会科学知识的发展态势。

---

〔1〕 梁治平："法律的文化解释"，载《梁治平自选集》，广西师范大学出版社1997年版，第101～155页。
〔2〕 这并不意味着传统因素在现代都没有价值，都需要改变，而是说，当某些"传统"成为前进的桎梏时，人们要想改变它并不容易，虽然它并非不可改变。
〔3〕 伽达默尔的解释学理论论证了一个问题，即理解总是以前见为条件的（参见〔德〕H. G. 伽达默尔：《真理与方法——哲学解释学的基本特征》，王才勇译，辽宁人民出版社1987年版，序言）。这几乎等于是说法律的实施者不可能不折不扣地依据法律的文字实施法律。
〔4〕 由于经验总是具体的，因此，有些研究者已经开始从社区秩序的角度探讨国法与民间秩序的冲突。参见苏力：《法治及其本土资源》，中国政法大学出版社1996年版。

文化概念的引入，使法的现实与传统具有了内在联系，为深入分析、研究法律现象提供了一个新的富有启发性的思路。[1]

二、中国法的传统和法律文化

中国具有悠久的历史传统，也具有深厚的法的传统。几千年的法律史使我国人民形成了一整套关于法和法律制度的独特的认识。习惯上，我国法学界将"中国法（法律）的传统"用于特指中国古代法的传统，而"法律文化"则更多地用于指称现代中国的法律、制度及相应的观念。如前所述，法的传统是法律文化的精髓，中国法的传统经历了数千年的历史积淀和无数次重大历史转折及政权更迭的冲击，内容已发生很大的变化。不存在一成不变的法的传统。严格地说，能够成为"传统"的东西，一定是在现在仍然有生命力的东西。从这个意义上来说，法律文化一定是以新的法的传统为精神基础的。所以，离开现代谈传统，以及离开传统谈文化，都是不充分、不完全的。尽管如此，这种细微的区分并非完全没有意义。鸦片战争前，中国古代政治、经济、文化制度相对稳定和统一，关于法的认识比较确定、一贯。而鸦片战争之后，外来文化对我国本土文化的冲击在国家正式制度的层面上则是强有力的，加之"五四运动"以来的持续的反传统，尤其是社会主义革命的胜利，最终形成了以马克思主义为指导的社会主义法律实践。从表面上看，我国出现了一个文化的断裂现象。因此，在区分古代与现代的基础上辨析中国法的传统与法律文化，对最终推动我国法的现代化具有理论和现实的双重意义。

认识中国古代法的传统应该注意以下几点：

1. 我国古代的"法"与西方的"法"具有不同的含义。汉语中，古人所说的法、刑、律含义是相通的，核心是刑。所谓"法者，刑也"就是此义。另外，古代汉语中的法完全是以权力为基础的，法自君出，君主言出法随。因此，也就不存在"国王保护法律或法律保护国王"之类的问题。[2]尽管这不是说君主就可以随意制定法律，但是君主不必受法律的约束则是不争的事

---

[1] 法的现实与传统之间具有广泛的联系。历史并非是与现实隔绝的东西，任何现实的东西都包含着一定的历史性。法律文化研究最引人注目之处就是揭示了两者之间的关系。当然，文化研究仅仅是探讨现实与传统之间关系的一种思路，真正深入地把握两者之间的关系，还要依赖对人的实践活动的理论分析。参见葛洪义：《法与实践理性》，中国政法大学出版社 2002 年版。

[2] 这个问题源于 17 世纪英国国王詹姆士一世与大法官科克的一场争论。前者认为国王保护法律（普通法），后者认为法律保护国王。这场争论的实质是国王的意志高于法律还是法律高于国王的意志。参见沈宗灵：《比较法总论》，北京大学出版社 1987 年版，第 180 页。

实。从功能上看，我国古代的法主要是统治的工具。《管子·七臣七主》中说："夫法者，所以兴功惧暴也；律者，所以定分止争也；令者，所以令人知事也。法律政令者，吏民规矩绳墨也。"相较而言，西方的法则与权利、自由等相联系，强调权力要受法律的约束。[1]

2. 中国古代"法"的指导思想是以儒家学说为基础的道德理想主义。以西方的法为参照来分析中国古代的社会秩序难免片面。实际上，中国古代也是非常重视制度建设的。所不同的是，制度建设的基础不是国家的制定法，而是儒家的"礼"。强调"为国以礼"[2]，"礼者，法之大分（本），类之纲纪也"[3]。而礼的首要内容就是"君君、臣臣、父父、子子"的宗法等级名分。礼不仅约束臣民，所谓"父慈、子孝、臣忠"，对君主也提出了要求，即"君仁"。实际上，中国古代社会就是以礼教和德治为基础进行制度建设的，着眼于道德人格的完善。秦汉以后，不仅民间秩序渗透了儒家伦理，而且中国国家正式法律制度也已儒家化。[4]

3. 中国古代法的传统就体现在礼、法的关系中。春秋战国时期，儒家提出要"为政以德"[5]"以德服人"[6]。可见，他们是重视道德感化作用而轻视"法律"的。这样一来，其必然结果是主张"为政在人"的贤人政治，荀况所谓"有治人，无治法"[7]就是体现。老一代学者瞿同祖在谈及中国古代法律的儒家化问题时，曾经指出，儒法之争主体上就是礼治、法治之争，具体说，就是反映贵贱、尊卑、长幼、亲疏有别的差别性规范与体现"不别亲疏，不殊贵贱，一断之于法"的同一性规范之争。至于德治、人治、刑治之争则是较次要的、从属的。他认为，儒家虽然主张以德治、人治的方式来推行礼，但由于以法律强制的手段来推行礼，也无损于礼的精神及存在，其目的同样可以达到。所以，先秦时期，儒法两家针锋相对，不分伯仲，在儒家伦理影响下，礼并不逊于法律；秦汉时期，法家曾短时间占据上风，之后则是法律的儒家化，即"表面上为明刑弼教，骨子里则为以礼入法"。[8]在这一思想背

―――――――――――――――

〔1〕　梁治平："'法'辨""中国法的过去、现在与未来：一个文化的检讨"，载《梁治平自选集》，广西师范大学出版社 1997 年版第 23～45 页，第 46～68 页。

〔2〕　《论语·先进》。

〔3〕　《荀子·劝学》。

〔4〕　瞿同祖：《中国法律与中国社会》，中华书局 1981 年版，第 328～346 页。

〔5〕　《论语·为政》。

〔6〕　《孟子·公孙丑上》。

〔7〕　《荀子·君道》。

〔8〕　瞿同祖先生还曾详细分析了我国古代以礼入法的具体形式，并指出魏晋以后，法律就全部为儒家思想所支配。参见瞿同祖：《中国法律与中国社会》，中华书局 1981 年版，第 328～335 页。

景下，中国古代法的传统具体表现为：

（1）在秩序的规范基础方面，礼法结合，以礼为主。礼是中国最古老的、贯穿整个古代社会的、最具有中国特色的社会规范，也是支撑、调整中国古代社会秩序的最基础性的规范。礼的调整范围远远宽于法律。原则上，"礼之所去，刑之所取。失礼则入刑，相为表里者也"[1]。

（2）在秩序的价值基础上，等级有序，家族本位。礼的实质和主要功能就在于"别贵贱""序尊卑"，确立宗法等级制度。宗法与政治的高度结合，造成亲与贵合一、家与国相通的特有体制。社会以家族为基本单位，族长、家长不仅有治家之权，而且代行基层行政组织的某些职权。[2]国是家的放大，君主享有至尊、至贵、至上的地位。皇权至上不仅具有政治基础，而且具有伦理基础。

（3）在规范的适用方面，恭行天理，执法原情。国法与人情的结合是中国古代法治的一大特点。法律的适用总是相对的，要符合人之常情，即以血缘伦理亲情为基础的人情，所谓"亲亲相隐"就是典型表现。因此，中国古代法律的执行常常要征求儒生的意见，其正确性是以儒家伦理为标准加以判断的。

（4）在法律体系的内部结构上，民刑不分，重刑轻民。诸法合体是我国古代法的又一大特点。我国古代法典，从《法经》到《大清律例》都沿袭了纳诸法于一典的编纂体例。法典中，刑事法律规范始终居于主导地位，形成以刑为主的国家制定法格局。这并不意味着在古代民事问题就不重要，而是因为家族本位的体制因素将人身关系和自然经济条件下有限的财产关系已尽力纳入族规、家规的调整中。所以，从制定法的角度看，也就表现为重刑轻民。

（5）在秩序的形成方式上，无讼是求。无讼是儒家的理想境界。儒家典籍中宣扬的尧舜之世就是一个无讼的世界。孔子就说过："听讼，吾犹人也，必也使无讼乎"。[3]儒家经典一般都赞美无讼的美好境界，揭示为讼之害。在儒家思想的影响下，民间则厌讼、贱讼。因此，大量的纠纷在提交官府之前已在民间调解解决，即使提交官府，官吏也往往从息讼的角度处理、调解纠纷。[4]综上所述，中国古代法律文化是比较独特的，是以道德理想主义为基

---

[1] 《后汉书·卷四十六·陈宠传》。

[2] 张晋藩：《中国法律的传统与近代转型》，法律出版社 1997 年版，第 113 页以下。

[3] 《论语·颜渊》。

[4] 张晋藩：《中国法律的传统与近代转型》，法律出版社 1997 年版，第 277～302 页。

础的，其基本特征就是强调宗法等级名分。

中华人民共和国成立以来，经历了一个多世纪反帝反封建运动的中国人民，在中国共产党的领导下，进入了一个法治建设的新的历史时期，在国家正式制度领域形成了一个与中国古代法传统完全不同的法律体系。从文化的角度看，现代中国法律文化的渊源主要有：①马克思主义关于法的基本思想及社会主义各国尤其是中国自己的社会主义法制建设的经验。②西方法律制度和法律思想。始于清末修律的法律改革，使中国在制度建设上进入了一个向西方学习的时期。现在中国的法律分类、结构、概念术语、制度及法律理论都比较明显地受到西方的影响。③中国古代法传统。中国传统的关于法的认识在群众的观念领域有很大影响，一直困扰着中国法治现代化。特别是在广大的农村地区，传统的习惯、风俗、礼仪及价值观与国法经常发生冲突并在事实上影响法律的实施。对这一现象需要重视。因为，在现代化的过程中，如何处理国家与社会、国法与"民间法"的关系将始终是一个直接制约我国法的现代化的重大问题。

■ 第二节 法律意识

一、法律意识的概念

法律意识是人们关于法的现象的思想、观点和心理的总称，是社会意识的一种特殊形式。它是一个与法律文化研究有紧密联系的概念，是法律文化的重要组成部分。

法律意识是一种特殊的法律现象，它与其他法律现象，包括法律规范、法律制度、法律行为等，处于有机的联系之中。按照历史唯物主义的观点，法律意识属于思想上层建筑，法律意识与政治上层建筑的核心部分——法之间存在着密切的联系。一方面，法律制度和法律意识作为法律上层建筑的有机组成部分，都受到经济基础的制约，经济基础决定着法律上层建筑的性质和发展变化；另一方面，在二者之间，法律制度又是根据法律意识建立的，而法律制度形成之后又对法律意识起着积极的作用。从发生学上看，法律意识的形成是法的形成的前提条件。在法的演进、创制和实施过程中，都不可能脱离法律意识的作用。法律制度是根据法律意识建立的，这表明包括法律制度在内的上层建筑现象区别于经济基础的重要特征，就在于它是根据人的意识建立的，而经济基础则是不以人的主观意志为转移的。法律意识是法律文化的深层结构，作为法律文化精髓的法的传统在法律意识的形成中起着传承和启迪的作用，是法律心理的重要渊源之一。

关于法律意识与法律文化的联系与区别，我国法学界大致有三种观点：①把法律文化等同于或归结于法律意识，即认为"法律文化实际上是关于法律产生、发展以及运行机制的各种观念的总和"。[1]这种观点抓住了法律文化的主导因素和基本内容。不管怎样具体定义，法律文化总是以法律意识为其基本内容的。但是，把法律文化与法律意识画等号，除了语词上的区别以外没有任何实质的意义。②把法律意识看作法律文化的组成部分。我国法学界大多数人持这种观点，但由于对法律文化的理解不同，这种观点内部又存在着较大的分歧。③把法律文化看作法律意识的组成部分，认为法律意识包括两大部分，即意识形态部分和法律文化部分。[2]这种观点一方面把法律意识界定为人们关于法律现象的思想、观点和心理的总和，把法律文化理解为人们调整社会关系的智慧、知识和经验的结晶，反映了历史积累起来的有关价值的法律思想和有关法的制定、法的适用等法律技术，反映了法律调整所达到的水平；另一方面又把内容宽泛得多的法律文化置于内容相对狭小的法律意识之中，难免存在矛盾之处。

在逻辑上，法律文化对法律意识是一种包容关系，法律意识是法律文化的组成部分。在内容上它们的主要区别有：①法律意识主要指人们对法律现象（外在客体）的内在领悟及领悟到的感觉、知觉、观念、态度和情感等心理观念因素；而法律文化则是法律现象的全部心理要素及其结晶（法律行为模式）。②法律文化的主体是群众，尽管群体有大有小；而法律意识的主体则可以是社会、集体，也可以是个人。我们可以说"个人的法律意识"，而不能在精确意义上说"个人的法律文化"。③社会的法律意识始终带有强烈的政治意识形态色彩；而作为历史进程中积沉下来的民族法律精神，虽然也渗透着意识形态的影响，但民族性及群体的习惯化心理特征却更为明显。鉴于上述区别的存在，不宜在等同意义上使用法律文化和法律意识的概念。[3]

二、法律意识的结构

20世纪中期以来，结构主义作为一种研究方法在社会学、数学、经济学、生物学等各个学科领域中得到了广泛运用。我国学者在20世纪80年代开始运用结构主义的分析方法研究文化问题，随后结构主义方法迅速为其他学科

---

〔1〕 杜万华："法律文化的几个问题"，载北京大学法律系法学理论教研室、中国经济体制改革研究所法律室编：《法律社会学》，山西人民出版社1988年版，第181页。

〔2〕 孙国华主编：《法学基础理论》，中国人民大学出版社1987年版，第306~308页。

〔3〕 张文显：《法哲学范畴研究》，中国政法大学出版社2001年版，第239页。

所接受并在不同的研究领域被广泛运用。[1]法律意识的结构是作为整体性概念的法律意识的有序层次和组成部分。从反映法律现象深度的发生学角度，可以把法律意识划分为法律心理、法律观念和法律思想体系三个相互依存的有序结构。

1. 法律心理是人们在日常生活中对法律现象表面的、直观的感性认识和情绪，是法律意识形态的初级阶段。法律传统与法律心理有着某种内在的、天然的联系，譬如，我国在法律上规定了一套诉讼制度，赋予和保障公民正当的诉讼权利，以保护公民的合法权益。但是，长期积淀于国民心中的无诉心理，抗衡着这种诉讼制度的充分实现。人们总认为打官司是丢面子的事，不到万不得已，不去"打官司"。法律心理隐藏在人们的意识深处，常常表现为潜意识或无意识，只有当人们通过某种方式处理某一具体事情时，才容易暴露出来。另外，从一个社会来讲，法律心理呈现出多样化趋向。社会中个体的多样化决定了法律心理的多样化。人在社会性中又归属于不同的阶层和利益集团，不同的阶层和利益集团也有不同的法律心理。

2. 法律观念是介于法律心理和法律思想体系之间的一个"过渡阶段"，它不像法律心理那样，完全处于感性的情感体验和直觉的情绪阶段，而处于意识逐步理性化的认识过程；也不像法律思想体系那样，有一种相对明确的、理性化、理论化的对法律及法律现象的认识体系。法律观念既有感性成分，也有理性因素，是感性和理性交织在一起而形成的一种较为稳定的动态心理结构。法律观念在法律意识中具有独特的地位和作用，其特有的内在结构是由法律认知、法律情感和法律评价三要素组合而成的。法律认知是人们对法律的内容、形式、运行法律的性质、作用等法律现实以及法与其他社会现象的区别和联系的感知和认识。[2]法律认知的深度既取决于法律深入社会生活的程度以及法律调整机制发挥作用的情况；又取决于人们参与法律生活的程度。它直接影响着人们的法律情感和法律评价。法律情感是人们对法律本质和法律现象所持态度的心理体验。它是人们依据现实的法律制度能否符合自身物质和精神的需要而产生的喜好和厌恶的心理态度。法律评价是人们在法律认知与法律情感的支配下，调节自身行为的一种心理态势和行为倾向。法律评价是法律认知的一种外化，它常常和人们的法律行为杂糅在一起，从而

---

〔1〕 参见庞朴："文化结构与近代中国"，载浙江省青年社会科学工作者协会编：《东西文化与中国现代化讲演集》，浙江人民出版社1986年版，第9~11页；另见〔瑞士〕皮亚杰：《结构主义》，倪连生、王琳译，商务印书馆1984年版。

〔2〕 张文显：《法哲学范畴研究》，中国政法大学出版社2001年版，第241页。

出现观念与行为并行同一的现象。法律观念决定和支配着人们的行为趋向和行为选择。诸如法是否代表公正？法能实现正义吗？法官是正义的使者吗？这些问题已经不是停留在心理反映阶段的感觉和直觉的体验，而是带有理性认识的成分。大量事实和研究都已经证明，成文法是一回事，而人们的行为又是另一回事。个人行为的选择并不都是接受国家法律的指引，而是在某种程度上根据公民在长期的生活体验中所形成的法律观念去选择和决定自己的行为的。受法律观念调节的行为，可能是合法的行为，也可能是违法的行为。虽然人的行为是外显的，但是隐藏在这种外显行为背后的乃是决定和支配着一个人行为趋向的法律观念。

3. 法律思想体系是法律意识的高级阶段，以理性化、理论化和体系化为特征。它是人们对法律现象进行理性认识的产物，也是人们对法律现象的自觉的反映形式。法律思想体系一般以法学理论、法律学说的形式表现出来，是法学家、法律思想家理性思维的结果。法律思想体系不像法律心理和法律观念那样只是针对某个或某一方面法律问题的观点和认识，而是对有关法和法律现象的一系列问题的整体化、理论化、理性化和系统化的思考所得。任何一个社会、阶级的法律思想体系都不是人们自发形成的。在法律思想体系的形成过程中，法学家、法律思想家、法律职业者起着重要的作用，他们不仅是法律思想体系的创造者，也是法律思想的传播者。在法律思想体系的形成和实现中，法学家和法律职业者都起着重要的桥梁作用。法律思想的理论性决定了法律思想在一个社会的法律实践过程中具有指导性的地位和作用。"法典背后有强大的思想运动"，这句话道出了每一部法典的创制背后都经历了较强烈的思想较量过程。在一个社会中，占统治地位的法律思想总是集中反映了该社会统治阶级的利益、愿望和要求，反映了他们的一些共同的阶级意志。这种意志一旦上升为国家意志，便可制定成法律，成为全社会共同遵守的行为模式。

法律心理、法律观念和法律思想体系是法律意识中相互区别而又有序依存的三个不同的组成部分。从主体的角度来看，处于感性认识阶段的法律心理，其认识主体主要是全社会的公民，即大众层面的个体。法律思想体系的主体只能是法学家、法律职业者和其他接受正规法律教育和传播，对法律现象有较系统、理性认识的人。他们是相对专门化和职业化的阶层。介于二者之间的是法律观念的认识主体，他们的范围很难确定。

三、法律意识的分类和作用

（一）法律意识的分类

1. 根据法律意识的社会政治属性可以将其划分为占主导地位的法律意识

和不占主导地位的法律意识。在阶级社会，占主导地位的法律意识是统治阶级的法律意识。当社会阶层形成以后，社会强势集团（阶层）[1]的法律意识就成为占主导地位的法律意识，它是与社会的经济基础相适应的法律上层建筑的重要组成部分，与法律制度处于有机的联系之中，是法的形成和实现必不可少的条件。占主导地位的法律意识体现一个社会的经济基础及其决定的政治法律制度的特点，如封建社会的神学世界观、资本主义社会的法学世界观/它们在不同的社会中占有支配地位，在阶级社会中，不仅统治阶级，甚至被统治阶级中的许多人都把这种法律意识视为"天经地义"的，看作是社会的"正统"观念。马克思主义法律观是社会主义社会占统治地位的法律意识，是社会主义法律上层建筑的有机组成部分。在广大人民群众中宣传马克思主义法律观，对于人民群众增强主人翁的责任感，让人民群众掌握法律，树立正确的权利与义务观念，依法行使权利和履行义务，具有重要意义。占主导地位的法律意识一般对现行法持肯定态度，但是，并不排除它对于那些已经过时的、不足以反映强势权力集团利益要求的个别法律规范持否定态度。而不占主导地位的法律意识与现行法往往是对立的，对法的制定和实施起消极作用。

2. 从人的认识过程分为感性认识和理性认识的角度，法律意识可以划分为法律心理、法律观念和法律思想体系。法律心理是人们对法律现象认识的感性阶段，它直接与人们日常的法律生活相联系，是人们对法律现象的表面的、直观的、自发的反映方式。在阶级社会中，由于各个阶级的社会地位和生活条件不同，每个阶级有不同的法律心理。但是，由于法律心理只是各个

---

〔1〕 中国执政党已经在新世纪之初明确承认，近四十年改革开放使中国社会发生了深刻分化，形成了不同的社会阶层，且各利益集团自身的发育和在社会政治、经济中的地位极不平衡。但是，中国社会不同利益集团的形成并不意味着西方社会所谓的"多元社会"化。西方"多元社会"一般包含着如下特征：①在承认不同利益集团存在的同时，承认每个群体的利益都是正当的，每个群体的利益都得到尊重。②就政治制度而言，形成的是一种以自主多元的政治力量为基础的政治框架，其政治哲学基础是一个政党不可能代表所有人的利益和要求。③存在多样性的社会方式、价值观念和文化（参见孙立平："我们在开始面对一个断裂的社会？"，载《战略与管理》2002年第2期）。中国当代权力集团是整个社会阶层结构中的主导阶层，他们完全控制着中国社会最具决定性意义的资源——组织资源，并通过权力"寻租"与新兴资本集团联姻形成社会强势集团，而包括劳动集团在内的其他弱势集团几乎承担了改革的全部成本，其结果必然导致各个阶层在思想、观念和心理上的分化。由于不同社会阶层的利益没有得到平等的对待和尊重，政治结构中又缺乏多元而自主的政治力量，在民主政治框架中通过多元利益集团之间的遏制与平衡所产生的"公意"就难以形成。社会意识，包括法律意识，就会以复杂的形态存在。参见皖河："利益集团、改革路径与合法性问题"，载《战略与管理》2002年第2期；陆学艺主编：《当代中国社会阶层研究报告》，社会科学文献出版社2002年版。

阶级对法律现象的相互的、直观的反映，往往不能全面地、深刻地反映出该阶级对法律现象的态度。例如，在工人阶级和广大人民刚刚夺取政权、废除旧法律时，由于对旧法的仇视，很容易在人民群众中产生一种对新法也不信任的法律心理，如不进行法律意识教育，在一部分群众的意识中就可能分不清新法与旧法的界限，就不可能衷心地拥护和自觉地遵守人民自己的法律。

法律观念既有感性成分，也有理性因素，是感性和理性交织在一起而形成的一种较为稳定的动态心理结构。它是介于法律心理和法律思想之间的一种特殊的法律意识，兼有心理和思想两方面的特征，带有一定的过渡性和兼容性。

法律思想体系是人们对法律现象认识的理性阶段，它表现为系统化、理论化了的法律思想、观点和学说，是人们对法律现象的自觉的反映形式。某一阶级的法律思想体系的最终根源在于该阶级的社会地位，在于整个阶级的有关法律问题的实践。但是，任何一个阶级的法律思想体系都不是人们自发形成的，在法律思想体系形成过程中，法学家的工作起着重要的作用。由分散的、零星的、感性的法律心理转变为完整的、系统的、理论化法律思想体系必须经过代表这个阶级的法学家们的复杂、艰巨的脑力劳动。

3. 从意识主体的角度，法律意识可以划分为个人法律意识、群体法律意识和社会法律意识。个人法律意识是具体的个人对法律现象的思想、看法、意见和情绪，它是个人独特的社会地位和社会经历的反映。个人有关法律问题的实践以及他所接触的社会环境对法律现象的看法，对个人法律意识的形成有着直接的作用。

群体法律意识是指家庭、团体、阶级、民族、政党等不同的社会集合体对法律现象的意识。群体法律意识是群体内个人法律意识和其他群体的法律意识相互作用的结果。个人法律意识总要受到他所从属的群体的法律意识的影响，而群体法律意识也不可能脱离个人法律意识，它的形成和发展总要从个人法律意识中吸取积极的、有益的成分。

社会法律意识是社会作为一个整体对法律现象的意识，是一个社会中的个人法律意识、各个群体法律意识相互交融的产物。因此，社会法律意识往往是一个国家法制状况的总的反映。一个国家法制状况如何直接决定了社会法律意识的水平。社会法律意识与个人法律意识、群体法律意识的不同之处在于，前者是建立在整个社会有关法律问题的实践的基础上，因而克服了个人或群体实践的片面性。社会法律意识是一个国家或民族法律文化、法律传统的集中反映。但是，在具有阶级划分的社会中，社会法律意识是不统一的，只有统治阶级的法律意识才能成为占统治地位的社会法律意识。

4. 从法律意识的专业化、普及化程度来看，法律意识可以划分为职业法律意识和大众法律意识。职业法律意识是法官、检察官、律师、法学研究与教学人员等专门的法律工作者的法律意识。法律职业是在法律产生以后，随着法律材料的积累以及法律工作的复杂化和专门化，随着社会分工的发展而出现的。在法律产生以后的一个相当长的时期内，法律工作与其他工作并没有严格的界限，从事法律工作也不需要受过专门的法律训练，有特殊的法律技巧，因此从事法律工作的人员与普通人的法律意识之间并没有根本区别，最多只是前者有一副能言善辩的口才。法律职业是在法律工作的程序与知识已经相当复杂，普通人如果没有受过专门的法律训练已经不可能从事法律工作，并且法律工作已经为一个专门从事这一工作的阶层——职业法律家所垄断时才产生的。职业法律意识与普通人的法律意识——群众法律意识相比无论在量上还是在质上均有许多不同特点，它积累了职业法律家们法律实践的经验，包含着大量从事法律工作的专门知识和技巧。

大众法律意识是相对于职业法律意识而言的。与法律职业阶层不同，普通公众没有接受过系统的法律教育和专门的法律训练，对于法律现象的认识是零散的、直接的和感性的，在他们的法律意识中，法律心理如情感、情绪等因素占有很大的成分。他们的法律观念、认识更多来自于法律文化潜移默化的影响和生活经验的积淀，往往与社会主流所期待和推崇的法律意识存在着较大的距离。尤其在社会转型的过程中，普通公众对法律自身的变革更容易因盲目的热情产生过高的期待，或者因法律的变革而不得不面对自己并不习惯的行为方式时产生消极甚至抵触心理。面对法律问题，他们缺乏法律的思维和理性判断，往往从政治的、经济的、道德的、伦理的乃至个人的价值标准和情感的角度去进行分析和思考，容易与职业法律意识产生冲突。因此，在公众中普及必要的法律知识，推崇占主导地位的法律意识，提高人们遵纪守法的自觉性，对于掌握国家政权的统治阶级来讲具有重要意义。

（二）法律意识的作用

不同的法律意识对于社会经济基础及政治法律制度起着不同的作用，具体如下：

1. 在法的演进过程中，法律意识起着传承人们关于法的思想、观点和知识的作用。一个社会中，不论个人、群体、阶层，还是整个社会，关于法律的思想、观念和认识都不是凭空产生的。马克思主义创始人早已指出："人们自己创造自己的历史，但是他们并不是随心所欲地创造，并不是在他们自己选定的条件下创造，而是在直接碰到的、既定的、从过去继承下来的条件下

第十二章

创造。"〔1〕作为社会生活的反映，每一个社会、每一个历史时期的法律意识及其诸形式都同它以前的成果具有继承关系。每一个社会的法律意识都有两个来源：①内容上，主要是反映现实的法律现象，同时也保留历史上形成的对过去的社会存在的某些意识和材料；②形式上，主要是从过去继承下来的方式、方法和手段，同时又根据新的内容和条件对它们加以改造、补充和发展。可以说法律意识自身的发展也具有路径依赖的知识特性。〔2〕

2. 在法的创制过程中，法律意识起着认识社会发展客观需要的作用。一个国家的法的形成、法律制度的完善，归根到底取决于该国经济和社会发展的客观需要。任何立法者都不能不顾客观条件去任意创制法律规范，但这并不否认人的主观能动性和法律意识在法的形成中的重要作用。如果认识不到这种客观需要，与这种需要相适应的法律规范不可能自然而然地产生；如果已经认识到了这种客观需要，但找不到正确满足这种需要的方法、手段，或者选择了错误的法律手段，也不可能使客观需要得到满足。因此，正确的法律意识，是使客观需要转化为法律规范的重要条件。

3. 在法的实施过程中，法律意识起到调整作用，使人们的行为与法律规范相协调。法律意识在法律职业者将法律规范运用到解决具体问题、具体案件的活动即法的适用中，起着重要作用，法律职业者的法律意识水平决定着他们对法律精神实质的理解程度，并将直接关系到他们处理案件的正确、合法与否。对于法律职业者来说，一方面要增强法律职业意识，认识到法律职业是一项神圣的事业，代表国家依法承担着"定纷止争"，实现社会正义、维护社会秩序的重要职责。法律职业者一方面自觉提高职业技能和职业水平，通过自己的行为增加社会公众对法律职业的尊重和对法律的信仰，提升法律和司法的权威；另一方面要加强职业道德修养，谨守职业伦理，忠于法律，公正司法。法律意识在公民、社会组织遵守和执行法律规范的过程中也起着重要作用。法的实施是人们的一种有意识的活动，它不是社会关系参加者的意志对法律规范中所体现的国家意志的简单服从。如果公民、社会组织不能正确理解法律，同样也不能正确实施法律。法律意识能使人们的行为同现行

〔1〕　《马克思恩格斯选集》第 1 卷，人民出版社 1995 年版，第 585 页。

〔2〕　按照新制度经济学派的基本观点，制度变迁具有一种路径依赖的特性。即制度变迁的最终结果，往往由制度变迁的初始条件及偶然因素决定，不同的路径会产生完全不同的制度变迁的结果。在知识领域，一门科学、一种思想的建构无一不形成对它以前已有知识形态的路径依赖。东西方传统法律文化的差异以及中国近现代以来一直解决不好的"中体西用"和"西体中用"的矛盾，谁说不是一种路径依赖的结果呢？参见〔美〕道格拉斯·诺斯："历时经济绩效"，载《经济译文》1994 年第 6 期。

法的规定相符或者不相符，当人们受到与占主导地位的法律意识相违背的法律意识指引或者缺乏法律知识时，往往做出与现行法不一致的行为，甚至做出了违法的行为却不知道已经违法。占主导地位的法律意识则指引人们做出与现行法的要求相一致的行为，促使人们自觉遵守和严格执行法律，同违法犯罪现象进行斗争。

■　第三节　法　系

一、法系的概念

法系是比较法学的核心概念，具体是指根据法的历史传统和外部特征的不同，对法所做的分类。凡属于同一传统的法律就构成一个法系。它最初是西方法学著作中提出的一个用于法的分类的概念。历史上，各民族都曾经将自己的法律制度视为具有普遍意义的法律制度。但是，19 世纪以来，随着主权的、独立的民族国家的兴起，出现了广泛的立法活动，人们认识到并开始承认法律具有一定的地域性，相应的，产生了对不同国家的法律进行比较研究的需要。然而，由于每一个国家都有自己的法，有时一个国家内部还实施不同的法，因此，需要借助类型理论去比较，对比较的对象进行进一步的分类。"当代世界上的法，虽然为数众多，但却可以分成数目有限的法系，因此，我们不必阐述每一法的细节，而只阐述这些法分属的几个法系的一般特征，就能达到自己的目的。"[1]法系概念就是在这一背景下提出的。

法系划分的理论依据主要是法的传统。许多国家的法律，如果在法律技术、法律术语、法律结构、法律观念、法律方法及相应的文化背景方面是相同或相似的，它们就可以被归为一个类别。这样一来，世界各国的法律就能够分成数目有限的不同类别，进而就可以对他们加以比较，促进法律领域的交流。但在法系应该如何划分的问题上，西方比较法学者的认识非常不统一，有的划分为十几个法系，有的则划分出几十个法系。比较一致的观点是，当代世界主要法系有三个：民法法系、普通法系、社会主义法系（以苏联和东欧社会主义国家的法律为代表）。前两个法系，我国学者一般概括为资本主义两大法系。另外，许多学者对伊斯兰法系、印度法系、中华法系也很有兴趣。由于这些法系的划分标准不统一，如普通法系与民法法系是依据法的形式及结构方面的传统来划分的，而这两个法系与社会主义法系之间又是根据意识形态划分的，伊斯兰法系则是从法的宗教传统考虑的，因此，西方学者有关

---

[1] 〔法〕勒内·达维德：《当代主要法律体系》，漆竹生译，上海译文出版社 1984 年版，第 22 页。

法系划分的观点，引起了一些批评。[1]

西方学者在指称法系概念时用语也是不统一的，在英语中就有 Legal system、Legal family、Legal culture 及 Legal genealogy 等词组可以表达这一概念。这些词组的含义并不完全一样，各有侧重，但基本点是一致的，都是指在一定的传统基础上形成和发展起来的法律的总称。由于词汇的多义性及语言使用习惯的问题，有的词组直译为汉语，可能引起不同理解。如 Legal system 在汉语中可直译为法律体系，后者通常指一国现行法的整体，没有"传统"的意思。所以，"法系"也是一个分析特定对象的概念工具。

二、两大法系的概念与形成

两大法系在法学理论中特指对资本主义法有重大影响并随资本主义法的形成而发展起来的民法法系和普通法系。

（一）民法法系

民法法系（Civil Law System），是指以古代罗马法，特别是以 19 世纪初《法国民法典》为传统产生和发展起来的法律的总称。由于该法系的影响范围主要是在欧洲大陆国家，特别是法国和德国，且主要法律的表现形式均为法典，所以又称大陆法系、罗马—德意志法系、法典法系。属于这一法系的除了欧洲大陆国家外，还有曾是法国、德国、葡萄牙、荷兰等国殖民地的国家及因其他原因受其影响的国家和地区，如非洲的埃塞俄比亚、南非、津巴布韦等，亚洲的日本、泰国、土耳其等，加拿大的魁北克省，美国的路易斯安那州，英国的苏格兰等。可见，民法法系是一个影响非常广泛的法系。

民法法系的历史渊源是古代罗马法。古罗马法是与简单商品经济相适应的法律，古罗马代表着人类法律发展的重要历史时期。该时期留下了对后世有重要影响的《查士丁尼法典》《学说汇纂》《法学阶梯》《查士丁尼新律》等著名法律文献，提供了现在看来仍有价值的许多法律术语、法律分类、法律技术及法律观点。然而，公元 5 世纪日耳曼人的入侵导致了这一法律文明的衰落。直到 12~14 世纪，在欧洲大陆出现了罗马法的复兴，这一文明才得以延续。先是意大利的波伦亚大学，后是欧洲所有的大学，均出现了讲授罗马法的热潮，罗马法成为欧洲大陆法律教育的基础。由欧洲各大学推动的罗马法复兴运动在民法法系的形成过程中具有重要地位。[2]在资产阶级革命前

---

〔1〕　孙国华主编：《法理学》，法律出版社 1995 年版，第 113 页；《梁治平自选集》，广西师范大学出版社 1997 年版，第 135 页。

〔2〕　法国比较法学家勒内·达维德认为，从科学观点看，民法法系出现的时代应该是 13 世纪（即罗马法复兴时期）。在此之前，虽然存在将来构成法系的某些因素，但讲法系还为时过早。参见〔法〕勒内·达维德：《当代主要法律体系》，漆竹生译，上海译文出版社 1984 年版，第 35 页。

后，罗马法已成为欧洲大陆国家立法的基础。特别是 1804 年由拿破仑主持制定的《法国民法典》（又称《拿破仑法典》），将罗马法的原理与资本主义经济社会发展需要比较完美地结合起来，使民法法系发展到一个新的水平。在该法典问世后制定的大量资产阶级民法典，都在不同程度上受其影响。而 1896 年制定、1900 年实施的《德国民法典》则代表了民法法系发展的另一个分支。它虽然也受到《法国民法典》的影响，但又与后者不同。它是在资产阶级加强对社会经济生活干预的条件下制定并实施的，而且比较侧重对本国法律实践经验的总结。如果说，《法国民法典》侧重于保护个人权利，维护自由竞争，那么，《德国民法典》则更强调社会利益。从立法技术上看，《德国民法典》将罗马法的各项原则发展到前所未有的系统化和专业化高度。[1]

（二）普通法系

普通法系（Common Law System），是指以英国中世纪的法律，特别是普通法为基础和传统产生与发展起来的法律的总称。由于它主要渊源于英国普通法，被称为普通法法系、英国法系；又由于它以判例法为法的主要表现形式，被称为判例法系；由于在现代它是由英国法与美国法两大分支构成，又称英美法系。这一法系的范围，除了英国（苏格兰外）以外，还包括曾是英国的殖民地、附属国的许多国家和地区，如美国、加拿大、印度、新加坡、澳大利亚、新西兰以及非洲的个别国家、地区等。

中世纪的英国法是在罗马法之外发展起来的。1066 年诺曼人征服英格兰是英国法律发展史上的重要分界线。在此之前，英国被称为盎格鲁—撒克逊法时期。这个时期的法，人们所知甚少。当时的英国在延续 4 个世纪的罗马统治结束后，被日耳曼族的撒克逊人、盎格鲁人、朱特人、丹麦人瓜分，流行的主要是日耳曼人的习惯法。[2] 1066 年之后，诺曼公爵威廉统治英国。他一方面明确宣布盎格鲁—撒克逊法继续有效，另一方面加强中央集权，派出官员在全国巡回审理与王室利益有关的案件，逐步建立了一批王室法院（又称皇家法院），以后统称为普通法法院。这些官员和法院根据国王的敕令、道德原则处理案件，进行判决。在这些判决的基础上，逐步形成了一套通行于全国的法律。所以，普通法（按当时的司法法语 Law French 称之为 Comune ley）是指与封建领主适用的各地方习惯相反，在整个英国普遍适用的法（不同于我国法学界习惯上所说的与根本法对应的普通法）。14、15 世纪，由于普通法的严格形式主义，加之扩大王权的需要，英国设立了大法官法院，解决因不满普通法院的判决而向国王提出的申诉，大法官不是根据普通法而是依据衡平原则处理案件。因而，在此基础上又形成了一套衡平法。这样一来，普通法院与衡平法院之间就不可避免地产生了冲突，经过长期的斗争，最终双方于 17 世纪初期达成妥协，确立了"衡平追随法律"（Equity follows the law）的格局。[1]这场冲突，从一定意义上说，是英国资产阶级革命的前奏之一。而普通法与衡平法的妥协，则反映了英国资产阶级革命的特点。[2]经过资产阶级革命，普通法和衡平法没有被废除，而是被保留下来，并结合资本主义的发展需要得到进一步完善。因此，英国法的传统特点比较明显。

英国殖民主义扩张的过程中，英国法的影响扩展到许多地区，其中最典型的就是美国。现在的美国法虽然与英国法有许多不同，但从特点上看，二者仍然属于同一法系。

三、两大法系的区别

民法法系与普通法系都渊源于西方国家，并且，受其影响的国家也主要是资本主义国家以及工业化国家。因此，它们有许多共同之处，例如在经济基础、阶级本质上是相同的，都重视法治等。但因各自的传统不同，它们之间又有一定的区别。从它们的区别中，可以进一步掌握两者的特点。从宏观的角度看，这些区别具体如下：

1. 在法律思维方式的特点方面，民法法系属于演绎型思维，而普通法系属于归纳式思维和类比推理。在民法法系，人们首先确立法律的一般规定，然后根据一般规定，寻找适用于个别案件的处理办法。因此，比较强调"理性"在法律制定中的地位和作用，强调法律本身的合理性，要求一切法律活动都必须建立在国家制定法的基础上。而在普通法系，则是从个别案件中抽象、总结出一般规定。法官、律师更具有"职业"特点，对他们来说，重要的是以往的判决中是否包含了能够适用于本案的原则。因此，更重视"经验"的作用。在推理方式上，民法法系注重形式逻辑中的演绎推理；普通法系则侧重于类比推理。

2. 在法的渊源方面，民法法系中法的正式渊源只是制定法，而普通法系

---

〔1〕　衡平法的兴起，在政治上，是与加强君主专制的需要联系在一起的。因此，普通法院与衡平法院的斗争实际上也是普通法院的法官与国王之间有关法官独立问题的斗争。参见沈宗灵：《比较法总论》，北京大学出版社 1987 年版，第 173～175 页、第 181～182 页；〔法〕勒内·达维德：《当代主要法律体系》，漆竹生译，上海译文出版社 1984 年版，第 305～309 页。

〔2〕　沈宗灵：《比较法总论》，北京大学出版社 1987 年版，第 179～182 页。

中制定法、判例法都是法的正式渊源。在民法法系中，只有制定法是法的正式渊源，如宪法、法律，法理、判例最多具有说服力，但没有拘束力，不产生法律上的强制效力。普通法系则有所不同，传统的法的正式渊源就是判例法，近代以来才出现了一定的制定法并在法律改革中发挥主导作用。但就制定法与判例法的关系而言，普通法系的法官仍然更愿意适用判例法。[1]值得注意的是，由于民法法系上诉制度的存在，下级法院法官必然会考虑上级法院法官对类似案件的判决意见，因此，判例的说服力在民法法系也就具有了一定的"强制"色彩。但在理论上、法律上，这一差别仍然是两大法系的主要区别之一。[2]

3. 在法律的分类方面，民法法系国家一般都将公法与私法的划分作为法律分类的基础，而普通法系则是以普通法与衡平法为法的基本分类。民法法系国家中，公法和私法是基本的法律分类，在此基础上将宪法、刑法、行政法、诉讼法归为公法，属于私法的则是民法、商法，这些法律各自又包括一些"子"法律。20世纪以来，还出现了一个新的现象，即兼具公私法特征的社会法，成为与公法、私法并列的法律分类。在普通法系国家，从法的渊源上有制定法与判例法的划分。就法律部门来说，主要的基本的分类则是普通法与衡平法，二者从程序到概念都是不同的。普通法系没有公法与私法的划分，也没有刑法学家、民法学家等类似称谓。

4. 在诉讼程序方面，民法法系与教会法程序接近，属于纠问制诉讼，普通法系则采用对抗制诉讼程序。民法法系中，法官一般处于主导地位。而普通法系中，法官的作用则相对比较消极，处于中立的裁判者地位。在法庭上，民事诉讼中由双方律师，刑事诉讼中由公诉人与被告的律师担当主要角色，双方进行辩论。所有的证据都要当庭质证。在部分重大案件的审理上，设有陪审团制度，由陪审团对事实部分加以认定。

5. 在法典编纂方面，民法法系的主要发展阶段都有代表性的法典，特别是近代以来，民法法系国家进行了大规模的法典编纂活动。普通法系在都铎王朝时期曾进行过较大规模的立法活动，近代以来制定法的数量也在增加，但总体上看，不倾向进行系统的法典编纂。

另外，两大法系在法院体系、法律概念、法律适用技术及法律观念等方面也存在许多差别。

在世界性的法的区域化、一体化的过程中，两大法系之间的差别正在逐

---

[1] 〔英〕R. J. 沃克:《英国法渊源》，夏勇、夏道虎译，西南政法学院1984年印行，第71页。
[2] 沈宗灵主编:《法理学》，高等教育出版社1994年版，第107～108页。

渐缩小。但由于两大法系的形成源于各自悠久的历史传统和不同的法律文化背景，这些差别在短时间内不会发生根本变化。需要说明的是，两大法系在将秩序建立在法律的基础上这一问题上的主张是一致的，所不同的只是实现法治的方式与方法。正因为如此，两大法系又可以作为一个法律文化共同体与其他法律文化共同体进行比较。

思考题

1. 法的传统、法律意识与法律文化分别是什么关系？从文化角度研究法律有什么意义？
2. 法系的划分对法学研究的意义是什么？
3. 民法法系与普通法系有什么区别？它们的形成方式与它们之间的区别是什么关系？
4. "普法"工作对我国法治建设有什么作用？

推荐阅读书目

1. 沈宗灵：《比较法总论》，北京大学出版社 1987 年版。
2. 张文显：《法哲学范畴研究》，中国政法大学出版社 2001 年版。
3. 瞿同祖：《中国法律与中国社会》，中华书局 1981 年版。
4. 张晋藩：《中国法律的传统与近代转型》，法律出版社 1997 年版。
5. 〔法〕勒内·达维德：《当代主要法律体系》，漆竹生译，上海译文出版社 1984 年版。
6. 〔德〕弗里德里希·卡尔·冯·萨维尼：《论立法与法学的当代使命》，许章润译，中国法制出版社 2001 年版。
7. 〔美〕埃尔曼：《比较法律文化》，贺卫方、高鸿钧译，生活·读书·新知三联书店 1990 年版。

第十二章

第十三章

法的现代化

学习目的与要求 本章的目的是帮助学生掌握有关法的现代化的理论和实践，提高对法与现代化之间关系的认识。要求学生熟练掌握法的现代化、现代性的相关知识，特别是了解中国法的现代化的特殊性问题，能够运用相关知识和理论理解、分析中国现代化进程中的各种复杂的法律问题。

■ 第一节 法的现代化概述

一、法的现代化的概念

就最一般的含义而言，现代化是指在科学技术革命的冲击下，各个社会业已进行或正在进行的转变过程。[1]在英语中，现代化，即 modernization 的原意是 to make modern，即"使之成为现代的"。现代，即 modern 一词，在西方有两层意思：一层含义是指特定的时间，即从大约公元 1500 年至今的历史时期。这是源于 modern 一词的一个含义 of the present or recent times，即现代的、近代的。另一层含义是源于 modern 一词的另一种词义 new，up-to-date 及 new fashioned，即时新的、时髦的，指区别于中世纪的新时代的精神与特征。[2]因此，现代化一词就具有了新的含义。目前关于现代化的含义，大体说来有四种：①在近代资本主义兴起后形成的特定国际关系格局中，经济上落后国家在经济与技术方面赶上世界先进水平的历史过程。②经济落后国家实现工业化的过程。这种观点认为现代化实质就是工业化，是人类社会从传

---

〔1〕 〔美〕吉尔伯特·罗兹曼主编：《中国的现代化》，国家社会科学基金"比较现代化"课题组译，江苏人民出版社 1988 年版，第 3～4 页。

〔2〕 Modern 一词于欧洲文艺复兴时期人文主义者的著作中最先使用。当时，这个词表达一个新的观念体系，即与以神学权威为基础的中世纪相对立的新时代。参见罗荣渠：《现代化新论：世界与中国的现代化进程》，北京大学出版社 1993 年版，第 3～6 页。

统的农业社会向现代工业社会转变的历史过程。③将现代化界定为自科学革命以来人类社会急剧变动的过程的总称。④现代化主要是一种心理态度、价值观和生活方式的改变过程，即现代化可以看作代表我们这个历史时期的一种"文明的形式"。[1]这些观点各有侧重，我们倾向于认为：由于现代化带来了深刻的社会变化或称"社会转型"，所以现代化就不仅是物质生活方式的变化，而是基于科学技术革命引起的从物质到精神、从制度到观念的社会总体的变迁，是特定社会的现代性因素不断增加的过程。

法与现代化存在着密切关系。现代化发源于工业化。从欧洲18世纪后期开始的工业革命至今，科学技术作为第一生产力极大地推动了世界性的社会变革。在经济上处于不发达或欠发达的国家，都把工业化作为根本改变国家面貌和国际地位的战略措施。马克思说过："工业较发达的国家向工业较不发达的国家所显示的，只是后者未来的景象。"[2]与之相伴随的是，民主和法治成为主要的现代性因素。[3]这不是偶然的。工业化固然可以引起社会生产与生活方式的变化，进而要求法律与之相适应。但是，工业化又不仅仅是孤立的工业领域的现象，它需要一种与整个工业化相应的社会环境作为其发生的条件。马克斯·韦伯认为，现代化就是"合理化"，是一种全面的工具理性的发展过程。"归根到底，产生资本主义的因素乃是合理的常设企业、合理的核算、合理的工艺和合理的法律，但也并非仅此而已。合理的精神、一般生活的合理化以及合理的经济道德都是必要的辅助因素。"[4]没有人文环境、社会关系的现代化，就没有物质生活方式的现代化。法作为社会关系的调整与符号系统，其自身的现代化，一定意义上就成为社会全面现代化的条件和标志。

法与现代化的内在联系决定了法的现代化的地位与意义。法的现代化是指与现代化的需要相适应的、法的现代性不断增加的过程。需要强调说明的是，法的现代化，并不完全是为满足现代化的要求才成为一种迫切需要，更重要的原因在于它本身就是现代社会中人的一种生存方式和价值目标。不能将法治与现代化分割开来，法治就是现代化的一部分。

第
十
三
章

---

〔1〕 罗荣渠：《现代化新论：世界与中国的现代化进程》，北京大学出版社1993年版，第8~17页。

〔2〕 《马克思恩格斯全集》第23卷，人民出版社1972年版，第8页。

〔3〕 在有的著作中，民主化、法制化是与工业化、都市化、均富化、福利化、社会阶层流动化、宗教世俗化、教育普及化、知识科学化、信息传播化、人口控制化等相并列的主要的现代性因素。参见（台）杨国枢：《现代社会的心理适应》，巨流图书公司1978年版，第24页。

〔4〕 转引自罗荣渠：《现代化新论：世界与中国的现代化进程》，北京大学出版社1993年版，第14~15页。

二、法的现代性因素

现代化是一个社会急剧变动的过程。现代性（modernity）则是现代社会的特征，是社会在科学技术革命的冲击下形成的属性。法的现代性是指现代社会法的共同特征。法的现代性大体由公开性、自治性、普遍性、层次性、确定性、可诉性、合理性和权威性等因素构成。[1]

1. 法的公开性。这是指法律一经制定，必须向社会公开，并且法律的制定和法律的实施过程也要公开。未经公布的法律，不具有法律效力。法的公开性是公民知情权的体现。一般认为，前现代社会是以人与人的依附关系为特征的，法律体现的是专制的需要。而现代社会是以人与人之间的平等关系为特征的，法律体现的是以每个人的自由发展为基础的民主的需要。因此，现代社会的法必须经过一定的民主程序才能确立。所以，法律及其实施过程的公开不仅是人们遵守法律的前提，也是人们有效评价他人及国家机关行为合法与否和参与国家政治生活的必备条件，是实现广泛的公众参与及社会监督的重要措施。

2. 法的自治性。这是指法律是一套独立的并由专门的机构运用专业知识加以适用的规则体系。在现代社会，法律是与宗教、道德等存在严格界限的知识体系，法律的适用主要依靠专门的司法机构。这种知识的专业化分工，导致法律方法的独特性及职业法律集团的迅速发展。所以，在现代社会，法律领域形成了一个独立的自我调节的运行机制。[2]

3. 法的普遍性。这是指法律不能针对具体的个别的人，而应调整一般的人的行为。它的最基本的价值内涵就是法律面前人人平等。每个人，无论种族、性别、出身、宗教信仰、财产状况、职业职务，在法律面前一律平等。同事同处，同罪同罚，任何人都不能享有凌驾于法律之上的特权。

4. 法的层次性。这是指法律必须具有一定的内在的道德性，即符合一定社会特定历史时期的价值标准并与人类社会最低限度的共同价值准则保持一致。法律的实施主要依靠人们的自觉遵守而不是强制，主要依靠国家强制力保证实施的法律是没有生命力的。人们对法律的自觉遵守取决于对法律的接

〔1〕 法的现代性的某些因素在许多著作中以法治原则或法的现代精神来表述（参见张文显：《当代西方法哲学》，吉林大学出版社1987年版，第92～96页；葛洪义、陈年冰："法的普遍性、确定性、合理性辨析——兼论当代中国立法和法理学的使命"，载《法学研究》1997年第5期）。但法治原则和法的现代精神更偏重于法的内在价值取向，前者同时又不足以表明法治作为特定时期的概念的特征，所以，用法的现代性这一概念来界定似乎更为准确、全面。

〔2〕 〔美〕昂格尔：《现代社会中的法律》，吴玉章、周汉华译，中国政法大学出版社1994年版，第46～47页。

受和信仰。所以，法律不仅要符合一定的规律，而且要具有一定的价值。法律的内容不是由强权，而是由法律背后的规律和价值所决定的。

5. 法的确定性。这是指法律的内容、至少是它的中心含义不应该是模糊不定、自相矛盾的，而应该是明确的、无歧义的。尽管在事实上法律不可能完美无缺，人们在适用法律时会产生不同理解，但应该最大限度地维护法的确定性，以增强社会交往中的理性因素，保证社会关系的稳定、社会的秩序感与安全感。[1]

6. 法的可诉性。这是指法律具有被任何人（包括公民和法人）在法律规定的机构（尤其是法院和仲裁机构）中通过争议解决程序（特别是诉讼程序）加以运用以维护自身权利的可能性。[2]现代社会中的法律作为一种规范人的外部行为的秩序机制，同时也是公民的权利保障机制。因此，任何人都应该有权并有法律上的可能性在自己的权利受到非法损害时寻求法律保护；相关国家机构在其职权范围内对任何违法行为，尤其是国家机构及其官员的违法行为最终能够依司法途径查处；任何法律都应该具有被人们按司法程序检验和运用的可能性。

7. 法的合理性。这是指现代社会的法律机制是由职业法律家操作的、符合一定理性原则的秩序机制，具有专业性与技术性的特征。在受工业化冲击的社会中，人的行为的目的性、可计算性等合理性因素大大增强，人们行为的可预测性越强，表明社会交往的理性化程度越高。这就要求法律具有稳定性、规范性、确定性及在此基础上的高度专业化和技术化，以保证行为的可预测性及交易、交往安全。[3]与此同时，法律执行机构也在向专门化、独立化方向发展。

8. 法的权威性。这是指法律在社会中居于核心与至上的地位。它不仅是社会关系、社会交往、社会秩序的主要组织形式，而且是最具有外在效力的社会规范及能够强制社会成员实施或不实施一定行为的主要甚至唯一的评价尺度。任何人都没有凌驾于法律之上的特权，国家机构尤其要依法办事。

三、法的现代化与传统

在现代化理论研究中，传统（tradition）与现代性经常被用作分析现代化进程的对比类型。传统是前现代的特征，现代性则是现代社会的特征。由于

---

〔1〕　葛洪义、陈年冰："法的普遍性、确定性、合理性辨析——兼论当代中国立法和法理学的使命"，载《法学研究》1997 年第 5 期。

〔2〕　王晨光："法律的可诉性：现代法治国家中法律的特征之一"，载《法学》1998 年第 8 期。

〔3〕　〔德〕马克斯·韦伯：《新教伦理与资本主义精神》，黄晓京、彭强译，四川人民出版社 1986 年版，第 19～52 页。

任何现代社会都不可能是纯粹的现代性社会，各现代社会之间差距也很大，而且现在的传统社会也不可能完全由传统因素构成，都是兼具现代性与传统的，所以，不能简单地在传统与现代性之间划定绝对的界限，对两者的关系需要具体分析。但是，从总体上看，现代化给所有落后国家，特别是受传统影响较深的国家带来了巨大冲击，导致这些国家的急剧变化。在变化中，许多传统逐渐消逝。因此，虽然传统是难以绝对超越的，但在任何一个给定的时空点，现代性与传统总是有着相对清楚的界定。只要承认变化和发展，传统与现代性的二元对立就不可避免。[1]所以，研究传统与现代化的关系就是必要的。

法的传统是指世代相传、辗转相承的有关法的观念、制度的总和。在各国、各民族发展相对封闭的时期，存在许多互不相同、甚至相互排斥的法的传统。这些法的传统在现代化的过程中遭遇着不同的命运。由于传统赖以存在及所维系的社会在现代化无情地冲击下发生重大变化，传统本身缓慢、渐进的演进被中断（量变到质变）。历史证明，在现代化面前，因循守旧，最终只能是被动挨打、受制于人。传统必须在现代化的过程中经受洗礼，才能获得新生。法的传统也是如此。有些法的传统适应了法的现代化的需要，有比较充分的条件实现自身的现代化；有些法的传统不具备这些条件，它的自然演变的历史就被人为地改变，在外力的冲击和作用下，经过反复博弈，最终还是向现代化方向发展。

需要指出的是，在法的现代化的过程中，有时不可避免地面临彻底的反传统。从历史上看，凡是能够被称之为传统的东西，都一定包含着某种精华。这种精华是在不断的否定中得以升华的。从这个意义上说，反传统与尊重传统是一致的。反传统固然要否定传统，而且也是突破传统的一种形式，但它所否定掉的只是必然要被淘汰的东西。所以，法的传统的现代化是以彻底否定法的传统为前提的。世界各国在法的现代化的进程中，都曾不同程度地面临这一问题。但法治发达的国家，都曾通过激烈的革命或改革的方式，实现法制领域的历史性转折和突破。传统的法律观念和法律体系是建立在原有的社会关系的基础上为旧秩序服务的，现代化引起的社会生产力的空前解放，释放出了巨大能量，导致社会关系发生革命性改变。反传统就是这场变革的必然产物。传统中真正的精华在否定中才能升华，在实践中才能延续。在法的现代化的过程中，不能预先确定哪些传统是应该保留的精华，哪些又是应该否定的糟粕。而是应该立足于法的现代化的需要，在现代化的实践中实现传统的升华和自然延续。

■ 第二节 中国法的现代化

一、法的现代化的模式

根据法的现代化的动力来源，法的现代化过程大体上可以分为内发型法的现代化和外源型法的现代化。[1] 内发型法的现代化是指由特定社会自身力量产生的法的内部创新，这种现代化是一个自发的、自下而上的、缓慢的渐进变革的过程。外源型法的现代化是指在外部环境影响下，社会受外力冲击，引起思想、政治、经济领域的变革，最终导致法律文化领域的革新。在这种法的现代化过程中，外来因素是最初的主要推动力。因此，外来因素和内部因素的相互作用是法的现代化的重要特点，不仅表现为正式法律制度的内部矛盾，而且反映在正式法律制度与传统习惯、风俗、礼仪的激烈斗争中。传统的利益群体和传统观念相结合，一方面成为法的现代化的强大阻力，另一方面又使法的现代化进程呈现多样化。

内发型法的现代化是在西方文明的特定社会历史背景中孕育、发展起来的。对这一进程的具体过程，学术界有不同看法。比较法学家细致地描绘了西方两大法系的形成过程，指出两大法系分别在罗马法和普通法传统的基础上经过逐步革新，最终形成了法治。而美国哈佛大学教授伯尔曼则认为，西方法律传统的形成渊源于 11 世纪下半叶西方教会的"革命"。这场革命的结果之一是确立了教会法和世俗法的二元格局，产生了一套具有"近代"色彩的制度和观念，如教皇的统治权威受到教会内部等级制度及职能划分的制约，宗教权威与世俗权威相互制约，宗教权威须服从神法和自然法等，使教会的统治建立在法律的基础上。其中的"法治"色彩如权力制约、权力服从法律、政教分离等都具有"进步"意义。在教会法的带动下，世俗法也发生了很大的变化。后者规定了对土室特权的限制，市民参与城市管理及未经法定程序不得被逮捕的权利，政府组织的原则和某种程度的立法、行政及司法的分权体制，法律的独立和自治以及法律的职业化等。这些规定和原则在教皇革命之后，又经 1517 年的宗教改革、1688 年的光荣革命、1776 年美国革命、1789

第十三章

---

[1] 有学者曾将现代化过程按起源的不同，分为内源的现代化（modernization from within）和外源或外诱的现代化（modernization from without）（参见罗荣渠：《现代化新论：世界与中国的现代化进程》，北京大学出版社 1993 年版，第 123 页）。类似观点散见于现代化论著中。此处乃借用这一通说。

年法国革命和1917年俄国革命而得到发展。每次革命都根据革命的主要目的产生了新的法律体系，但都是在西方法律传统内的革命。[1]伯尔曼是从政教冲突的角度考察西方法的传统的形成及其所包含的现代性因素，泰格和利维虽然也是以11世纪为起点，但结论却很不相同。他们认为，商人对法律体系的影响和改造，促使资本主义的兴起。商人在不同的阶段，利用不断变化的法律体制与封建领主、城市行会、中央集权的君主进行斗争，逐渐确立了契约自由和产权的绝对化观念。比较而言，伯尔曼侧重于11～13世纪的政教关系，泰格和利维则考查了11世纪以后800年的西方法律史，从威尼斯东方贸易的兴起一直到法国大革命和《法国民法典》。[2]他们的共同之处在于都强调法律在西方社会演进的过程中的重要作用，以及法律与宗教、法律与经济的互动。可见，西方法的某些现代性因素是在西方国家现代化之前形成的并成为现代化的促进因素。

外源型法的现代化一般是在外部环境的强有力的作用下，在迫切需要社会政治、经济变革的背景中展开的。其特点在于：①具有被动性。一般表现为在外部因素的压力下（如外来干涉、殖民统治或经济上的依附关系），本民族的有识之士希望通过变法以图民族强盛。②具有依附性。这种情况下展开的法的现代化进程，带有明显的工具色彩，一般被要求服务于政治、经济变革。法律改革的"合法性"依据，并不在于法律本身，而在于它的服务对象的合理性。③具有反复性。由于法的现代化不是社会自身力量演变的自然结果，所以，在通往现代化的过程中，传统的本土文化与现代的外来文化之间矛盾比较尖锐，法的现代化过程经常出现反复。以伊斯兰法为例，可以对此略作说明。伊斯兰教是世界三大宗教之一。按严格的法律观点看，在伊斯兰教里，教会与国家是没有界限的，伊斯兰教不仅是宗教，也是法律的渊源。所以，一般认为伊斯兰法是非常封闭的。但实际上，情况并非如此。在古代，由于地理位置相邻，伊斯兰世界与西方一直存在法律方面的交流。[3]但这种交流是比较有限的，西方法律文化的大规模渗入始于近代。14世纪之后，欧洲社会发生了巨大变化，在"欧洲工业革命开始和新思想猛烈激荡之时，恰值伊斯兰世界处于政治上和思想上的停滞时期"。[4]奥斯曼帝国无法抵御西方

〔1〕 〔美〕哈罗德·J. 伯尔曼：《法律与革命——西方法律传统的形成》，贺卫方等译，中国大百科全书出版社1993年版，导论。

〔2〕 〔美〕泰格、利维：《法律与资本主义的兴起》，纪琨译，学林出版社1996年版。

〔3〕 高鸿钧：《伊斯兰法：传统与现代化》，社会科学文献出版社1996年版，第123～127页。

〔4〕 〔巴基斯坦〕赛义德·菲亚兹·马茂德：《伊斯兰教简史》，吴云贵等译，中国社会科学出版社1981年版，第667页。

国家的侵略扩张，被迫签订丧权辱国的条约，丧失大片领土。在内外交困的情况下，18 世纪，奥斯曼帝国进行了所谓"新秩序"运动的改革，包括法律改革。他们引进了西方国家，特别是法国的法律，如商法、刑法明显受到《法国商法典》和《法国刑法典》的影响。1840 年以后，在奥斯曼帝国，不仅存在伊斯兰法和源于西方的世俗法，而且存在双重司法系统——沙里亚法院和世俗法院，后者的管辖权还日益扩大。奥斯曼帝国解体后，引进西方法律的活动仍在进行。现在，伊斯兰国家在不同程度上受到西方法律的影响。20 世纪 60 年代，大部分国家将伊斯兰法作为补充性的法律渊源，在没有立法的情况下才被适用。[1]但是自 20 世纪 60 年代末以来，由于阿拉伯国家与西方国家的关系趋于紧张，也由于前者对在政治、经济、法律上长期依赖西方国家的状况的不满，伊斯兰国家出现了伊斯兰复兴运动，先是利比亚、巴基斯坦、印度等少数国家宣布废除取自西方的法律，恢复传统的伊斯兰法，后影响到整个伊斯兰世界。[2]这使法的现代化运动在伊斯兰国家出现了反复，进入了一个调整时期。这一过程表明，外源型法的现代化虽然发生时比较迅速、突然，但要真正与本土法文化融合，难度很大，要经历一个相当漫长的历史时期。这一现象的原因在于，外源型法的现代化以政治、经济为中心，是自上而下的，而不是生长于该社会的文化土壤。因此，一旦它所依托的社会背景发生变化，就会激起广泛的民族主义情绪，打断这一进程。所以，对于外源型法的现代化国家来说，外来法律资源与本土文化的关系始终是法的现代化能否成功的一个关键。

二、中国法的现代化及其特点

鸦片战争前，以自然经济为基础的中国农业社会是封闭保守的。1644 年入关以后的清朝，经历了一百多年的盛世，至嘉庆年间开始急剧衰败。清朝政府政治腐败，经济状况恶化，阶级矛盾尖锐，封建的生产关系已经严重束缚了生产力的发展。几乎与此同时，西方国家已经完成"工业革命"，开始向海外扩张。鸦片战争中，清朝政府惨遭失败。鸦片战争后的封建法律面临着两方面的压力：一方面，清朝政府在被迫签订的不平等条约中承认了外国领事裁判权，对中国传统法律造成极大的修改压力；另一方面，当时的有识之

---

〔1〕　伊斯兰国家受西方法律影响的程度是不同的，如土耳其和印度就已经西化，最有所保留的是沙特阿拉伯。有的国家受到普通法系的影响比较大，如印度是受英国法的影响。但更多的情况是受两大法系的交叉影响，如程序和证据制度受普通法系影响，财产法方面则受民法法系的影响。第二次世界大战之后，各国为保持自身独立，也有意识地避免以某国法律为唯一选择。参见高鸿钧：《伊斯兰法：传统与现代化》，社会科学文献出版社 1996 年版，第 127～149 页。

〔2〕　高鸿钧：《伊斯兰法：传统与现代化》，社会科学文献出版社 1996 年版，第 219～240 页。

士在鸦片战争前后已经看到了中国的落后，要求变法图强。1902 年，张之洞以兼办通商大臣的身份，与各国修订商约。英、日、美、葡四国表示，在清政府改良司法"皆臻完善"之后，愿意放弃领事裁判权。为此，清政府下诏，派沈家本、伍廷芳主持修律。[1]以收回领事裁判权为契机，中国法的现代化在制度层面上正式启动了。

在这一背景下，从起因看，中国法的现代化明显属于外源型法的现代化，西方法律资源也就必然成为中国法的现代化的主要参照。中国近百年法的现代化的历史，既与所有外源型法的现代化有共同之处，又有自己的独特之处。

1. 由被动接受到主动选择。清末修律，从历史的角度看是极其必要的，但在当时显然是屈辱性的、被动的。清政府在派沈家本、伍廷芳主持修律时就已说明，"将一切现行律例，按照交涉情形，参酌各国法律，悉心考订，妥为拟议，务期中外通行，有裨治理"。[2]在殖民、半殖民的历史条件下，旧中国政府软弱无能，丧权辱国。国门开放之后，西方国家先进的科学技术和思想传入中国，促使中国进步知识分子思考中国的命运和前途，加速了清王朝的灭亡。新成立的国民党政府模仿西方法律，建立了资产阶级政权。中国资产阶级革命的著名领袖孙中山先生在概括其三民主义政治纲领时指出："我们革命的目的，是为中国谋幸福，因不满少数满洲人专制，故要民族革命；不愿君主一人专制，故要政治革命；不愿少数富人专制，故要社会革命。这三样有一样做不到，也不是我们的本意。"[3]为此，他主张按照自由、平等、博爱的精神，给国民以民权，由国民选举总统和议员，并结合西方三权分立和中国封建社会的考试、监察制度，制定五权分立（立法、行政、司法、考试、监察）的宪法，描绘了一幅资产阶级共和国的蓝图。但是，资产阶级共和国的理想在中国的实践，不仅没有解决民族独立问题，而且随着国民党政府走向腐败与反动而失败。直到中华人民共和国成立，中华民族才真正获得独立。新中国的法制实践是中国共产党自觉选择马克思列宁主义的结果，特别是党的十一届三中全会以后，中国法的现代化进入了一个新的历史时期。在这个时期，中国法制建设在坚持马克思主义为指导的同时，强调要与本国实际相结合，大胆借鉴外国法制建设的有益经验。中国法制建设由被动地接受西方法律资源，已经发展为结合本国具体情况，主动学习西方法制建设经验。

2. 由模仿民法法系到建立有中国特色的社会主义法律制度。1903 年，清

---

〔1〕　张晋藩：《中国法律的传统与近代转型》，法律出版社 1997 年版，第 355～356 页。

〔2〕　《清德宗实录·卷四九八》。

〔3〕　孙中山："三民主义与中国前途"，载《孙中山选集》（上册），人民出版社 1956 年版，第 79 页。

政府的修订法律馆奉旨成立后，沈家本认为，"参酌各国法律，首重翻译"，"欲明西法之宗旨，必研究西人之学，尤必翻译西人之书"。[1] 在他的主持下，翻译了大量外国法律法规，如《德意志刑法》《法兰西刑法》《日本刑法》《德国民事诉讼法》《日本监狱法》《日本刑事诉讼法》《日本商法》《德国海商法》《英国国籍法》《美国国籍法》《日本票据法》《日本改正刑事诉讼法》《日本改正民事诉讼法》《德国高等文官试验法》《德国裁判官惩戒法》《德国改正民事诉讼法》等数十部外国法律法规。所译文本偏重渊源于民法法系的日本法。[2] 从当时修律的成果来看，"就是与大陆法系接轨，建立起'六法'的体系"。[3] 清政府先后制定并施行了《大清现行刑律》（1910 年）、《法院编制法》（1909 年）、《违警律草案》（1908 年）、《国籍条例》（1909 年）、《禁烟条例》（1909 年）；已奏进的法律有《大清商律草案》（1909 年）、《刑事诉讼律草案》和《民事诉讼律草案》（1910 年）。另外，有的法律虽已制定，但未及实施，清政府就倒台了，如 1911 年完成的《大清民律草案》。这些法律初步打破了古代中国民刑不分的法律体系，建立了政刑分离、司法独立的法院体制。在已实施或制定的法律中，比较明显地接受了民法法系的法律概念、法律原则、立法技术并采用法典编纂的方式推进法律改革。后来的北洋政府和南京国民政府基本上沿袭了这一模式。国民党制定了宪法、民法、商法、刑法、诉讼法、法院组织法，史称"六法全书"。内容和性质上属于资产阶级法，也部分体现了封建、买办的要求；形式上，继承了清末修律和北洋政府的法律所一直推崇的民法法系传统。如采纳成文宪法制，先是制定《中华民国宪法草案》（1936 年 5 月 5 日，史称《五五宪草》），后于 1946 年制定《中华民国宪法》（宪法的体例编排为总纲、人民之权利义务、国民大会、总统、行政、立法、司法、考试、监察等 14 章 175 条）；采用法典编纂形式，如 1929 年 5 月至 1930 年 12 月陆续公布的民法，就是以《大清民律草案》和北洋政府的《中华民国民律草案》为基础的单行法律的编纂（共有总则、债、物权、亲属、继承 5 编 1225 条）；法律上实行分权体制等。1949 年中华人民共和国成立后，废除了国民党"六法全书"，着手建立社会主义法律制度。1979 年以前，先后制定了《宪法》《婚姻法》等，1979 年之后，制定了《刑法》《刑事诉讼法》《人民法院组织法》《人民检察院组织法》《民法通则》《民事诉讼法》《行政诉讼法》等，修改了《宪法》《婚姻法》。初步建立了社会主义法律体

第十三章

---

〔1〕《寄簃文存·卷六·新译法规大全序》。
〔2〕 张晋藩：《中国法律的传统与近代转型》，法律出版社 1997 年版，第 444~446 页。
〔3〕 张晋藩：《中国法律的传统与近代转型》，法律出版社 1997 年版，第 449 页。

系、正规化的独立行使职权的司法机构及司法程序，并努力完善行政法制，提出建立社会主义法治国家的目标。从形式上看，由于近代以来法的现代化方式的影响，加上新中国成立后引入的苏联法律模式也是受民法法系的影响，我国总体上仍然倾向于民法法系，但吸收了普通法系的一些经验，如审判程序等。

3. 法的现代化的启动形式是立法主导型。这一方面是因为历史上缺乏法治的传统，另一方面则是由于现实的迫切需要，在这双重压力夹击下的现代化过程中，我国法制建设具有浓厚的"工具"色彩和"功利"性。清末修律开始，中国法的现代化一直是立法主导型，即通过大规模的、有明确针对性的立法，自上而下地建立全新的法律体制。清末开明思想家魏源"师夷长技以制夷"的观点反映了当时进步知识分子的普遍认识："不善师外夷者，外夷制之"，[1] "欲制外夷者，必先悉夷情始，欲悉夷情者，必先立译馆翻夷书始"。[2] 在他的《海国图志》一书序中，他明确阐述该书的写作目的是："为以夷攻夷而作，为以夷款夷而作，为师夷之长技以制夷而作。" 在这种思想指导下，"变法"成为人心所向。龚自珍提出："自古及今，法无不改，势无不积，事例无不变迁，风气无不移易"。[3] 最后，慈禧也在上谕中表示，"世有万古不变之常经，无一成罔变之治法。大抵法久则弊，法弊则更"。"法令不更，锢习不破，欲求振作，当议更张"。她要求百官就"朝章国故、吏治民生、学校科举、军政财政，当因当革、当省当并，或取诸人，或求诸己，如何而国势始兴"[4] 提出建言。当时，翻译外国法律和法学著作蔚然成风，戊戌变法前后，编译了大量法律书籍。[5] 在此基础上，沈家本以"修律"的形式主持了大规模的立法。此后，历届政府都用立法的方式推行新政策，反映在阶级斗争中获胜阶级的意志。这种法的现代化的启动方式，虽然能够迅速实现变法的意图，但是由于法律的社会基础不稳定，以致容易形成国家与社会之间的紧张关系，其作用就比较有限。反动的统治阶级总以为法律是可以随心所欲供自己使用的统治工具，因而导致法律与社会脱节，引起人民对法律的仇视。所以，新中国成立前，每一届政府多少都要否定以前的立法，进行新的立法。法律缺乏连续性，不能形成法律的权威和相应的法治所必需的法律信仰。再由于阶级矛盾、民族矛盾激化，法律与社会的对立进一步加剧，中国资产阶级已经没有能力领导中国实现法的现代化。新中国建立以后，由于社会性质

---

〔1〕《海国图志·卷二·大西洋欧罗巴洲各国总叙》。
〔2〕《海国图志·卷二·筹海篇三》。
〔3〕"上大学士书"，载《龚自珍全集》，上海人民出版社 1975 年版。
〔4〕"上谕"（光绪二十六年十二月十日），载《义和团档案材料》（下册），中华书局 1959 年版，第 915 页。
〔5〕张晋藩：《中国法律的传统与近代转型》，法律出版社 1997 年版，第 366～373 页。

已发生根本改变，中国共产党领导中国人民废除国民党六法全书和"伪法统"，建立社会主义法律制度。但由于"左"的指导思想的影响，法制建设没有受到应有的重视，法律的作用被局限于"阶级斗争的工具"。党的十一届三中全会后法制建设才走上正轨。在这百废待兴的历史时期，大规模的立法再一次成为社会主义现代化建设和社会主义市场经济建设的重要手段。从社会主义的性质看，社会主义法是能够体现广大人民的意志和社会发展的需要的，但在实践中，法律的制定与法律的实施的矛盾仍然比较尖锐。外源型法的现代化的这一固有特点在我国表现得相当明显。

4. 法律制度变革在前，法律观念更新在后，思想领域斗争激烈。近代以来，中国法的现代化在国家正式制度的层面上推进较快。立法主导型法的现代化实际上在立法领域的工作相对简单、容易。有时，由于外力的强大作用，统治集团被迫修改法律，实行新政，如清政府；也有如当代中国，由于建设强大的社会主义中国的使命感，党中央集中人民的智慧，通过人民代表大会创制社会主义法律。这种工作往往由少数"精英"推动，而一个社会的变革也总是少数人先意识到，但先进的思想观念被社会接受需要一个相当漫长的过程。如此一来，"精英"意识与"大众"意识之间就出现了差距。所以，我国法的现代化在制度层面上发展较快，特别是20世纪80年代以来，不仅基本上建立了社会主义法律体系，建立了系统的法律执行机构，而且赋予了公民广泛的权利和自由。然而，在普通老百姓，甚至许多领导干部中，现代法律意识的形成仍然相当艰难。群众仍然愿意用传统的古老的方式解决相互之间的纠纷；老百姓期待清官为自己做主；官员把法律看成是对付老百姓的工具，以权代法等，都反映了法的现代化所面临任务的艰巨性。在思想理论界，对法的现代化的认识并不统一，观点分歧相当大。清末时，围绕修律就展开了一场以张之洞、劳乃宣为代表的"礼教派"与以沈家本为代表的"法理派"之间的大辩论，后人称之为"礼法之争"。这场辩论的焦点就是"法理"与"礼教"的关系。礼教派强调维护宗法家族制度，又被称为家族主义派、国情派；法理派倾向资产阶级法律思想，主张维护"人权"，又被称为国家主义派、反国情派。[1]当时清朝政府虽然在外力的压迫下，指派沈家本、伍廷芳"模仿列强"修律，但工作展开后，遭到礼教派的激烈反对。如1907年沈家本先后奏上修改后的《大清新刑律草案》和该草案的案语，立刻遭到张之洞等人的反对。张之洞先"以刑法'内乱罪'不处唯一死刑"，指责法理派祖庇革命党，"欲兴大狱"。被阻止后，"复以《奸非罪章》无和奸无夫

---

[1] 张国华、饶鑫贤主编：《中国法律思想史纲》（下），甘肃人民出版社1987年版，第412页。

妇女治罪明文，指为败坏礼教"，引起广泛反响。[1]在诸如此类的争论面前，清政府下诏："惟是刑法之源，本乎礼教，中外各国礼教不同，故刑法亦因之而异。中国素重纲常，故于干犯名义之条，立法特为严重。良以三纲五常，阐自唐虞，圣帝明王，兢兢保守，实为数千年相传之国粹，立国之大本。""凡我旧律义关伦常诸条，不可率行变革，庶以维天理民彝于不敝。该大臣务本此意，以为修改宗旨，是为至要。"[2]礼教派形式上要求将《大清律例》中的"干名犯义""子孙违反教令"等维护传统礼教的条文列入《大清新刑律》，实质上是试图延续与法治原则完全相对的家族主义"国粹"。因此，近代以来的礼法之争，实际上反映的就是中国法的传统与法的现代化之间的对立。这种对立或与此相关的问题，由于西方的文化扩张而于 20 世纪 60～90 年代被以文化冲突或现代化与本土化的关系的方式重新提出。早在 1935 年初，陶希圣等 10 位教授就在《申报月刊》发表了一篇"中国本位的文化建设宣言"，挑起了继"五四运动"以后的又一次文化大讨论。有的学者称之为"本土运动"。[3]所谓本位文化建设，从文化冲突的角度看，是本位文化受到"客位"文化的严重冲击而引起的"重整反映"。[4]在当代，这种文化冲突，在有的学者看来，已构成对世界和平新的严峻考验。美国学者亨廷顿提出，冷战结束后，全球政治开始沿着文化线被重构。在这个新的世界里，最危险的冲突不是社会阶级之间、富人与穷人之间或其他以经济划分的集团之间的冲突，而是属于不同文化实体的人们之间的冲突。[5]这场冲突发源于非西方国家对世界秩序中的西方中心主义的不满。对于弱势文化来说，如何在现代化的过程中维护政治与民族的独立，是一个严峻的问题。在中国，先是台湾地区展开了本土化问题的讨论，后这场讨论又波及内地知识界，包括法学界。中心议题就是现代化与本土化的关系，即现代性的本土化或本土化的现代性。[6]

第十三章

---

[1]　董康："前清法制概要"，转引自张国华、饶鑫贤主编：《中国法律思想史纲》（下），甘肃人民出版社 1987 年版，第 413 页。

[2]　参见《清末筹备立宪档案史料》，转引自张国华、饶鑫贤主编：《中国法律思想史纲》（下），甘肃人民出版社 1987 年版，第 413 页。

[3]　殷海光：《中国文化的展望》（上），香港文星书店 1996 年版，第 184 页。转引自罗荣渠主编：《从"西化"到现代化——五四以来有关中国的文化趋向和发展道路论争文选》，北京大学出版社 1990 年版，第 16 页。

[4]　罗荣渠主编：《从"西化"到现代化——五四以来有关中国的文化趋向和发展道路论争文选》，北京大学出版社 1990 年版，第 15 页。

[5]　〔美〕塞缪尔·亨廷顿：《文明的冲突与世界秩序的重建》，周琪等译，新华出版社 1998 年版，第 7 页。

[6]　墨哲兰："'本土化'与'现代性'"，载《中国书评》（香港）1995 年 7 月号。

从清末修律算起，法的现代化在我国已有近百年的历史。这一进程十分复杂，涉及许多重大的政治事件和诸多的经济、文化、社会问题。从政治层面看，中国的法治建设离不开自上而下的先进人士、精英集团的积极推动，但是，按照马克思主义的基本原理，法律终究是由社会决定的。因此，对法律现象的考察，不仅应该关注自上而下的推动过程，也要注意把握自下而上的促进力量，认真分析及把握地方及公众的作用，以正确把握国家与社会的关系。现在，依法治国，建设社会主义法治国家，已成为我国社会主义现代化建设的重要组成部分。在这一背景下，尤其需要认真结合本国实际，特别是各个地方制度建设的有益经验，积极探索我国法的现代化过程中的重大问题，从而使法律在我国社会生活中发挥应有的促进作用。

思考题

1. 什么是法的现代化和法的现代性？法有哪些现代性因素？
2. 法的普遍性、确定性与法的现代化有什么关系？
3. 不同的现代化道路对法的现代化有什么影响？
4. 中国法的现代化面临哪些特殊问题？
5. 在法学研究中，传统与现代两分的研究方法有什么积极意义？又存在什么理论上的难题？
6. 试述"地方"在法治国家建设中的地位和作用。

推荐阅读书目

1. 罗荣渠：《现代化新论——世界与中国的现代化进程》，北京大学出版社 1993 年版。
2. 张晋藩：《中国法律的传统与近代转型》，法律出版社 1997 年版。
3. 罗荣渠主编：《从"西化"到现代化——五四以来有关中国的文化趋向和发展道路论争文选》，北京大学出版社 1990 年版。
4. 〔美〕哈罗德·J. 伯尔曼：《法律与革命——西方法律传统的形成》，贺卫方等译，中国大百科全书出版社 1993 年版。
5. 〔美〕昂格尔：《现代社会中的法律》，吴玉章、周汉华译，中国政法大学出版社 1994 年版。
6. 〔美〕塞缪尔·亨廷顿：《文明的冲突与世界秩序的重建》，周琪等译，新华出版社 1998 年版。

第十三章

第十四章

社会主义法制与法治

学习目的与要求 本章的目的是帮助学生掌握社会主义法治理论的基本原理。要求学生熟悉我国法学界关于法治与法制的基本概念，了解法治与民主之间的内在联系，把握"依法治国，建设社会主义法治国家"的重大意义和基本内涵。

■ 第一节 社会主义法制与法治的概念

一、社会主义法制和法治的概念比较

在资本主义国家，法制与法治之间没有严格的区别，也没有确切的定义。[1]在我国，从汉语字面上看，法制一般指法律和制度的总称，而法治指法律的治理。实际运用中，两者的含义要更为宽泛。一般地说，社会主义法制指由社会主义国家制定或认可的、体现工人阶级领导下的全体人民意志的法律和制度的总称，是社会主义立法、守法、执法、司法、法律监督各环节的统一，核心是依法办事。社会主义法制的基本要求是"有法可依、有法必依、执法必严、违法必究"。[2]而现在所说的社会主义法治，则指社会主义国家依法治国的原则和方略，即与人治相对的治国的理论、原则、制度和方法。社会主义法制和法治的含义在强调法律要建立在社会主义民主的基础上，体现人民的意志，反映社会发展规律，依法办事等方面是相同或接近的，但它

---

[1] 参见本书第 10 章。

[2] 在我国法学研究中，"法制"一词一般是在三种意义上使用的：法律和制度；动态意义上的法制，也就是立法、执法、司法、守法、对法律的监督等各个环节构成的一个系统；依法办事的原则，也就是"有法可依、有法必依、执法必严、违法必究"（参见沈宗灵主编：《法理学研究》，上海人民出版社 1990 年版，第 44～45 页）。因此，有些法理学教科书将这三种含义综合起来作为社会主义法制的定义。参见马朱炎主编：《法的基本理论》，陕西人民出版社 1987 年版，第 212 页；徐显明主编：《法理学教程》，中国政法大学出版社 1994 年版，第 118 页；王天木主编：《法理学》，中国政法大学出版社 1992 年版，第 396 页。

们也有重大的区别。比较起来，两者的主要区别如下：

1. "法治"一词明确了法律在社会生活中的最高权威性。在国家治理的方式上，有一个基本的对立，就是法治与人治。人治是指统治者的个人意志高于国家法律，国家的兴衰存亡，取决于领导者的个人能力和素质。中国的封建社会是一个典型的人治社会，"文化大革命"时期也是人治。人治社会也有法律，甚至有法制，但是统治者自己是不受法律约束的。所以这种社会可能也会出现短暂的繁荣，如我国唐代的"贞观之治"，却不可能长治久安。1978 年 12 月，在为党的十一届三中全会作准备的中央工作会议上，邓小平同志针对党内的历史教训指出："为了保障人民民主，必须加强法制。必须使民主制度化、法律化，使这种制度和法律不因领导人的改变而改变，不因领导人的看法和注意力的改变而改变。"〔1〕接着，党的十一届三中全会就明确指出：一定要使制度和法律"具有稳定性、连续性和极大的权威性"〔2〕。法治是众人之治，是与民主相联系的。在社会主义国家，法律是在党的领导下，通过人民代表大会制定的，是党的主张和人民意志的统一。因此，社会主义法治是指一切国家机关、各政党、武装力量、各社会团体、各企事业单位和全体公民都必须在宪法和法律的范围内活动，不允许任何人、任何组织凌驾于法律之上。在所有对人的行为有约束力的社会规范中，法律具有最高权威。维护法律的最高权威，既是"一切权力属于人民"这一宪法原则的体现，又是坚持党的领导原则的内在要求。"法制"一词则难以表达现代社会中法律的最高权威性。

2. "法治"一词显示了法律介入社会生活的广泛性。从字面上看，法制主要强调法律和制度及其实施。狭义地说，它仅指相对于政治制度、经济制度的一种制度；广义地说，它也只是包括法律的实施在内的一种活动，而对法律在社会生活中的作用范围从字面上是无法界定的。"法治"一词的含义则比较明确，就是在全部的国家生活和社会生活中都必须依法办事。不仅普通公民、一般社会组织和企事业单位要依法办事，国家机关、政党、武装力量也要依法办事；尤其是各级党的组织和党员干部，更要带头执行、遵守法律。法律不仅在社会生活中具有重大作用，在国家的政治生活中也同样具有重要作用。江泽民同志在党的十五大报告中指出："依法治国，就是广大人民群众在党的领导下，依照宪法和法律规定，通过各种途径和形式管理国家事务，管理经济文化事业，管理社会事物，保证国家各项工作都依法进行，逐步实现社

---

〔1〕　《邓小平文选》第 3 卷，人民出版社 1993 年版，第 146 页。
〔2〕　《三中全会以来重要文献选编》（上），人民出版社 1982 年版，第 11 页。

会主义民主的制度化、法律化，使这种制度和法律不因领导人的改变而改变，不因领导人的看法和注意力的改变而改变。"[1]因此，法治要求法律全面地、全方位地介入社会生活。

3. "法治"一词蕴涵了法律调整社会生活的正当性。法制所包含的法律和制度，其含义从字面看是中性的。"有法可依、有法必依、执法必严、违法必究"，解决不了社会主义制度下人们对所依之法的正当性的要求。历史上，法律长期被少数人用作镇压人民，维护自己统治地位和腐朽政权的工具；法律和制度也曾经被德国纳粹政权作为种族暴行的工具。因此，我国社会主义法制建设所需要的法律必须具有与社会主义性质一致的正当性。这种正当性正是我国社会主义法制建设的重要价值之一。"法治"一词则蕴涵了这种正当性：①法治是与专制相对立的，又是与社会主义民主相联系的，体现了社会主义制度下人民当家做主的要求。法治的法是由国家权力机关通过民主程序制定的，集中体现了广大人民群众的意愿。它的贯彻实施，必将有力地推动社会生活和政治生活的民主化，扩大政治生活的公众参与的范围，防止少数人、个别人滥用国家权力。②法治要求社会生活的法律化，可以从根本上改变我国社会生活中强制性规范过多、过滥的现象，[2]维护公民的自由。③法治符合社会生活理性化的要求，使人们的社会行为和交往活动具有可预测性和确定性，也使人们的正当要求有了程序化、制度化的保证，增强了社会成员的安全感等。

综上所述，法治较之法制，其内涵更为丰富，更符合社会主义法制建设的目标要求。法制是一种手段，而法治则不仅是一种治国方略，更是一种价值选择。当然，法制并非没有意义，实际上，法制正是法治的重要前提。没有健全的法律和制度，没有依法办事的体制，法治是不可能实现的。

二、社会主义法制与法治概念的演进

"法制"一词，中国古代就已经出现。"命有司，修法制，缮囹圄，具桎梏"；[3]商鞅说："民众而奸邪生，故立法制，为度量，以禁止。……法制不明，而求民之行令也，不可得也。"[4]而"法治"概念，中国古代似未使用。

---

〔1〕　江泽民：《高举邓小平理论伟大旗帜，把建设有中国特色社会主义事业全面推向二十一世纪》。

〔2〕　如中央电视台《焦点访谈》栏目1998年10月4日~10月6日连续3天报道我国购买和使用汽车过程中的乱收费现象。其中调查到，车主依法应向国家交纳的税费只占实际交纳费用的很小一部分，存在严重的乱收费现象，而这种乱收费几乎都有文件依据。该栏目邀请的有关部门负责人则强调，这一问题的解决办法之一，就是对必要的合理的大部分收费进行"费改税"。

〔3〕　《礼记·月令》。

〔4〕　"商君书·君臣"，载《商君书注译》，中华书局1974年版，第169页。

尽管春秋战国时期发生了大规模的儒法之争，法家提出过"任法而治""以法治国"的思想，但并未形成法治概念。所谓中国古代人治与法治之争，乃后人的总结。实际上，法家之"法"始终是君主的统治工具，依照此法而治，与"法治"一词的真实含义可谓南辕北辙。据考，我国最早宣传并明确提出法治概念的是梁启超先生。[1]他认为中国若想由贫穷到富强，"法治主义为今日救世唯一之主义"。[2]尽管梁启超先生强调，在中国，法治主义起源于春秋时期，但由于他将法治与国家政体相联系，[3]因而此"法"显然不同于彼"法"。

新中国成立之后，我国着手建立社会主义法制，从1949年9月到1954年8月，中国人民政治协商会议、中央人民政府委员会、政务院和政务院各部委共颁布重要法规506件；从1954年9月到1957年底，全国人民代表大会、全国人大常委会、国务院和国务院各部委共颁布重要法规434件。新中国成立后8年内，共颁布重要法规940多件。[4]可见，当时国家对法制建设还是十分重视的。有关部门领导也提到过"法治"一词，如谢觉哉在《司法训练班的讲话》中说："我们不要资产阶级的法治，但我们确要我们的法治。"史良在《三年来人民司法工作的成就》中也说："新中国人民司法工作是在人民民主的法治道路上健康地前进"。[5]但这种情况较少。那时我国很少使用"法治"一词，而习惯于使用"法制"，如"革命法制""资产阶级法制"等。其历史原因主要有两个：一个是在翻译的马列著作和苏联学者的著作中，相关词语都被译为"法制"；[6]另一个原因则是，"法治"一词被许多人视为资产阶级的口号。[7]当时，"法制"的含义多指法律和制度。1957年，董必武在回答什么是法制时就说："我们望文生义，国家的法律和制度，就是法制。"[8]1956年9月15日，刘少奇在为党的"八大"所做的政治报告中指出："为了巩固我们的人民民主专政，为了保卫社会主义建设的秩序和保障人民的民主权利，为了惩治反革命分子和其他犯罪分子，我们目前在国家工作中的迫切

第十四章

---

〔1〕 孙国华主编：《法理学》，法律出版社1995年版，第236页。

〔2〕 梁启超："中国法理学发达史"，载《饮冰室合集》（二），中华书局1989年版，第43页。

〔3〕 梁先生说："欲法治主义言之成理，最少亦须有如现代所谓立宪政体者以盾其后"。参见梁启超：《先秦政治思想史》，东方出版社1996年版，第190页。

〔4〕 数据引自孙亚明："实现现代化必须以法治国"，载《法治与人治问题讨论集》，群众出版社1981年版，第12页。

〔5〕 转引自王礼明等："法制与法治"，载《学习与探索》1979年第5期。

〔6〕 孙国华主编：《法理学》，法律出版社1995年版，第236页。

〔7〕 王礼明等："法制与法治"，载《学习与探索》1979年第5期。

〔8〕 董必武：《论社会主义民主和法制》，人民出版社1979年版，第153页。

任务之一，是着手系统地制定比较完备的法律，健全我们国家的法制。"〔1〕可见，"法制"一词不仅在含义上与英语中的 Legal System 相当，即一个国家、一个地区法律制度的简称，在实际使用上我们也把社会主义法制视为社会主义性质的法律制度，把法律视为实现一定历史时期历史任务的手段。

　　党的十一届三中全会是我国社会主义建设的一个重要转折点，也是我国新时期法制建设开始的标志。在这次全会的公报中，明确提出："为了保障社会主义民主，必须加强社会主义法制，使民主制度化、法律化，使这种制度和法律具有稳定性、连续性和极大的权威，做到有法可依，有法必依，执法必严，违法必究。"这就使法制建设与国家政治生活的民主化紧密联系，扩大了法制的内涵，极大地推动了我国社会主义法制建设和法学研究。在这一背景下，20 世纪 70 年代末 80 年代初，我国的法学理论工作者曾就法治与人治的关系展开了热烈的讨论。当时，主要有两种观点：一种观点主张要法治不要人治，法治与人治是对立的，法治代表民主，人治代表专制、独裁。另一种观点认为，法治与人治不可分，二者必须结合；法律由人来制定和实行，没有人的作用，就谈不上法治。从文字上看，这两种观点的分歧似乎不在于要不要法治，而是语义之争。〔2〕实际上，当时理论界对法治的认识并不统一，双方对法律在社会生活中的地位和作用的判断是截然不同的。这种分歧表现在法理学教材上，大多数教材在资本主义法部分才提到"法治"，而在社会主义法部分则多用"法制"；党和国家的重要文件一般也使用"法制"一词而非"法治"。

　　随着我国法制建设深入持久地进行，经过法学界广大理论工作者不懈的努力，特别是基于改革开放的需要，法律在社会生活中的作用越来越大，范围越来越广泛，最终"社会上多数人已接受了这种理解：法治代表民主，人治代表专制，我们要法治而不要人治。"〔3〕1994 年，党的十四届三中全会通过了《中共中央关于建立社会主义市场经济体制的决定》，党和国家根据建立社会主义市场经济体制的需要，把法制建设提高到战略地位加以考虑。在这一历史性文件中，法制建设首次在党的文件中作为一个相对独立的主要的问题予以阐述，其内容包括立法、执法、司法、法律监督和法律服务多方面。1996 年 3 月召开的八届人大四次会议在通过的《国民经济和社会发展"九五"计划和 2010 年远景目标纲要》中，进一步提出了"依法治国，建设社会主义法制国家"的构想；而党的十五大则更明确地提出了"依法治国，建设

---

〔1〕　《刘少奇选集》下卷，中共中央党校出版社 1985 年版，第 253 页。
〔2〕　沈宗灵主编：《法理学研究》，上海人民出版社 1990 年版，第 52 ~ 53 页。
〔3〕　沈宗灵主编：《法理学研究》，上海人民出版社 1990 年版，第 54 页。

社会主义法治国家"的目标。江泽民同志在政治报告中提出，依法治国不仅是党领导人民治理国家的基本方略，是社会主义市场经济建设的客观需要，而且是社会文明进步的重要标志，是国家长治久安的重要保障。[1]

习近平总书记在党的十八大政治报告中，提出了进一步加强法治建设的要求。在十八届三中全会中，中共中央提出将国家治理体系与治理能力的现代化作为全面深化改革的总目标，将法治中国作为实现这一总目标的重要措施。在十八届四中全会通过的《全面推进依法治国若干重大问题的决定》中，更是全面阐述了中共中央有关推进法治中国建设的系统主张。依法治国、依法执政、依法行政共同推进，法治国家、法治政府、法治社会一体建设，成为法治建设的新任务。

法制与法治，虽然只是一字之差，但内涵是完全不同的。从法制到法治的概念转换，在我国经历了一个相当艰难而漫长的过程。它标志着我国人民在党的领导下，进入了法的现代化建设的新时期。

■ 第二节　社会主义法制与民主

依法治国，建设社会主义法治国家，要求社会主义法制建设与社会主义民主制度建设紧密结合。十一届三中全会以来，党的历次代表大会上，法制建设都与社会主义民主、政治体制改革等联系在一起。显然，这是经过慎重考虑得出的结论。"文化大革命"的沉痛教训之一，就是党内和国家政治生活中的民主制度被破坏，必将导致灾难性的后果。社会主义民主的根本保证是使民主制度化和法律化。民主的法律化和法律的民主化正是法治的重要组成部分。因此，依法治国，建设社会主义法治国家，必然要求坚定不移地贯彻实施"加强社会主义民主，健全社会主义法制"的任务。

一、社会主义民主的含义

现代社会的"民主"一词源于希腊文 demokratia，由 demos（人民）和 kratos（权力、统治）两个部分构成，本意指人民的权力、人民的统治，是一个同"一个人的统治"相对称的多数人的统治的概念。早在公元前 6 世纪，古希腊就出现了雅典等民主制国家，即由该国享有选举权的成年男性公民组成的公民大会掌握政权。欧洲中世纪的世俗政权（如城市共和国）和教会初步形成了有限的分权与制衡体制，带有一定的民主因素。资产阶级革命前后，民主思想和理论有很大发展，形成了以卢梭等为代表的主权不可分割的民

---

〔1〕　江泽民：《高举邓小平理论伟大旗帜，把建设有中国特色社会主义事业全面推向二十一世纪》。

理论和以洛克、孟德斯鸠为代表的分权的民主理论两大思想体系。在实践中，资本主义国家基本上接受了分权理论，并在各国的法律实践中结合本国实际发展了资产阶级民主。[1]

我国历史上，"民主"一词可以追溯到很远的年代。沈宗灵先生概括，在我国古代，民主大体有三种含义：①民主乃"民之主"，即君主；[2] ②民本，即源于孟轲，被唐太宗李世民发展了的"水能载舟，亦能覆舟""体察民情""让人讲话"的思想；③以平均主义为核心的小农民主观。[3]这些民主观点，与现在所说的民主的含义相距甚远，甚至截然相反。其中，"为民做主"可以说是最典型的、流传最广的、与中国古代德治及贤人政治思想相呼应的观点。中国古代的这种民主思想，是道德上的民主，而不是政治上、法律上、制度上的民主；是寄托于他人的"青天式民主"，而不是自己当家做主的"自治式民主"；是建立在"人民无权"基础上的民主，而不是建立在"人民主权"基础上的民主。

民主的含义究竟是什么？根据历史与现实的经验，民主可以界定为多数人决定的制度。最根本的民主，从理论的角度看，是政治生活领域人民当家做主；从实践上看，是国家制度的民主。列宁说："民主是一种国家形式，一种国家形态。因此，它同任何国家一样，也是有组织有系统地对人们使用暴力，这是一方面。但另一方面，民主意味着在形式上承认公民一律平等，承认大家都有决定国家制度和管理国家的平等权利。"[4]所以具体地说，国家制度的民主包括：①国家性质的民主，即人民当家做主，人民主权；②国家政权组织形式的民主，即民主、共和政体；③公民享有参与国家管理的平等的受法律保障的政治权利；④少数服从多数，民主与专政的统一。

社会主义民主，包括政治生活的民主和社会生活的民主。社会主义政治生活中的民主是指以社会主义基本经济制度为基础的，体现社会主义本质的，人民当家做主的民主政治制度。当前我国政治民主的基本内容和特征是：①一切权力属于人民，人民通过选举人民代表参与国家管理，通过人民代表大会行使自己当家做主的权利；②人民代表大会是国家最高权力机关，其他

─────────────

〔1〕　托克维尔高度评价了美国宪法制定者，特别是联邦党人，通过联邦宪法体现出的关于权力分享和"控制与反控制"的思想促进了美国民主的发展。他同时指出："美国的联邦宪法，好像能工巧匠创造的一件只能使发明人成名发财，而落到他人之手就变成一无用处的美丽艺术品。"〔法〕托克维尔：《论美国的民主》（上卷），董果良译，商务印书馆1988年版，第186页。

〔2〕　据古籍《尚书·多方》记载，周公旦曾说："天惟时求民主"，即天是为民求主的。

〔3〕　沈宗灵主编：《法理学》，高等教育出版社1994年版，第175页。

〔4〕　《列宁选集》第3卷，人民出版社1972年版，第257页。

国家机关在人民代表大会的领导下，分工负责，互相配合开展工作；③人民代表大会和其他国家机关，实行民主集中制原则；④人民享有监督国家机关及其工作人员活动的权利；等等。社会主义社会生活中的民主是指社会主义社会中生产生活领域的广泛的民主管理。包括企事业单位、社会团体、社会组织内部管理体制的决策民主化，如负责人的产生方式、重大项目的决策、科研成果的评定等；政权机构工作的民主化，如人民法院的审判委员会制度、合议庭制度及基层人民法院的人民陪审员制度等。社会民主的内容十分广泛，上至国有企业重大投资的决策、人命关天的审判，下至各单位乃至中小学班组长的选举。所以，社会主义民主的内容是非常丰富的。随着社会主义现代化建设的不断深入，随着法治国家建设的深化，我国政治生活和社会生活中的民主必将进一步完善。

二、社会主义法制与民主的关系

民主与法制在目的上具有共同性，即都是为了建立一个说理的机制。民主的权威与话语的权威是一致的。在民主制度中，人们依靠说理而非暴力形成多数人的意见，所以，语言以及凭借语言而形成的说理机制在民主制度中具有重要地位。但是，由于并不是所有的人都能够自觉自愿地讲道理，且道理又总是建立在强势话语的基础上，所以，在各国的实践中，强势话语也就不总是产生于民主和说理活动，以至于民主总是人们必须为之流血奋斗争取的制度。法律的目的之一就是避免暴力，或者说凭借国家强制力和公共权力强制人们平等交流，建立和维护社会的说理机制。所以，民主离不开法制，法制也离不开民主。只有在法制条件下，人们才能充分说理，从而使民主制度与对真理的追求保持一致。同理，只有在一个民主的体制中，法制才真正具有价值和地位，因为在不民主的制度中，是不需要法律而只需要暴力的。

一定的法制与一定的民主又总是联系在一起的。奴隶制民主共和国有相应的奴隶制法；资产阶级民主与资产阶级法制相联系；社会主义民主与社会主义法制也是结合在一起的。社会主义法制与社会主义民主是相辅相成、相互依存、相互作用的关系。从根本性质上看，社会主义制度下，没有无民主的法制，也没有无法制的民主。从新中国成立以来正反两方面的经验教训看，离开了法制，就会变成无政府状态，破坏社会主义民主；[1]离开了民主，就

---

〔1〕　20世纪70年代末，我国学术界在讨论民主与法制的关系时曾提出，离开了法制，民主就会变成极端民主化，变成"文化大革命"式的大民主，变成无政府主义（参见方集整理："关于民主与法制关系的一些观点"，载《新华月报（文摘版）》1979年第9期）。因此，法制也是对民主的制约。实际上，民主是一个制度机制，离开了法制，就没有民主。无政府主义不是"极端"的民主，而是破坏民主。否定民主的法制才会"制约"民主。

没有社会主义性质的法制，就可能产生专制、独裁，法律就可能沦为专制的工具。社会主义法制与社会主义民主的关系，具体地说，社会主义民主是社会主义法制的前提和基础，社会主义法制是社会主义民主的形式、体现与保障。

（一）社会主义民主是社会主义法制的前提和基础

1. 社会主义民主是社会主义法制产生的前提。社会主义法制是随着社会主义民主的产生而产生的，是人民民主专政的产物。社会主义民主政治制度的建立，从国体上来说，标志着人民当家做主，人民才有可能形成社会主义法制；从政体上来说，只有形成民主的政权组织形式，人民才可能把自己的意志上升为法律并通过政权机关贯彻执行。

2. 社会主义民主决定社会主义法制的性质和内容。民主的性质、内容、发展方向决定了法制的性质、内容、发展方向。社会主义民主是人民当家做主的政治制度，这就决定了社会主义法制必须将维护人民的民主权利，保障人民参与国家与社会事务的管理作为自己的出发点和归宿。而且，随着社会主义民主的扩大和发展，社会主义法制也将随之进一步丰富与发展。

3. 社会主义民主是社会主义法制的力量源泉。社会主义法制的约束力形式上来源于国家，实质上源于国家政权的基础——人民民主。社会主义法制的民主基础的扩大，社会主义民主使社会主义法制能够反映人民群众的需要和社会发展的规律，从而起到引导人民群众的作用，吸引社会成员自觉遵守法律。发展社会主义民主，能够集中力量打击少数违法犯罪分子，孤立违法者。所以，社会主义民主愈发展，社会主义法制就愈强大。

（二）社会主义法制是社会主义民主的形式、体现与保障

1. 社会主义法制是社会主义民主的确认形式。人民当家做主的事实必须上升为国家法律，由法律所确认，民主才能得到巩固。任何性质的民主都必须存在于一定的形式之中，也只有在一定的法律形式中，民主才能成为一种可以操作的制度。社会主义民主由社会主义法确认，转化为正式的、具体的、有现实性的国家制度，人民才可以在制度的运行中，切实感受到自己的主人翁地位。制度化、法律化的民主，才是有保障的民主。

2. 社会主义法制是公民民主权利的体现和保障。社会主义法不仅确认了人民当家做主的国家制度，建立了人民行使权力的政权形式，而且规定了公民民主权利的内容、范围以及公民行使权利的原则、程序和方法。人民当家做主只是一个民主的原则，这个原则的贯彻落实，必须依靠法律对公民民主权利进行保障。正是因为社会主义法规定了广泛的具体的公民权利，并建立了公民行使民主权利的具体制度，如具体的法律程序，才使社会主义民主成

为真实的民主。

3. 社会主义法制通过惩罚、打击违法犯罪行为，保障社会主义民主。社会主义社会，仍然存在仇视、敌视民主的力量。这其中，既有蓄意破坏社会主义民主制度的敌对势力，又有少数不愿意生活在民主体制下、试图摆脱公众监督以谋求非法利益的反民主力量，还有不知道何为民主、更不习惯政治民主的普通老百姓。[1]社会主义法制对破坏民主制度、侵犯他人民主权利行为的有力制裁，是社会主义民主的重要保障。

综上所述，社会主义法制与社会主义民主是相互依存、不可分割的。两者的结合构成了社会主义法治国家的重要内容。

■　第三节　法治中国建设

党的十八大以来，我国法治建设有了一个新的概括性的表述，即法治中国。与法治国家相比，这个提法内涵更为明确。依法治国，建设社会主义法治国家，是党和国家在 20 世纪 90 年代中期提出的、得到人民群众广泛支持的、符合社会主义现代化建设实际的治国方略和价值选择。那么，究竟什么是法治国家，符合什么标准能够称为法治国家呢？对于这个问题我国学者目前尚无统一认识，在西方国家认识也不一致。根据各国法治实践，结合我国实际，本书曾经将社会主义法治国家界定为：依据社会主义法律，合理配置和控制了国家权力，维护并促进了人民权利与社会文明进步的国家类型。[2]法治中国建设在基本内容方面，特别突出了法治社会建设与依法执政作为治国理政基本方式的内容。根据这一要求，法治中国建设最低限度应具备的标准和规格可以分为制度条件和思想条件两个方面。

一、法治中国的制度条件

（一）法治中国必须有完备的法律和系统的法律体系

党的十一届三中全会以来，我国在政治、经济、文化、社会生活诸领域

---

〔1〕　中国民间社会，不懂得珍惜自己民主权利者不在少数。新闻媒体曾披露，有的地方人民代表选举中，出现了几元钱就将自己的选票转让的现象。但形成对比的是，农民却相当关心村干部的选举（参见陈光金：《中国乡村现代化的回顾与前瞻》，湖南出版社 1996 年版，第 506～513页）。由此可见，政治民主制度的建设，仍存在诸多困难。

〔2〕　徐显明将"法治"界定为"权力与权利配置"（参见徐显明："论'法治'构成要件——兼及法治的某些原则及观念"，载《法学研究》1996 年第 3 期）；孙笑侠为"法治国家"所下定义为"主要依靠正义之法来治理国政与管理社会从而使权力和权得以合理配置的国家类型"（参见孙笑侠："法治国家及其政治构造"，载《法学研究》1998 年第 1 期）。本节社会主义法治国家概念吸收了他们的部分主要见解。

制定了一系列法律、法规，在主要的社会关系领域基本上结束了无法可依的状态。目前，按社会主义法治国家和法治中国建设的要求，仍需要继续大力加强立法工作。一方面，使法律覆盖社会生活的各个领域，彻底解决无法可依的问题。其中，比较突出的是加速社会主义市场经济法律体系及相关法律制度的建立。另一方面，根据法治中国的标准，完善已经制定的法律，包括原有法律的修改、补充和废止。其中较为突出的是解决法律过于原则，操作性不强的问题。

（二）法治中国必须具有相对平衡和相互制约的符合社会主义制度需要的权力运行的法律机制

不能对权力进行有效约束的国家，不是法治国家；不能运用法律约束权力的国家，也不是法治国家。社会主义国家也不例外。社会主义法治国家中，各国家机关的权力都是有限的，由法律明确规定，而且相互之间是平衡的。主要国家机关之间应该是严格的依法分工负责、互相配合、互相制约的关系，[1]不能变成依附关系。同时，对国家机关及其工作人员和国家机关职责范围内的违法犯罪行为，必须由普通法院裁决，而不能自行以本部门纪律处分取而代之。[2]国家机关之间必须形成互相合作的制度关系，形成遵守和尊重其他机关依法作出的决定的制度。

（三）法治中国必须有一个独立的具有极大权威的司法系统和一支高素质的司法队伍

社会主义法律的尊严很大程度上是依靠法院的工作来维护的。如果法院、法官不能独立作出判断，如果判决可以不执行，那么，社会主义法律的权威也就不复存在。所以，需要赋予法院必需的独立性，并建立能够坚决地、不折不扣地执行法院各种决定的强有力的制度。与此相关，也就需要一支政治、业务上高素质的、愿意并能够忠于法律的法官队伍；建立科学的法官选任、奖惩、晋升、保障制度。

〔1〕 "制约"一词更能够反映权力之间的互相约束的关系。以往，我国学者习惯于使用"监督"，实际上，监督的概念有些模糊，总体上看，不是正常工作制度中对权力的约束，而是非正常状态下的体制外的措施，如人民法院的审判监督、人民检察院的检察监督、舆论监督等。

〔2〕 我国1994年开始的足球职业化改革现在陷入了低谷，其中的主要问题之一就是"信任危机"（中央电视台1998年10月8日《足球之夜》主持人语），对"假球""黑哨"的谴责充斥专业体育报刊。有趣的是，中国足球协会处理此类问题的方式是相当行政化的，即是否存在行贿受贿问题，必须向足协申诉，由足协判断并作出相应处理决定。只有其认为必要时，才移交司法部门。那么，判断一种行为是否违法的权力，就由足协享有了，还有以足协的规章制度代替法律的危险。

（四）法治中国必须有一个健全的律师制度[1]

依法治国，并不等于人人皆知法律、精通法律，这也是做不到的。全面依法办事的法治国家必须具有一个能够造就优秀律师并为社会提供优质法律服务的律师制度。这个律师制度必须能够保证律师在工作（包括调查取证、出庭辩护）中受尊重，包括尊重律师的人格和意见，正确评价律师的工作；还必须能够保证优秀的律师来自于业务能力强而非人际关系熟，使律师成为维护社会主义法律的重要力量。

由于我国历史上缺乏法治的传统，因此，法的现代化必然是外源型的。这种类型的法的现代化主要依靠强有力的国家正式法律制度建设，[2]所以，社会主义法治中国的制度设计和执行就非常重要，要加强顶层设计，同时注意发挥地方的积极性。只要制度合理，并能够坚定不移地予以贯彻，人民群众的法律意识就会提高；而制度条件不具备、不合理，或执行制度不坚决，人民群众就会失去对法律的信任和尊重，法治中国也就不可能实现。

二、法治中国的思想条件

法治中国的思想条件是指，在社会主义法治条件下，人们普遍对法律的观点、认识应该达到的规格和标准，在我国需要形成哪些相应的法律观念。[3]必须说明的是，法律观念转变的具体过程是非常复杂的。因为，一方面，没有相应的观念更新，得不到必要的思想支持，缺乏群众基础，法治国家是不可能建立的；另一方面，对法律的信任、信仰和支持，甚至仅仅是了解法律，都源于长期的坚决的法律实践。所以，一定意义上，法治建设与法律观念的更新是互动并互为条件的。而且，不同时期的人，不同立场、动机和利益的人，都会对法律寄予不同的要求和希望。作为一个后起的向现代化发展的国家，观念变革尤其艰难，尤其依赖制度创新。因此，本节所涉及的社会主义法治中国的精神内涵及与法治中国相呼应的主要法律观念是什么的问题，主要是说明制度创新中精神变迁的内容。

---

[1] 1959年国际法学家会议在《德里宣言》中把法治概括为三条原则：①立法机关的职能在于创设和维护使得每个人保持"人类尊严"的各种条件；②法治原则不仅要能够防止行政权的滥用，而且能使行政机关有效维护秩序；③司法独立和律师自由是实施法治原则不可缺少的条件。参见王人博、程燎原：《法治论》，山东人民出版社1989年版，第131页。

[2] 参见本书第13章。

[3] 法治中国的思想条件侧重于具体的法律观念；与此相关的还有一个比较宏观的理念问题。树立社会主义法治理念是建设社会主义法治国家的重要思想和理论准备。基于法治中国建设的特殊情况，2006年我国政法系统开展的社会主义法治理念教育具有特殊意义。这个活动强调：社会主义法治理念的基本内涵有依法治国、执法为民、公平正义、服务大局、党的领导五个方面。这是从政治的角度对法治中国建设所需要的法治理念的重要概括。

（一）法律至上

法律至上是指法律在社会规范中具有最高权威，所有的社会规范都必须符合法律的精神。我国社会生活中，民间社会的行为传统上、习惯上更依赖伦理规范的调节；正式制度化的行为，尤其是组织化的管理行为，则更依赖组织内部的规章制度和领导意见。本来，伦理规范是不具有外在强制性的，但是由于正式制度行为本身的非规范性因素，导致伦理规范凭借国家强制实施。[1]因此，社会生活中，形成了规范人们行为的标准多重化的现实，而且这些行为规范还都具有强制性。这造成民间行为和国家行为的混淆，公私不分。法律至上则既能够维护中央和国家统一领导的权威，又能够使每个人享受到法治社会的公民自由，从而最大限度地调动个人从事社会主义建设的积极性和主动性。

（二）权利平等

权利平等是指全社会范围内人们的权利是平等的，即承认所有的社会成员法律地位平等。"无产阶级抓住了资产阶级的话柄：平等不仅应当是表面的，不仅在国家的领域中实行，它还应当是实际的，还应当在社会的、经济的领域中实行。"[2]以往，法律界有一种观点，认为平等仅仅指法律实施中的平等，不包括立法中的平等。实际上，权利平等是平等权的核心，[3]立法不平等就不会有法律实施的平等。法治国家的平等是平等主体之间的平等，是反特权的平等，是市场主体公平竞争的平等。[4]因此，离开了权利平等，就不是法治国家了，更无法形成法治社会，而是特权化的封建性质的国家。

（三）权力制约

权力制约是指所有以国家强制力保证实现的公共权力（主要是国家机构的权力），在其运行的同时，必须受到其他公共权力的制约。权力制约是相对于权力至上而言的，而权力至上的思想根源则是"为政在人"的贤人政治观念。长期以来，我国一直强调领导干部的自身道德素质和修养的完善。实践证明，把国家权力的良性运行完全或主要寄托在掌握权力者个人的道德品质上，是非常靠不住的。"我们过去发生过的各种错误，固然与某

---

〔1〕 例如，对于结婚、离婚这种纯粹的个人行为，我国曾经规定，结婚或者离婚的，需要单位或所在居民委员会或村民委员会出具"介绍信"。如果在道德上缺乏必要和充足的理由，可能就拿不到介绍信，对行为人来说，《婚姻法》所规定的婚姻自由就是享受不到的"法律白条"。

〔2〕 《马克思恩格斯选集》第3卷，人民出版社1972年版，第146页。

〔3〕 阎国智、徐显明："权利平等是我国公民平等权的根本内容——兼评'实施法律平等说'"，载《中国法学》1993年第4期。

〔4〕 周永坤："市场经济呼唤立法平等"，载《中国法学》1993年第4期。

些领导人的思想、作风有关，但是组织制度、工作制度方面的问题更重要。这些方面的制度好可以使坏人无法任意横行，制度不好可以使好人无法充分做好事，甚至走向反面。"[1]实践证明，不受制约的权力必然导致腐败，必然被滥用。权力制约就是要依靠法律的规定，界定权力之间的关系，使权力服从法律。

（四）权利本位

权利本位是指在国家权力和人民权利的关系中，人民权利是决定性的、根本的；在法律权利与法律义务之间，权利是决定性的，起主导作用的。社会主义国家是人民当家做主的国家类型，国家是为人民服务的形式。国家权力之所以必须是有限的，就在于它来源于人民。因此，法律义务的设定必须出于维护相应的法律权利或公众利益的需要并经过必备的法律程序通过。应该明确，最大限度地保障公民和市场主体的权利，就是切实维护人民利益，这是社会主义的本质要求，是建立社会主义市场体制的需要，也是社会主义法治社会必备的条件。不能把人民和公民对立起来，人民的概念不同于公民，但离开了公民概念，人民就被整体化、抽象化，成为没有具体内容的概念。尊重权利就是维护人民当家做主的宪法原则，就是尊重人民群众在社会主义现代化建设中的创造性、自主性。法治中国建设，当然要体现这一社会主义的本质要求。

法治中国的制度条件和思想条件是一个问题的两个方面，是我国法治中国建设的目标。两者互相作用、互相支持，实践中不可偏废。

思考题

1. 在我国，法治与法制之间有什么不同？为什么要强调法治是与民主相连、与人治和专制相对立的观点？
2. 社会主义法治与民主之间是什么关系？为什么？
3. 社会主义法治国家具有哪些标准和条件？
4. 社会主义法治理念教育的意义是什么？

推荐阅读书目

1. 〔法〕托克维尔：《论美国的民主》（上、下），董果良译，商务印书馆1988年版。

---

[1]《邓小平文选》第2卷，人民出版社1994年版，第333页。

2. 沈宗灵主编:《法理学研究》, 上海人民出版社 1990 年版。

3. 《法治与人治问题讨论集》编辑组编:《法治与人治问题讨论集》, 群众出版社 1981 年版。

4. 於兴中:《法治与文明秩序》, 中国政法大学出版社 2006 年版。

5. 苏力:《法治及其本土资源》, 中国政法大学出版社 1996 年版。

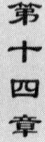

第十四章

第三编　法的创制

第十五章

法 的 制 定

学习目的与要求　本章的主要内容是立法的基本理论与实践问题。通过学习，要求学生了解和掌握法的制定的概念和特征，法的制定的指导思想和基本原则，特别是当代中国社会主义立法应遵循的基本原则；同时了解什么是立法体制、立法程序与立法技术，从而加深对我国社会主义立法的主要理论与实践问题的认识。

■　第一节　法的制定的概念

一、法的制定的含义

法的制定，又称立法。[1]它是指一定的国家机关依照法定职权和法定程

---

[1]　在我国的古代文献中，"立法"一词出现较早。战国时的《商君书》中说："伏羲神农教而不诛，黄帝尧舜诛而不怒，及至文武，各当时而立法。"《史记·律书》中也有："王者制事立法。"北周的《羽调曲》中更有"树君所以牧人，立法所以静乱"我国古代关于立法的含义，大多没有超出班固在《汉书·刑法志》里所说的"立法设刑"的范畴，与现代"立法"的含义不可同日而语。西方的典籍中对"立法"一词也无定论。比较权威的解释如下：《牛津法律大辞典》认为，"立法是指通过具有特别法律制度赋予的有效地公布法律的权力和权威的人或机构的意志制定或修改法律的过程"。《布莱克法律词典》对立法所下的定义是，"立法是指与判例法相对应的制定法律或通过决议案的行为"。《美国大百科全书》则认为："立法是指国家机关为了规范社会行为，而制定法律规范的活动。"这些认识反映了现代法治意识。

序制定、修改或废止法律和其他规范性法律文件的一种专门性活动，简称为法律的立、改、废活动。

当今我国法学界对立法的含义各执一端，莫衷一是。[1]我们认为，对立法可以从广狭两义上去理解，但应在把握其基本特征的前提下力求简化。广义的立法是指有关国家机关依照法定权限和法定程序，创制各种具有不同法律效力的规范性文件的活动。它既包括国家最高权力机关和它的常设机关依法制定法律的活动，也包括中央国家行政机关和地方有关国家机关依据法定权限和程序制定行政法规、地方性法规、自治条例及其他规范性决定、决议等的活动。而狭义的立法，则专指国家的最高权力机关及其常设机关依照法定的职权和程序，制定法律的活动。

法的制定具有以下特征：

1. 法的制定从性质上讲是国家的专有活动，是国家权力的运用。依马克思主义的基本原理，法与国家在历史上是相伴而生、紧密相连的，法离不开国家，国家也离不开法。国家是凌驾于社会之上的公共权力机关，统治阶级的意志要上升为法律，必须通过国家意志的形式表现出来，并依靠国家强制力的维持才能实施。因此，法的制定是国家的活动。[2]

2. 从法的制定的方式上说，它是一定国家机关依照法定职权和程序进行的活动。法的制定是有权的国家机关在法定的职权范围内按法定的程序进行的，只有这样，才能防止立法者的主观任性或专断。作为一种行使职权的行为，它也意味着其他国家机关未经授权，不得从事该活动。

3. 从法的制定的内容来看，它是国家机关制定或认可法律规范的活动，其目的在于产生具有普遍约束力的一般规范。因此，其活动内容必然是制定、修改或废止法律规范或者是将社会中存在的一般行为规则确认为法律规范。

法的制定具有重要的意义，它是国家实现其政治统治和社会管理职能的

第十五章

———————

[1] 基本倾向是将立法作广义和狭义两种解释，但学者们对广义和狭义范围理解各不相同，以致这种最普遍的观点也有差异。第一种是最广义的解释，认为立法是指一切国家机关依照法定的权限和程序制定、修改或废止各种规范性法律文件的活动；第二种观点认为，立法是指一切有权制定、修改或废止法律的国家机关，根据法定权限和程序制定、修改或废止法律的活动；第三种解释是，立法是指拥有立法权的国家机关和被授权的其他国家机关依照法定权限和程序，制定、修改或废止法律和从属于法律的规范性法律文件的活动；第四种是最狭义的解释，认为立法仅指最高国家权力机关和它的常设机关，依据法定权限和程序，制定、修改或废止法律这种特定的规范性文件的活动。

[2] 有的学者提出不同的看法，他们以我国新民主主义革命时期的法律为例，认为法的制定是政权的活动而不一定是国家的活动。这种观点值得商榷，因为我国革命根据地的人民革命政权在根本性质上就是国家政权，它符合马克思主义国家学说中关于国家根本性质和特征的论述。

重要手段之一。社会关系的规范性调整和社会的规范性管理，是社会生产、社会生活得以进行的重要条件之一。特别是随着社会发展，生产领域不断扩大，生产部门行业间联系日益紧密，社会关系日益复杂化，这些都使社会越来越需要较稳定的运作秩序，越来越需要排除社会管理过程中权力使用的主观任意性。因此，在国家直接调整阶级关系或管理社会公共事务的活动中，规范性地使用权力和对社会关系进行规范性调整，就显得日益重要，法的制定在国家的各项活动中也就越来越居于重要地位。

二、法的制定形式的演变

一般说来，法的制定主要采取两种方式：①制定法律规范；②认可法律规范。而在有些国家，全民公决（即由全体公民投票表决）也成为法的制定的一种形式。

就两种主要形式而言，所谓制定，即一定的国家机关根据社会的需要，以国家的名义运用立法技术，依法创制、修改和废止规范性法律文件的活动。制定的结果是创制、修改、废止了某一成文法。"制定"这种方式随成文法发展的需要而日益完善，特别是近代以来经济的迅速发展、代议制民主的确立使成文法得到迅速发展，"制定"这种立法方式在立法中占有更加重要的地位，无论立法内容、立法技术，还是立法程序都日益发展和完善。

所谓认可，是指一定的国家机关根据社会的需要，以国家的名义赋予社会上已经存在的某些社会规范以法律的效力。如奴隶制社会早期的立法，大多以认可的形式，将一些适宜的氏族习惯由一般社会规范转化为法律规范。认可的结果可以是成文法，也可以是不成文法，如英国的判例法就是经认可的不成文法。

■ 第二节　法的制定的原则

一、法的制定的一般原则

法的制定的原则又称立法的原则，与立法指导思想是紧密相连的。所谓立法指导思想，是指一定的国家机关进行立法活动时所遵循的根本性的理论依据；而立法原则就是立法指导思想体现在各种立法活动中所必须遵循的具体准则。每一个社会、每一个时代、每一个国家都有自己立法指导思想与立法原则。就不同的社会形态而言，奴隶制社会有奴隶制社会的立法指导思想和立法原则，封建社会有封建社会的立法指导思想与立法原则，资本主义社会有资本主义社会的立法指导思想与立法原则，同样，社会主义社会也有自己的立法指导思想和立法原则。[1]就同一社会形态内部而言，不同的国家由于存在不同的国情，也会有不尽相同的立法指导思想和立法原则。

学术史上，曾经有不少学者试图寻求一个人类一体遵循的立法原则，[2]但没有哪个原则真正被各国普遍接受。这种情况并不意味着人们不能依照一定的指导思想，探寻一个适合自己国家的总立法原则。

当代中国社会主义立法的指导思想是马列主义、毛泽东思想和邓小平理论。[3]以这种思想为指导形成的当代中国立法的总原则应当是中国共产党在社会主义初级阶段的基本路线和党的十五大提出的"依法治国，建设社会主义法治国家"的根本方针。在这个总原则下，又形成立法的一系列基本原则。

二、当代中国社会主义法的制定的基本原则[4]

如果说法的制定的总原则仍然具有一定的抽象性的话，那么，法的制定的基本原则应具备三个条件：①具有较高的概括性；②具有可操作性；③具

---

[1]　张善恭主编：《立法学原理》，上海社会科学院出版社1991年版，第73～85页，书中对各个不同社会的政治性立法原则和技术性立法原则进行了较系统的探讨。

[2]　自然法学派的代表们曾论证遵循自然法是人类普遍的原则，康德也曾主张道德是人类的普遍法则，边沁认为功利主义为立法的道德原则，当代美国学者罗尔斯又提出公平的正义原则等，但事实证明，它们都有其历史的局限性。

[3]　周旺生的《立法论》（北京大学出版社1994年版，第250～279页）一书把中国立法的指导思想分为总的指导思想、基本指导思想和阶段指导思想，认为总的指导思想是马克思主义，包括马克思主义的世界观、方法论和立法观；认为当代基本指导思想是毛泽东思想，而把邓小平建设有中国特色的社会主义理论看成是现阶段的立法指导思想。这是作者根据党的十四大精神所作的概括。该书作者在主编的《立法学》教材（法律出版社1998年版）中仍坚持这一观点。根据党的十五大报告的精神，邓小平理论是当代中国各项工作的基本指导思想，也成为中国立法的基本指导思想之一。

[4]　关于当代中国的立法原则，我国出版的一些影响较大的法理学教材和著作中有一系列的归纳和总结。如张文显主编的《法理学》（法律出版社1997年版）将它归纳为科学性原则、适时性原则、民主化原则和合宪性原则四条（参见该书第344～348页）；孙国华主编的《法理学》（法律出版社1995年版）归纳为实事求是、从实际出发，原则性与灵活性相结合，稳定性、连续性与适时废、改、立相结合和科学的创见性四条原则（参见该书第266～271页）；沈宗灵主编的《法理学》（高等教育出版社1994年版）则归纳为立法必须以宪法为依据，立法必须从实际出发，总结实践经验与科学预见相结合，吸收借鉴历史的和外国的经验，以最大多数人的最大利益为标准，立足全局、统筹兼顾、原则性和灵活性相结合以及保持法律的稳定性和连续性与适时、改、废相结合七条原则（参见该书第278～287页）；卢云主编的《法学基础理论》（中国政法大学出版社1994年版）也归纳为五条，即从本国实际出发与借鉴外国有益经验相结合，法制统一，原则性与灵活性相结合，总结经验与科学预见相结合，专门机关与群众路线相结合，连续性稳定性与变动性相结合（参见该书第266～272页）。此外，我国的一些立法学著作也对立法原则进行过论述，这些论述的基本内容与上述内容大体一致。本章也充分吸收上述教材和著作中的研究成果进行探讨。

有较强的稳定性。〔1〕只有具有较高的概括性，才能对一定时期的所有立法活动具有指导作用；只有具有可操作性，才能成为立法活动的行为准则；只有具有较强的稳定性，才能正确反映立法活动的本质、规律和特征，也只有在稳定的原则指导下立法，才能保持法律体系的稳定和协调。

（一）遵循实事求是，从实际出发的科学原则

实事求是，从实际出发的原则，是关于立法路线的原则，是辩证唯物主义的思想路线在立法工作中的体现。法律与客观实际的关系是法理学的一个重要问题。马克思主义认为，法律作为一种上层建筑现象，是一定意识形态的体现，是对客观存在的一种反映。法律不是立法者的主观创造，而是以法律形式表述、反映客观规律及其要求，因此，立法者在立法活动中必须从客观实际出发，力求实事求是地、准确地反映客观存在。

立法中贯彻实事求是，从实际出发的科学原则，应注意以下几点：

1. 我国社会主义立法要实事求是，从实际出发，首先要从我国现在所处的社会主义初级阶段社会政治、经济、文化发展的现状和实际需要出发，正确反映其规律和要求，具体来说，就是既要看到我国正处于社会主义初级阶段，生产力发展的总体水平还不高，又要看到在改革开放中，我国生产力水平在迅速提高，生产关系在发生迅速的变革。立法者要研究有中国特色社会主义发展的客观规律和需求；尊重客观规律，并善于运用客观规律来推动立法和经济的发展；加强科学的立法预测和规划，注重收集和研究法律反馈，及时进行法的创制、修改和废止，使立法及时、准确地反映迅速发展的社会关系的现状及要求。

2. 正确处理理论和实际的关系。〔2〕实事求是，从实际出发的原则表明，在理论与客观存在的关系上，客观存在是第一性的，理论来源于实际，也服务于实际，同时又指导人们的实践活动，因此该原则强调立法首先要从实际出发，并敢于在实践中发展理论。但强调首先要从实际出发，并不等于不要理论的指导。因为客观存在是错综复杂的，只有在正确理论的指导下，才能在错综复杂的现实中发现客观规律，并正确地理解、运用客观规律。立法工作者只有在理论的正确指导下，才能正确地理解、表现和处理各种利益关系，才能基于这种正确认识进行科学的立法预测和适度的超前立法，充分发挥法

〔1〕　李龙、曹南屏主编：《法理学》，武汉大学出版社1996年版，第296页。

〔2〕　学术界有两种极端观点：一种是纯理论主义的观点，认为理论只应研究理论，不要管实践；另一种可称为纯实践主义的观点，认为描述现象和事实就只管描述，而不问价值判断和其他。这都是极端片面的观念，它既有害于理论研究，也不利于社会实践。

的引导作用。相反，那种只注重实际是怎样的，而不注重对实际进行深入的理论分析的做法不但不利于我们正确地发现和运用客观规律，推动立法和经济的发展，而且会影响立法的科学性和严肃性，并使立法严重滞后，影响法的作用的发挥和法的价值的实现。

3. 从实际出发，正确地借鉴和吸收我国历史上和外国的有益经验。社会主义法与以往社会的法，虽然有本质的区别，甚至相互对立，但它们在某些方面存在一定的联系。它们都是人类共同创造的文明成果，作为法律规范，它们有许多共同的规律性，也有许多可供吸收借鉴的内容。我国历史上有着丰富的法律文化遗产，它们是我国几千年文明发展的结晶，内含着我国深厚的文化底蕴，体现了我国的民族传统和价值取向，涵盖着我国人民几千年的法律理想和价值追求，其中不乏至今仍然闪耀着光芒的思想精华。因此，这些内容与现实需求结合后，极易被我国人民所接受。我们应该在废除旧法的基础上，继承这份宝贵的法律文化遗产。同时，现代社会又是开放的社会，各国在政治、经济、文化等各个领域有着广泛的联系和频繁的交往，既相互制约，又相互促进，相互依赖。为此，我国已提出并实行改革开放政策，以建立与国际经济接轨的有中国特色的社会主义市场经济体制，并不断健全和完善社会主义民主与法制，逐步建立和完善与社会主义市场经济相适应的法律体系，这就需要大量立法，特别是经济立法。而我国在市场经济和民主政治的建设方面发展较晚、经验较少，西方发达国家在这方面则积累了较丰富的经验，这些经验也充分体现在立法中，对此我们也应该吸收和借鉴。[1]

当然，这种吸收和借鉴必须从我国当前实际出发，即从我国社会主义初级阶段的市场经济和民主政治建设的实际需要出发，真正做到古为今用，洋为中用。我们既不能因为我国历史上和现代西方发达国家的法律与我国社会主义法存在本质的区别，就否认它们之间存在共同的联系，从而反对这种吸收和借鉴。同样，也不能否认这种区别，脱离我国当前实际采取复古主义或盲目、全面地照搬照套西方法律的做法。因为任何法律都有它存在的特定的经济、政治、文化基础和环境条件，一旦离开这种基础和环境条件就难以存在和发展。因此，我们强调必须从我国现阶段实际出发，批判地吸收和借鉴我国历史上和现代西方国家的法律中科学的、合理的、对我们有益的经验，

---

[1] 法学界在关于借鉴及吸收当代西方的法律制度的有益经验方面有诸多争论，这尤其表现在法律移植问题上，有的学者主张在某些领域如民商法领域应全盘移植，有的主张应部分移植，因为法律移植本身就不是植物学意义上的移植，而是医学意义上的移植。参见沈宗灵主编：《法理学》，高等教育出版社1994年版，第94页。

特别是现代西方国家反映现代化生产和商品经济一般规律的经营方式和管理方法的法律制度以及国际法规范和惯例，并使其能适合我国情况，成为有中国特色社会主义市场经济法律体系的有机组成部分。[1]

4. 深入实际，调查研究。立法中贯彻实事求是、从实际出发的科学原则，就要走群众路线，深入实际、调查研究，全面、深入地揭示我国各种社会关系的现状和未来发展。揭示它们的性质、特点和发展规律，并且确定哪些社会关系需要法律调整和如何调整，哪些社会关系不久将需要法律调整，并注意收集、整理社会关系经法律调整后的信息反馈等。这样的调查研究对于提高立法的科学性和严肃性，实现法的目的和价值，提高法的实际效用等都具有十分重要的意义。

（二）遵循社会主义民主原则，从最大多数人的最根本利益出发，[2]立足全局，统筹兼顾

立法中坚持社会主义民主原则，就是指在立法过程中，要体现和贯彻人民主权思想，贯彻和实现人民参与国家事务管理，集中和反映人民的智慧、利益、要求和愿望，使立法与人民群众相结合，使立法机关与人民群众参与相结合。立法的民主性原则应该包括以下两个方面：

1. 立法程序的民主性，是指立法主体的产生和活动过程具有民主性、公开性、合法性。

（1）立法主体的组成方式要民主，在当代中国，主要是指通过民主的选举方式（包括直接选举和间接选举）产生人民代表组成代议机关（人民代表大会）。

（2）立法主体的活动要民主，即立法主体应严格依照民主的立法程序从事立法活动。

（3）立法过程要公开，即立法机关的活动过程应向社会和媒体公开，以便接受人民监督。

2. 立法内容的民主性，是指法律制定必须从最大多数人的最根本利益出

---

〔1〕 沈宗灵先生曾以专文探讨了当代中国近 20 年来在借鉴外国法律方面的 26 个实例，涉及全国人大及其常委会通过的法律，既包括宪政方面，如制定地方性法规的权力；又包括其他各部门法，如行政诉讼、国家赔偿、刑法原则、辩论制、公司法、企业法和对外贸易法等方面的规定。参见沈宗灵："当代中国借鉴外国法律的实例"，载《中国法学》1997 年第 5、6 期。

〔2〕 约翰·罗尔斯曾对边沁的功利主义原则进行过尖锐的批评，认为功利主义是一种目的论，忽视了公平公正的原则等。参见〔美〕罗尔斯：《正义论》，谢延光译，上海译文出版社 1991 年版，第 24 ~ 27 页。这种批评是对西方资产阶级功利原则的深刻揭露，但它并不适合于评价社会主义的功利原则，因为社会主义的功利主义原则是真正为最大多数人谋幸福的正义原则。而罗尔斯取代功利主义的新原则所要建立的"公平正义的制度"仍然无法避免其阶级局限性。

发，立足全局，统筹兼顾。

（1）它是由我国社会主义法律的性质决定的。社会主义法应体现工人阶级领导的广大人民的共同意志，这一法的本质要求立法遵循民主原则。我国宪法有关公民基本权利的规定体现了民主立法的原则，但要使立法的内容更充分地体现民主，还要用其他法律将宪法规定的公民权利具体化。因为法律是调整人们行为的规则，它通过调整人们的行为来调整各种社会关系，解决社会矛盾，实现一定的利益，协调各种利益关系。我国正处在新旧体制交替的社会转型时期，各种利益关系比较复杂，但这些矛盾就其性质来说，大多数是在人民根本利益一致基础上的矛盾。这就决定了立法工作必须坚持实质民主原则，即以最大多数人的最根本利益为出发点，而不能以少数人的利益和意志来排挤、甚至取代最大多数人的最根本利益和意志。

（2）再完善的立法也不可能全面满足所有人的利益需求，特别是那些相互矛盾的利益需求，只能以最大多数人的最根本利益为出发点进行利益选择、协调和平衡。在这种选择、协调和平衡中，要注意处理好国家利益、集体利益和个人利益、长远利益和眼前利益、整体利益和局部利益之间的关系。

（3）贯彻以最大多数人的最根本利益为出发点，立足全局、统筹兼顾的原则，要求所有立法机关和其他立法者克服地方保护主义、部门或行业保护主义以及个人主义等狭隘意识。因为这种狭隘意识不但使法律不能充分体现最大多数人的最根本利益，而且会破坏法制的统一。

（三）遵循法制统一原则

法制统一原则，即法律体系内部和谐统一原则。它要求一国法律体系内部各法律部门之间，各项法律、法规之间以及法律规范条文之间要相互衔接、相互协调。这是一国法律体系充分发挥作用的内在因素。法制统一原则包含以下具体内容：

1. 合宪性原则，即一切立法必须以宪法为依据。

（1）这是由我国的国家结构形式决定的。我国是单一制国家，全国人民代表大会是最高权力机关，其他国家机关均由它产生，并对它负责。同时，我国又是成文宪法国家，宪法由国家最高权力机关制定，因此宪法是我国的根本大法，在我国法律体系中具有最高法律地位和效力，是其他所有立法的依据。一切违背宪法的法律、法规和其他规范性法律文件均属无效。

（2）宪法内容具有全面性和极端重要性。宪法规定国家和社会生活各主要方面最重要的内容，如国家的根本制度和根本任务，各重要社会关系领域的基本原则和制度，各国家机关的设立、职权职责、相互关系、活动原则和方式等。宪法是党的基本路线、总方针和总政策的定型化、制度化和法律化，代表了国家和人民的根本利益，是全国人民活动的根本准则，更是维护国家统一、民族团结、社会稳定的基础。因此，宪法具有最高权威性，是我国法律体系的核心和基础，其他立法是宪法内容的体现和具体化。这也决定了其他一切立法都必须以宪法为依据，任何法律、法规和其他规范性法律文件都不得与宪法相违背、相抵触。

（3）我国现行宪法既继承了1954年《宪法》的优良传统，又吸收了现代各国宪法的有益经验，充分体现了我国新时期政治、经济、文化等各方面的特点和要求，是一部具有中国特色和强烈时代感的好宪法。[1]我国现行宪法不但具有最高的法律地位和效力，而且在实践中证实了它的最高权威性，理应成为我国一切立法的依据。

遵循合宪性原则应做到以下两点：①各有权的国家机关严格按照宪法赋予的立法权限进行立法活动，不得超越立法权限。②各有权的国家机关在立法活动中，要根据宪法的规定，严格遵循各种法律渊源间的效力从属关系，切实做到一切立法不得与宪法相违背，低层次立法不得与高层次立法相违背。[2]

2. 体系协调性原则，即要注意法律体系各个层次的协调一致。现代国家已形成以宪法为核心、部门法林立的庞大的法律体系，这就要求在立法中既要注意各部门法之间的相互补充和配合，也要避免不必要的重复。因此，要注重各个法律部门之间的相互补充和相互配合，避免不同类别的规范性法律文件之间的矛盾，避免同一类规范性法律文件之间的矛盾和同一规范性法律文件内部的自相矛盾，避免不同层次的规范性法律文件之间的矛盾。

（四）保持法的稳定性、连续性和及时立、改、废相结合原则

法的稳定性是指法律一经制定和颁布，必须在一定时期内保持稳定，不得随意修改、中断和废弃，以保持法的严肃性和权威性。稳定性是法作为一种行为规则的内在属性。法作为一种行为规则必须具有权威性和严肃性。法的权威性和严肃性，除在根本上取决于法的内容的科学性外，还在很大程度

第十五章

---

〔1〕　1982年《宪法》颁布至今，与时俱进，已有四次重要的修正案，即1988年、1993年、1999年和2004年修正案。其中，1993年的《宪法》修正案，把建立社会主义市场经济作为我国经济体制改革的目标模式确定下来，1999年的《宪法》修正案把"依法治国，建设社会主义法治国家"作为基本的治国方略确定下来，2004年的《宪法》修正案把"国家尊重和保障人权"等内容写进宪法，具有非常重大的意义，不仅使我国由传统的、高度集中的计划经济模式转向社会主义市场经济，也使我国由传统的人治模式转向法治模式，更使以往漠视人权的局面转向尊重和保障人权并有了宪法依据。

〔2〕　参见本书第18章第1节有关"法律效力层次"部分。

上受法的稳定性程度的影响。如果法律相对稳定，就便于人们了解、掌握法律，有利于人们养成守法习惯，提高人们运用法律的能力和水平，不断增强人们对法律的信心。反之，不保持法的稳定，朝令夕改，势必会破坏法的权威性，也不利于人们了解、掌握法律，养成守法习惯，甚至会造成社会动乱。这些都说明立法应坚持稳定性原则。[1]

法的连续性是指在制定新法或修改、补充法律时应注意保持新法或经修改后的法律与原有法律之间的继承关系，具体包括以下几方面含义：①在制定新的法律时，一般应以原有的法律为基础，使它们在立法精神、原则或内容等方面保持一定的联系，以保持新法和原有法律之间的衔接关系；②在新的法律尚未制定或公布实施之前，原有的法律不应随意中止生效；③法律不因领导人的改变而改变，也不因领导人的看法或注意力的改变而改变。坚持立法的连续性，主要是基于客观事物的发展本身具有连续性和继承关系，也基于国家政策发展连续性的影响和保持法的稳定性的需要。保持法的连续性，对于加强法制、保持法的稳定性和权威性，以及继承和发展法律文化具有重要意义。

但是，任何事物都是发展变化的，客观社会关系不断发展变化的规律，决定了法的稳定性、连续性只能是相对的。稳定不等于不变，连续是在变化、发展中的连续，没有变化与发展，就谈不上连续。这就要求我们在保证法的稳定性和连续性的同时，必须适时进行法的立、改、废，并把这两个方面恰当地结合起来，在法的立、改、废中保持法的稳定性和连续性。这样，才能使法律随着社会关系的发展变化而发展变化，并在这种发展变化中获得新的活力，以适应变化了的社会关系的需要，更有效地发挥法律调整社会关系的作用。当前我国实行改革开放，社会关系处于迅速发展变化之中，因此，我们不可忽视法的稳定性，同时要更多地注意法的变动性，积极地进行法的立、改、废，并在这个过程中保持法的稳定性和连续性。

（五）坚持总结实践经验和科学预见、超前立法相结合原则

法作为意识形态的表现，始终是对客观存在的社会关系的反映。因此，法一般是对实践经验的总结，其作用也主要是确认、保护和发展现实生活中已经存在的一些社会关系。总结实践经验始终是立法的主要方式和内容。但是，仅仅总结实践经验，对于立法来说是很不够的，往往不能满足人们对法律调整的需求。这一点，在社会关系大量、急剧变化的时期体现得尤其明显。

---

[1]　关于法的稳定性及其相关问题的进一步阐述，可参见本章作者在吕世伦主编的《法的真善美——法美学初论》上发表的文章（法律出版社2004年版，第114～119页）。

因此，立法在坚持总结实践经验的同时，还要坚持科学预见、超前立法的原则。这是因为总结性立法往往带有明显的滞后性，而社会关系是不断发展变化的，这就容易造成法律的频繁修改和废止，不利于保持法的稳定性和确立法的权威性。除此之外，任何事物的发展都具有连续性和规律性，现实中包含着事物的未来发展趋势，人们完全可能在总结、分析现实实践经验的基础上，根据客观规律，揭示并把握事物的未来发展趋势，以法律的形式作出科学的预测，即人们所说的超前立法或前瞻性立法。建立在科学预见基础上的超前性立法，[1]不但能够在一定程度上减少法律的频繁修改和废止，提高法的稳定性和权威性，而且可以通过法的预测作用使人对社会关系的未来发展有一个心理适应阶段，为法的发展和实现创造一个良好的社会心理条件。

（六）坚持原则性与灵活性相结合的原则

立法的原则性是指在立法工作中必须坚持决定社会主义法的性质、方向、根本任务、价值目标以及有关法体系科学性与和谐统一的一系列原则。立法的灵活性是指在整体上坚持上述原则的前提下，在特定情况和条件下，允许在一定范围和程度上作灵活的规定，在立法上允许留有余地。原则性与灵活性相结合的原则，是立法的方法性原则。立法坚持这一原则的主要依据在于以下几点：

1. 在理论上，原则性与灵活性相结合是马克思主义的认识论，既承认事物发展存在普遍性，又承认事物发展的特殊性。普遍性与特殊性的共同存在，要求我们处理问题必须坚持原则性与灵活性相结合。我国社会主义立法以马列主义、毛泽东思想和邓小平理论为根本指导思想，就必须坚持原则性与灵活性相结合的原则。

2. 在实践上，这一原则是我国现阶段经济发展和法制建设的水平及特点所要求的。

（1）坚持原则性与灵活性相结合的原则，在根本上是由我国社会主义初级阶段的经济结构和经济发展水平所决定的。我国现处于社会主义的初级阶段，总的来看，生产力发展水平不高。与此相适应，国家经济结构是以社会主义公有制为主体，多种经济形式并存的经济结构。这种经济结构本身就体现了原则性与灵活性的结合，而这种原则性与灵活性相结合的经济结构及其

第
十
五
章

---

〔1〕　关于超前立法，应该说明的是，它并不是脱离实际的，而是建立在现实经验和科学预测基础上的超前立法；同时，它又是适度的超前立法，不是无限度的超前立法。它对事物未来的发展趋势作出纲性的规定，以引导现存经济关系的发展，而不是对遥远的未来发展趋势作纲领性规定，因此，这种超前立法仍是现实主义的。

要求也必然反映在宪法和相关的具体立法中。

（2）坚持这一原则是我国社会主义初级阶段法制建设的需要。我国正处于社会主义的初级阶段，国家实行改革开放政策。改革开放促进了生产力的迅速发展，带来了社会关系的急剧变化，出现了一定时期新旧两种体制并存、交叉和转换的复杂情况，而初级阶段的法制建设又是一个不断改革和完善，不断提高其科学性的过程。这些都使立法必须坚持原则性与灵活性相结合。

3. 我国的特殊国情也决定了必须坚持这一原则。我国的特殊国情主要表现在两个方面：

（1）我国地域辽阔、民族众多，各地经济文化发展很不平衡。在立法上，既要有一般的、原则上的指导和规范，又要针对不同情况作出灵活性的规定，并且允许各地、特别是少数民族聚居的民族区域依照法律规定作出灵活的、变通的规定。

（2）我国经济特区的设立和随着香港、澳门回归祖国而出现的特别行政区，也要求立法坚持原则性和灵活性相结合的原则。经济特区是我国改革开放的试验田和窗口，在改革开放中往往走在前面，这就需要在坚持法制统一的原则下以立法形式赋予经济特区立法机关一定的立法权，给予特殊政策。特别行政区的出现也给我国法律带来重要影响和变化。我国是社会主义国家，内地的法律体系是社会主义性质的。在"一国两制"方针下，随着特别行政区的出现，我国立法既要坚持"法制统一"原则，又要兼顾特别行政区的特殊性，给予灵活的规定。如在"一个中国"的原则下，确认特别行政区实行不同于内地的社会制度；在坚持以内地社会主义法为主体的原则下，允许特别行政区继续保留原有的、不与特别行政区基本法相违背的资本主义法律和制度；在坚持一国两制和特别行政区基本法的原则下，给予特别行政区较大的立法权限等。立法上这种原则性与灵活性的结合，不仅有利于特别行政区的繁荣和稳定，也有利于国家的统一、内地的改革开放和经济发展。这些规定既符合我国实际，又体现了我国立法的发展特点。

坚持原则性与灵活性相结合的原则，关键是正确处理原则性与灵活性的关系。这就要注意以下几点：

1. 原则性是首要的，起主导作用；灵活性是第二位的，起辅助作用。原则性在整体上保证立法的根本方向，保证党的基本方针、政策的贯彻执行，保证法的价值目标的实现。灵活性则在局部和特殊的情况下以特殊的方式保证立法的根本方向，贯彻党的基本方针政策，实现法的价值目标。

2. 原则性是根本，灵活性是为实现原则性服务的。因此，我们所说的灵活性是在总体上坚持原则性的前提下的灵活性，是为原则性服务的灵活性，而不是牺牲原则性的灵活性。

3. 立法的原则性和灵活性是相辅相成、有机结合，相互作用、相互制约的，而不是对立的。原则性是灵活性的标准和尺度，灵活性是实现原则性的必要条件。灵活性不能脱离原则性，脱离原则性的灵活性会破坏法制的统一。原则性也不能没有灵活性，没有灵活性的原则只会是僵化的原则，是难以实现的原则。因此，我们不能把这两者割裂开来，对立起来，而应把这两者恰当地结合起来。

4. 原则性与灵活性都必须是法定的。不仅原则性是法定的，灵活性也必须是法定的。即在什么条件下，在哪些问题和多大程度上可以有灵活性，都要在调查研究的基础上，根据实际情况，由法律明确具体地规定，任何地方、部门或领导者个人都不能随意确定、随意更改。

■ 第三节　立法体制、立法程序与立法技术

一、立法体制

(一) 立法体制的概念及分类

立法体制与立法权密切相关。立法权是立法主体依法享有的创制、认可、修改或废止规范性法律文件的权力，是国家权力体系中最重要、最核心的权力。而一般地说，立法体制是关于立法权的配置方面的组织制度，其核心是立法权限的划分，特别是中央和地方立法权限的划分问题，此外还包括中央国家机关之间及地方各级国家机关之间关于法律制定权限的划分问题。

影响一国立法体制的因素很多，其中直接的、主要的因素是国家政体与国家结构形式。在专制或独裁政体下，其立法体制无疑是专制的或独裁的；在民主政体下，其立法体制则是民主的。单一制国家通常是一元制，而在联邦制国家，往往采用二元或多元立法体制。[1]

总的来说，当今世界的立法体制，主要有三种形式，即单一（或一元）立法体制、复合（或多元）立法体制和制衡立法体制。单一的立法体制又分为单一的一级立法体制和一元二级或多级立法体制。至于复合立法体制，情况更为复杂，立法权一般都由两个或两个以上的中央政权机关行使，从而实际上形成复合的一级立法体制。有的由议会与总统共同行使立法权，有的由

---

〔1〕　当然，这不是绝对的。有些单一制国家也有二元立法体制存在，如意大利；而联邦制国家也有
　　　实行一元立法体制的。

议会与君主共同行使，还有其他一些形式，但实行这种立法体制的国家为数不多。制衡立法体制是以"三权分立"原则为基础的，形式也多种多样，并与上面提到的两种立法体制有时相互交叉。一般说来，在制衡体制下，立法权原则上属于议会，但国家元首作为行政机关的首脑，对议会的立法活动有重大影响，如总统公布法律的制度。有些国家的司法机关对议会也有制约作用，如违宪审查制度等。

（二）当代中国的立法体制

多年来，我国法学界和立法工作者对我国立法体制进行过长期的讨论，认识并不统一。[1]我们认为，我国立法体制的特点应从其发展的全过程来分析，不能简单地作出回答。

我国的立法体制有一个发展变化过程，大致上分为三个阶段：第一阶段是建国初期，即 1949 年中华人民共和国成立到 1954 年我国第一部《宪法》的颁布，这个阶段国家立法权由中国人民政治协商会议和中央人民政府委员会共同行使，同时地方各级政府也有一定的立法权限。第二阶段为 1954 年《宪法》的颁布实施到 1979 年第五届全国人大第二次会议的召开，这个阶段我国立法体制的特点是将立法权集中于中央。1954 年《宪法》规定，全国人民代表大会是行使国家立法权的唯一机关，全国人大常委会只有解释法律和制定法令的权限。后来通过授权立法，使全国人大常委会在全国人大闭会期间有权对现行法中不适用的条文进行修改。第三阶段为 1979 年 6 月第五届全国人大第二次会议召开至今，这一时期，我国立法体制不断得到发展与完善。《宪法》明文规定："全国人民代表大会和全国人民代表大会常务委员会行使国家立法权"。这表明我国的立法体制是一元制的；国务院有权制定行政法规，但必须根据宪法与法律；地方各级国家权力机关和民族自治机关有权制定地方性法规与民族自治条例、单行条例，但必须以宪法、法律和行政法规为依据，并要报请全国人大常委会备案或批准。这说明我国中央一级的立法与地方一级的立法具有隶属关系，两级立法效力范围不同。而且，中央一级内部和地方一级内部又分别有几个层次，中央一级有权力机关立法、行政机关的授权立法和制定行政规章三个不同效力等级的层次；地方一级则有地方省级和授权的市级权力机关立法和地方政府制定规章多个不同效力等级的层次。这就是说，当前我国立法体制又是两级多层次的。因此，"一元两级多层

---

〔1〕 在学术争论中主要存在以下几种观点：有的认为，我国是一元立法体制；有的认为我国是多元立法体制；也有的认为我国是一元多级立法体制。我国 2000 年出台的《立法法》基本上肯定了本章下文所总结的我国立法实践中长期形成的"一元两级多层次"的立法体制。

次"的立法体制是当代中国的特色，这和以往是不完全相同的，它不能概括以往的情况。同时，当代还有特殊情况，就是特别行政区制度的出现。按照"一国两制"的原则，特别行政区是中华人民共和国不可分割的一部分，当地实行的制度包括立法制度，由全国人民代表大会及其常委会以法律规定。

（三）立法权限的分类

前面提及，立法体制的核心问题就是立法权限的划分问题，所以立法权限问题在立法体制中显得特别重要。所谓立法权限，就是立法主体行使立法权的界限。[1]它主要指立法主体能在多大范围内行使立法权，应在多大范围内行使立法权，事实上在多大范围内行使立法权的问题。对立法权限的划分主要是科学并合理地决定需由立法调整和抑制事项的不同归属，同时也包括其形式要件的划分。我国《立法法》第二章第一节专门规定了全国人民代表大会及其常务委员会的立法权限，第65条、第72条、第80条对国务院、省级地方人大及其常委会、国务院各部委的立法权限都作了较为明确的规定。据此，我们可以按不同的标准，对不同立法主体的立法权限做出以下几种分类：

1. 中央立法权限和地方立法权限。在我国，前者主要是指全国人大有制定、修改宪法以及制定、修改基本法律的权力；全国人大常委会有解释宪法、制定法律和部分修改基本法律的权力；国务院有制定、修改和解释行政法规的权力。而后者主要包括省级人大及其常委会有制定、修改与解释省级地方性法规的权力，自治区人大及其常委会有制定、修改与解释自治条例和单行条例的权力；省级人民政府有制定、修改与解释地方政府规章的权力。

2. 明示立法权限和默示立法权限。明示立法权限是指宪法、法律明确规定各立法主体所行使的立法权，包括可以或应当行使哪些立法权限和限制哪些立法权限。明示可以或应当行使哪些立法权限有两种方式：一是宪法、法律直接规定或列举，如《立法法》第8条对全国人大及其常委会的立法权限作了明确列举，规定国家主权等一些事项只能制定法律。二是宪法、法律规定某些立法事项可以依法制定，如我国《宪法》第78条规定："全国人民代表大会和全国人民代表大会常务委员会的组织和工作程序由法律规定。"《立法法》第83条规定："国务院部门规章和地方政府规章的制定程序，参照本法第三章的规定，由国务院规定。"明确限制行使哪些立法权也有两种方式：①禁止行使某些立法权，如《立法法》第87条规定："宪法具有最高的法律效力，一切法律、行政法规、地方性法规、自治条例和单行条例、规章都不

---

[1]　周旺生主编：《立法学》，法律出版社1998年版，第230页。

得同宪法相抵触。"②要求行使某些立法权时应当符合一定的条件。如《立法法》第 10 条第 1 款规定："授权决定应当明确授权的目的、事项、范围、期限以及被授权机关实施授权决定应当遵循的原则等。"默示立法权限是指可以从宪法、法律条文中推导出来的，或在宪法、法律的条文精神中包含的立法权限。其具体方式有：①以弹性的方法笼统地规定立法主体享有某些未明示的立法权，如《立法法》第 8 条规定的制定法律的事项，还包括"必须由全国人民代表大会及其常务委员会制定法律的其他事项"。②从宪法、法律规定的有关立法主体享有的职权中，可以推导出对某些事项的立法权，如有人认为，从《宪法》第 93 条第 1 款规定的"中华人民共和国中央军事委员会领导全国武装力量"，就可以推导出中央军事委员会可以根据宪法制定军事法规。又如在美国的立法体制当中，根据联邦最高法院的解释可以从授予的权力合理引申出来的立法权限为"默示的权力"。联邦的默示立法权限包括："建立银行和其他公司；引申自征税、借款和管理商业的权力；发电和出售剩余物资；引申自处置政府财产、管理商业和宣战等权力"等。

3. 权力机关的立法权限和行政机关的立法权限。《立法法》第 7 条、第 8 条、第 65 条分别对我国全国人大及其常委会和国务院的立法权限作了相应的规定。总的来看，两者的主要区别是：①行使立法权是权力机关的一项基本职权与职责；行政机关制定行政法规、部委规章或政府规章是它的一项职权与职责，但行政机关是执行机关，执行法律是其最基本的职权与职责。②同一级行政机关由同一级权力机关选举产生，对它负责，受它监督，因此行政机关的立法权应从属于权力机关的立法权。③权力机关行使立法权有着复杂完备的民主程序，而行政机关行使立法权的程序要简单一些，这是由社会生活复杂多变，行政决定和行政权的行使必须及时、果断这一特点所决定的。

4. 职权立法权限与授权立法权限。在我国，职权立法权限的权力来源于宪法和基本法律（如国务院组织法、地方各级人民代表大会和地方各级人民政府组织法）的具体规定，其根据是行使其相应的职权和职责的需要。如《立法法》第 65 条第 1 款条规定："国务院根据宪法和法律，制定行政法规。"这里国务院享有的权限就属于职权立法权限。授权立法权限的权力来源于有关国家机关（主要是全国人大常委会）的特别授权，它是指立法机关以法律规范或立法决定等形式，对在宪法规定中无立法权能的主体赋予特定的立法权限，或对依法已享有一定立法权的主体赋予更大的立法权限。我国的授权立法大致可分为扩大权力的授权和授予的授权。前者如《立法法》第 9 条规定："本法第 8 条规定的事项尚未制定法律的，全国人民代表大会及其常务员会有权作出决定，授权国务院可以根据实际需要，对其中的部分事项先制定行政法规，但是有关犯罪和刑罚、对公民政治权利的剥夺和限制人身自由的强制措施和处罚、司法制度等事项除外。"后一类授权立法的实例是，1992年，全国人民代表大会授权深圳市人大及其常委会制定在深圳经济特区实施的法规。特别授权立法同职权立法的主要区别在于，它需要制定特别的授权文件，需要有特定的授权对象，授权事项、范围及期限等内容应在授权文件中载明。

5. 立法实体权限和立法程序权限。[1]立法实体性权限包括法律的制定权、批准权、认可权、修改权、补充权、解释权、废止权、变更或撤销权等。制定权中还存在不同等级规范的制定权的划分。变更或撤销权则是指有权改变或撤销侵犯其立法权或与其立法相抵触的其他下级机关所制定的规范性文件。其中，制定权是立法基本权，修改、补充、解释、废止权是立法自律权，批准、认可、变更或撤销权则是律他权，缺乏上述实体立法权的任何一项，都不能说是严格意义上的立法权或完整的立法权。而没有制定权这项基本权力，更谈不上立法权，因为它是其他实体立法权的基础。此外，在实行直接民主制的国家，人民的创制权、复决权也是重要的实体性立法权。《立法法》第7条第2款规定了"全国人民代表大会制定和修改刑事、民事、国家机构的和其他的基本法律"的权力。第97条规定了全国人民代表大会有权改变或者撤销它的常务委员会制定的不适当的法律的权力。

立法程序权限是指立法过程的有关权力，如提案权、审议权、表决权、公布权，以及立法调查权、听证权等。某些重要法律的起草，也属于经由立法机关授权的专门起草委员会的一项程序性立法权力。缺少以上程序性权力中的任何一项，都不能说是严格意义的立法权或完整的立法权。[2]

二、立法程序

（一）立法程序的概念、意义和分类

对立法程序，学者中有不同的理解。通常认为立法程序是有关国家机关制定、修改和废止规范性法律文件的法定步骤和方式。这一概念表明立法程序具有以下特点：①它是以法律形式确定的程序。只有以法律形式确定的立法程序，才对立法活动具有约束力。②它以立法步骤和方式为内容。有关立法步骤和方式以外的其他活动的程序，不属立法程序。③立法程序作为法定程序，是一切有权制定、修改和废止规范性法律文件的国家机关在立法活动

---

[1] 郭道晖："论国家立法权"，载《中外法学》1994 年第 4 期。
[2] 关于立法程序详细的论述见下文。

中必须遵循的程序。违背立法程序的立法活动是违法行为，其活动的结果，即在该立法活动中制定、修改、废止法律法规后形成的规范性法律文件无效。

在大多数国家，立法程序由宪法或法律明文规定。也有一些国家没有明文规定立法程序，它们的立法程序是以习惯法的形式存在的。我国在多年立法实践经验的基础上，基本形成了适合我国国情的立法程序，特别是近年来，立法程序正在走向制度化、法律化。但是，完善立法程序仍是我们的一项重要任务。1987 年 11 月 24 日，第六届全国人大第二十三次会议通过了《中华人民共和国全国人民代表大会常务委员会议事规则》，1989 年 4 月 4 日第七届全国人大第二次会议通过了《中华人民共和国全国人民代表大会议事规则》，其中规定了关于法律草案的拟定、提出、审议、讨论、表决和公布的程序。这些规定虽然还有待进一步具体、完善，但已在我国立法程序的民主化、科学化方面前进了一步。

完善立法程序，并使立法程序制度化、法律化，具有十分重要的意义。首先，它不但表明一个国家的决策过程是否民主、科学，而且是一个国家民主与法制建设水平和国家文明程度的标志之一。其次，它对于立法活动的民主化、科学化、规范化和合法化具有重要的保障作用，能够有效地避免立法的随意性。最后，立法程序对于保持法律的连续性、稳定性和权威性，对于提高法的效用有重要的促进作用。

立法活动多种多样，立法程序也是多种多样的。立法程序可以依据不同的标准进行以下分类：

1. 依据法律形式的不同，可以把立法程序首先分为判例法的立法程序和成文法的立法程序，然后再进行进一步的分类。如成文法的立法程序又可分为宪法的立法程序、法律的立法程序、行政法规的立法程序和地方性法规的立法程序。

2. 依照立法主体的不同，可以分为国内法的立法程序和国际法的立法程序，然后再进一步分类，如将国内法的立法程序分为中央立法机关的立法程序和地方立法机关的立法程序。

3. 依据法律类别的不同，可以分为根本法的立法程序和普通法的立法程序，一般法的立法程序和特别法的立法程序等。

（二）我国的立法程序

立法作为一种决策活动，是一项严肃复杂的工作，整个立法活动要经过一系列的步骤和环节。世界各国由于国情不同，立法的具体步骤和环节也不尽相同，但立法的基本步骤和环节是大体相同的，我们称之为立法的基本程序，主要包括：提出立法议案，审议法律草案，表决和通过法律草案，公布法律这四个步骤。[1]

上述四个步骤紧密联系，环环相扣，缺一不可。在我国立法实践中，在以上四个法定程序之前，还有个准备阶段，为立法活动做一些前期准备工作。准备阶段不属于法定立法程序，但对提高立法质量和效率有着重要作用。根据宪法和法律的规定，我国最高国家权力机关的立法程序与上述立法的基本程序是一致的。

1. 立法议案的提出。提出立法议案是立法的第一道程序，它标志着立法活动的正式开始。立法议案又称法律案，指依法享有立法提案权的机关或个人向立法机关提出的关于制定、修改或废止某项法律的正式提案。立法议案一经提出，立法机关就要列入议事日程，进行正式审议和讨论。

立法议案不同于议案。议案是各种议事提案的总称。立法议案只是议案的一种，它以法律的制定、修改和废止为内容。立法议案也不同于法律草案。立法议案指有关立法的动议，内容一般比较原则、概括，但也可以比较具体。可以只提立法主旨和理由，也可以附有法律草案。法律草案内容比较具体、系统、完整，是提交立法机关审议的法律原型。提出立法议案时是否附带草案由提案人自主决定。如果提案人不附法律草案，可由立法机关的有关部门委托一定的机关或个人起草法律草案，也可以组织专门的人员负责起草法律草案。立法议案也不同于一般的立法建议。立法议案只有经法律授权的机关和个人才能提出，而立法建议的提出不需经法律授权，也不属于正式的立法程序，它泛指任何机关、组织或公民提出的立法意见和设想。立法建议对立法工作具有参考作用。提出立法议案的关键是谁有立法议案的提案权。一般说来，立法议案的提案权是法律赋予有关国家机关、组织和个人的一项专门权利。任何国家机关、社会组织和个人未经法律授权无权向立法机关提出立法议案。现今世界各国享有立法议案提案权的主体不尽相同，但多数国家代议机关的组成人员、国家首脑等享有立法议案的提案权。根据我国宪法和有关法律的规定，下列组织和个人享有立法议案的提案权：

（1）全国人大代表和全国人大常委会的组成人员。依照法律规定，全国人大代表 30 人以上或一个代表团，可以向全国人大提出立法议案。全国人大常委会委员 10 人以上可以向全国人大常委会提出立法议案。

---

〔1〕 在一些教科书中，把"提出法律议案"直接写为"提出法律草案"，我们认为是不妥当的，两者的区别显而易见。此外，还有另一现象，即多数教科书把第三阶段直接称为"通过法律草案"，我们认为称"表决和通过法律草案"要更准确，因为有些法律草案表决的结果并不必然是通过，还有不被通过的情况，因此，表决这个程序必不可少。

（2）全国人大主席团、全国人大常委会可以向全国人大提出立法议案。全国人大各专门委员会可以向全国人大或全国人大常委会提出立法议案。

（3）国务院、最高人民法院、最高人民检察院、中央军委可以向全国人大或全国人大常委会提出立法议案。

2. 法律草案的审议。法律草案的审议，指立法机关对已经列入议事日程的法律草案正式进行审查和讨论。法律草案的审议，是保证立法质量，使立法更加科学、完备和成熟的重要环节。

对法律草案的审议，世界多数国家的法律均规定必须经过立法机关全体组成人员的讨论，并按一定的程序进行。我国对法律草案的审议，一般经过两个阶段：①由全国人大有关专门委员会进行审议，包括对法律草案的修改、补充。②立法机关全体会议的审议。为保证审议质量，1983 年 3 月，全国人大常委会委员长会议决定对法律草案的审议采取两步审议制度：第一步，先由提出法律草案的单位作说明，进行初步讨论，然后由全国人大常委会委员带回去研究，征求意见。第二步，再次召开会议时由常委会委员汇集研究结果和征求意见，再进行研究、审定。这种具有中国特色的审议程序，有助于发扬议事民主，提高审议的质量和效率。为保障在审议时能充分发表意见，《宪法》第 75 条规定："全国人民代表大会代表在全国人民代表大会各种会议上的发言和表决，不受法律追究。"

对法律草案的审议，应包括以下内容：①立法动机是否正确合理。②立法时机是否恰当，即这项法律是否具备立法条件。③立法精神和内容是否科学、合理，具体包括法律规范的合宪性，即是否以宪法为依据，是否符合宪法的基本精神和规定；权益调整的全面、合理性，即是否立足全局、统筹兼顾；法律的实效性，即各项规定是否切实可行，具有可操作性；规范体系的协调性，即本法各法律规范之间及本法与其他法律之间是否和谐一致。④立法技术及其他，即立法技术是否恰当、完善，语言逻辑是否准确严谨，包括法律用语、概念是否清楚、准确、规范，结构是否合理，文字表达是否清晰、合乎语法和逻辑。

法律草案审议的结果分为以下几种：①提付表决。②修改后提付表决。③搁置。④否定。

3. 法律草案的表决和通过。通过法律草案是指立法机关对法律草案表示正式同意，使之成为法律。它是立法的预期目的，但并非每一交付表决的法律草案都能获得通过，有的需要修改再复议，有的则可能不通过，即否定了法律草案。法律草案的通过是全部立法程序中最具有决定意义的步骤。对于法律草案的表决和通过，世界上大多数国家均规定，一般性法律草案以获得出席立法会议的全体议员或代表的过半数票为通过，宪法草案或宪法修正案则以获得出席立法会议的全体议员或代表的 2/3 或 3/5 以上的多数票为通过。[1]

实行两院制的国家，通过法律草案有三种不同的情况：①两院同时通过，如苏联；②两院先后通过，如美国；③通过法律草案的权力属于下院，上院无权否决下院的意见，但能在一定时间内拖延一般法律的生效，如英国。如果前两种情况下两院意见发生分歧，有的国家规定由两院联席会议决定。

在我国，按普通程序，法律要经过全国人大或全国人大常委会法定人数的过半数通过。与大多数国家不同的是，我国强调应是全国人大或全国人大常委会全体成员的过半数，而不是出席会议的成员的过半数。这在程序上更有效地保护了大多数群众的利益不被少数人侵犯。

通过法律草案的方式有公开表决和秘密表决两种。前者是举手表决方式，后者是无记名投票方式，现代各国已逐渐采用电子表决器方式。我国自 1986 年 3 月第六届全国人大常委会第十五次会议开始采用电脑表决器。

4. 法律的公布。公布法律是立法机关或国家元首将已经正式通过的法律，以一定的形式正式公告社会，以便全社会遵照执行。这是立法的最后一道程序，也是法律生效的关键步骤。因为，只有正式公布的法律，才具有法律效力，才能在社会生活中发挥作用。制定法律的目的是为了规范人们的行为，进而调整社会关系。那种未经正式公布的"法律"，人们无法遵照执行，国家也不能据此追究人民的法律责任，也就不会有普遍的约束力。

公布法律的方法由各国法律规定，许多国家在专门的法律中作了较详尽的规定，世界上大多数国家都有公布法律的法定正式出版物。而法律公布的期限，有些国家也有明确的规定。如意大利宪法规定，法律自批准之日起 1 个月内由共和国总统公布。关于法律的生效，大多数国家除承认未经公布的法律不能生效外，还承认已经公布的法律，可以立即生效，也可以另外确定生效日期。但无论是立即生效，还是另定生效日期，均应在公布法律时予以明确说明，或者作为该法律的一部分予以明确规定。

我国《宪法》第 80 条规定，中华人民共和国主席根据全国人民代表大会的决定和全国人民代表大会常务委员会的决定，公布法律。公布后的生效问题，依照法律规定各有不同，参见本书第十八章第二节中"法的时间效力"的表述。我国公布法律的法定报刊是《中华人民共和国全国人民代表大会常务委员会公报》《中华人民共和国国务院公报》《中华人民共和国最高人民法

第十五章

---

[1]　非成文宪法国家一般没有这样严格的规定，其宪法性文件与非宪法性文件均以过半数票为通过。如英国等国家即是。

院公报》和《人民日报》等。

三、立法技术

（一）立法技术的概念和意义

立法技术在各国法学家中也有不同的理解。[1]有的从广义的角度理解立法技术，认为它包括与立法活动有关的一切规则，既包括立法机关的规则、立法程序的规则，又包括法律规范的表达规则。有的则从狭义角度理解立法技术，认为它是指专门用来表达法律规定的一些细则。还有些学者从宏观、微观角度理解立法技术。具体来说，有的把立法技术归结为一种"活动"，有的归结为一种"过程"，[2]还有的如上所述，归结为一种"规则"。实际上，对于立法技术，还是应从技巧、方法等角度归结。因此，我们认为，立法技术是指在制定、修改和废止各种规范性法律文件的活动中所应遵循的经验、方法和技巧的总称。

立法技术对于法的制定和完善具有重要意义：①它可以使立法者在立法过程中明确有效地表达自己的意志，保证法的表达形式与所要表达的法律的内容相一致，并便于法的解释和适用；②立法机关可以利用立法技术，及时制定新的法律，并及时地进行法律的立、改、废活动；③立法机关还可以利用立法技术进行系统的法典编纂，以消除现行法的某些缺陷。总之，立法技术对现代社会的法治的各个方面均有重要意义。[3]

（二）立法技术的种类

根据不同的标准，可以对立法技术作不同的分类，大体上有以下几种：[4]

1. 根据立法活动的进程或顺序，将立法技术分为立法预测技术、立法规划技术和法律规范的表达技术。因为立法预测和规划都是立法者首先要考虑的，而且均有相应的技术和方法，应该应用到立法活动中。有了较好的预测和规划，接着就要将这种思想和意志体现于文字，这种技术就是法律规范的表达技术。各法律的内部结构、外部结构以及法律体系等就属这种技术。

2. 根据立法技术适用的具体程度，将其分为宏观立法技术和微观立法技

---

[1] 周旺生著的《立法论》第6章详细地介绍了几种流行的有关立法技术的学说。参见周旺生：《立法论》，北京大学出版社1994年版，第178～180页。

[2] 周旺生：《立法论》，北京大学出版社1994年版，第181页所列的有关观点。

[3] 周旺生主编：《立法学》，法律出版社1998年版，第417页、第421页，该部分探讨了立法技术与现代社会、法制系统、立法运作等的相互关系和立法技术的影响。另见张文显主编：《法理学》，法律出版社1997年版，第350页。该书对立法技术的作用进行了有益的探讨。

[4] 张根大、方德明、祁九如：《立法学总论》，法律出版社1991年版，第275～276页；周旺生：《立法论》，北京大学出版社1994年版，第182～185页；张文显主编：《法理学》，法律出版社1997年版，第350～351页。

术。宏观立法技术是指立法者在进行立法预测、规划和法律清理等工作时形成的方法和技巧，主要适用于立法的整体；微观立法技术指立法者在处理法律的内部结构、外部结构、法律的文体、法律规范与法律条文的关系时形成的方法和技巧，主要适用于立法的个体，即在具体制定某个法律时用得较多。

3. 根据立法所用技术的综合性程度，将立法技术分为综合性技术和单一性技术。涉及范围广、所用手段多的就属综合性技术，如系统工程立法技术；而局限于某一种手段或某一种方法的就属单一性技术，如语言技术。

4. 根据立法技术运用于立法的活动过程，将它分为纵向立法技术和横向立法技术。纵向立法技术是指将立法看作一个活动过程，在这个过程中的每个阶段所应遵循的方法和技巧，如立法准备阶段的技术、法定立法程序阶段的技术、立法完善阶段的技术等。横向立法技术是指从平面的角度看立法活动时所应遵循的技术，如立法的一般技术、体系构造技术、法的形式设定技术、法的结构营造技术和语言表达技术等。

5. 根据所属法系的不同，将其分为大陆法系的立法技术和英美法系的立法技术。大陆法系国家由于主要制定成文法，因此，其立法技术更注重立法体系、法律结构和法典编纂技术；而英美法系国家由于传统上主要依靠判例法，所以，其立法技术较侧重于从具体案件中提炼法律规范和法律原则。

思考题

1. 什么是法的制定？它有哪些基本特征？
2. 什么是立法体制？我国立法体制的基本特点是什么？
3. 什么是立法程序？当代立法一般应遵循哪些基本程序？
4. 我国社会主义立法应如何贯彻实事求是、从实际出发的科学原则？
5. 我国社会主义法的制度的基本原则有哪些？
6. 什么是立法技术？它有哪些基本种类？

推荐阅读书目

1. 吴大英、任允正、李林：《比较立法制度》，群众出版社 1992 年版。
2. 朱景文主编：《法理学研究》（上、下），中国人民大学出版社 2006 年版。
3. 周旺生：《法理探索》，人民出版社 2005 年版。
4. 高鸿钧等：《法治：理念与制度》，中国政法大学出版社 2002 年版。
5. 戚渊：《论立法权》，中国法制出版社 2002 年版。
6. 李培传：《论立法》，中国法制出版社 2004 年版。

第十六章

法律规范与法律体系

学习目的与要求 本章的主要内容是法律规范和法律体系的基本理论问题。通过学习，学生应当了解法律规范、法律部门与法律体系的概念，理解法律规范的逻辑结构、划分部门法的标准与原则，掌握我国法律体系所包括的主要内容及公法私法的划分标准，从而对如何完善中国特色的社会主义法律体系问题有一个比较清醒的认识。

■ 第一节 法律规范

一、法律规范的概念

所谓规范，是指约定俗成的或明文规定的某种规程、标准、准则，是人们在一定情况下应该遵守的各种规则。在人类社会中，规范存在于不同的领域，总体上包括社会规范、技术规范、语言规范和运动规范等。社会规范是指人类社会生活中调整彼此行为的准则，包括政治规范、法律规范、道德规范、一般社团组织规章和礼仪习惯等；技术规范是指有关使用设备程序，执行工艺过程以及产品、劳动、服务质量要求等方面的准则和标准。[1]语言规范就是通常所说的语法，而运动规范则是体育竞技中的比赛规则。所有上述规范均具有规范的一般特点，即概括性、普遍性、预示性（或称可预测性）。[2]

何谓法律规范？法律规范是由国家制定和认可、反映掌握国家政权阶级的意志、具有普遍约束力、以国家强制力保证实施的行为规则。法律规范实

---

〔1〕 当这些技术规范在法律上被确认后就成为技术法规。

〔2〕 所谓概括性，是指规范具有并非只适用一次，而是可以反复适用的特性；所谓普遍性，是指规范具有并非只对个别现象或特定主体适用，而是适用于该类全部现象或所有主体的特性；所谓预示性（可预测性），是指规范通过其规定，具有让人们预见到自己行为的方向和后果的特性。这些特征使规范区别于非规范。

际上是对人们行为自由及其限度的规定，是对人们行为自由的认可与对人们行为责任的设定。法律规范与其他社会规范相比，有以下特征：[1]

1. 法律规范是由国家制定或者认可，并以国家强制力保证实施的，因而具有国家意志和国家权力的属性。它是以国家的名义发布的一种命令或指示。

2. 法律规范是以规定法律权利和法律义务为内容、具有完整逻辑结构的特殊行为规范。它提供了一个多次适用的一般模式，明确地规定了人们可以怎样行为和应该怎样行为以及遵守或者违反的法律后果。

3. 法律规范具有普遍约束力，并且对任何在其效力范围内的主体行为用同一标准进行指导和评价。

法律规范与法律条文是既有联系又有区别的两个概念。法律规范是行为规则本身，而法律条文则是法律规范的外部表现形式。法律规范是法的基本构成要素，而法律条文则是法律内容的文字表述，以"条"为基本单位。法律条文可以分为规范性条文和非规范性条文。规范性条文是表述法律规范的条文，即规定具体权利、义务的条文。非规范性条文是指并不具体设置权利、义务的条文，通常在规范性文件的总则和附则条文中或者是在开头的几条中表述立法的根据、目的、任务、原则、概念和技术性规定等。

法律规范与规范性法律文件也并不等同。规范性法律文件通常是若干法律规范的集合体，即将关于某一类或相近的几类社会关系的规定集中于有一个总名称、贯穿了共同原则的法律文本中，这些规定在这一文本中有着较严密的逻辑关系。规范性法律文件除了以法律规范为主体外还包括诸如法的原则、概念、技术性规定等内容的非规范性条文。

法律文件除了规范性文件外还有非规范性文件。非规范性法律文件是指适用法律规范的规定于社会生活中的行为所产生的具有法律效力的文件，如判决书、裁定书、搜查证、逮捕证、结婚证、公证书、起诉书等。非规范性法律文件与规范性法律文件最大的区别在于：非规范性法律文件只是针对具体的人和事，其法律效力只是针对特定的对象，没有普遍适用的规范性，不

[1]　关于法律规范的基本特征，向来有不同的概括。陈业精、刘学灵在《法理》中把法律规范的特性概括为权威性、规范性、评判性、概括性、预见性和持续性六个方面。参见陈业精、刘学灵编：《法理》，上海社会科学院出版社1987年版，第16～18页。孙国华主编的《法学基础理论》也将它概括为六个方面：①法律规范是国家命令；②法律规范反映统治阶级和其他对社会实行国家领导的社会力量的意志；③规定权利、义务和法律制裁；④一般的规则；⑤由国家强制力保证；⑥为了统治阶级的利益而确认、保护和发展一定社会关系。参见孙国华主编：《法学基础理论》，中国人民大学出版社1987年版，第184页。而沈宗灵主编的《法理学研究》则归纳为三点：①概括性；②权威性；③可预测性。参见沈宗灵主编：《法理学研究》，上海人民出版社1990年版，第198～205页。

能反复适用；而规范性法律文件规定了人们普遍的权利义务，对一般人、一般事都有效。

二、法律规范的结构

法律规范不仅在内涵上区别于其他社会规范，而且在组成结构上也有着不同于其他社会规范的特点。法律规范总是通过一定的结构表现出来的，对这种结构可以从不同的角度作出不同的分类，如文法结构、系统结构和逻辑结构等。不过，一般所指法律规范的结构为法律规范的逻辑结构，它在实践中应用最多。所谓逻辑结构，是指从逻辑角度看法律规范是由哪些部分组成的，以及每一个法律规范必须具备的构成要素有哪些。

对法律规范的结构，学术界尚有不同看法，主要有"三要素说"和"两要素说"两种观点。[1]

三要素说认为，每一法律规范通常由假定、处理、制裁三个要素组成。所谓假定，是指法律规范中关于适用该规范的条件和情况的那部分；处理，是指法律规范具体要求人们如何行为的部分，包括可以如何行为、应该如何行为、禁止如何行为等；制裁，是指法律规范中规定违反该规范时将承担什么样的法律后果的部分。一个法律规范的三个要素可以通过一个法律条文来表述，也可以通过几个条文来表述。一个法律规范的三个要素可能规定在一个规范性法律文件中，也可能分别规定在不同的规范性法律文件中。而且法律规范的三个要素不一定都要明确表述出来，有些法律规范的假定部分经常省略，有些法律规范没有制裁部分。三要素说是关于法律规范逻辑结构的传统观点，不少批评者认为三要素说不具备普遍性，因为许多规范并不具备三要素，而只有两要素；有的则认为制裁要素只说明了人们违法的法律后果一面，不能概括人们守法的法律后果那一面，因而具有片面性。后一点批评是很中肯的。

两要素说认为，法律规范是由行为模式和法律后果两部分构成的。行为模式相当于传统三要素说的假定、处理部分，即在什么情况下可以这样行为、应该这样行为和不应该这样行为，这样前提条件与要求本身浑然一体；法律后果是指人们在做出符合或违背法律规范的行为时应当承担的相应的法律上的后果，包括肯定式法律后果和否定式法律后果两方面，肯定式法律后果是

第十六章

---

[1] 沈宗灵主编的《法理学研究》第 13 章除肯定"两要素说"外，另罗列了四种看法，其中包括三种"三要素说"和一种"四要素说"。参见沈宗灵主编：《法理学研究》，上海人民出版社1990 年版，第 206～207 页。该书认为各种学说均是对传统三要素论的补充和修正，但又都有缺陷。本章主要对传统三要素说和两要素说进行评述，并提出新的改进意见。

积极的、有利的法律后果，否定式法律后果是消极的、不利的法律后果。批评者认为该学说有过简之嫌，而且行为模式在实际上往往不能涵盖假定部分的内容。

我们认为，法律规范的逻辑结构既要考虑其全面性，又要考虑其简练性。比较好的做法是将上述两种学说综合起来，形成一个新三要素说，即法律规范的逻辑结构由前提条件、行为模式和法律后果三个要素构成。[1]

法律规范的三个组成部分，从逻辑上看，是任何法律规范都具备的，但实际中，诚如前述，并非每个法律条文中都明确地包含了这三个要素，我们常常看到有的法律条文没有指出适用该规范的前提条件，如刑法分则中的不少条文；也有的法律条文中前提条件与行为模式部分未明确分开，而是包容在一起；甚至还有许多法律条文没指出具体的法律后果，如宪法中的很多条文即是。所有这些情况并不能否定法律规范逻辑结构存在的基本事实，因为法律条文并不等于法律规范。在一个法律规范中，可能在前面的条文中规定了所适用的条件部分，后面只需要规定行为模式和法律后果，如果面面俱到反而会使法律条文显得繁琐。因此，从逻辑的角度研究法律规范的结构，既可以为立法的简约化服务，又可以帮助我们发现立法中的缺陷（比如发现它确实省略了不该省略的部分以致无法适用），进一步改善和加强立法工作。

三、法律规范的分类

1. 依照法律规范行为模式内容的不同，可以分为授权性规范和义务性规范。[2]授权性规范是指规定人们有权为一定行为或不为一定行为的规范，这些法律规范是确定主体的权利的，如宪法中关于公民基本权利的规定便是授权性规范。当然授权性规范还包括对国家机关职权的确定。不过，这种授权性规范既有权力、权利的内容，也有义务的要求。义务性规范是直接规定人们的某种义务或责任的规范。它又可分为命令性规范和禁止性规范两种，命

---

〔1〕 已经有几种新二要素说，笔者曾经把三个要素归结为"条件""模式"和"后果"（参见喻特厚、李积桓主编：《法学基础理论》，中国政法大学出版社1990年版，第305页），现将它改为"前提条件、行为模式和法律后果"，既是为了名称与内容的准确一致，又是为了追求形式的对称与完备；另一种观点是把法律规范的逻辑结构的三要素归纳为"条件""指示"和"后果"。参见卢云主编：《法学基础理论》，中国政法大学出版社1994年版，第290页。

〔2〕 有的学者批评这种分类法，认为禁止性规范也是命令性规范，因此不同意这种分类，而主张把授权性规范相对应的规范名称叫作义务性规范和禁止性规范（参见孙国华主编：《法理学》，法律出版社1995年版，第282页）。但是，禁止性规范又何尝不是义务性规范呢？因此，本章仍采用原说。不过上述教材把与禁止性规范对应的义务性规范限定为积极义务性规范的做法还是值得称道的，本章也正是从积极义务性规范的角度使用"命令性规范"一词的。我们认为，这两种观点并不存在实质性的矛盾。

令性规范是指规定人们必须做或应该做什么的规范，是一种积极义务性规范；禁止性规范是指规定人们不得做什么或禁止人们做什么的规范，也是规定人们必须不为一定行为的规范，也可称为消极义务性规范。

2. 依照法律规范内容的确定性程度的不同，可以分为确定性规范、准用性规范（相对确定性规范）和非确定性规范（委托性规范）。确定性规范是指法律规范明确规定了某一具体行为，不需援引其他条款来予以说明的规范；准用性规范是指法律规范没有明确规定某一具体行为，但明确指出了准许适用某一法律文件中的某个规范的法律规范，也称为相对确定性规范；非确定性规范是指法律规范没有明确规定某一具体行为，只是规定某种概括性指示，而由相应机关通过相应途径来确定，因此也称为委任性规范或委托性规范。[1]

3. 依照法律规范所表明的行为要求程度的不同，可以分为强行性规范（或称强制性规范）与任意性规范。强行性规范是指规范的行为要求具有强制性质，必须依此而行，否则便有相应的制裁后果，也不允许法律关系主体一方或双方随便加以改变，如刑法规范一般都属强行性规范。任意性规范的行为要求不具有强制性质，而且允许行为者选择而行，包括选择作为或不作为以及怎样行为，允许法律关系主体双方在法律允许的范围内自行商定如何行为，民法、经济法方面的法律规范有的就属于任意性规范。

4. 依照法律规范所调整的社会关系的不同，可以分为宪政规范、行政规范、刑事规范、民事规范、经济管理规范、环境管理规范和社会管理规范等。在各基本类别中，又可以有种种具体的划分，如宪政规范之中可分为宪法规范、基本法规范、各种组织法规范等；民事法律规范之中则可分为财产法规范、合同法规范、知识产权法规范、婚姻法规范、继承法规范等。

5. 依照法律规范的制定机构及制定方式的区别，可分为各种不同效力等级的法律规范，如国内法律规范与国际法律规范。在国内法律规范中，可有

---

[1] 有学者认为，确定性规范、非确定性规范和准用性规范的分类，实际上"并不能作为对法律规范的分类，只是一种对法律条文的分类——确定性条款、非确定性条款、准用性条款之分。"参见章若龙、李积桓主编：《新编法理学》，华中师范大学出版社1990年版，第281页。还有的学者在这一分类上，用"绝对确定性规范""相对确定性规范"和"绝对非确定性规范"来指上述名称，参见孙国华主编：《法理学》，法律出版社1995年版，第283～284页。这对解说这一分类有一定的启发，但是上述名称似乎太强硬，不如用确定性规范、相对确定性规范和非确定性规范容易为人所接受。需要进一步说明的是，有的著作把"相对确定性规范"理解为"其内容虽不必援引或参照其他规范来确定，但其适用是有选择余地的"，进而把委托性规范划入非确定性规范之列。参见沈宗灵主编：《法理学研究》，上海人民出版社1990年版，第218页。我们认为相对确定的准用性规范实质上是一种确定性规范，而不是非确定性规范。

权力机关的法律规范与行政机关的法律规范之分，可有中央机关的法律规范与地方机关的法律规范之分等。

此外，还可以有其他一些分类，如公法规范、私法规范和社会法规范，普通规范与特殊规范，抽象规范和具体规范。有的教材还将法律规范分为奖励性规范和建议性规范、构成性规范和调整性规范。[1]

■ 第二节　法律部门

一、法律部门的概念

法律部门，又称部门法，是根据一定标准和原则所划定的同类法律规范的总称。如宪法、刑法、民法等。具体的法律制度，如知识产权制度、所有权制度、死刑制度等，也是同类法律规范的总称，但这些制度同部门法既有联系又有区别，这些制度的范围一般来说比部门法窄，而且它们往往在属于某一部门法的同时分属几个部门法。如死刑制度主要属于刑法，但也是刑事诉讼法中的一个重要组成部分。再如所有权制度可以说主要属于民法这一部门法，但其他各部门法几乎都在不同程度上涉及这一制度。

由于社会关系错综复杂，彼此联系，因此法律部门之间往往很难截然分开。事实上，有的社会关系需要由几个法律部门来调整，如经济关系就需要由经济法、民法、行政法、劳动法等调整。

法律部门离不开成文法的规范性文件，但二者并不是一个概念，有的法律部门的名称是用该部门基本的规范性法律文件的名称来表述，如作为一个法律部门的刑法和作为一个规范性文件的刑法或刑法典即是。但是单一的规范性法律文件不能包括一个完整的法律部门，作为一个法律部门的刑法部门并不仅仅为刑法典，而是所有刑事法律规范的总和。同时，大多数规范性法律文件并非各自包含一个法律部门的规范，可能还包含属于其他法律部门的规范。如大量的经济法、行政法的规范性文件中都含有规定刑事责任的刑法规范。

有不少规范性文件按规范的性质，从不同角度可把它归为不同的法律部

第十六章

---

〔1〕　这些学者认为奖励性规范是授权性规范的一种，而建议性规范是立法机关发布的一种带有协商性的指导规则，不具有必须遵守性。参见前引孙国华主编：《法理学》，法律出版社1995年版，第286页。我们认为上述两类规则可直接称为任意性规范，用于与强行性规范对照比较好，不至于使人产生误解。所谓构成性规范，是指如果没有这类规范，就不能构成按这种规范进行的活动；而调整性规范是指对人们行为的一般调控性规范，它所调控的行为一般在这种规范形成前就已存在，不像构成性规范所调整的行为是在规范之后才有的。这种划分是有一定启发意义的。

门，对这类规范性文件，应根据其内容的主导性质来确定其法律部门的归属。

二、法律部门的划分标准和原则[1]

法律部门划分的标准首先是法律调整的对象，即法律调整的社会关系，其次是法律调整的方法。

法律所调整的社会关系是多种多样的，人们可以将社会关系分为政治关系、经济关系、文化关系、宗教关系、家庭关系等，各种社会关系的内容、性质不同，国家调整社会关系的活动范围、方式也不同，因而当这些不同领域的社会关系成为法律调整的领域之后，它们便成为法律部门形成的基础，从而形成不同的法律部门。社会关系极其广泛和复杂，仅仅用法律调整对象作为标准还不够，因为它常常无法解释一个法律部门可以调整不同种类的社会关系（如宪法部门、刑法部门均调整多种社会关系），也无法解释同一社会关系需由不同的法律部门来调整这一法律现象（如经济关系由多个法律部门来调整）。因此，划分法律部门还需要将法律调整方法作为一个标准。法律调整方法主要是指实施法律制裁的方法和确定法律关系主体不同地位、权利义务的方法，包括确定权利义务的方式、方法，权利和义务的确定性程度和权利主体的自主性程度，法律关系主体的地位和性质，法律事实的选择，保障权利的手段和途径。比如，将以刑罚制裁方法为特征的法律规范划分为刑法部门，将以承担民事责任方式的法律规范划分为民法部门等。

法律调整的对象和调整的方法都是客观存在的事实，都是不依划分者的主观认识和意志为转移的，是划分法律部门的客观标准。

此外，在划分法律部门时仅依靠调整对象和调整方法这两个客观标准是不够的，还应考虑一些原则，使法律部门的划分更加科学、合理。这些原则可以概括为以下几点：

1. 粗细得当。社会生活基本领域或社会关系主要方面的划分都是可粗可细的。以此为据划分法律部门就应注意在粗细之间保持适当的平衡，一个法律部门涵盖的范围既不应太宽，也不应太细，若太宽，使得全部法律规范只

---

[1]　法律部门的划分标准，向来有种种不同的看法，有的赞同多重标准说，认为划分法律部门既要考虑法律的调整对象，又要考虑法律的调整方法，还要兼顾法律主体的不同、法律文件的多寡等多种因素；有的主张主辅标准说，认为法律部门的划分应以调整对象为首要标准，同时还要参以调整方法的辅助标准；还有的则坚持单一标准说，认为划分法律部门的标准只能是唯一的，即只应以法律的调整对象为划分标准等。这些说法中最通行的是主辅标准说，本章主要采此说。因为它浅显、直观，宜为人们所接受；同时，我们认为对法律部门的划分，事实上存在着客观根据与主观选择两个方面，客观根据意味这是由法律规范本身的因素导致的分类聚合，主观选择则是指由划分者出于某种考虑而加于法律规范的归属安排。为区别起见，这里将客观根据称为划分标准，将主观选择称为划分原则。

归为三四个法律部门，这样的划分没有多大的实际意义；若太细，部门设立过多，不利于人们宏观地把握一国现行法律的概貌，往往还会带来更多归属问题。

2. 多寡合适。实际生活中，法律规范的数量往往并不与社会生活基本领域的情形相均衡，有的领域多一些，有的领域少一些，划分法律部门时有必要考虑使一法律部门的法律规范的数量既不过多也不过少的问题，如经济法、环境法从行政法中分离出来，避免了行政法部门过多，而婚姻法归入民法部门之内，则避免了婚姻法部门过少。[1]

3. 主题定类。实际生活中，有一些法律规范兼及不同的领域，可以从不同角度归类为不同的法律部门，在这种情形下就需要考虑这些规范的主题或主导精神来定其部类归属。原则上是一项规范、一个规范性文件不得兼跨不同法律部门，知识产权法归属民法就是此例。

4. 逻辑与实用兼顾。划分法律部门，本身既是为了求得对现行法律规范的一种理论说明，便于了解掌握，也是为了实际地运用法律规范来指引人们如何行为，因而实际划分中还要考虑实践中的便利要求，既要有一定的逻辑根据，又不必过于呆板，还应从实际出发，考虑正在制定或即将制定的法律，把握其发展趋势，给予划分或者给予相对划分。

■ 第三节　法律体系

一、法律体系的概念

法律体系，也称部门法体系，是指一国的全部现行法律规范按照一定的标准和原则，划分为不同的法律部门而形成的内部和谐一致、有机联系的整体。

法律体系从结构上看，可以分为内部结构和外部结构。其内部结构的基本单位是各种法律规范，这些法律规范的和谐一致是各部门法乃至整个法律体系协调统一的基础；而法律体系外部结构的基本单位是各部门法，它要求各部门法门类齐全，严密完整。

法律体系是一国国内法构成的体系，不包括完整意义的国际法即国际公法；法律体系是一国现行法构成的体系，反映一国法律的现实状况，它不包括历史上废止的不再生效的法律，一般也不包括尚待制定还没有生效的法律。

---

[1] 我国20世纪80年代的很多教科书以及90年代的一些教科书都把婚姻法作为一个独立的法律部门。婚姻法虽然重要，但是法律法规数量较少，因此，本书不把它作为一个独立的法律部门。

法律体系是一种客观存在的社会生活现象，反映了法的统一性和系统性。法律体系的形成是某一国家的法学工作者对现行法律规范进行科学抽象和分类的结果，具有主观性。同时，法律体系必须同一国经济文化状况相适应，必须符合法律自身的发展规律，因而又有客观性。法律体系的形成还受到各国的法律传统、法的历史发展的影响。

研究法律体系，对于科学地进行立法预测、立法规划，正确地适用法律解决纠纷，全面地进行法律汇编、法典编纂，合理地划分法律学科、设置法学课程等都具有重要的意义。完善的法律体系，能全面、协调、有效地调整社会关系，保证社会资源的分配，保证法律自身目的和价值的实现，并为法学研究提供丰富的实践资料。法律体系与立法体系是不同的。法律体系是由法律规范构成的各种法律部门体系，是自然形成的法的结构，而立法体系则是指国家制定并以国家强制力保障实施的规范性文件的系统，是法的效力等级系统。立法体系反映法律体系，以法律体系为基础，但并不等于法律体系。[1]

法律体系与法系是两个不同的概念：①法系是指根据法的历史传统对法所作的分类，它由若干个国家的法律所组成，而法律体系则是仅由一国的法律所组成。②构成一定法系的法律，是跨历史时代的，不仅包含一定国家的现行法律，而且包含这些国家历史上的法律，而构成一个法律体系的则只是一国的现行法律。③构成法系和法律体系的基础也不相同。

二、当代中国的法律体系

当代中国的法律体系内部究竟应划分为哪些具体门类或部门法，学界有不同的观点。[2]我们认为，按照前述标准与原则，考虑到历史与现实的发展，可以将我国法律从总体上归纳为三大类十个法律部门。三大类是指公法、私

第十六章

[1] 现代各国除实行判例法为主的国家外，其部门法的形成往往以制定出法典式规范性文件为标志，这说明两者间有密切的联系。

[2] 在各种不同的观点中，较早些的教材或著作多把财政法、计划法、婚姻法作为社会主义国家特有的法律部门，还有一些把民商法作为一个法律部门，而不把军事法作为一个法律部门；还有的在个别法律部门的名称上有不同，如把劳动法与社会保障法部门直接以劳动法部门代替。我们之所以不完全同意上述观点，除前面在法律部门的划分标准上所列的理由外，还认为财政法、计划法实乃计划经济时代的特有的部门法，并非一定是社会主义国家特有的部门法；商法之所以独立为一个部门法，是因为作为一种现实和趋势，该部门的立法已越来越多，并越来越重要；军事法在以法治国、以法治军的新时代也应成为一个独立的部门法从行政法中分离出来，其数量也已初具规模。此外，当今法律实务界较有影响的观点是所谓七大部门法的划分，它由全国人大常委会的一份工作报告提出。所谓七大部门法，是指宪法与宪法性法、行政法、民商法、刑法、经济法、社会法、诉讼与非诉讼法。该划分法虽抓住了重点，但毕竟不很全面，以这样的内容来指导实践，不可能建立真正完善的有中国特色的社会主义法律体系。因此，我们还需要从理论上作进一步的分析。

法和社会法；[1]十个法律部门或部门法是指宪法、行政法、刑法、军事法、诉讼法；民法、商法；经济法、环境法、劳动与社会保障法。其中，属于公法类的大致有宪法、刑法、军事法和诉讼法；属于私法的主要有民法和商法；其他四个均可归属于社会法类。以下具体阐述十大部门法的主要内容：

（一）宪法

宪法作为一个法律部门，在当代中国的法律体系中具有特殊的地位，是整个法律体系的基础。它不仅反映了当代中国法的本质和基本原则，也规定了其他法律部门的指导原则。

宪法规定我国的各种基本制度、原则、公民的基本权利和义务，各主要国家机关的地位、职权和职责等。宪法部门最基本的规范主要反映在宪法典这样的规范性文件中。宪法是我国的根本大法，具有最高的法律效力，其他任何法律、法规都不得与宪法相抵触。

除了宪法这一主要的居于主导地位的规范性法律文件外，宪法部门还包括以下几个附属的较低层次的法律：①主要国家机关组织法。②选举法。③民族区域自治法。④特别行政区基本法。⑤授权法。授权法指全国人民代表大会及其常务委员会为授权国务院或其他国家机关制定某种规范性文件而颁布的法律，不包括根据授权而制定的规范性文件。⑥国籍法和其他公民权利法。

（二）行政法

行政法是调整国家行政管理活动中各种社会关系的法律规范的总和。它包括规定行政管理体制的规范，确定行政管理基本原则的规范，规定行政机关活动的方式、方法、程序的规范，规定国家公务员的规范等。行政法包括一般行政法和特别行政法，涉及范围广，如治安、民政、工商、文教、卫生、税务、财政、交通、环境、边境等各方面的行政管理法规。

（三）刑法

刑法是规定犯罪和刑罚的法律，是当代中国法律体系中一个基本法律部门。在人们日常生活中，刑法也是最受人关注的一种法律。刑法部门中，占主导地位的规范性文件是《刑法》，同时还包括《国家安全法》等一些单行法律、法规。

第十六章

---

[1]　公法与私法的有关理论问题将在下节专门讨论。社会法的概念是在公法与私法的基础上于19世纪末产生的，其产生尽管相对较晚，但仍有重要的现实意义。一般认为，社会法界于公法与私法之间，或者说它调整的利益既有国家利益，又有私人利益，是某种混合利益或公共利益。

（四）军事法

军事法是有关军事管理和国防建设的法律和法规。依法治军已成为当代法治国家的共识，我国立法传统上也比较重视军事法制的建设，而且还相应地建立了军事法院和军事检察院，军事法从立法主体或法律渊源的角度来看，有全国人大和全国人大常委会、国务院和中央军委、军委各总部、国防科工委制定的法律、法规和规章；从法律的内容来看，有军事实体法也有程序性的法律，有关的法律、法规主要有《兵役法》《国防法》等。

（五）诉讼法[1]

诉讼法，又称诉讼程序法，是有关各种诉讼活动的法律，它从诉讼程序方面保证实体法的正确实施，保证实体权利、义务的实现。诉讼法这一法律部门中的主要规范性文件为《刑事诉讼法》《民事诉讼法》和《行政诉讼法》，同时，这一法律部门中还包括其他一些法律、法规。

（六）民法

民法是调整作为平等主体的公民之间、法人之间、公民和法人之间的财产关系和人身关系的法律。财产关系是人们在占有、使用和分配物质财富过程中所发生的社会关系，民法并非调整所有的财产关系，而只是调整平等主体之间发生的财产关系，如所有权关系、债权关系等。

（七）商法

在明确提出建立市场经济体制以后，商法作为法律部门的地位才为人们所认识。商法是调整平等主体之间的商事关系或商事行为的法律。我国的商法包括《企业破产法》《海商法》《公司法》《票据法》《保险法》等。商法作为一个法律部门与民法部门有很多联系，民法规定的有关民事关系的很多概念、原则也适用于商法，从这一意义讲，我国实行民商合一的原则。

（八）经济法

经济法是调整国家在经济管理中发生的经济关系的法律。经济法部门是

第十六章

---

[1] 对诉讼法作为一个独立的部门法，反对的意见较少，但有一种观点值得注意。这种观点认为，各种诉讼程序法均应纳入到相应的实体法部门之中去。因为，"有时候在一个法里既有实体法内容又有程序法内容。如果把程序法作为一个独立的部门法，势必导致一个法分别归属于两个不同的部门法的情况出现，或者会导致划分部门法的困难"。参见张根大、方德明、祁九如：《立法学总论》，法律出版社 1991 年版，第 325 页。该书以破产法、专利法中既有实体法，又有程序法为例来说明该问题，并比较利弊得失后，将刑事诉讼法归入刑法部门，民事诉讼法归入民法部门，行政诉讼法归入行政法部门。我们认为，这种观点没有考虑到法律部门划分的首要标准——法律调整的社会关系的独特性。诉讼关系的独特性决定了调整这类社会关系的法律所属部门的独立性；至于有些法中既有实体法规范，又有程序法规范，根据主题定类的原则来划分归属并不会破坏"法律体系的科学性"。

随着商品经济的发展和市场经济体制的逐步建立，适应国家对宏观经济实行间接调控的需要而发展起来的一个法律部门。经济法这一法律部门主要包括有关企业管理的法律规范，有关财政、金融和税收税务方面的法律、法规，有关宏观调控的法律、法规，有关市场主体、市场秩序的法律、法规，法学界也有一种把经济法的范围进一步缩小的趋势，比如把企业法等归入到民商法中去，在理论上这也是可以成立的。

（九）环境法

环境法是关于保护环境和自然资源、防治污染和其他公害的法律，通常指自然资源法和环境保护法。自然资源法主要指对各种自然资源的规划、合理开发、利用、治理和保护等方面的法律。环境保护法是保护环境、防治污染和其他公害的法律。环境法作为一个新兴的法律部门，还会进一步发展和完善。

（十）劳动与社会保障法

劳动法是调整劳动关系的法律。社会保障法是调整有关社会保障、社会福利的法律。这一法律部门的法律包括：有关用工制度和劳动合同方面的法律规范，有关职工参加企业管理、工作时间和劳动报酬方面的法律规范，有关劳动卫生和劳动安全的法律规范，有关劳动纪律和资历办法的法律规范，有关劳动保险和社会福利方面的法律规范，有关社会保障方面的法律规范，有关劳动争议的处理和程序与办法的法律规范等。劳动与社会保障法这一法律部门的主要规范性文件包括《劳动法》《劳动合同法》《工会法》《矿山安全法》《社会保险法》等。

■ 第四节　公法与私法[1]

一、公法与私法划分的标准

公法与私法的划分，最早是由古罗马法学家乌尔比安提出来的。资产阶级的法学家在进行法的分类时继续沿用了这个划分。在国内较早地以肯定的态度沿用这对概念和划分是在国际法领域，在该领域，我国法学界肯定了国际公法与国际私法的存在。在国内法的领域中，这一划分最早被肯定是在民商法学界，时间大致在20世纪80年代末90年代初。我国法理学界较早肯定地划分公法和私法及其作用的教材是徐显明主编的《法理学教程》，该教材在提到划

---

〔1〕　本节重点讨论公法与私法的理论与实践问题，这一问题在西方历史上和当代中国均具有重要意义。廓清此问题上存在的谬误有助于我们更好地理解如何完善社会主义法律体系的问题，同时，社会法的有关问题也可在此基础上迎刃而解。

分的意义时，论及两类法调整两类不同的法律关系并采取相应的不同的法律调整方式，有利于我们区分两种不同的法律规范，也有利于理顺全民所有制企业的产权与经营管理权之间的关系，并且还有利于我国法律与通行的国际规范接轨。[1]孙国华主编的《法理学》也以专节论述公法与私法的问题。[2]但在全球范围内划分公法与私法的标准并不统一，主要有以下几种学说:[3]

1. 利益标准说或目的标准说。该标准是由乌尔比安提出来的，为很多人所赞同，他们认为，公法是以保护公共利益为目的的法律；私法则是以保护私人利益为目的的法律。

2. 主体标准说。也有一些学者认为，公私法划分的标准应是法律调整的法律关系的主体，凡是所调整的法律关系的主体双方均为私人或私人团体的，这类法就是私法；而法律关系的主体一方或双方为国家或公共团体者，这类法即为公法。

3. 权力与权利标准说。认为凡规定国家与公民之间服从关系的法是公法；而规定公民之间权利对等关系的法是私法，它没有权力成分的渗透。

4. 公权关系与私权关系说。认为规定国家机关之间，国家与公民之间政治生活关系即公权关系的法为公法，而规定公民之间、国家与公民之间民事生活关系即私权关系的法为私法。

二、公法与私法的发展

大体说来，自古罗马有公法和私法划分之后，古罗马的私法在调整简单商品关系方面有明显的发展。不过，那时罗马私法的范围与现代关于私法的认识不同。古罗马私法通常包括人法、物法和诉讼法，而古罗马时代的公法则主要包括国家机关方面、宗教和神的事务方面的法律规定。近代资本主义国家产生以后出现了具有不同历史传统的两大法系的对立。继承罗马法传统的大陆法系国家，由于大量制定法的出现，公私法的分野比较明显。私法主要包括民法、商法，而公法则包括宪法、刑法、行政法、诉讼法等，将诉讼法纳入公法，是近代与古罗马时代的一个重要区别。而另一大法系——普通法系国家并不主张严格地划分公法与私法，则是依照自己的传统，将法划分为普通法和衡平法两大类。英国法学家奥斯丁认为，法是主权者的命令加制裁，法并没有公法和私法的区别。19 世纪末 20 世纪初出现了所谓法的社会化

第十六章

---

[1] 徐显明主编:《法理学教程》，中国政法大学出版社 1994 年版，第 65 页。此外，该书还肯定地提到了社会法的划分及作用，均具有重要意义。

[2] 孙国华主编:《法理学》，法律出版社 1995 年版，第 296 ~ 300 页。

[3] 潘念之主编:《法学总论》，知识出版社 1981 年版，第 23 ~ 24 页；葛洪义:《探索与对话：法理学导论》，法律出版社 1996 年版，第 314 ~ 315 页。

运动，又有学者（主要是社会法学派的学者）提出公法、私法之外的另一种法——社会法。他们认为社会法调整的是一种公共利益、混合利益，既有国家利益，也有私人、私人组织利益成分。

三、公法与私法的划分和当代中国法治建设

公法与私法的划分问题与中国法治建设关系密切，这可以从中国法学界近几年来的反思和辩论中看出一些端倪。

中国法学界传统的观点是反对把法划分为公法和私法，更反对把社会主义法划分为公法与私法。其理论根据是列宁在十月革命胜利后苏联第一次制定民法时曾说过的一段话："我们不承认任何'私法'，在我们看来，经济领域中的一切都属于公法范围，而不属于私法范围。"[1]但是，我国改革开放以来，尤其是20世纪90年代以来，法学界对原来传统的理论观点不断进行反思，对于社会主义法能否划分公法和私法的问题展开了讨论。讨论中主要有两种不同意见：一种意见认为，社会主义市场经济的法律体系应划分为公法和私法；另一种意见认为，搞市场经济不一定必须划分公法和私法。

持前一种观点者提出的理由有以下几点：

1. 不能把列宁反对社会主义国家划分公法和私法的论断作绝对化的理解，因为列宁的那段话是在实行新经济政策以前讲的，当时实行的是计划经济体制。在此体制下政企不分，政府的触角伸向经济活动的每一个角落。一切经济活动和关系都自然带有"公"的痕迹，因此不承认公法和私法的划分乃在情理之中。而现在情况不同了，随着经济体制的转换，政企分开，政府不再直接参与和干涉企业的经济活动和经济关系。因而市场经济主体的经济活动和经济关系就不再具有"公"的性质，而属于"私"的性质了。同时，随着改革的深入，私人利益越来越受到重视，私人企业、个体企业又不断发展壮大，必然要求"私法"的有效保护。

2. 公法和私法的划分在一切商品经济社会里都是公认的（实际上也有例外，如英美法系国家一般不采用这种划分方法）。

3. 划分公法和私法的意义在于：①两者调整的对象和范围不同，通行的原则不同，有利于避免把公法领域的强制性原则和方法运用于平等互利的私法领域。②有利于明确私权的独立地位，确认私人权利和义务的协商性，以及私权的不可侵犯性，以便有效地保护法人和公民在经济生活和社会生活方面的权利。③有利于树立私法是公法以及整个法治的法律基础的观念。私法领域的基本原则，诸如权利义务对等原则、权利本位原则等是现代法治的基

---

[1]《列宁全集》第36卷，人民出版社1972年版，第587页。

础；私法中的人权、财产权、平等权、自由权则是公法权利的原型和现代权利体系的核心和基础。要实行法治，必须重视私法建设，必须确立私法优先的观念。

持后一种观点的人则认为，普通法系国家就不崇尚公法和私法的划分，但英国和其他普通法系国家的市场经济并未因此而受到影响。20 世纪以来，由于资本主义经济的发展，国家通过立法干预经济，致使出现了所谓的"私法的公法化"或所谓的"法的社会化"运动，在经济、社会保障、劳动关系等方面形成了公法与私法的相互交错，从而出现了作为中间领域的新型经济法和社会法，如反垄断法、证券交易法、社会保险法、环境保护法等。这种发展趋势表明公法和私法划分的价值越来越小。

我们认为，在当代中国法治建设的过程中，既要坚持正确地理解马克思列宁主义的基本原理和基本观点，又要大胆地吸收和借鉴西方国家政治法律制度中先进的因素，只要其有利于我们搞社会主义市场经济，有利于四个现代化的实现。因此，就如何对待公法、私法的划分问题，应该采取实事求是的态度来对待它：

1. 列宁确实讲过反对公私法划分的话，这是一个事实，不容否认。[1]诚如前面持第一种观点者所列的理由中所说，那段话有它的背景和前提。

2. 公法私法的划分并不是资产阶级的独创，而是古罗马法学家的发明。搞市场经济和商品经济的资本主义国家可以借用它，搞社会主义市场经济的中国也可以借用它。

3. 就有些资本主义国家和资产阶级的法学家（如英国和英国的学者奥斯丁）反对有"私法"之说来看，"私法"也不是资本主义的专利或者资本主义法的专门特征，社会主义国家的法律不必对它产生恐慌或排斥。

4. 就我国学者提出的在公私法的发展上应采取"私法优先"的态度而言，我们认为，这是针对我国法制的现状所提出的一个比较中肯的建议。我国法律制度在传统上就是重刑轻民，古代法律甚至是民刑不分，以刑法调整民事行为；现代中国法中，由于受计划经济的影响，也表现为刑事法律制度比较发达，民商法制度有待完善。而在民商法的司法实践中问题也很多，常常是一个案件，不同的法官会有完全不同的判决。这对保护公民和法人的民、商事权利是极为不利的。存在这些问题的根本原因，除了我国的商品经济、市场经济还不发达之外，就是人们的民商法观念即私法观念不健全。而私法

---

[1] 尽管人民出版社于 1995 年新版的《列宁全集》没再收入有前面那段讲话的文章，但并不能否认列宁曾讲过那段话。

观念是由一系列的私法原则、私法制度和严格、公正、规范的私法实施来保证的。因此，只要我们坚持搞市场经济，只要我们坚持实行社会主义法治，我们就离不开发达的私法观念、私法理论和私法制度。

公法和私法的划分与法治的密切关系还可以通过市场经济的特性来说明：

1. 市场经济是一个需要自由、平等竞争的经济，这就需要有浓厚的平等、自由观念的私法来调整和规范，公私法的划分，使调整市场经济中私人、私人组织利益的法律突显出来，使私法观念更深入人心。

2. 市场经济是一个开放的经济，它需要与国际接轨，调整它的法律也会经常发生国际交流。而国际上成文法调整已成一个基本趋势，即使在英美法系国家，其成文法产生的速度和数量也是非常惊人的，其国会每年的立法数量是很大的，大陆法系国家更不用说，它们以制定法典为重要特色，而且具有同化部分英美法国家的趋势，[1]中国是一个有成文法传统的国家，现在也以制定成文法典作为法成熟的标志，因此，在法的发展道路上，借鉴吸收大陆法国家的传统比较多，而大陆法国家关于公法、私法划分的传统，对中国而言，是没有理由拒绝的。在这方面，只要我们在社会主义法的本质上把握好根本方向，就能很好地利用它来为建设社会主义法治国家服务。

思考题

1. 什么是法律规范？它有哪些基本分类？
2. 法律规范的逻辑结构通常包括哪些内容？试举例说明之。
3. 什么是部门法？划分部门法的标准和原则主要有哪些？
4. 什么是法律体系？当代中国法律体系包括哪些主要内容？
5. 公法和私法划分的标准主要有哪些？这种划分在当代中国有何意义？

推荐阅读书目

1. 朱景文主编：《法理学研究》（下），中国人民大学出版社 2006 年版。
2. 孙国华主编：《中国特色社会主义法律体系理论问题研究》，中国民主法制出版社 2005 年版。
3. 吕世伦主编：《法的真善美》，法律出版社 2004 年版。
4. 张恒山：《法理要论》，北京大学出版社 2002 年版。
5. 〔日〕美浓部达吉：《公法与私法》，黄冯明译，中国政法大学出版社 2003 年版。

---

〔1〕 英国加入欧盟，使它的法律制度更向大陆法系的法律制度靠拢。

第十七章

法的渊源与法的分类

学习目的与要求　本章的目的是帮助学生深入理解"法"这个字在法学理论和法治建设中的复杂含义和重要作用。要求学生掌握法的渊源的一般理论和多种形式，特别是我国法的渊源的类别以及规范性法律文件的系统化与规范化问题；区分不同法律的类别；能够熟练运用本部分的知识解决法治实践中面临的具体问题。

■　第一节　法的渊源的概念与种类

一、法的渊源的概念

法的渊源这一概念在本书中专指法的各种具体表现形式，主要是由不同国家机关制定或认可的，具有不同法律效力或法律地位的各种类别的规范性法律文件的总称。这也是我国法理学界对法的渊源的比较通行和普遍的解释。[1]从这个意义上说，法的渊源又可以称为法的形式。[2]

法的渊源原本是个多义词。从词源上说，它来自罗马法的 fonts juris，意思是指法的源泉、来源、源头。如同沿着奔腾的河流溯源而上终将到达发源地一样，如果要正确理解和认识法的内容，弄清构成审判基础的法是什么，就要找到、追踪到法的来源和源头。[3]英语中的 sources of law 与 fonts juris 含义相当，开始都是指法的内容的来源。19 世纪英国著名分析法学家约翰·奥

第十七章

---

〔1〕　我国法学界一般认为，法的渊源就是源于国家的规范性法律文件。而本章中将讨论法的正式渊源与非正式渊源的关系，后者主要不是源于国家。所以，"法的渊源"主要是由规范性法律文件组成。

〔2〕　有的法理学教科书中"法的渊源"部分直接冠以"法的形式"的名称表示。如陈守一、张宏生主编：《法学基础理论》，北京大学出版社 1981 年版；张文显主编：《法的一般理论》，辽宁大学出版社 1988 年版。

〔3〕　潘念之主编：《法学总论》，知识出版社 1981 年版，第 20 页。

斯丁在他的《法理学讲义》（1863 年）一书中指出了这个词的不明确性。他重新解释了法的渊源一词，把法的渊源理解为法律规范效力的来源，即将法的渊源与主权者联系起来。在他之后，另外两位英国法学家克拉克和巴特·波洛克，又进一步将法的内容的来源和为认识法所提供的资料加以区别，并把后者命名为 forms of law，即法的形式。[1]这样一来，法的渊源当时至少具有了三种含义，即法的内容的来源、法的拘束力的来源、法的形式。

法学界曾经在多种含义上使用过"法的渊源"一词，[2]可概括如下：①法的历史渊源，即引起特定法律、法律制度、法律原则、法律规范产生的历史事件和行为。如 11 世纪的普通法和 14、15 世纪的衡平法可以理解为现代英国法的历史渊源；而英格兰国王和贵族之间的冲突则是英国《大宪章》的历史渊源等。②法的本质渊源，即法律现象产生、存在和发展的根本原因，法的根本性质。如欧洲 18 世纪盛行的古典自然法理论认为法渊源于人类理性；马克思主义则认为法渊源于社会物质生活条件等。③法的思想理论渊源，即对一国法律制度、法律规范起指导作用的理论原则和思想体系。如中国社会主义法的理论渊源是马克思主义、邓小平理论等。④法的效力渊源，即法律的拘束力的来源。如分析法学主张从主权者（或国家）的命令中寻找法的渊源；历史法学则认为法的权威来自民族的法律信念。⑤法的文件渊源，即包含着对法律规范的权威性解释和记载的文件。如我国的各种法律法规汇编、《司法文件选编》和《最高人民法院公报》；英美国家的判例法汇编、著名法学家的著述等。⑥法的形式渊源，即被承认具有法的效力和法律强制力及法律权威性的法的表现形式。法的形式渊源不涉及法的具体内容和具体规定，仅仅是法的具体内容和各项规定的表现和存在形式。

我国法理学教科书中所说的"法的渊源"基本上是法的形式渊源。这种观点受到苏联学者的一些影响，但又与苏联学者在用法上的侧重点有所不同。苏联学者一般是在两种含义上使用"法的渊源"一词：一种是法的形式意义上的渊源；一种是法的实质意义上的渊源。杰尼索夫说："苏联法学界用'法律的渊源'一词以指示某种可以制定法律的力量（这是指实际意义中的法律渊源）或法律规范之存在的形式（这是指在形式的意义中的法律渊源）。但所谓实际意义中的法律渊源之主要力量究何所指呢？归根结底就是阶级社会的物质生活的条件。形式上的法律渊源是表现法律规范的各种形式。……苏联法学家认为形式上的法律渊源之基本特征是法则的强制性，是国家为施行这

〔1〕〔日〕高柳贤三：《英美法源理论》，杨磊、黎晓译，西南政法学院 1983 年印行，第 1 页。
〔2〕王勇飞编：《法学基础理论参考资料》（第三册），北京大学出版社 1981 年版，第 425～433 页。

些法则而发动的强制力量，以及它们对于统治阶级的利益，以及由它们所建立的法律秩序之符合。"[1]我国法理学教科书中，法律渊源一般就是形式意义上的渊源。但仍然比较强调法的渊源与国家不可分的关系。换言之，法律渊源只能是出自国家机构的规范性法律文件。这种观点的优点是强调了现代国家在社会生活与生产秩序形成过程中的作用，其不足之处在于似乎过于夸大国家的重要性而忽略了社会的力量。

二、法的渊源的种类

从历史的角度考察，法的渊源主要有以下五种：

1. 习惯法。习惯是人们在长期共同生产与交往的过程中自发形成的行为模式。在人们的生活中存在着多种多样的习惯，并不是所有的习惯都能称为法律。只有经过国家和社会认可的、对他人有影响力的习惯才具有法的效力，并由公共权力保证其实施和实现。此时，这种习惯不再是单纯的习惯，而是习惯法。

2. 判例法。判例是拥有司法权的机关和人员对案件所作的判决。在一些国家，判例不仅对本案有效，而且对以后的案件审理活动有强制性和指导性，以至于以后的类似案件的审理都必须符合前例，法学中称"遵循先例"。这样一来，司法机关的判例就具有了普遍约束力，变成了法，称之为判例法。

3. 制定法。这是指由立法者有意识地制定的系统条文化的书面形式的法律。它既不同于由国家和社会认可的习惯法，又不同于由司法机关针对个别案件作出，而后取得普遍约束力的判例法。它是针对某一类情况制定的、一开始就具有法律效力的行为规范。

4. 协议法。这是指通过双方或多方协商产生的，对参与达成协议的各方都有约束力的法。这种法律与制定法有相似之处，所不同的是，它是平等主体之间协商制定的法律。在现代社会，如国际关系中的双边或多边协议。

5. 法理。这是由学者通过分析、研究提出的，经过国家认可的，可以对法律实践有实际影响或直接约束力的法。一般情况下，世界各国历史上都曾把法理视为法的正式渊源，现代各国则普遍否定法理具有直接的法律效力。

从现实看，法的渊源有正式渊源与非正式渊源之分。[2]法的正式渊源是国家立法确定的具有法律效力的法的渊源；法的非正式渊源是虽然未经国家法律确认具有法律效力，但是对法律实践具有一定实际影响的法的渊源。美

第十七章

---

[1]　[苏联]杰尼索夫：《国家与法律的理论》（下册），方德厚译，中华书局1951年版，第415~416页。

[2]　我国台湾学者也称其为直接渊源与间接渊源。参见（台）郑玉波：《法学绪论》，三民书局1981年版，第13页以下；（台）袁坤祥编著：《法学绪论》，三民书局1980年版，第23页以下。

国法学家约翰·奇普曼·格雷（John Chipman Gray）从普通法系的角度，认为法律是由法院以权威的方式在判决中加以规定的规则构成；法律渊源则应当从法官们在制定构成法律的规则时所通常诉诸的某些法律资料或非法律资料中去寻找。从此意义上，法的渊源有立法机关颁布的法令、司法先例、专家意见、习惯、道德原则（包括公共政策）。[1]博登海默持与格雷接近的观点，认为法律是运用于法律过程中的法律渊源的集合体和统一体；法律渊源则可以成为各种法律判决合理基础的资料与思考。在此基础上，他把法律渊源分为正式渊源与非正式渊源两种。正式渊源是指那些可以从体现于官方法律文件中的明确条文形式中得到的渊源。如宪法、法规、行政命令、条例、司法先例等。非正式渊源指那些具有法律意义的资料和考虑。这些资料和考虑尚未在正式法律文件中得到权威性的或至少是明文的阐述与体现。如正义的标准、推理和思考事物本质的原则、个别衡平法、公共政策、道德信念等。[2]尽管我们不能同意这些西方学者关于法律的看法，但是，他们提出的法的正式渊源与非正式渊源的分类还是有启发性的。这种分类能够帮助我们将那些没有被国家确认，但又对法制实践有实际影响的因素（如政策、道德等）纳入研究范围（为了避免引起混乱，本章中论及法的非正式渊源时将特别说明；未加说明的，一律指法的正式渊源）。

三、法的渊源的演进

法的渊源的历史形式大体上可以分为习惯法、判例法、制定法、协议法、法理。但在不同的时代，不同的文化背景和社会制度下，它们的地位和作用也不完全相同。

世界各国早期奴隶制法基本上都是习惯法，只有少量的以国王和君主的命令为主体的制定法。我国西周时出现了礼与刑之分，即所谓周公制礼、吕侯制刑，似乎开始有了成文法。遗憾的是现在无法进一步确证。公元前536年，郑国的执政子产"铸刑书"，把自己制定的刑书公之于众，开创了我国历史上公布成文法的先河。[3]以后我国的历代封建王朝都比较重视成文法制的建设，在法的渊源中，制定法占有重要地位。西汉时，制定法开始分为律、令、科、比，延至唐代称为律、令、格、式。直到清末，我国封建社会法的渊源基本分为以律、令、格、式为主体的制定法和以儒家伦理思想为基础的

---

〔1〕　〔美〕E. 博登海默：《法理学——法哲学及其方法》，邓正来、姬敬武译，华夏出版社 1987 年版，第 394 页。

〔2〕　〔美〕E. 博登海默：《法理学——法哲学及其方法》，邓正来、姬敬武译，华夏出版社 1987 年版，第 395～396 页。

〔3〕　肖永清主编：《中国法制史简编》（上），山西人民出版社 1981 年版，第 100 页。

判例和法理。当时，"律"主要指刑事法规；"令"除了含有君主命令的意思外，主要是关于国家体制和基本制度的规定；"格"是国家机关的一般规章，属于我国封建社会的"行政法"；"式"一般指国家机关的公文程式。[1]另外，中国封建社会，儒家伦理思想也具有相当的权威性。在伦理与法律冲突时，不仅各级官吏能以伦理为标准处理案件，而且当事人也可以儒家伦理为依据要求变通处理，直至诉诸君主的权威。[2]清政府灭亡之后，我国法律制度倾向民法法系，制定法进一步占主导地位。

西方国家法的渊源比较复杂。在古罗马时期，制定法就已具有突出的地位和作用。罗马共和国时期，人民大会、平民会议制定的决议，法学家的解释，裁判官诏书以及习惯都是法的渊源；罗马帝国早期，人民大会和平民会议已不复存在，元老院的意见具有了法定权威。法的渊源主要由以执政官的敕令等为主体的制定法和法学家的学说与法理构成。再以后，皇帝的命令成为法的主要渊源。中世纪欧洲大陆的法比较混乱和分散，存在教会法和世俗法两大法律体系，而且世俗法由于与不同类型的世俗政体（王室的、城市的、商业的、庄园的）对应，显得非常分散且主要是习惯法。[3]资产阶级革命前后，以议会立法为主体的制定法产生并有了大规模发展。新型的议会立法有严格的程序与权限标准，制定法具体化为宪法、法律、委任立法、行政法规等形式。在英国，11世纪以前适用的主要是盎格鲁—撒克逊人的地方习惯法；11世纪以后，出现了被称为普通法的判例法体系。与欧洲大陆不同，英国法历史上的主要法源是判例法，至今，判例法仍然是其主要的法的渊源，但制定法已成为第二大法的渊源。

法的渊源的历史发展总体上呈现出由习惯法向制定法，由多元向单一，由野蛮向文明，由法律、道德、宗教混为一体向逐渐分离过渡等规律。在这一发展过程中，法的渊源日趋稳定化、法定化与明确化。法出多门、司法擅断等现象逐步受到约束与限制，当代世界，议会立法为主体的制定法在大多数国家法的渊源中已处于主导地位，确定性程度偏低的习惯等行为规范的作用被大大削弱，几乎退出法的正式渊源体系。同时，由于国家对立法权做了明确的划分与限定，按照法的效力等级的不同，法的渊源被体系化。通常，在该

[1] 律、令、格、式，《唐六典》释义："凡律以正刑定罪，令以设范立制，格以禁违止邪，式以轨物程事。"
[2] 贺卫方："中国古代司法判决的风格和精神——以宋代判决为基本依据兼与英国比较"，载《中国社会科学》1990年第6期。
[3] 〔美〕哈罗德·J.伯尔曼：《法律与革命——西方法律传统的形成》，贺卫方等译，中国大百科全书出版社1993年版，第331页以下。

体系中，宪法是统帅，其他制定法是主干。尽管行政机关仍不同程度上享有制定行政规范的权力，但由于这些规范隶属于议会立法，且可能受到司法审查，从而使这种权力被严格限制。总之，法的渊源的理性化程度被大大提高。

目前，值得注意的是：①委任立法的出现和发展，即立法机关将自己的立法权部分委托给专门的行政机关或其他机关行使。②非普通法系国家，判例也受到相当关注。③协议法随着国际关系领域合作的加强而有所发展。在现代社会，各国之间的法律合作、地区性乃至全球性法律协作越来越多，协议法的作用空前加强。由于近代以来法的渊源体制基本上是在主权国家范围内发展，而且尤其强调制定法的民主基础，上述情况的出现，无疑给这种法的渊源理论提出了新的问题。

■ 第二节　当代中国法的渊源

一、当代中国法的正式渊源

中华人民共和国成立之初，法的正式渊源包括法律、法令、条例、单行条例等。1954 年《宪法》规定，全国人民代表大会制定法律，全国人大常委会制定法令。1982 年《宪法》、有关组织法和 2000 年《立法法》对此重新作了一些规定。现在我国法的正式渊源如下：

（一）宪法

宪法是国家的根本大法，是我国社会主义法的主要渊源，由全国人民代表大会通过和修改。它规定和调整国家的社会制度和国家制度、公民的基本权利和义务等最根本的全局性的问题。宪法具有最高的法律地位和效力，其制定和修改的程序非常严格，不同于其他法的渊源。

（二）法律

法律是由全国人大及其常委会经过特定的立法程序制定的规范性法律文件。它的地位和效力仅次于宪法。法律又分为基本法律和基本法律以外的其他法律。全国人大制定和修改基本法律。在全国人大闭会期间，全国人大常委会可以对这些基本法律进行部分地补充和修改，但不得与该法律的基本精神、基本原则相抵触。全国人大常委会制定和修改基本法律以外的其他法律。全国人大及其常委会发布的规范性决议、决定也具有法的效力。

（三）最高国家行政机关的行政法规和其他规范性文件

行政法规是由国务院根据宪法和法律，在其职权范围内制定的有关国家行政管理活动的规范性法律文件，其地位和效力仅次于宪法和法律。党中央和国务院联合发布的决议或指示，既是党中央的决议和指示，又是国务院的行政法规或其他规范性文件，具有法的效力。国务院各部委所发布的具有规范性的命令、指示和规章也具有法的效力，但其法律地位低于行政法规。国务院根据全国人大授权而制定的有关改革开放的规范性文件不属于行政法规，而是授权立法。理论上，授权立法具有比行政法规更高的法律地位。

（四）地方国家机关的地方性法规和其他规范性文件

地方性法规是指省、自治区、直辖市以及省级人民政府所在地的市和经国务院批准的设区的市的人民代表大会及其常委会制定的适用于本地方的规范性文件。除地方性法规外，地方各级权力机关及其常设机关、执行机关所制定的决定、命令、决议，凡属规范性者，在其辖区范围内，也都属于法的渊源。地方性法规和地方其他规范性文件不得与宪法、法律和行政法规相抵触，否则无效。

（五）民族自治地方的自治条例、单行条例

自治条例和单行条例是由民族自治地方的人民代表大会依照当地民族的政治、经济和文化的特点制定的规范性文件。自治区的自治条例和单行条例报全国人大常委会批准后生效；州、县的自治条例和单行条例报上一级人大常委会批准之后生效。

（六）特别行政区的规范性文件

我国现行《宪法》第31条规定，"国家在必要时得设立特别行政区"。特别行政区同中央的关系是地方与中央的关系，其权限根据全国人大制定的关于特别行政区的法律来行使。特别行政区享有其他地方国家机关所没有的某些权力。特别行政区的法就是由全国人大制定的和特别行政区依法制定并报全国人大常委会备案的、在该特别行政区内有效的规范性法律文件。

（七）国际条约

这里讲的国际条约是指我国同外国缔结或加入并生效的国际法规范性文件。其名称很多，如条约、公约、合约、协定、声明等。这种国际法虽然不属于我国国内法的范围，但就其具有与国内法相同的效力而言，也是我国法的渊源之一。

上述情况表明我国法的渊源与多数国家一样，是以宪法为统帅、以制定法为主干的成文法体系。不同的是，一方面我国是单一制的社会主义国家，为维护国家的统一和社会主义制度，必须维护宪法和法律的统一及其尊严；另一方面，我国又是一个地域辽阔、民族众多的国家，处于全面改革开放的时期，面临着完成祖国统一大业的历史任务，需要允许、支持地方、民族自治地方、特别行政区、经济特区等在遵守中央统一立法的前提下，制定适合本地方适用的规范性文件，发展本地区的政治、经济、文化各项事业。这就使我国法的渊源在保持统一的同时，又呈现出"多层次"的特点。

二、当代中国法的非正式渊源

在每一个国家，除了法的正式渊源以外，社会秩序的形成还往往依赖更多的、更"民间"的、比较而言不很"正式"的社会规范。这些规范虽然不属于法的正式渊源，但在法律的实施过程中不仅对法的遵守有相当的作用，而且对执法、司法活动也有一定的影响。本书中称之为法的非正式渊源。

分析实证主义法学过于依赖制定法体系的逻辑自足特征，夸大了国家权力的影响力。在他们看来，制定法、实在法体系是全面的、详尽的，能够为所有问题的解决提供答案。但是，如果存在法律漏洞和空白或者法律严重滞后，法律模糊不清，又应该怎么办？[1]法治的原则之一是"不得拒绝审判"。[2]《法国民法典》第4条规定："法官如借口法律缺项、法律不明确或不完备而拒绝审理，得按拒绝审判罪予以追究。"因为拒绝审判就等于无条件地宣布原告的失败。对这种情况，约翰·奥斯丁认为，法官所能做的就是像立法者一样，创立能够处理这个问题的新规则。这种新规则法官可以从包括法官个人关于法律应该是什么的观点在内的各种渊源中寻求。作为分析法学的著名代表，他始终把法的渊源与官方行为联系在一起。当然，他认为最好通过进行广泛的法律编纂解决问题。[3]而纯粹法学的创始人凯尔森认为，如果出现一种情况而法律未规定，则应视为法律对这一要求的否定；如果对一条法律有两种或两种以上的解释，那么，在该法律条文语词范围内的任何解释都是恰当的，而不管这种解释是否会导致不合理、不公正、甚至是荒谬的结果。[4]这两种观点都不能解决法官的独断专行问题，实际上也与分析实证法学所谓"恶法亦法"的观点是一致的。其后，法学界一直试图建立一种能够宽于法律但又具有公众认可特征的稳定的法的渊源理论。如利益法学强调法官应该首先根据社会利益加以解决，自然法学强调主要根据正义理论进行判断，经济分析法学则提出效益优先标准等。

我国是正在进行现代化建设的社会主义国家，法的非正式渊源必然具有自己的特点。一方面，作为社会主义国家，我国必然强调共产党的政策的重要指导作用。虽然党的政策在理论上主要是党的行动准则，不能强行约束非党群众，但是，由于中国共产党是中国社会主义现代化建设的领导核心，党

---

〔1〕　这种情况并非不可能，实际上经常出现。参见本书第21章。

〔2〕　（台）袁坤祥编著：《法学绪论》，三民书局1980年版，第85页。

〔3〕　〔美〕E. 博登海默：《法理学——法哲学及其方法》，邓正来、姬敬武译，华夏出版社1987年版，第422页。

〔4〕　〔美〕E. 博登海默：《法理学——法哲学及其方法》，邓正来、姬敬武译，华夏出版社1987年版，第423~424页。

的政策当然具有广泛的影响力。此外，在我国，社会主义道德具有特殊的重要地位和作用。社会主义道德的核心是集体主义精神，这是我国社会主义建设的重要思想保证。党的十一届三中全会以来，党中央曾经两次召开有关社会主义精神文明建设的全会，[1]说明这一问题在党的建设和社会主义现代化建设中的重要性非同一般。还有习惯、习俗、宗教规范等，在社会主义条件下都有新的内容，都与社会主义法存在着程度不同的联系。关于这些方面的内容，本教科书另有介绍，这里不再赘述。[2]另一方面，作为一个正在向现代化发展的社会主义国家，要求法律调整机制也要现代化，要能够更有效更充分地发挥法律和执法、司法机构的作用，这就不能不正视马克思主义关于法的基本理论、人类长期形成的法律的基本原理和原则、经过实践检验证明正确的判例的作用。对学说、法理、判断在法的实施中的实际作用，学术界认识尚不完全一致。应该指出的是，在正式的国家法律实施制度中，专业化趋势使学说和法理在执法、司法人员业务能力的训练过程中发挥了重要作用；在执法、司法工作中，专家学者的意见有时也具有重要参考价值。至于判例，由于上诉制度和再审制度的存在，上级法院的判决也就不可能不对下级法院的审判活动有所影响。而且，最高人民法院经常通过《最高人民法院公报》发表自己批准的判决或对有些判决加以评议，用以指导下级法院的工作。所以，尽管在我国尚不适于全面引入"判例法"，但适当进行借鉴则在我国许多学者中是有共识的。[3]甚至，鉴于种种情况，有学者认为："具有中国特色的判例制在中国正在形成中。"[4]

三、规范性法律文件的规范化与系统化

国家机关形成的具有法律效力的文件可以分为规范性法律文件与非规范性法律文件两种。前者指针对一般的情况、一般的人所发布的能够反复适用的法律文件，属于法的范围；后者指针对特定情况、特定人发布的一次性适用的法律文件，如判决书、调解书、逮捕证、营业执照、结婚证、房产证等。它们虽然也有一定的法律效力，但不属于正式的法的范围，只是法的适用的结果，没有普遍的约束力。

规范性法律文件的规范化是指由各种国家机关依照法定职权制定的、属

第十七章

---

〔1〕　这两次全会均形成了有关精神文明建设的决定，即中共中央十二届六中全会的《关于社会主义精神文明建设的指导方针的决议》；中共中央十四届六中全会的《关于加强社会主义精神文明建设若干重要问题的决议》。

〔2〕　参见本书第 7 章有关内容。

〔3〕　葛洪义：《探索与对话：法理学导论》，法律出版社 1996 年版，第 333 页以下。

〔4〕　沈宗灵："当代中国的判例———一个比较法研究"，载《中国法学》1992 年第 3 期。

于法的正式渊源的各种规范性法律文件，必须有统一的规格与标准，从而使一个国家法的表现形式成为规格严整、和谐协调的整体。例如，属于法的正式渊源的不同层次的各类规范性法律文件必须由相应的国家机关制定；要有统一的专有名称；其法律地位、效力及其相互关系应有明确规定；表达形式要有统一的规格；繁简适度，文字简练明确，达到一定的专业化程度，法律术语的使用必须严谨；等等。规范性法律文件的规范化关系到法制的统一与尊严以及法的实施的有效性，也体现了一个国家法律文化发展的水平，因而，是我国法制建设的一项重要内容。

规范性法律文件的系统化是指对已经制定的各种规范性法律文件加以整理和归类并使之系统化的活动。我国法的渊源虽不复杂，但是国家机关发布的规范性文件数量却相当可观。哪些有效，哪些已失效，文件之间有无冲突、矛盾之处，如何修改、补充和废止，这些都需要经过整理才能明确。同时，经过整理，还可以发现立法上的空白和缺陷，便于进一步完善立法。因此，在建设社会主义法制国家的过程中必须同时进行规范性法律文件系统化的工作。规范性法律文件的系统化的方法有以下三种：

1. 法律（或法规）汇编。这是指对现行的规范性文件，按照其颁布的年代顺序或其内容的性质，进行系统的整理编排、汇集成册的活动。法律汇编不改变规范性法律文件的文字和内容，仅做整理、汇集和技术处理，不是国家的立法活动。近年来，我国法律汇编工作有了重大进展，除了各高等学校为从事教学而编辑的法律汇编外，许多国家机关、事业单位、社会组织、甚至个人都在参与这项工作，对推动我国的法制建设起到了重要的积极的作用。

2. 法律（或法典）编纂。这是指在重新审查某一法的部门的现行法规或法律的基础上，消除过时的或其内容相互冲突、相互重复的部分，增补适应新的情况的内容，使其更为完整、系统、全面、统一的活动。法律编纂是国家重要的立法活动，因而只能由专门的国家机构根据法律规定的权限和程序进行。

3. 法律清理。这是指有关国家机关根据职权或者授权，对已经实施的规范性法律文件进行审查，确定其实施状况（有效或失效、是否正在修改等）的活动。[1]

---

〔1〕 在我国，大规模的法规清理活动如：1987 年第六届全国人大常委会第二十三次会议通过了《关于批准法制工作委员会关于对 1978 年底以前颁布的法律进行清理情况和意见报告的决定》。根据法制工作委员会的报告，在清理的 134 件法律中，已经失效的有 111 件，继续有效或继续有效正在研究修改的有 23 件。1983 年国务院也部署清理新中国成立以来至 1984 年期间经国务院（包括前政务院）发布的行政法规和其他规范性文件。资料来源于沈宗灵主编：《法理学》，高等教育出版社 1994 年版，第 318～319 页。

规范性法律文件的系统化的深入进行，为我国法制建设创造了良好的条件。

■　第三节　法的分类

从不同的角度，按照不同的标准，可以对法进行不同的分类。就现代各国的法律分类而言，有属于各国比较普遍共有的分类，如国内法与国际法、成文法与不成文法、实体法与程序法、一般法与特别法等；有仅适用于部分国家的法律分类，如实行联邦制的国家有联邦法与联邦成员法之分，实行成文宪法制的国家有根本法与普通法之分，普通法系的国家有普通法与衡平法、判例法与制定法之分，在民法法系的国家又有公法与私法之分。本节仅介绍与我国法制建设直接相关的一些法的基本分类。

一、成文法与不成文法

成文法与不成文法划分的标准是法的创制方式和表达形式的不同。

成文法是指国家机关制定和公布的、以比较系统的法律条文形式出现的法，又称制定法。历史上，成文法的制定主体有时是君主个人或君主授权的个人及机关，有时是依法设立的国家机关。在现代社会，主要是拥有立法权的立法机关依法制定和发布这种法。在不同的国家，制定法的制定机构、表现形式各不相同，多种多样。

不成文法是指由国家认可的、不具有规范的条文形式的法。它大体上可以分为习惯法、判例法、法理三种。

1. 习惯法是以习惯为内容的、经国家认可为法的行为规范。人们生活的社会中存在许多习惯，并非所有的习惯都是法。只有具备法的内容并经国家以各种方式认可的习惯才是习惯法。在国家认可的方式上，普通法系和民法法系有所不同。在普通法系国家，由于成文法隶属于不成文法，因而，只要制定法条文中没有明确表示反对的条款，习惯法就可以成立；在民法法系国家，成文法支配着不成文法，所以，习惯要成为法律必须有国家的积极认可。[1]我国的习惯原则上不具有法的意义，但在有的法律中也规定有认可某种习惯的条款，体现出我国法律原则性与灵活性相结合的立法特点。

2. 判例法是以判例的形式表现出来的法律规范。不是所有的判例都是法，只有对其后的案件具有法的约束力的法院的判例、先例才是判例法。在英美国家，判例法是法的主要渊源。由于判例形成于法官审理案件的具体活动，

---

〔1〕　潘念之主编：《法学总论》，知识出版社1981年版，第22页。

因而，判例法又被称为"法官法"，是相对于民法法系国家制定法的别称"法学家法"而言的。

3. 法理是指有关法的思想、观点、理论和学说。在历史上，法理曾是法的正式渊源。在现代各国，虽然任何法律的制定与实施都需要以法理为基础，但法理能否成为法的渊源则要由一国的国内法规定。通常情况是在法律规定不明确或存在法律漏洞时，民事纠纷可以根据法理来审理，法官不得以法律没有规定为由拒绝审判。至于刑事案件，根据罪刑法定原则，凡法无明文规定，不认为是犯罪。需要说明的是，尽管在有些国家法理具有一定的直接的实践意义，但它并不具有普遍性，没有普遍效力。除非根据法理作出的判决得到国家的认可并作为先例受到尊重，否则仍不是法的正式渊源。

二、实体法与程序法

实体法与程序法的划分是根据法的内容对法进行的分类。

实体法是直接规定人们权利和义务的实际关系，即确定权利和义务的产生、变更、消灭的法。它由法律体系的主要组成部分（刑法、民法、商法，等等）构成。实体法包括两类基本的权利：一类是"事前的权利"，即有权从事或不从事某种行为，有权要求义务人从事或不从事某种行为的权利，通常也称"第一的权利"；另一类是"第二的或补救的权利"，即事前的权利受到损害时，要求补偿、赔偿、补救的权利。[1]

程序法是规定保证权利和义务得以实现的程序的法律。[2]如刑事诉讼法、民事诉讼法、行政诉讼法。程序法的直接对象不是人们的权利和义务，而是规定如何强制实现权利与义务，规定在权利遭到损害时如何进行补偿的法律。它是"使法律权利得以强制执行的程序形式，而不同于授予和规定权利的法律；它是法院通过程序来管理诉讼的法律，它是机器，而不是产品。"[3]

实体法与程序法是对应的，是从司法审判活动中分出来的法律类别：一个规定的是审判内容，另一个规定的是审判程序。司法活动既要符合实体法的规定，又要遵循程序法的要求，不能轻视和忽视其中任何一个。当然，由于法律文化不同，各国在强调两者统一的基础上又往往有所侧重。例如，民

---

[1]　〔英〕戴维·M. 沃克：《牛津法律大辞典》，北京社会与科技发展研究所组织翻译，光明日报出版社 1988 年版，第865 页。

[2]　严格地说，程序法不等于诉讼法。除了诉讼法，程序法还包括立法程序（如议事规则）、行政程序（如听证程序）等方面的立法；有的实体法中也有程序问题的规定。本节所说的程序法是指与实体法对应的程序规定，故指司法、审判程序。

[3]　〔英〕戴维·M. 沃克：《牛津法律大辞典》，北京社会与科技发展研究所组织翻译，光明日报出版社 1988 年版，第 725 页。

第十七章

法法系更关注实体法，普通法系则更重视程序法。这一分类在国际司法实践中也具有重要意义，如在国际私法中，程序问题一般依法院地法解决，而实体问题则可能按另一国法律处理。

三、根本法与普通法

根本法与普通法的划分是根据法的地位、内容和制定程序的不同对法进行的分类。这种分类仅适用于成文宪法制国家。

根本法即宪法，有的国家又称基本法，是规定国家各项基本制度、基本原则和公民的基本权利等国家根本问题的法。在成文宪法制国家，它通常具有最高的法律地位和法律效力。根本法是在资产阶级反封建的斗争中产生的，它的内容大量涉及国家的根本制度、国家机关之间的关系、国家最高权力的运行规则、公民的个人自由及其与国家、政府的关系等重大问题。社会主义国家普遍采用成文宪法的法律制度，用于宣告人民权利，规定国家和社会制度的性质。因此，根本法的存在标志着国家各项权力，包括政治权力的运行需要服从一定的规则，也正因为如此，它的制定与修改程序较之普通法要更为严格和复杂。在非成文宪法制国家，不存在根本法与普通法的区别。国家制度和公民个人自由等问题由宪法性文件和其他法律予以确认和保障。如英国国王的法律地位是由几个宪法性文件确认的，而公民自由则是由法律确认，体现在司法先例中的。

这里所说的普通法是指宪法以外、确认和规定社会关系某个领域问题的法。其法律地位和效力低于根本法。通常，普通法的内容、普通法的产生与存在都需要由根本法事先予以原则规定，并不得与根本法相抵触。因此，法学上有时把根本法称为"母法"，将普通法称为"子法"。

四、一般法与特别法

一般法与特别法的划分是按照法的效力范围的不同对法进行的分类。

一般法是指针对一般人或一般事项，在全国适用的法；特别法是指针对特定的人群或特别事项，在特定区域有效的法，具体如下：

1. 以人为标准的划分。一般法指适用于一般的人或所有的人的法，如民法、刑法、诉讼法；特别法指仅适用于特定身份的人的法，如国家公务员法、青少年法。

2. 以事项为标准的划分。一般法是广泛适用于一般事项的法，如民法；特别法是仅适用于特别事项的法，如合同法。

3. 以区域为标准的划分。一般法是原则上在全国所有地方都有效的法；特别法是仅适用于特别地方的法，如特别行政区法。

4. 以时间为标准的划分。一般法在实施期限上一般不作限制；特别法则严格限制其有效期，如戒严法。

一般法与特别法的划分是相对的。有时，一部法律相对某一部法律是特别法，而相对于另一部法律则是一般法。但是，这种划分并非没有意义。因为，从法理上说，特别法的效力优于一般法，即特别法发布之后，一般法的相应规定在特殊地区、特定时间、对特定人群将终止或暂时终止生效。所以，各国对特别法的制定与公布都是极其慎重的。

五、国际法与国内法

国际法与国内法的划分是按照法的创制和适用主体的不同对法进行的分类。

国内法是一国立法者制定的、适用于本国的个人和组织的行为、规定一个国家内部关系的法。国内法一般来说在国家主权所及的范围内均有法律效力。

国际法是不同国家或地区经过协商形成的处理双边或多边关系的协议，用以规定国家间、地区间相互关系。国际法仅对加入或签订协议的国家和地区有效。一般说，一个国家签订或参加国际条约就应该根据条约要求制定、修改、补充本国法的规定，承担国际法的义务。

六、公法与私法

公法与私法的划分也是根据法的内容对法进行的分类。这种分类源于古罗马法。目前，公私法的划分尚没有统一的共同认可的标准。但这种划分的意义已被包括我国学者在内的大多数国家法学界承认（具体内容，参见本书第十六章第四节）。

思考题

1. 为什么要区别法的内容和形式？"法的渊源"一词主要是用于解决什么问题的？
2. 历史上主要有哪些法的渊源？为什么会存在不同的法的渊源？
3. 我国《立法法》对法的渊源的规定的具体内容是什么？
4. 为什么要区别法的正式渊源和非正式渊源？
5. 历史上有哪些重大的规范性法律文件系统化与规范化的活动？
6. 法的分类在法律实践中有什么作用？

推荐阅读书目

1. 〔英〕戴维・M. 沃克：《牛津法律大辞典》，北京社会与科技发展研究所组织翻译，光明日报出版社 1988 年版。

2.〔美〕E. 博登海默：《法理学——法哲学及其方法》，邓正来、姬敬武译，华夏出版社 1987 年版。

3. 王勇飞编：《法学基础理论参考资料》（第三册），北京大学出版社 1981 年版。

4. 潘念之主编：《法学总论》，知识出版社 1981 年版。

5.（台）袁坤祥编著：《法学绪论》，三民书局 1980 年版。

6.（台）郑玉波：《法学绪论》，三民书局 1981 年版。

第十七章

第十八章

法 的 效 力

学习目的与要求 本章的内容是与法的实施紧密相关的法律效力问题。通过学习，学生应当了解法的效力的含义，法的效力的来源与条件，法的效力的层次及原则；并着重理解法的效力范围，即对人的效力、时间效力（特别是法的溯及力问题）、空间效力和对事的效力，进而理解法的效力问题对法的实施的意义。

■ 第一节 法的效力的概念

一、法的效力的含义

在我国法学界，法的效力通常有广义和狭义两种理解。广义的法律效力泛指法的约束力和强制力。既包括规范性法律文件的效力，又包括非规范性法律文件的效力。而狭义的法律效力仅指法律的生效范围或适用范围，即法对什么人、什么事、在什么地方和什么时间适用。这两种意义的法律效力均有其研究价值。研究前者对于从理论层面上理解法的效力来源和生效条件、效力层次和原则均有意义；而研究后者则对从实践层面上把握法的时间效力、空间效力和对人、对事的效力具有意义。

二、法的效力的来源和条件

法的效力究竟来自何处？西方法学理论界颇有分歧。[1]有的主张来源于

---

[1] 西方法哲学中对法的效力的认识颇不相同。实证主义法哲学认为，法的效力是一个逻辑的观念，自然法哲学认为，法的效力是一个伦理的观念，社会法哲学认为法的效力是一个事实的观念，现实主义法哲学则认为，法的效力是一个心理的观念。参见张文显：《二十世纪西方法哲学思潮研究》，法律出版社1996年版，第433页。此外，德国学者魏德士在近期的著作中对效力的类型做了分析，他在划分了法律效力（应然效力）、现实效力（实然效力）后，提出还有一个道德效力。后者涉及人们对法律的可接受性问题，它是人们遵守法律的道德基础。他认为，国家的法律必须得到人们的接受才能获得完全的持久的效力。参见〔德〕魏德士：《法理学》，丁晓春、吴越译，法律出版社2005年版，第148～151页。

事实，有的主张来源于心理，有的主张来源于道德，有的主张来自逻辑，还有的干脆主张来源于宪法或比宪法更高的规范，[1]但宪法也是法，它的效力来源于国家主权，来源于权力机关的制定或认可。

我们认为，法的效力来源于多方面因素的综合影响，即它既有现实的根据，也有道德和心理的根据。其现实根据是，一方面它来源于产生它的权力机关，另一方面它还来源于法对社会成员的实际的或事实上的约束力，即实效；其道德和心理的根据在于，它一方面来源于法的道德约束力，即有效力的法必须是符合正义原则和道德要求的，另一方面法的效力也取决于法对人们施加的心理影响和人们接受其约束的心理态度。就当代中国法的根本效力来源而言，应该是人民的理性与人民的权力。[2]

第一，这一观点符合马克思历史唯物主义的基本原理，按照唯物史观，人民是历史的创造者，人民是推动社会进步的重要力量，人民也是国家的主人，人民有能力也有资格创制法律并监督实施法律。

第二，这一观点有法理依据和现实依据。因为根据社会主义法的本质原理和我国法律的现实实践，我国法律是全体人民共同意志的体现，我们奉行的是人民主权原则，我国一切权力属于人民，一切权力也来源于人民，因此，人民的力量也是法的效力的最终来源。

第三，这一观点明确区别于"神法效力论"和"自然法效力论"，具有政治正当性和法律正义性，也符合唯物辩证法。

法的有效条件是指法律规范得以实施生效的内部环境和外部环境。法的有效条件就内部环境而言，有以下几点：①必须是现行有效的法律规范；②必须与上一等级的法律规范不相冲突或抵触；③法律规范必须在它约束的时间、对象和范围之内才有效。就外部环境而言，其条件为：①它必须是在合法政权机关的制定或认可下产生的；②它必须公布；③它必须有合法有效的国家强制力保障。[3]

---

[1]　纯粹法学的代表凯尔森曾在他所罗列的法的规范等级体系中，在宪法之上又加了一个客观规范；更有甚者，如神学派，把法的最终根据追溯到上帝，认为上帝的力量是法的效力的来源。这显然是荒谬的。

[2]　有学者从法的内在力量角度分析"法律为什么有力量"，提出知识和经验是法律内在力量的主要成分。参见刘瀚：《刘瀚文集》，上海辞书出版社2005年版，第108～109页。这种分析不无道理，法律中的知识和经验是人们认知的结果，要使之真正具有力量还应使法律成为人民的理性认知。

[3]　上述关于法的有效条件，总体上是针对国内法而言的。国际法的有效条件则有所不同，特别是在外部环境方面有所不同。另外，即使就国内法而言，其有效条件也不是绝对的。有学者专门探讨过相对法律效力问题，认为法律在其公布后至生效前的时间段内，或者以新法代替旧法的交替之时因法律溯及力问题而产生的一定时间内对部分地域、部分对象、部分事项也具有国家强制约束力。参见张根大、侯淑雯："试论相对法律效力"，载《法律科学》1998年第2期。

三、法的效力层次和原则

法的效力层次，又称法的效力等级或法的效力位阶。[1]法的效力层次是指在一个国家法律体系的各种法的渊源中，由于其制定主体、程序、时间、适用范围等不同，导致各种法的效力也不同，由此而形成的一个法的效力等级体系。当代中国就已形成了一个以宪法为核心的社会主义法律体系，在这个法律体系中的各种法律规范所依附的各类法律渊源之间就有一个等级位阶体系。影响法的效力层次的因素主要有法的制定主体、制定时间和法的适用范围。正是由于这诸多因素的影响形成了不同效力的法，并进而形成法的效力等级或效力层次。

法的效力层次遵循一定的原则，主要包括以下几点：

（一）宪法至上原则

宪法至上原则是指一国宪法作为国家的根本大法，具有在法律规范中至高无上的法律地位，它意味着一国的任何社会主体都得服从宪法，即一切国家机关、武装力量，所有政党、社团、法人或其他组织，全体公民，都必须遵守宪法，依照宪法的要求行事，在宪法规定的范围内活动，从而使宪法具有最高的法律效力。它还意味着一切法律、法规都不得与宪法相抵触，否则，不具有任何法律效力，一切制定法律、法规的活动都得有宪法明文规定的根据，一切实施法律、法规的活动也必须以宪法为依据，只有在其所实施的法律、法规合乎宪法，并且实施程序和过程都合乎宪法时才有效，否则不具有任何实际的法律效力，特别是不得援引适用与宪法相抵触的任何法律、法规。

（二）等差顺序原则

等差顺序原则是指根据法律规范的效力等差顺序来确定不同法律规范的效力地位。就外在等差顺序而言，在遵从宪法至上原则的前提下，宪法高于法律，法律高于法规，行政法规高于地方性法规，地方性法规高于地方性行政规章；就内在等差顺序而言，宣言性、概括性规范高于陈述性、具体性规范，原则高于规则，规则高于细则，准则高于例则，总则高于分则。这种等差顺序原则所表明的是一般效力顺序情形，即出自不同渊源或不同层次的规范相互之间的效力地位顺序。至于出自同一渊源、同等渊源或同一层次的规范，不适用这一原则，即同等效力地位或同序的法律规范，当其相互之间必须确定顺序先后或地位差别时，不适用此原则。

（三）特别法优先原则

特别法是相对于一般法而言的。特别法优先是指在效力地位上特别法高

---

[1]　张文显主编：《法理学》，法律出版社1997年版，第90页。

于一般法，优先于一般法而适用。比如在国家面临紧急状态或战争状态时，像戒严法等特别法是优先于其他法而适用的。不过，这一原则有着不可忽略的前提条件，即供选择的特别法与一般法须是出于同等或同一的效力渊源，依等差顺序原则是处于同等效力地位的，二者的具体规定不相一致或不尽一致，并且特别法规定不与宪法和法律的基本原则精神相抵触。不具备这样的前提条件不得适用特别法优先原则。例如，地方性法规就其生效的范围而言可以看作是特别法，但不得优先于作为一般法的中央行政法规，因为二者出自不同的效力渊源，效力地位并不同等，这种情形只能依等差顺序原则。这在当今强调依法治国、依法治省、依法治市的单一制国家的中国而言，意义尤为重大。但就我国的民族自治制度和特别行政区制度而言，因这些制度而形成的特别地方法不仅可以有条件地优先于行政法规，而且在某种情形下甚至可以优先于法律。

（四）实体法优先原则

实体法是相对于程序法而言的。这一原则是指由于实体性的权利义务对人们更为直接更为重要，因而相对于程序法而言，自然居于主导地位。如果二者之间不得不区分效力等差的话，那么，应当承认实体法的效力地位高于程序法，援引程序法的规定时不得与实体法相抵触。[1]

（五）国际法优先原则

即国际法优先于国内法原则。就一般而言，国际法既不高于、也不从属于国内法，同时，国内法也既不高于也不从属于国际法。但在一定情形下，二者却存在哪个效力地位优先的问题。即在涉及履行其依据国际法所承担的国际义务时，主权国家不得以国内法律规范为理由而予以拒绝；在一国国内立法涉及国际法律规范时，凡为主权国家所参加或所认可的国际条约或国际惯例对国内法律规范也具有拘束力，国内法律规范不得与该国际条约或国际惯例相抵触。这就是国际法优先原则的基本精神。当然，这一原则不是绝对的，比如，那些被主权国家拒绝承认的法律规范或声明保留的条款不得适用这一原则。

（六）后法优先或新法优先原则

后法优先于前法、新法优先于旧法的原则，是指在认定出自同等或同一

---

[1] 在传统观念上，实体法被称为"主法"，而程序法由于处于从属地位，被称为"助法"，它以实体法的存在为前提。当然，在现代法治社会中，实体正义的实现固然重要，但程序正义也越来越被重视，甚至有的学者认为其是实体正义的条件。而就现实层面来看，我们不能本末倒置，否则，会导致以程序正义为由妨碍实体正义的实现的后果；同时也不能单纯为追求实体正义而妨碍程序正义的实现。实体法优先原则是在两难间不得不进行选择时所采用的原则。

效力渊源的不同法律规范相互之间的效力地位关系时，如果依据上述诸项原则仍难以认定的话则可以依据规范制定的时间先后来确定其优先顺序，后来制定的法律规范在效力地位上要高于先前制定的法律规范，后法优先适用。此外，这一原则还可以指具有传承关系的两项法律，一旦后一法律成立、生效便自然取代前一法律的法律效力。这种后法优先，既可以由后法的规定予以说明，也可以是没有明文规定的自动表示。同时，这一原则也是以前面各项原则既已适用而无结论为条件的，如果不具备传承关系或时间先后顺序不明也不能适用该原则。

■　第二节　法的效力范围

法的效力范围通常包括法律的时间效力、空间效力、对人的效力和对事的效力。

一、法的时间效力

法的时间效力是指法生效的时间范围，包括法开始生效和终止生效的时间，以及对法律颁布以前的事件和行为该法律是否有效，即法的溯及力问题。

（一）法律开始生效的时间

我国法律开始生效的时间有以下几种情况：

1. 自法律公布之日起开始生效。这又可分为两种情况：①该法律中没有规定其开始生效时间，而由其他法律文件宣告生效。如我国1982年12月4日通过的《宪法》，本身没有规定开始生效时间，而由同日通过的全国人大公告"公布施行"。②由法律明文规定，如我国《国籍法》第18条规定："本法自公布之日起施行。"

2. 由法律明文规定该法律开始生效的时间。如我国2012年修正后的《国家赔偿法》第42条规定："本法自1995年1月1日起施行。"同样，我国2003年10月28日通过的《道路交通安全法》第124条规定："本法自2004年5月1日起施行。"

3. 规定法律公布后到达一定期限或满足一定条件后开始生效。如我国1986年通过的《企业破产法（试行）》（已废止）第43条规定，"本法自全民所有制工业企业法实施满3个月之日起试行"。而《全民所有制工业企业法》直到1988年4月才被通过，其生效日期为1988年8月1日。

（二）法律终止生效的时间

法律终止生效是指法律被废止，于是其效力消灭。废止法律一般分为明示的废止和默示的废止两类。

所谓明示的废止，是指在新法或其他法令中以明文规定对旧法加以废止。明示是一种意思表示的方法，直接以语言文字表示意思，也被称为"积极的表示方法"。此方法是当今各国普遍采用的方法。

默示的废止，是指不以明文规定废止原有的法律，而是在司法实践中确认旧法与新法规定相冲突时适用新法的方法，因而实际上废止了原有的法律的效力。

立法机关有意废止某项法律时应该是明确而清楚的。如果立法机关所立新法客观上与旧法有矛盾，而立法时没有被察觉，导致司法实践中发生新旧法律的矛盾，应适用前述"新法优先或后法优先原则"，即以新法为准，旧法被新法"默示地废止"。

在我国，法律终止生效实际上有以下几种情况：①新的法律公布实行后原有的法律即自动丧失效力；②新法律取代原有法律，同时在新法中明文规定旧法作废；③由有关机关颁布专门的决议、决定，宣布废除某些法律，从宣布废除之日起，该法即停止生效；④法律本身自行规定有效时期，至时限届满又无延期规定的即自行停止生效；⑤有些法律由于已经完成历史任务而不再适用。

（三）法律的溯及力问题

法律的溯及力是指法律溯及既往的效力。法的溯及力问题则是指新法颁布以后对其生效以前所发生的事件和行为是否适用的问题。如果适用，该法就有溯及力；如果不适用，该法就不具有溯及力。

就现代法治原则而言，法律一般只能适用于生效后发生的事件和行为，不适用于生效前的事件和行为，即采取法不溯及既往的原则。因为人们不可能根据尚未颁布实施的法处理社会事务。但在现代各国法甚至是各国刑法中，法无溯及力的原则也不是绝对的。各国刑法在这个问题上采用的原则一般有以下几种：

1. 从旧原则，即认定新法没有溯及力。

2. 从新原则，即肯定新法有溯及力。

3. 从轻原则，即比较新法与旧法，看哪个对行为人的处罚较轻就按哪个法处罚，以体现人道性。

4. 从新兼从轻原则，即在原则上肯定新法有溯及力，但如果旧法的处罚较新法轻，就按旧法处理。它具有折中性。

5. 从旧兼从轻原则，即承认新法原则上没有溯及力，但如果新法不认为是犯罪或对行为人的处罚较轻时就适用新法。

从旧兼从轻原则是现代各国刑法采用的较普遍的原则，我国刑法也采用这一原则。《刑法》第 12 条第 1 款规定："中华人民共和国成立以后本法施行以前的行为，如果当时的法律不认为是犯罪的，适用当时的法律；如果当时的法律认为是犯罪的，依照本法总则第四章第八节的规定应当追诉的，按照当时的法律追究刑事责任，但是如果本法不认为是犯罪或者处刑较轻的，适用本法。"

二、法的空间效力

法的空间效力是指法生效的地域范围，即法在哪些地方具有拘束力。根据国家主权原则，一国的法在其主权管辖的全部领域有效，包括陆地、水域及其底土和领空。此外，还包括延伸意义上的领土，即本国驻外大使馆、领事馆，在本国领域外的本国船舶和飞行器。

对于各个具体的法来说，由于制定的机关和法的内容不同，其空间效力有所不同，法的空间效力一般可分为法的域内效力和法的域外效力两方面。

（一）法的域内效力

法的域内效力是指法在本国主权管辖领域内的约束力。它包括两种情况：①法在全国范围内有效，如宪法、全国人民代表大会及其常务委员会制定的法律、国务院制定的行政法规，在全国范围内有效力。②法在国家部分区域有效，如《香港特别行政区基本法》《民族区域自治法》；而省、自治区、直辖市和其他地方国家机关制定的地方性法规和民族区域自治地方的自治法规，只在这些法规的制定机关管辖范围内有效力。

（二）法的域外效力

法的域外效力，指法不仅在国内而且在本国主权管辖领域外有效。现代社会是国际经济、贸易和文化交流非常频繁的社会，各国为了维护自己的主权和利益，大多规定自己的某些国内法在一定条件下可以在本国领域外生效。我国根据这一趋势，在国内法中也作了相应的规定。如《刑法》第 7 条规定："中华人民共和国公民在中华人民共和国领域外犯本法规定之罪的，适用本法，但是按本法规定的最高刑为 3 年以下有期徒刑的，可以不予追究。中华人民共和国国家工作人员和军人在中华人民共和国领域外犯本法规定之罪的，适用本法。"此外，我国的民事法律和经济法律的效力一般也及于我国领域外的中国公民。

三、法的对人效力

法的对人效力是指法对哪些人适用或有效，包括对哪些自然人和法人适用。现今世界各国法对人的效力不同，主要是由于它们采用不同的原则确认法对人的效力。

（一）法对人的效力的一般原则

法对人的效力的一般原则主要有以下几种：

1. 属人主义，又名国民主义，即法对具有本国国籍的公民和在本国登记注册的法人适用，而不论他们在本国领域内或在本国领域外。外国人在本国境内犯法，不适用本国法。

2. 属地主义，又称领土主义。即凡在本国领域内的所有人都适用本国法，而不论是本国人还是外国人，本国人如不在本国领域内不受本国法的约束。

3. 保护主义，即以保护本国利益为基础，任何人只要损害了本国利益，不论损害者的国籍和所在地域在哪里均受该国法的追究。

4. 以属地主义为主、以属人主义和保护主义为补充。这是近代大多数国家所采用的原则。我国法对人的效力也采用这一原则。

（二）当代中国法律对人的效力的规定

我国法对人的效力大体包括以下两个方面：

1. 对我国公民的效力。依照我国宪法，凡具有中国国籍的人都是中国公民。我国公民在我国领域内一律适用中国法律，并且法律面前一律平等。但国内法也有一般法与特别法之分，特别法只适用于特定的人、特定的时间或特定的地域范围，并不对所有中国人有效。此外，中国公民在中国领域外原则上仍受中国法的保护，并负有遵守中国法律的义务。但由于各国法规定不同，往往会发生法律冲突。出现这种情况时，要本着既维护本国主权，又尊重他国主权的精神，根据有关的国际法原则协商解决。《民法通则》第143条和《刑法》第10条就是针对该情况所作的规定。

2. 对外国人的效力。我国法对外国人的效力分两种情况：①对在我国领域内的外国人的效力；②对在我国领域外的外国人的效力。首先，对于在我国领域内的外国人和无国籍人，除法律另有规定外，一律适用我国法，我国法既保护其合法权益，又追究其违法责任。其次，在我国领域外的外国人，如果侵害了我国国家或公民的权益，或者与我国公民发生法律交往，也可适用我国法律规范。《刑法》规定，外国人在中国领域外对中国国家或中国公民的犯罪，最低刑为3年以上有期徒刑的，可以适用中国《刑法》，但按照犯罪地的法律不受处罚的除外。这是根据国家主权原则作出的规定。它对于保护国家利益，保护驻外工作人员、留学生、侨民的合法权益是必要的，同时也尊重了别国主权。

四、法对事的效力

法对事的效力是指法在实施过程中对哪些事项具有约束力。通常的原则是对法所规定的事项发生效力，而对不属于法所规定的事项则无效力。法对事的效力，应以明文规定的事项为限。《刑法》第 3 条规定："法律明文规定为犯罪行为的，依照法律定罪处刑；法律没有明文规定为犯罪行为的，不得定罪处刑。"它体现了罪刑法定原则的精神。

法律规范对事的效力还要遵循下面两个原则：

1. 一事不再理原则。一事不再理的原则是指同一机关对于同一法律关系已作出了判决，同一机关不得受理同一当事人所提出的同一请求。除符合审判监督程序的情况以外，同一当事人也不得再有同一请求。

2. 一事不二罚的原则。一事不二罚的原则是指对同一行为不得处以两次及两次以上性质相同或同一刑名的处罚。但是，对同一违法行为并处两种处罚是可以的，并且是经常的。如在刑法上对同一犯罪事实处以徒刑和罚金，处以徒刑和剥夺政治权利；在行政法上对一违法行为同时处以拘留和罚款。

思考题

1. 什么是法的效力？狭义的法的效力与广义的法的效力有何区别？

2. 什么是法的效力层次？在该问题上通常遵循哪些基本原则？

3. 什么是法的溯及力？当代各国为何在法的溯及力问题上一般采用法不溯及既往的原则？

4. 在法对人的效力问题上，历史上各国采用的原则有哪些？现代各国通常采用什么原则？

推荐阅读书目

1. 〔英〕韦恩·莫里森：《法理学：从古希腊到后现代》，李桂林等译，武汉大学出版社 2003 年版。

2. 李步云主编：《法理学》，经济科学出版社 2000 年版。

3. 周永坤：《法理学——全球视野》，法律出版社 2000 年版。

4. 张根大．《法律效力论》，法律出版社 1999 年版。

5. 黄建武：《法的实现——法的一种社会学分析》，中国人民大学出版社 1997 年版。

第四编   法的实施

第十九章

法的实施概述

学习目的与要求   本章的目的是帮助学生掌握法律的制定与法律的实施之间的关系以及法律实施的基本方式。要求学生深入理解法律的实施与法律的制定之间的内在关联，从而把握法律生成的基本原理；了解和掌握法的实效、法的实现、法的遵守、法的执行、法的适用、法律监督等法律实施的基本内容和环节及其相互关系。

■   第一节   法的生成

一、法的生成的概念

法的生成是指特定国家的法和法律制度在特定环境与条件下的产生与形成。"生成"是德文中 Werden 一词的意译，原指一事物向另一事物的转化，新事物的产生并形成。最早提出生成思想的是古希腊哲学家赫拉克利特，黑格尔继承和发展了这一思想。黑格尔认为一切事物都是相互转化的，发展是一个矛盾的过程。生成就是新事物的成长和旧事物的衰亡的矛盾统一。[1]本

---

〔1〕 黑格尔将"生成"作为他的《逻辑学》的一个范畴。他的逻辑学从纯粹的"有"（正题）开始，有的否定（反题）是纯粹的"无"，而"生成"就是无的否定或有的否定之否定（合题），是把矛盾双方统一起来的具体概念。参见《辞海》，上海辞书出版社 1979 年版，第 3955 页；刘延勃主编：《哲学辞典》，吉林人民出版社 1983 年版，第 172 页。在 1989 年版的《辞海》里，该词也译作"变异"。

书中借用这一概念，目的是揭示国家立法与社会"自然秩序"、法的创制与法的运行、法的实施与法的发展的内在联系。

严格地说，法的制定并不等于法的形成。法的实施，即法在社会生活中的实现，也对法的形成具有重要作用。现代意义上的立法（法的制定、法的创制）通常是指一定的专门的立法机关依照一定的立法权限和立法程序制定、修改、废止规范性法律文件的专门活动。这种活动的实质是将掌握政权阶级的意志转化为国家意志，成为全体社会成员一体遵循的行为准则。我国古籍中"立法"一词就与人的有意识的活动联系在一起。西汉司马迁所著《史记·律书》上说："王者制事立法。"东汉班固的《汉书·刑法志》上说："圣人制礼作教，立法设刑。"可见，古代人与现代人在立法与人的关系问题上观点是有接近之处的，即都认为法律是人的有意识活动的产物。这种观点可能引起一个误解，即将法律仅仅理解为人的意志的产物，进而以为掌握政权者可以随心所欲地制定法律，而且法律一经制定就拥有了确定的内容，只需要全社会不折不扣地、被动地遵守和执行。如本书第二章第二节和第六章第一至二节所述，实际上，掌握政权者是不可能随心所欲地制定法律的，同时，社会也不会随着法律的改革而根本改变。相反，法律是随着社会的改革而改变的，是社会变革的需要推动了立法，并在改变原有法律与秩序的同时形成了新的秩序。制定的法与在社会生活中实际实施的法是有相当距离的，[1]只有通过法的实施，人们才能清楚法律的内容。

更重要的是，国家正式法的制定并不意味着原有秩序的终结，相反，一定意义上这恰恰是原有秩序的发展。应该认识到现代国家立法对现代社会秩序的形成具有重要的作用。但是，也要认识到国家立法不是社会秩序的唯一的规范基础，尤其在社会民事生活领域，法律最多能够提供一个基本秩序的规范标准，人们的行为更多是依赖习惯、道德、政策、宗教等规范。法律对原有秩序的否定，如果符合社会发展的需要就是积极的；如果不符合社会发展的要求或阻碍社会发展就是消极的。无论何种情况都必然会形成法定秩序与社会原有的"自然秩序"的对立和冲突。在冲突中原有秩序的"精华"被保留和发扬，其"糟粕"则被剔除。所以，原有秩序往往会以"法定"的形

---

[1]　例如，1998 年 9 月 16 日《中国改革报》报道，据 30 个高级法院 1998 年 1～8 月份的统计数据，地方各级法院自查、复查出实体性错案近 15 000 件，已作出改判处理的 8000 多件。未提及程序性错案的纠正情况。而程序性错案在我国司法工作错案中所占比例更大。1998 年 1 月～6 月 20 日，15 个高级法院查处的裁判有错误的案件共 10 340 件，其中属于程序性错误的约占 84%（《瞭望》1998 年第 35 期）。目前，很少有因单纯的程序错误（如违反依法搜集证据的规定、违反管辖规定、超审限等）而在审判监督程序中被撤销判决的案件。

式或实际的影响得以延续，而法定秩序也会因此而转化、深化为新的自然秩序。

国家立法与原有秩序的内在联系表明：一定的成文法国家法律的产生，形式上是创制的，实质上却是生成的。它既是以往社会秩序的延续，又在与原有秩序的冲突与交流过程中得以发展并发挥其作用。所以，法的创制虽然是人们自觉运用法律来规范社会行为的标志和首要环节，是法的实施的前提，但其内容并非与以往历史无关；同时，法律的实施虽然是法律创制的逻辑结果，但又是法的创制的继续，法在实施的过程中，还会不断被丰富和发展。以《美国宪法》为例：《美国宪法》制定之初只有 7 条，制定后就没有改过。虽然后来以修正案的方式补充了 26 条，也仅 33 条。如果仅仅依此认定美国宪法的完成实际上是很不准确的。在美国人心目中，《美国宪法》的内容与200 年前相比，已经发生了很大变化，如种族之间的平等问题。美国联邦最高法院经常以判例的方式赋予宪法新的含义。[1]宪法的文字虽然没变，但其内容却经常在实施的过程中发生变化。这一例子表明法律的制定并不等于法律的形成，在一定意义上，法的形成是一个永无止境的过程。法律作用于社会的过程也是法律自身不断被丰富和发展的过程。

从生成的角度看待法律，法的实施不是一项绝对独立于法的制定的活动。立法工作不是一劳永逸的，还要在法的实施的过程中经受检验。在现代法制建设中，国家立法已经处于主导地位。它是正式的、国家的法律调整的开始。但是，也要认识到法的实施是同样重要的，其重要性并不亚于立法。两者是法的形成的统一过程的两个不同的阶段。[2]

二、法的生成的特征

法的生成在不同的国家有不同的方式和内容。从最一般的意义上看，各国法的生成普遍具有以下特征：

（一）法的生成具有一定的过程性

法在一定意义上就是一种秩序。[3]一定的法律往往是一定的秩序的象征。国家立法在推动新秩序建立的同时，实际上也在否定旧法所代表的旧秩序。

----

〔1〕〔美〕鲍勃·伍德沃德、斯科特·阿姆斯特朗：《美国最高法院内幕》，熊必俊等译，广西人民出版社 1982 年版。

〔2〕在基本上解决了有法可依的问题后，当前我国法制建设中的一个突出的矛盾就是有法不依、有法难依。法制建设的复杂性就在于它是一个深层次的社会、政治、经济和文化的综合问题。真正的依法办事需要一个完整的制度机制，尤其是法律实施机制。

〔3〕美国法学家庞德曾谈到，法学家意义上的法的第一种含义就是法律秩序。参见〔美〕罗·庞德：《通过法律的社会控制——法律的任务》，沈宗灵、董世忠译，商务印书馆 1984 年版，第 97 页。

无论是新秩序的建立，还是旧秩序的衰亡，都要经历一个漫长的斗争的过程。就新秩序的建立而言，一方面立法所需要的不可缺少的政治、经济、社会、文化条件要经历一个漫长的过程才能孕育成熟。而且，立法条件的成熟也仅仅表明立法可能与立法当时的社会需要相一致。因此，法律创制之后还必须通过各种方式使之更加成熟、完善，使之能够与不断变化的社会需要相适应。另一方面，立法所代表的新秩序不可能随着法律的公布而确立，它还要在与原有秩序的冲突与较量中经受洗礼和检验。法律只有在转化为社会的有机的"自然"秩序之后才能成为真正的"法律"；就旧秩序的衰亡而言，也同样存在一个漫长的过程。法律仅仅是秩序的象征和符号，任何秩序的存在都表明这一秩序在一定历史时期、一定条件下存在的合理性。否定旧的秩序，实际上是在否定旧秩序的存在根据，这要比否定代表旧秩序的法律困难得多。例如，我国可以制定法律推动市场经济的发展，然而，计划经济条件下形成的旧秩序（体制、观念）仍然会在相当长的时期内以各种方式表明自己的存在。[1]在这个时期内，在新旧秩序交织的过程中各利益主体都需要确立自身在新秩序中的利益和地位，都不会轻易放弃自己的利益，各种秩序维护者都会在立法、守法、执法、司法等各个领域展开激烈的争夺，并在争夺中形成各种形式的或长期或暂时的妥协。[2]因此，法的形成必须经历一个相当漫长的过程。

（二）法的生成体现了高度的国家意志性

马克思主义认为，法是随着生产力的发展、私有制的出现、阶级的分化及国家的产生而产生的。生产力的发展导致私有制的普遍化和社会分工的广泛化，进而产生了严重的社会对立。在这一社会基础之上开始出现了表面上凌驾于社会之上的国家这一新的公共权力形式。掌握政权者通过国家的力量，借助法律的手段，将各种矛盾与对立维持在统治阶级所允许的秩序范围内。因而，从法的起源来看，国家就在法的形成及发挥作用的过程中具有非同一般的重要性。在法的发展的过程中，国家同样发挥着举足轻重的作用。在阶级斗争中胜利了的阶级，总是毫不犹豫地去夺取国家政权，然后以国家的名义，通过法律形式贯彻统治意志以形成有利于自己的秩序。在法的现代化的过程中国家同样甚至更加重要。在世界范围内，法律制度的大规模发展，与

---

〔1〕　通常的情况是由于法律、政令的明确规定，直接的计划因素逐渐减少。但旧体制的惯性给新秩序的形成带来严重困难。如机构臃肿、政企难分、官僚主义、权力集中、弄虚作假等旧体制下形成的问题，不仅是滋生腐败现象的主要原因之一，而且也是建立市场经济体制的重要障碍。

〔2〕　现代立法的民主形式本身就是一个协商机制。而现代司法的程序设置也意味着建立制度性的妥协机制。参见季卫东："程序比较论"，载《比较法研究》1993 年第 1 期。

资产阶级革命后大量主权的、民族的、世俗的国家的兴起有着直接的联系。而现代化建设也依赖国家权力的有力支持。[1]究其原因，可以说，正是生产力发展所引起的社会关系的变化推动了国家机构在法律秩序中重要地位的形成。从当今世界各国现代化进程看，国家总体上在法制建设中发挥着更加积极的作用。如果说，在市场经济发展的初期国家还更多地扮演"守夜人"的角色，那么，在现代化及正在向现代化发展的国家，法的内容则具有了更多的国家意志性，体现出国家对经济乃至整个社会生活的积极干预。正因为如此，国家立法机关制定的法律在当代社会已成为国家有组织地合理地介入社会生活的重要方式，在许多国家也成为法的主要甚至唯一的正式渊源。

　　（三）法的生成反映了法的深刻的社会性

　　一方面，作为现代法的主要渊源的制定法、成文法，更多地表现为国家意志的产物；另一方面，制定法只有在符合并满足一定的社会需要时才能有效地发挥作用，否则，往往是一纸空文。[2]因此，国家与社会的关系始终是法律发展中的一个基本矛盾。从理论上说，一定的社会物质生活条件最终决定法的内容，也就是说，法所体现的国家意志归根结底是由社会所决定的。这一表述包含两个相互联系、相互制约的内容：首先，从制定法的角度看，法是由社会所决定的，因此，法应该反映社会需要，立法者在制定法律时要充分考虑社会发展的具体情况，反映社会发展的客观规律以推动生产力的进步。其次，立法者不能随心所欲地制定法律，客观上也不可能随意立法。因为，从根本上看，法不是被"创制"出来的。由一定生产力发展水平决定的经济关系和社会秩序，由一定历史传统衍生的民间秩序，不仅不会随着制定法的改变而轻易改变，而且还可能会改变、丰富制定法。因此，要特别注意，法律是否能够反映不断变化的社会需要不是立法者凭借自身素质能够完全决定的。社会自身具有一种调节立法的机制。所以，现时代，我们不应该低估国家立法的重要地位和作用，相反，还应该充分发挥人的主观能动性，运用立法的手段，创建一个与生产力发展水平相适应，与社会公众价值取向相吻合的新秩序。同时，更要认识到法律尤其是实施中的法律，不仅应该反映社会需要，而且，也正是在与各种社会规范的交流过程中才能够真正反映社会

---

[1]　〔美〕塞缪尔·亨廷顿：《变革社会中的政治秩序》，李盛平等译，华夏出版社 1988 年版，第 137 页。作者认为："要成功地适应现代化，一个政治体系必须首先能够创新政策，即用国家行为来推进社会和经济改革。"

[2]　马克思、恩格斯指出，统治者是不能自由地发号施令的，否则就会经常发现"法律在世界的'硬邦邦的东西'上碰得头破血流"。"那时他就会知道他的统治者的意志究竟是谁的意志了"。《马克思恩格斯全集》第 3 卷，人民出版社 1960 年版，第 379～380 页。

需要，成为社会的组成部分。只看到国家的积极作用，看不见社会对国家立法的修正、完善、弥补就不能把握法的生成过程中社会的巨大力量。

当然，虽然法是生成的，这并不等于国家立法对传统的东西无能为力，而是说，法律的实施过程中社会原有的秩序必然会通过各种形式检验、抵制制定法所包含的新秩序成分。因此，深入研究法的实施对于正确认识法律现象，对于进一步推动社会主义法制建设，都是非常必要的。

■ 第二节 法的实效

一、法的实效的概念

法的实效一般是指具有法律效力的制定法在实际社会生活中被执行、适用、遵守的状况，即法的实际有效性。

法的实效与法律效力是两个相互联系又有所不同的概念。法律效力是指法律的约束力，法的实效则指具有法律效力的制定法的实际实施结果。[1]法律效力主要依赖法的形式有效性，即哪一个国家机构按照何种程序制定的法才具有法律上的约束力。如在我国，除了由宪法和法律授予相应规范性法律文件创制权的国家机关外，其他国家机关制定的规范性文件则一般不具有法律约束力或法律效力。法律效力的概念为判断何种规范性文件属于法、具有法律约束力提供了标准。而法的实效则表示具有法律效力的规范性法律文件的实际实施状况，即是否被很好地实施。在法律效力一致的情况下，却不一定具有同样的实效。如我国改革开放以来制定了大量的法律、法规，同一层次的规范性法律文件的法律效力都是相同的，但其实施结果却并不相同，而且同一部法律在不同的地区，甚至同一法院都会受到不同的对待。[2]所以，法的效力是讨论"应然"状态的静止的法律是否符合一定的法律的标准和规范；法的实效是分析"实然"状态的运动中的法律所产生的实际结果。两者是对生成过程中的法的不同阶段进行分析的概念工具。

法的实效与法的效果也是有区别的。法的实效侧重于法的实际结果；法

---

[1] 法律效力是用于判断一个社会中是否存在法律的概念。由于对什么是法律这一问题的认识不同，在西方，这一概念尚有争议。参见〔美〕戈尔丁：《法律哲学》，齐海滨译，生活·读书·新知三联书店1987年版，第37~41页。

[2] 如购买了"水货"手机，能否按《中华人民共和国消费者权益保护法》第49条规定要求赔偿损失，北京和天津两地法院分别作出了相反的判决（参见《南方周末》1998年9月18日，第12版）。而同一人（王海）两次购买无进口许可证的无绳电话，按《消费者权益保护法》索赔，同一法院作出相反的判决（参见《北京青年报》1998年9月25日）。

的效果侧重评价法对社会的实际影响。法在社会生活中实际得到实施都会产生实效，都会对社会生活产生或大或小、或积极或消极的影响。然而，即使法的实施的实际结果与立法者的立法意图完全一致也不一定会产生积极的社会后果。更何况完全与立法意图相一致的法的实际结果是否存在还是一个有争议的问题。[1]因此，区分法的实效与法的效果是有助于探讨法对社会的积极作用的。而对法的效果的判断历来就存在不同的标准。如坚持伦理标准者强调法的实施应有助于建立善良公正的秩序；坚持功利标准者则强调法的实施应有助于大多数人的利益；坚持生产力标准者更强调法的实施要有助于生产力的进步等。标准不同，对法的实施的结果的评价是不同的。所以，法的实效与法的效果也是既有联系，又有区别的概念。

与法的实施紧密联系的还有一个概念：法律效益。法律效益是近年来才引入我国法学界的一个概念。效益在经济学中指的是投入与产出的关系，即以最少的投入获得最大的产出。在法学中，一般是在两种意义上使用这一概念：

1. 将法律效益与法的效果相等同，认为法律效益就是指法的实施是否给人们或社会带来某种有效的利益和好处，是否满足了人们或社会的某种需要和利益。根据这种思路，法律效益主要取决于法是否能够促进人类社会的进步和生产力的发展。所以，这种意义上的法律效益主要是指法的社会效益。[2]

2. 从实证分析的角度把握法律效益。这种思路表现为两种研究倾向：一种是从较为宏观的角度出发，运用经济分析方法（包括经济学的概念、原理）探讨法的基本理论问题。如美国法学家波斯纳的《法理学问题》就是代表作之一。[3]另一种是从具体的个别的法律和法律问题入手，分析该法律所设定或该问题所涉及的制度在实施中的具体成本投入与实际收益产出的关系。比较而言，从实证角度对法律效益的分析试图使法律研究建立在相对客观的基础上，分析过程具有更多的"科学"性。但总体上看，它仍然属于法的效果研究中的概念，是从可计算的、经济的、分析的角度对法律效果的判断及在

---

〔1〕 现代解释学已提出，阅读不是纯粹的客观性行为，阅读的对象（文本）的含义与读者主观性活动联系在一起，读者的主观性又受制于个人经验。类似理论的介绍，参见梁慧星：《民法解释学》，中国政法大学出版社1995年版，第79页以下。

〔2〕 卢云主编：《法学基础理论》，中国政法大学出版社1994年版，第217～222页。

〔3〕 法与经济学研究始于1960年代初，有耶鲁学派与芝加哥学派两大分支，波斯纳属于后者的领袖人物。他的效率绝对主义立场使他成为法学界一个颇有争议的人物。〔美〕波斯纳：《法理学问题》，苏力译，中国政法大学出版社1994年版。

此基础上建立的法律理论。可见，法的实效是一个非常重要的概念。借助这个概念能够把法的实施中的一系列概念和环节联系在一起并展开深入具体的分析。

二、法的实施的产生条件

法律实施的实际结果，即法的实效，是受多方面因素制约的。法律能否有效实施及实施的力度如何是法律能否产生积极作用的重要前提。因此，分析法的实效的相关条件，解决其中存在的问题是法的实施理论中的一个需要认真探讨的课题。概括地说，法的实效的产生条件可以分为如下几种：

（一）法的内容的有效性

法的有效性是法律产生实效的前提。这种有效性可以分为实质有效性和形式有效性两类。法的形式有效性决定了法律的效力及效力范围；法的实质有效性则与法的实效有关。形式上同样有效的法律在实施过程中其实现程度是不同的。原因之一就在于这些法律的内容与社会发展的实际需要及一定时期社会价值观念相一致的程度不同。法的内容体现社会需求及社会价值观的程度一定意义上决定了法的实质有效性程度。一般地说，法的内容越合理，法就越具有实效。相反，如果一部法律在内容上严重背离社会需求，与人们的普遍价值取向相对立，那么，不仅公众不会自觉遵守它，而且有关国家机关和执法人员也会不同程度地抵制它。[1]在此情况下，法的实效会大打折扣。当然，一部法律严重滞后或过于超前都同样会被束之高阁，或不被认真执行、遵守。无论在历史上还是在现实中，无论中国还是外国，法的内容的有效性都制约着法的实效。

（二）法律制度的整体有效性

一般来说，在一个国家，法律应该是统一的、协调的，围绕法的实施的各项制度是相互配套的。法的实施一定程度上取决于这些制度是否健全、合理、统一、高效。实际上，任何一部法律的实效都是不可能由其自身完全决定的，该法所处的整体法律环境如果不好，无论其内容多么合理，也是无法真正发挥作用的。在我国，经过改革开放以来二十多年的努力，已经基本上解决了无法可依的问题，但法制建设的状况仍有许多不适应社会发展需要之处。原因之一就在于法律实施的具体制度还不够健全。比如，司法

---

〔1〕　理论上有种观点，人们有权拒绝执行不人道的法律（如"二战"后的纽伦堡审判），也有权反抗暴君的法律（卢梭）。然而，实践中，人们也不能因为法律与自己的观点不一致就宣布法律不是法律而拒绝执行（分析法学）。但法律与自己的价值观念一致与否肯定会影响到一个人对法律的态度和执行法律的热情。这就涉及法律的接受和法律信仰在法治中的地位及作用的问题。

人员录用制度、考核制度、保障机制等有待于完善，法律职业专业化水平不够高，这些都影响到法的有效实施，制约司法公正和司法独立，进而影响法律的权威。凡此种种表明，法律制度的整体有效性是法的实效产生的基本保证。

（三）法的实效还依赖其他社会（广义）因素

法律现象是社会现象之一，法是社会的组成部分，不可能脱离社会而存在。因此，法的实效必然受到其他社会因素的制约：①法的实效依赖于国家的基本制度，如国家的性质、政权的组成方式、所有制形式、国家的结构等。②法的实效依赖于国家的管理体制和运行机制。如在计划经济体制中的法制需求与市场经济体制中就有所不同。没有改革开放的社会大背景，我国法制建设就不可能取得今天的成就。[1]再如，近年来党的领导方式和领导体制的改革也直接推动着我国的法制建设。另一方面，目前严重制约法的实施的地方保护主义、党政不分、政企不分，实际上也是一个国家的管理体制的问题。实践证明，体制问题不解决，法制建设不可能深入进行；体制问题解决一些，法制建设就向前推进一步。③法的实效依赖于人的思想观念。法律只有被接受才能被遵守。法律信仰是法治的重要基础。西方之所以会形成比较发达的法治与他们长期形成的法律信仰传统是分不开的。在我国，法制建设同样要依赖全体公民对法律的尊重和信任，这是我国法产生实效的不可缺少的条件。④法的实效依赖国家的权威性。法律的权威就是国家的权威，如果法律没有尊严，实际上就是国家宏观控制能力下降的反映。通常说，法律是由国家强制力保证实施的，而国家强制力来源于强大的国家机器。在我国，如果没有中央统一的权威，法律不具有整合力，各中央国家机关、地方国家机关、司法机关内部各行其是，各唱各的调，那么，法的实效就可想而知了。

从上述三个方面看，我国法的实施总体上已经初步具备了发展的条件，法制建设取得了很大的进展。但也存在一定的制约法的实效产生的消极因素，如传统法律文化和法律意识的消极影响，具体法律制度不够健全（尤其是司法、执法工作有待加强），法律运行的外部环境有待于进一步改善，立法不到位等，这些都是需要重视的，应该在法制建设中逐步加以解决。

---

〔1〕 改革开放前，我国法制建设的步伐比较慢，特别是"文化大革命"中，社会主义民主和法制被破坏。党的十一届三中全会以后的近四十年，我国已经基本上形成了社会主义法律体系，建立了专门的法律适用机关，确立了法律面前人人平等、罪刑法定、依法行政等原则。对比是非常明显的。

■　**第三节　法的实现**

一、法的实现的概念

法的实现是指法的要求在社会生活中被转化为现实。

法的实现不同于法的实施和法的实效。法的实施侧重于强调法的要求向现实转化的过程；法的实效则侧重于强调这种转化的实际结果。法的实现则是这两者的统一，用于分析法的实施的具体过程及实际结果与法的内在要求之间的关系。例如，人民法院审理案件并宣布判决意见是实施法律的行为；判决书中的判决意见和结果是法的实效问题，即有关法律是否得到执行及有关人员的具体法律责任；而判决结果转化为当事人的行为，法的要求被落实，才是法的实现。所以，法的实现是将法的实施的过程性与法的实效的结果性结合的一个概念。

法的实现的意义在于：①法律只有实现才能起到建立和维护社会秩序的作用。法律通过确定权利和义务的方式规定人们的行为模式，建立相应的行为预期，目的就在于把人们的行为纳入统一的秩序之中。因此，法的意义既在于它的象征性，更在于它的实践性。不能实现的法律等于一纸空文，几乎没有意义。而相应地，不包含具体实施措施和细节，不具有可诉性的法律，也不是真正的法律。[1]②法的实现也是法所体现的国家意志的实现。自觉地运用公共权力引导、推动社会发展是人类自我调节水平提高的重要标志。正因为如此，人才可以充分发挥主观能动性，促使社会进步。"我们的时代期待于法制的不仅是要它建立秩序，而且是想通过新的法律手段多少从根本上改造社会。"[2]法的实现是人与自然、社会的关系由自发转向自觉的重要标志和手段。

法是通过合法行为实现的。具体地说，法的实现大体经过下列过程：

1. 法律规范的确定阶段。法在成文化之后，国家意志借助于高度概括和抽象的规范形式得以表达。这时，法律规范的对象是一般的人和事，具

---

〔1〕　在民法法系国家，由于法律与正义、道德联系密切，因此，法学的主要任务是确定法律内容的正确性、正义性、道德性，相对而言，对法的实施则关注较少。比较法学家达维德说过："大陆的法律规范同劝导人的神学的联系多于同一种或几种诉讼程序的联系，它们是从学说上提出或者是由立法者宣布，能在同具体争端无关的大多数场合指导公民们行为的规范。"（〔法〕勒内·达维德：《当代主要法律体系》，漆竹生译，上海译文出版社 1984 年版，第 338 页。）但这样容易出现法的制定与法的实施的脱节，尤其是与司法的脱节。

〔2〕　〔法〕勒内·达维德：《当代主要法律体系》，漆竹生译，上海译文出版社 1984 年版，第 12 页。

有抽象性。法建立的是一种普遍的预期，表达的是国家对一定行为的一般要求。

2. 法律事实的出现阶段。法律事实是能够引起法律关系产生、变更和消灭的行为或事件，是法律的一般规定转化为人的具体行为的又一前提因素。当法律所规定的具体情况出现在具体的人或组织的行为中时，该规定才可能得到具体运用，进入实施阶段。

3. 法律关系的形成阶段。在这一阶段，由于法律事实的出现，法律规范关于权利义务的一般规定转化为具体的或比较具体的当事人之间的行为要求，成为当事人之间的具体权利义务关系，权利主体的权利义务明确化、特定化。

4. 法定权利义务的实现阶段。该阶段，法律关系主体通过积极行使权利和履行义务的行为，将法律的一般规定变为自身的具体行动，从而使法律得以实现。

法的实现还有一个特殊的阶段，即法的适用。法的适用不是法的实现的必经阶段。它可能出现在法律事实阶段，也可能出现在法律关系与权利义务实现阶段之间。[1]

在法的实现的过程中，国家虽然没有直接介入各个环节和全过程，但是，它始终作为一种积极的力量对法的实现起着保障作用。在国家没有直接参与其中的法的实现的各个环节，它是一种潜在的强有力的后盾和威慑。因此，法律实现的整个过程，一方面是社会关系主体或公共参与的过程，另一方面也是国家意志的贯彻过程。

二、法的实现的基本形式

法的实现的形式就是法的要求转化为社会生活的现实的具体方式。由于法律调整的复杂多样，法的实现形式也多种多样。概括地说，法的实现的基本形式主要有以下三种：

（一）按照法的实现过程中国家干预的程度和方式的不同，法的实现可以分为法的遵守、法的执行、法的适用

法的遵守，简称守法，是指国家机关及其工作人员、政党、武装力量、社会团体、企事业单位和全体公民，自觉遵守法律的规定，将法律的要求转化为自己的行为，从而使法律得以实现的活动。守法是法的实现的一种最基本的形式。它包括社会关系主体积极行使权利和认真履行义务两个方面。不能把守法简单地理解为社会关系主体对法的消极的被动的遵守。在现代社会，守法精神的核心是对法治的理解、支持与参与。运用法律手段维护自己的权

---

〔1〕 孙国华主编：《法理学》，法律出版社 1995 年版，第 322 页。

利，根据法律要求履行自己的义务，既是各社会关系主体的"私"事，又是其社会责任的体现。

法的执行，简称执法，是指国家行政机关根据宪法和法律的规定，通过制定、实施行政法规、行政规章等规范性文件，以及将法律的一般规定适用于行政相对人或事件，贯彻执行宪法和法律的活动。随着社会经济的发展，国家行政机关在法的实现过程中作用越来越大，大量的法律需要国家行政机关积极的执法行为加以落实，如工商管理、税款征收、交通管理、社会治安、出入境管理等。在我国，目前即使进行政府机构改革，转变后的政府职能也十分广泛，而且将集中于执法工作。

法的适用，简称司法，是指国家司法机关依照法定职权和程序适用法律及其他规范性法律文件处理案件的活动。司法是法的实现的一种基本形式，也是一种特殊形式。其特殊性就在于，守法和执法是有关主体主动实现法律和其他规范性法律文件的活动，而司法则是被动的、中立的，是在守法和执法的正常状态遭到破坏或无法继续时产生的法的实现形式。所以，它也是法的实现的一种最终的制度性保证，是国家强制力终局性的直接介入。[1]

法的执行与法的适用都是国家机关实施法律的行为和活动，因此，广义的法的执行包括司法，广义的法的适用也包括执法。本书中，为便于对两者进行比较，将两部分内容以法的适用为名放在一章中介绍。

（二）按照法律规范所规定的行为模式的不同，法的实现可以分为权利的行使和义务的履行

权利的行使。授权性法律规范是直接授予权利的法律规范。[2]而法律权利则是法律关系主体依法享受的利益。法律关系主体根据法律规范的规定，行使自己的权利，依法均受保护。该法律规范在权利主体行使自己权利的行为中得到实现。除了国家机关因其特殊性而不能不行使自己的职权外，放弃行使权利也是权利人的权利。

义务的履行。义务是法律关系主体依法必须承担的责任。义务性规范是

---

〔1〕 司法是正式制度化的法律实施的最后环节。在我国，由于中国共产党和全国人大与司法部门是领导与被领导的关系，所以，前两者也能通过法律监督机制促使司法决定的改变。但这种状况不属于正式的制度性的安排，而属于监督系统。因而，司法在我国法律制度中仍然处于法律实现的最终保障地位。
〔2〕 授权性规范是直接授予权利的法律规范，但这并不意味着义务性规范就不包含权利。任何义务性规范都隐含权利人的权利。所以，实际上，权利人也可以、甚至更多的情况是根据义务性规范主张自己的权利。所不同的是，授权性规范是直接依靠权利的行使来实现的法律规范。

直接规定法律义务的法律规范。[1]义务有积极作为的义务与消极不作为的义务之分，所以，义务性规范的实现也有两种情况：一种是法律关系主体通过积极履行作为的法律义务，促使法的实现；一种是法律关系主体通过消极的不作为，实现法的要求。

（三）以法的实现是否通过具体的法律关系为标准，法的实现可以分为通过具体法律关系的法的实现和不通过具体法律关系的法的实现

通过具体法律关系的法的实现是指只有在一定的主体之间建立具体的法律关系，即权利义务关系，法律规范的规定才能实现。这种法的实现的形式是以权利义务及其主体的特定化为前提的，即权利人的权利和义务人的义务都是特定的。通过具体法律关系的法的实现只有在具体法律关系建立之后才有意义。

不通过具体法律关系的法的实现是指法律规范不需要在有关主体之间形成具体、明确的法律关系即可实现。这种情况主要出现在法律明确规定相应的确定的权利义务时，由于法律的规定，法的要求可以直接转化为公民或社会组织一方的行为。只要完成法律对自己的要求，法就能够实现。如宪法赋予公民的权利、民法关于所有权的规定。

思考题

1. 法为什么是生成的？在法的生成过程中，国家与社会是什么关系？
2. 法的实施在法治建设中具有什么样的地位和作用？
3. 法的实施的基本方式有哪些？

推荐阅读书目

1. 孙国华主编：《法学基础理论》，法律出版社 1982 年版。
2. 〔英〕罗杰·科特威尔：《法律社会学导论》，潘大松等译，华夏出版社 1989 年版。
3. 〔法〕勒内·达维德：《当代主要法律体系》，漆竹生译，上海译文出版社 1984 年版。

---

[1] 义务性规范也隐含着权利人的权利。但义务性规范是直接设定义务的法律规范，所以，这类法律规范，只要义务人履行了义务就可以实现，而无须权利人主张权利。

第二十章

法 的 适 用

学习目的与要求　本章是全书的学习重点之一，在学习之中，要求学生对法的适用的概念、特征有准确的掌握，对法的适用的形式、法的适用的基本要求和原则有良好的把握。能够从理论和实践的两个方面对相关的理论进行理解，并能准确而全面地阐述。

■　第一节　法的适用的概念与特征

一、法的适用的概念

法的适用是指国家专门机关、国家授权的特定单位依照法定的职权与程序，将法律适用于具体的人或组织的活动。

法的适用首先是由特定的国家机关进行的。这些特定机关包括审判机关、检察机关、公安机关、安全机关以及其他行政执法机关，如工商、税务等国家机关。国家授权的特定单位是很广泛的。但是它们往往都只是具有国家对某一方面的特别授权，例如，国家通过行政法规授权一定单位有权对其工作人员适用行政处分。法律适用是由具有法律授权的国家机关的工作人员，代表国家专门机关和国家授权单位进行的。他们既不是一般的社会成员，也不是特定机关的非法律授权人员（如政工官员、后勤官员与勤杂人员），他们本身及其法律适用行为首先必须有法律的根据。

法的适用的对象是具体的人或组织。一般地说，这里的人是指自然人，一国法律效力所及范围内的一切自然人，这里的组织既包括法人组织，也包括非法人组织在内。

二、法的适用的基本属性

法的适用具有合法性、国家强制性、法律特定性、法定程序性等几个基本属性。[1]

（一）合法性

法的适用必须是合法的行为。其合法的内容包括：主体的合法、实体的合法、程序的合法、形式的合法。主体合法是指法的适用主体必须是拥有法定适用权力的国家机关或者国家授权的单位。实体合法是指法的适用必须符合实体法律、法规的规定，而不能违背实体法。程序合法是指法律适用的机关或单位，在法的适用过程中必须合乎程序法的规定，严格遵守和执行程序法。形式合法是法的适用的基本要求。任何法的适用都是极其严肃的事情，除法律有特别的规定外都应具有法定的书面形式，否则其效力就会因此而受到影响。法的适用如果不具有合法性就必然导致冤假错案的发生，就会影响法的适用的正确性。

（二）国家强制性

法的适用具有一定的国家强制性。任何法的适用的行为都是以国家代表的身份代表国家所做出的。法的适用的强制性因不同类别的适用而有所差异。有的强制性较强，甚至直接伴随着不可变更的强制。如人民法院的司法判决，它对法的适用就具有最终的强制意义。其一经作出，非经法定程序变更，其由国家强制力保证执行的效力不容怀疑。有的强制性较弱，或者需要符合法定的条件才具有国家强制性。如公安机关做出的治安处罚决定，当事人如果不在法定期限内提请复议或者诉讼，决定即产生国家强制力。法的适用的强制性是法的适用有效性的保证。法的遵守可以获得法律的保护，获得国家强制力的保护，但是其只可以通过必要的法律程序获得国家强制力，其本身并不直接具有由国家强制力执行的性质。

（三）法律特定性

法的适用具有法律意义上的特定性质：①适用主体是特定的，法的适用权只能由法律授权的机关或单位行使。享有此种法的适用权的机关或单位不得享有其他的未获得法律授权的法的适用权。被适用的组织或个人也是特定的。②适用行为是特定的。法的适用活动不是法的适用机关或单位的抽象法律行为，而是法的适用机关或单位的具体法律行为。它所针对的是被适用法律的具体的组织或者个人。③适用文书是特定的。适用机关或单位对于被适

---

[1] 对于法的适用的这几个基本属性中的某些属性，也有学者称之为法的适用的特征或者特点。我们认为，它们还不是严格意义上的特征或特点，只能说是属性而已，而且以属性称之也许更为恰当。法的适用的这几个属性的概括论述，是本书在借鉴同类教材后的一种尝试，是否科学有待进一步研究。

用的组织或者个人的适用文书也是特定的，它仅对被适用者有效，而不能对其他组织或者个人产生法律上的效力。法的适用的文书也是特定的。该用裁决的不能用判决，该用决定的不能用裁定。反之亦然。④适用后果是特定性的。在法律规定上某种法律责任可能是一个幅度或范围，但在法的适用中，法律责任必须是特定化的。只有这样的法律责任才具有实际的可执行的性质。

（四）法定程序性

法的适用的程序一般都是由法律规定的，因此，严格遵从法定程序也是合法性的要求，属于合法性的范畴。但由于程序性对于法的适用具有特别重要的意义，在合法性中仅是作为若干内容之一被提及而未能予以应有的重视，因此有作为一个重要特征加以特别强调的必要。法的适用都是具有严格的程序要求的。在民事诉讼中，有起诉、受理、审判、执行和再审等程序，在审判中又有开庭、法庭调查、法庭辩论、合议庭评议、宣判等程序。在刑事诉讼中有侦查、批捕、起诉、审判、执行等程序，审判中还有民事审判的类似程序。行政诉讼也同样具有严格的法律程序。在行政处罚中，行政机关应进行调查或检查、审查、决定（包括制作决定书）、送达、要求听证、听证等程序，而听证程序中，又包括举证、申辩、质证、决定等程序。总之，法的适用必须是严格依照法定程序进行的。

■ 第二节　法的适用的形式

一、执法

执法在广义上是执行法律的简称；在狭义上仅指与司法机关的司法相对应的行政机关（以及国家授权的特定单位）的执行法律的活动。鉴于本书将对司法作专门的论述，这里仅论述狭义上的执法。

执法的主体首先是国家行政机关。国家行政机关是国家最主要、最庞大的管理机构，大量的法律都是由国家行政机关执行的。除国家特别授权者外，执法都是由国家行政机关及其工作人员代表国家来进行的。但是并非国家行政机关的任何行为都是执法行为。只有其将有关行政法规运用于具体的人或事的时候才可以被称之为执法。

执法的主体还包括国家授权的特定单位。这种单位包括两种情形：①受国家授权专门从事某种行政执法活动的单位，如卫生防疫机构等，它们并不属于国家行政机关，但它们受国家的委托分别从事相关行政法规的执行工作。②受国家授权的一般国有企业、事业单位，它们对有关人员执行相应的行政法规、实施必要的行政处分等，也属于行政执法的范畴。

执法具有主动性。执法的主动性是相对于司法的被动性而言的。司法一般都以"不告不理"为原则，而执法则不能以此为原则。执法的主动性是执法机关的职责决定的。执法机关必须主动地依照法定的职权执行法律，否则不仅会使有关的法律、法规不能实现，而且是一种严重的失职，应当对国家依法承担失职的法律责任。执法的主动性也是执法机关的工作性质决定的。执法机关是国家行政管理机关，它们担负着国家和社会的日常管理工作，这种管理必须具有主动的性质，只有主动管理才可能保证社会的秩序与发展。

执法具有单向性。执法过程中，执法机关与行政相对人之间建立起行政法律关系。执法行政法律关系中的主体并不是平等的法律关系主体，他们之间具有管理与被管理的关系。不论相对人是否愿意，或者是否有某种意思表示，都不影响执法的成立。也就是说，执法机关可以在不应相对人请求、不征求相对人同意的情况下，单方自主采取执法行为。相对人有权依法对执法请求复议、提起诉讼、进行申诉，等等，但这并不影响执法行为系由行政机关单方做出的性质。

执法具有行政强制性。执法也是具有强制力的，这种强制力不同于司法的强制力，它是一种行政强制力。行政强制力与司法强制力相比较，不一定具有终极性质的强制效力。一般说来，行政强制力都是在相对人在法律规定的期限内未请求司法裁决的情形下产生的。行政强制力一旦依法产生，也同样具有法律的效力，只要未经过必要的法定程序变更，均必须执行。执法的行政强制性是执法得以有效进行的保证，是执法的权威性的重要根据与重要体现。

执法具有较大的自由裁量性质。由于行政管理范围的广泛和行政管理权限的庞大，都使执法不能不具有较大的、由执法官员所自由决定的裁量幅度。执法者可以在法律、法规规定的范围内，根据相对人的行为或与之相关的特定事实的情形，自主地决定执法手段与方式。执法虽然具有较大的自由裁量性，但并不是说，执法者可以不顾法律的规定而为所欲为、任意执法。执法的自由裁量性质对执法人员的素质提出了更高的要求。

执法是行政机关的法律行为，在执法活动中必须坚持依法行政的法治原则。法治原则的一个极其重要的内容就是权力，尤其是行政权力必须受法律的约束，行政活动，包括执法都必须依法进行。依法行政是行政的原则，是法治原则的体现和要求。执法理所当然应将依法行政作为自己奉行法治原则的重要方面。

执法必须强调效率。效率原则是行政的重要原则。行政工作是一个国家最多的管理工作，效率是行政工作得以及时推进的保证。大量的行政工作根本就不允许我们的执法工作没有效率。行政工作涉及公民的合法权益、社会公共利益、国家利益等各个方面，而且执法一般都不具有终局裁决的效力。在其后还有必要的行政救济与司法救济作为保障。如果执法不能及时、迅速，执法所处理的事项将耗费更多的时间才可能得出最终的结论，这样就不利于国家的及时行政，也不利于社会的快速发展。

二、司法

司法是指国家司法机关适用法律的专门活动。在我国，司法是指人民法院为主的司法机关执行法律的活动。

司法的主体是国家司法机关。国家司法机关首先是指人民法院。至于人民检察院，在我国目前的机关性质划分上一般都是将其划入司法机关范围内的。随着我国司法体制改革的深入发展，司法机关的范围可能会有所变化。

司法是一种专门活动，其主体必须是特定的——由法律特别规定的。每一个主体的职权、职责、工作程序都必须由法律明确规定，并在司法活动中严格遵守这些法律规定。司法是国家专有的权力，任何司法机关都无非是在代表国家行使相应的司法权力而已。国家司法权的来源当然是人民的赋予。正如宪法所规定的，中华人民共和国的一切权力属于人民。人民、国家对于司法机关司法的要求是通过法律来记载、确立，并由法律来监督实施的。非司法机关不得行使司法机关的权力，司法机关不得滥用司法权力。

司法与执法相比较，有其独有的特征。这些特征包括以下几点：

1. 司法具有被动的性质。司法的被动性主要体现为：司法总是在相应的纠纷或者违法情形产生之后而采取措施。虽然对类似情况的再出现具有警诫的意义，但是它相对于已经发生的事件或者行为却是无可奈何的事实。司法往往是"不告不理"，民事诉讼、行政诉讼，如果没有原告就不成其为民事诉讼或者行政诉讼。至于刑事诉讼，也是以控诉机构或者刑事诉讼原告对刑事诉讼的提起作为前提的。这两个方面的被动性都与执法的主动性形成鲜明的对照。

2. 司法以案件的存在为条件。没有案件也就无所谓司法。司法机关总是为处理案件而工作的。这些案件中，可能有纠纷，也可能有违法甚至犯罪。民事诉讼、行政诉讼、刑事诉讼等各个方面的司法活动概莫能外。这是司法与执法的重大区别，也是司法的重要特征。执法不一定以有案件存在或者发生为前提，但司法一定得以案件的事先存在作为客观条件，否则就无法进入司法程序，就不存在司法。

3. 司法由司法机关进行。国家的司法权只能由专门的司法机关行使，才能确保其神圣性质。司法权不能被其他任何机构侵犯，任何组织或者个人侵犯了国家的司法权都必须承担应有的法律责任。司法权也不能滥用，任何滥用司法权的行为都是对司法权本身的破坏。司法机关应当严格按照法律的规定正确履行司法职责，保证有法必依、执法必严、违法必究。

4. 司法得严格按照法定的诉讼程序进行。司法活动的开展是由诉讼法律、法规严格规定了法律程序的，它必须按照严格的法律程序进行。严格的诉讼程序，是司法工作正常开展的重要保证。程序与实体具有同等重要的意义。那种只重实体而忽视程序的做法是根本错误的，必须予以纠正。没有程序的公正就不可能有实体的公正。严格按照程序进行是司法的重要特征之一。执法虽然也有较为严格的程序，但是其并不如司法那么严格。

5. 司法具有终极的性质。行政裁决往往都不是终极的，常常都以必要的行政救济和司法救济作为其正确性与公正性的保证。行政裁决可能为司法裁决所撤销，但司法裁决绝不可能为行政裁决所撤销。而能否定司法裁决的只能是新的特定的司法裁决，也就是说只有司法才具有修正司法的效力。而其他许多裁决，包括行政裁决在内，都可能为司法裁决所撤销或者否定。

三、仲裁

仲裁是一种根据相关各方的共同约定，而将纠纷交由第三者依照法律和公正的原则裁断以确定各方权利义务的纠纷解决方式。这种解决方式在古罗马时代就已经产生。1887 年英国公布了人类历史上第一部仲裁法。历史发展到 20 世纪，仲裁已经为世界各国广泛采用，在解决国内民事、商事纠纷和国际商事纠纷方面发挥着愈来愈重要的作用。国际社会于 1958 年订立了《承认及执行外国仲裁裁决公约》，已经有 90 多个国家宣布加入，我国也于 1987 年加入了该公约。仲裁裁决在国际社会获得了比法院判决更多的普遍认可。

我国 20 世纪 50 年代就采用仲裁以解决涉外经济纠纷和海事纠纷。先后在中国国际贸易促进委员会分别成立了对外贸易仲裁委员会（1954 年）和海事仲裁委员会（1958 年）。1983 年，我国颁布了《中华人民共和国经济合同仲裁条例》（已失效），开始了具有行政仲裁性质的经济合同仲裁。1988 年中国国际贸易促进会对两个仲裁委员会的仲裁规则进行了修改并重新发布。并于 1994 年制定了《中华人民共和国仲裁法》，于 1995 年 9 月 1 日起施行。随之，全国的新型仲裁组织陆续建立，仲裁制度得到了空前发展。

仲裁也是法的适用的重要方式。它应当根据事实，符合法律规定，公平合理地解决纠纷。[1] 其主要的特征有自愿性、民间性、秘密性和及时性。

1. 仲裁都必须以当事人的仲裁约定为前提，具有自愿性质。进行仲裁的

---

[1] 参见《中华人民共和国仲裁法》第 7 条。

纠纷都是法律允许仲裁、[1]当事人在事前或者事后具有仲裁约定的。它表现了对当事人意志的充分尊重。凡是当事人采用仲裁方式解决纠纷，应当双方自愿，达成仲裁协议。没有仲裁协议的，仲裁委员会不予受理。此外，当事人可以选择仲裁机构、仲裁人员，自主确定提交仲裁的事由与事项。

2. 仲裁具有民间性。依照仲裁法的规定，我国的仲裁协会是社团法人，是仲裁委员会的自律性组织。各仲裁委员会相互独立，各仲裁委员会与行政机关独立，各仲裁委员会与全国性质的中国仲裁协会独立。仲裁员也不具有政府官员或者司法官员的身份。

3. 仲裁具有秘密性。除非各方当事人协议自愿公开审理，否则，仲裁庭的仲裁均不公开进行。[2]仲裁的秘密性与审判的公开性形成鲜明的对比。它对于保护当事人的商业秘密和尊重当事人的保密意愿都具有独特的意义，也是其相对优越性的体现。

4. 仲裁具有及时性。及时裁决纠纷是仲裁的重要原则。仲裁推行一裁终裁，可以减少当事人的诉讼负担，及时化解矛盾；使合法权益及时获得保护，违法行为及时受到制裁。[3]

■　第三节　法的适用的基本要求与原则

一、法的适用的基本要求

法的适用的基本要求包括正确、合法、及时。

正确，是法的适用的首要要求。所谓正确，要求：①对被作为法律适用前提的法律事实的认识正确。任何法的适用活动的首要环节都是要对有关的事实予以查明。要查明事实，证据的收集、查证、质证、认定、使用都必不可少。每一个环节都不能发生错误，否则就无法保证法律事实的正确。②适用法律正确。法律的内容十分广泛复杂，涉及社会生活的方方面面，不同的法律调整不同的社会领域，因此正确地寻找到恰当的法律规范来适用，是法的适用机关的重要工作，也是确保法的适用正确的重要方面。正确，是司法的生命。没有正确，就必然会出现冤假错案。没有正确作为首要的保证，司

---

[1]　《中华人民共和国仲裁法》第3条规定："下列纠纷不能仲裁：①婚姻、收养、监护、扶养、继承纠纷；②依法应当由行政机关处理的行政争议。"

[2]　依照仲裁法的规定，有关国家秘密的不得公开仲裁。

[3]　我国仲裁法虽然以及时为其基本原则，但在制度设计上有一些缺陷，如设置了对于仲裁裁决的法院撤销制度、法院不予执行制度，它们对于及时原则的贯彻都有一些不利的影响。在未来的仲裁法完善中应当获得改善。

法就必然会从人类的善行演变成社会的恶行。在对司法的一切要求中，正确的要求具有至关重要的意义。

合法，是法的适用"正确"的延伸，也是法的适用的本质要求和质的规定性。法的适用必须是合法的。这里的合法，是指：①法的适用的主体符合于法律的规定，法的适用的活动符合于法律的要求。②法的适用符合于实体法，法的适用也符合于程序法。在法的适用问题上，最经常出现的一个错误便是：忽视了法的适用的主体的合法性问题。尤其是面对行政执法中超越职权执法的认识上，有的人认为只要被处罚者是该被处罚的，至于是谁予以的处罚并不重要。这种认识是极其错误的。超越职权的处罚实际上是执法主体的错误，这种错误是不能被容许的。如果听任这种情况发生，公民和法人的权利就无法得到有效的法律保障，国家权力的法定分配就会遭到破坏，其他正当主体的执法活动也因此而受到干扰。在法的适用问题上，经常出现的另一个错误是忽视程序法。许多司法机关和司法官员认为，程序法不如实体法那么重要。这种认识也是极其错误的。程序法和实体法一样都是法律的构成部分，根本就不存在其效力孰高孰低的问题。实体法和程序法都是法的适用的基本内容。它们担负着不同的任务，没有实体法，法的适用就会因没有可供适用的对象而成为不可能；没有程序法，法的适用就会因没有程序而成为不可能。

及时，是指法的适用在确保正确、合法的前提下，应提高法的适用的效率，使既有的法律迅速地发挥应有的效用，更不可随意超越法定的时间期限。为了保证法的适用的效率，法律为法的适用活动规定了许多具体的时限。法的适用活动应当严格遵守法律关于法的适用的时限规定。在确保当事人合法权益的同时，加速法的适用的进程。及时的意义表现为：①迅速发挥法律效用的需要。因为法的适用不能及时进行，法的作用发挥的时间就会受到影响。②制裁违法犯罪、保护当事人合法权益的需要。因为法的适用的过程愈漫长，违法犯罪者愈难受到及时的制裁，受害者的权益也愈难得到及时的保障。③社会发展的需要。社会总是在不断发展，而且是在不断加速发展的。法的适用过程过长必将对社会发展的速度产生不利的影响。及时是法的适用的重要要求。

正确、合法、及时作为法的适用的基本要求，是一个整体，是法的适用中必须予以同时强调的。

二、法的适用的基本原则

（一）以事实为根据，以法律为准绳

1. 以事实为根据，是指法的适用机关及其官员在法的适用时必须以一定的法律事实作为适用法律的根据。"以事实为根据"中的"事实"尽管它也是客观的，一旦形成也不会再以人的意志为转移，但它并不是指一般的哲学意义上的客观事实，它是指具有法律意义的事实，是指作为案件真实情况的事实。这里的"事实"都是指能为证据证明的事实。法的适用过程中法的适用者总是力图恢复案件事实的真实面目。但这仅是法的适用机关及其官员的主观愿望，事实上，他们的任何努力都总是无限地接近客观事实，最大限度地恢复客观事实，但并不是客观事实本身。因此，以事实为根据中的"事实"并不是客观事实，而是法律上的事实。"以事实为根据"反对以其他非事实为根据。任何不以事实为根据的法的适用都是错误的，必然会影响法律的正确适用。事实之外的理论、学说等，都可能是我们认识相应法律事实的指导，但是它们都无法代替法律事实。

以事实为根据是实事求是在法律和法学中的具体运用，是经实践证明的真理和重要原则。在法的适用过程中坚持了以事实为根据，就为法律的正确适用奠定了坚实的基础，即使法律适用上出现了问题也相对易于纠正。如果事实本身就是错的，或根本就没有以事实为根据，必然会出现错误。事实错误的案件或法律事务在事后要纠正也特别困难，甚至成为不可能的事情，使法律永远无法正确适用。

2. 以法律为准绳，是指法的适用机关及其工作人员在适用法律时，只能以法律作为准则，以法律作为处理案件等法律事务的唯一尺度或标准。以法律为准绳，反对以政策作为准绳。政策只应当对立法产生一定程度的影响，在法的适用中也只能作为法的适用机关和工作人员理解立法原意的依据，而不能作为法的适用的准绳。以法律为准绳，反对以道德为准绳。道德在法的适用中的作用是不容低估的，但作为法的适用者却应当尽力避免道德因素的不当影响，或者将道德的影响降低到最低的限度，以保证法律在最大限度内被实现。以法律为准绳，反对以主观意愿作为处理案件等相关法律事务的准则。法的适用官员决不能用自己的意志代替法律的意志。

以法律为准绳就是要保证法律的极大权威，维护和实现法律的至高无上。以法律为准绳旨在维护法律至上，使其他任何社会规范都不能代替法律。这对于任何法治国家都是特别重要的。

"以事实为根据，以法律为准绳"是一个整体，是相互紧密联系的。"以事实为根据"是"以法律为准绳"的前提，没有它，无论如何以法律为准绳都不可能有法律的正确适用，必然造成冤假错案。"以法律为准绳"是"以事实为根据"的必然要求，没有它，事实再正确，没有法律的正确适用，也必然会导致冤假错案的发生。以事实为根据与以法律为准绳不仅是紧密联系的，而且是相互交融的。没有以法律为准绳，根本上就无法保证能做到以事实为根据。因为"事实"的获得与认识本身就需要依照法律的规定进行。没有以事实为根据，以法律为准绳就是一句空话。法律的适用就会因缺乏事实根据而成为错误。

（二）公民在法的适用上一律平等

"公民在法的适用上一律平等"是指法的适用机关和官员在法的适用过程中对于任何公民，不论其民族、种族、性别、职业、家庭出身、宗教信仰、教育程度、财产状况、居住期限等有何差别，都平等地对待。具体内容包括：①任何公民的合法权益都应当获得同等的法律保护，在法律保护上一律平等；②任何公民都必须同等地享受法律权利，承担法律义务，在法律地位上一律平等；③任何公民的违法犯罪行为都应当承担相应的法律责任，受到法律的相应制裁。

公民在法的适用上一律平等的原则是资产阶级革命中提出，被资本主义法律确认的法的适用的基本原则。它是反对封建特权制度与特权现实的锐利武器，在历史上发挥过重大的历史作用，在现实中的作用依然不容低估。它是社会发展和法律进步的表现，是人类进步与文明的重要表征。资产阶级提出并用法律确认了它，但是他们未能很好地实现它，这是由资产阶级的阶级局限性和资本主义的制度制约所造成的。社会主义法在适用上的一律平等也还存在许多问题，但是它应当也能够比资本主义做得更好。

公民在法的适用上一律平等，是反对特权与歧视的法律武器。历史上，特权是专制统治的毒瘤；现实中，特权是旧时代瘟疫的延续。然而它既然能在现实中存在，就说明有其存在的现实的客观基础。公民在法的适用上一律平等原则，有利于在法的适用上反对特权，在社会生活中塑造平等。歧视是特权的另一个极端，同样是对平等的反动。我们应当反对的不仅是特权，同样也应当反对歧视。反对特权包含着对"强者"的不满，反对歧视则包含着对"弱者"的同情。在法的适用上必须既反对特权也反对歧视，这才符合法的适用一律平等的本质要求。否则，法的适用的平等就是不彻底的平等、不完全的平等。

公民在法的适用上一律平等，并未否定在立法上的一定程度的法律平等。立法上也有法律平等的问题。尤其是在现代，人权被作为重要的文明参数为全社会确认的情况下，立法上的平等也应当得到相当的重视，并与法的适用上的平等相得益彰。

法的适用上的平等，并不仅限于公民，其实法人也有法的适用上一律平等的问题。任何法人，不论其所有制性质、组织结构形式、成立时间的早晚等，在法的适用上都应一律平等。他们应有同等的法律地位，享有同等的法律权利、承担同等的法律义务；应有同等的法律保护，每一个法人的合法权益受到侵犯时都应当获得法律上的保护；任何法人的违法犯罪行为都应承担相应的法律责任。

（三）依法行政与依法独立行使职权原则

法的适用包括执法和司法。执法必须坚持依法行政的原则，这一原则在法的适用上其实也就是依法执法；司法必须坚持依法独立行使职权。

依法行政原则是行政执法的基本原则。它是指行政机关在执行法律的活动中必须遵守法律的各项规定，依法做出各项行政执法行为。这一原则是行政执法中严格依法办事的保障。行政权力是一个国家范围最广泛的权力，它遍及社会生活的各个方面，它是否依法行使是一个国家能否实现法治的决定性环节。任何一个法治国家无不重视对于行政权力和行政执法的法律约束。严格规制行政权力，使其在法律法规所确定的轨道上运行。

司法上的独立行使职权原则，即司法机关独立行使职权原则。该原则是资产阶级革命胜利的产物，对于封建的专制、非法、专横无疑是一个革命性的批判，具有重要的意义。它的基本含义如下：

1. 国家的司法权只能由国家的司法机关行使，其他任何组织或者个人都不得行使司法权。否则就是对国家司法权的侵犯。

2. 司法机关在司法活动中依法独立行使司法权，不受行政机关、社会团体和个人的干涉。其所要求的是司法机关的司法活动是"独立"的，不受行政机关、社会团体和个人的干涉。

3. 司法机关的司法活动是依法进行的，而不是司法机关想干什么就干什么，非法司法或者任意司法都是司法的反动，都是违法的。

4. 司法机关依法独立行使职权原则对于保证司法公正和司法权威具有重大的意义。没有这一原则，司法机关的司法就可能因为多种因素影响而失去其司法的本质，甚至演变为非法与专横。

5. 党的十八届四中全会决定中对司法机关依法独立行使职权进行了系统阐释。特别提出社会主义法治必须坚持党的领导，而党的领导则必须依靠社会主义法治。不能把党的领导与依法治国对立起来，要求全党必须支持司法机关依法独立行使职权。

思考题

1. 简述法的适用的概念。

2. 简述法的适用的形式。

3. 法的适用的基本要求有哪些?

4. 法的适用的基本原则有哪些?

5. 法的适用的基本原则如何体现了法治的基本精神?

6. 如何将法的适用的基本原则付诸社会实践?

推荐阅读书目

1. 张文显主编:《法理学》,高等教育出版社、北京大学出版社 2007 年版。

2. 葛洪义主编:《法理学》,中国人民大学出版社 2003 年版。

3. 卓泽渊主编:《法理学》,法律出版社 2004 年版。

第二十一章

法律解释与法律推理

学习目的与要求　本章的目的是帮助学生了解和掌握两种最基本的法律方法，即法律解释与法律推理。要求学生熟练掌握法律解释与法律推理的一般原理，熟悉我国当代法律解释的基本体制、权限划分以及基本类型与方法，熟悉形式推理与实质推理这两种基本推理类型。能够把法律解释与法律推理的知识运用于分析解决具体法律问题。

■ 第一节　法律解释的概念

一、法律解释释义

法律解释是指对法律的内容和含义所做的说明。任何法律在实际运用中都面临解释的问题，就如任何文本都需要读者理解一样。法律的实践性要求对法律的解释活动需遵循一定的解释规则。为了准确理解法律解释的各种规则，特对本书中法律解释的对象、主体和性质做如下说明。

法律解释是对具有法律效力的规范性法律文件的说明。从法律解释的对象来看，不限于狭义的"法律"，而是包括宪法、法律、法规在内的所有规范性法律文件。同时，法律解释也不仅是对个别法律条文、概念和术语的说明，也可以指对整个规范性法律文件的系统阐述。[1]由于法律解释的对象不同，法律解释的规则也会有所区别。各国法律通常会对不同的解释进行不同的限定。本书中，为方便介绍，统称法律解释，即对制定法或全部或局部内容的

---

[1]　关于法律解释，一种观点认为应包括有关国家机关对整个法律文件的解释，如《最高人民法院关于贯彻执行〈中华人民共和国民法通则〉若干问题的意见（试行）》就属于司法解释，我国法理学教科书中一般持这种观点；一种观点认为，法律解释仅指司法活动中法官对个别涉及本案的法律条文、概念及相关法律事实的解释（参见郭华成：《法律解释比较研究》，中国人民大学出版社1993年版，第1~7页）。

说明。

本书中，法律解释的主体特指享有法定法律解释权的人或组织。本来，运用法律的前提是理解法律，每个阅读法律文本并准备使用法律的人都会对法律做出自己的理解，尤其是经常与法律发生联系的人，如法官、检察官、律师、法律教师、法律研究者。他们的职业需要他们经常说明和解释法律。但在本书中，法律解释是指对法律所做的具有法律效力、特别是具有普遍约束力的解释，因此，只能由特定的国家机构和人行使这项权力，进行这种解释。[1]

法律解释从性质上看是一种创造性的活动，是立法活动的继续。

1. 它是对法律所做的具有法律效力的解释，其中有的与被解释的法律文本一样，具有普遍约束力。正因为如此，必须由专门的组织或人员进行解释。所以，本书中所说的法律解释也就不同于所谓学理解释和任意解释。学理解释是法学研究者对法律所做的说明。历史上，学理解释曾经是法的重要渊源。现在，在有的国家，学理解释仍然具有法律效力。但就普遍情况而言，学理解释只具有说服力而没有约束力。在我国法律规定上，由专家、学者、新闻理论宣传者对法律所做的说明都不具有法律效力。但在实践中，他们的意见有较大的参考价值，尤其是在重大和疑难案件的审理过程中。任意解释是指公民、法人、当事人、律师等对法律进行的解释。这种解释同样不具有法律效力。但是，我国法律要求享有法律解释权的组织和人员应该倾听他们的意见。

2. 它是针对法律规定不清楚、不明确之处而做的说明，因此，具有填补法律空白和漏洞的作用。一般认为，法律解释是对立法意图的进一步说明，必须符合立法原意，不得改变原法律的规定或突破法律原则的界限。在实践中，情况比较复杂。由于法律解释必然要补充、丰富法律的规定，必然要对法律做出进一步的具体说明，所以，法律解释必定具有一定的创造性，[2]是对立法的进一步完善。

法律解释通常是在法的实施过程中进行的。从学理上说，它又与法律推理联系密切。特别是在司法活动中，法官的推理过程实际上就是法律解释的

第二十一章

---

[1] 法律解释权的归属问题，核心是解释的效力问题。具有普遍约束力的法律解释只能由专门的国家机关进行。宪法和法律对此都有明确规定，如全国人大常委会 1981 年公布的《关于加强法律解释工作的决议》中就对我国法律解释的权限进行了划分；而理论研究中的法律解释，有时是指法官运用法律时对法律所做的具有个案法律效力的解释。在后者看来，前者更类似立法，后者属于法律运用的技术问题。

[2] 德沃金提出，法官根本不用采取与法律冲突的方式就可以发展法律。参见〔美〕德沃金：《法律帝国》，李常青译，中国大百科全书出版社 1996 年版，第 14 页以下。

过程。因此，在美国、德国、日本，以及我国台湾地区等地，法律解释、法律方法（法学方法）、法律推理含义相近，都是法学教育的重要内容。近年来，法律推理在我国也逐渐受到重视。鉴于此，尽管法律推理是针对个案的法律适用活动，严格地说，与本章所说的法律解释不完全相同，本书仍将其与法律解释在同一章中进行介绍。

二、法律解释的必要性

法律解释在法的生成过程中占有重要地位。它是法律实施的前提，又是法的发展的重要方法，原因如下：

1. 法律是概括的、抽象的，只有经过解释才能成为具体行为的规范标准。概括性和抽象性是制定法的一个基本特点，即制定法总是针对一般的人或事的行为规则。而且同事同处、同罪同罚是法治的基本要求。法律不可能为个别行为而制定。这就需要将抽象的一般规定与具体的个别行为相结合。法律的实施就是将抽象规定转化为对具体行为的指导。无论是守法、执法或司法都是如此。只有对抽象的规定加以解释，该规定才能适用于具体的行为和案件，才具有可操作性。[1]同时，由于解释者的视角、认识能力、价值观念的不同，往往会对法律做出不同的解释，[2]因此，研究法律解释的规则和方法，甚至对法律解释的权限、范围、主体统一加以规定，是有助于法律的实施的。

2. 法律具有相对的稳定性，只有经过解释，才能适应不断变化的社会需求。稳定性同样是制定法的一个基本特点。法律一经制定就必须保持相对的稳定性，不能朝令夕改。秩序的形成是以行为预期的建立为前提的。如果法律总是处于修改状态就会彻底破坏这种预期，使人们无所适从。所以，法律不应该轻易修改。但是，法律又必须与社会发展保持一致，要适应社会需要。这个矛盾可以通过法律解释来解决。因为法律通常比较概括和抽象，有一定程度的解释空间。在法律与社会发展的矛盾不很尖锐的情况下，法治比较健全

---

[1] 人们曾设想制定的法律可以是具体、周详、无所不包的。1794 年颁布的长达 17 000 多条的《普鲁士法典》就是这一理想的实践，最终以失败而告终（郭华成：《法律解释比较研究》，中国人民大学出版社 1993 年版，第 25 页）。人们也曾设想制定的法律只需法官机械的执行而无须解释，因此，当拿破仑听说第一部注释并评说法典的著作问世后，惊呼：“我的法典完了。”（〔美〕约翰·亨利·梅利曼：《大陆法系——西欧拉丁美洲法律制度介绍》，顾培东、禄正平译，知识出版社 1984 年版，第 67 页。）法律的概括性、抽象性使法律解释不可避免地发展起来。

[2] 现代解释学指出并论证了解释的主观性，这一思潮极大地动摇了解释的客观基础。他们不仅不承认解释对象的客观性，而且否认解释主体主观性统一的可能性。如伽达默尔认为，理解是一种“视界融合”，即理解者的现在视界与对象内容所包含的诸过去视界的融合。其结果是理解者和理解对象都超越了各自原有的视界，从而达到了新的视界（〔德〕伽达默尔：《真理与方法——哲学解释学的基本特征》，王才勇译，辽宁人民出版社 1987 年版，第 2 版序言）。

的国家一般都是通过法律解释的方法解决这一问题，而尽量不修改法律。[1]

3. 人的能力是有限的，法律只有经过不断的解释，才能趋于完善。法律不可能完美无缺，总会存在这样或那样的不尽如人意之处。实践中，法律条文相互重叠、冲突、矛盾，文字模糊，表述不清，该规定而未规定的情况在所难免。[2]这种情况不可能完全通过修改法律的方式来解决。特别是语言本身的表现力就是有限的，语词具有多义性，而语言正是在不断的解释中被使用的。[3]试图一劳永逸地制定一部完美无缺的法律实际上是不可能的。无论是法律的制定者还是法律的解释者都只能在有限的范围内对法律做出与自己所处时代的需要尽可能一致的说明和解释。因此，法律解释不仅是必不可少的，而且是长期的，反复进行的。

上述三点，一方面是成文法的局限性的反映和要求，在所有以成文法为法的主要表现形式的国家，这个问题都是普遍存在的；另一方面，法律解释空间的存在也客观上孕育了法的发展的一个特殊机制，即在不断的解释过程中，法的内容得以充实、丰富和富有时代气息。正是从法律解释的相关实践问题出发，一些学者认为，法律文本是一个被解释或阐释的对象，其含义不是确定的。在这种观点基础上最终形成了一种新的法学理论——法律解释学或法律阐释学。

三、我国法律解释权限的划分

根据 1982 年《宪法》和 1981 年全国人大常委会《关于加强法律解释工作的决议》等法律性文件的规定，并从我国法律的实际运行过程看，我国的法律解释大体上可以分为立法解释、行政解释和司法解释。

（一）立法解释

从狭义上说，立法解释专指国家立法机关对法律所做的解释；从广义上说，则泛指所有依法有权制定法律、法规的国家机关或其授权机关对自己制定的法律、法规进行的解释。这里所说的法律解释是广义的。它包括：①全国人大常委会对宪法的解释，以及对需要进一步明确界限或做补充规定的法律的解释。②国务院及其主管部门对自己制定的需要进一步明确界限或做补

---

[1] 德沃金说："在英国和美国，最普遍的观点是，坚决主张在每次判决中法官应该始终遵循法律而不是设法改进法律。"但他们总是在各种不同类型的争论中寻找法律，发现法律。［美］德沃金：《法律帝国》，李常青译，中国大百科全书出版社 1996 年版，第 7 页。
[2] 沈宗灵主编：《法理学》，高等教育出版社 1994 年版，第 422 页。
[3] 语言哲学指出了语言的含义与语言的使用环境的关系，认为语义是由语境决定的，句子的真假、含义要在使用中判断（参见刘放桐等编著：《现代西方哲学》，人民出版社 1981 年版，第 489 页以下）。

充规定的行政法规的解释。③省、自治区、直辖市和其他有权制定地方性法规的地方人大常委会对自己制定的需要进一步明确界限或做补充规定的地方性法规的解释。

立法解释包括事前解释和事后解释。事前解释一般是指为预防法律、法规在实施时发生疑问而预先在法律、法规中对有关条款和概念术语加以解释。这种解释既可以出现在需要解释的法律、法规的正文和附则中，也可以另行制定规范性法律文件加以解释。事后解释是指法律、法规在实施中发生疑问时由制定法律、法规的机关进行的解释。[1]一般所说的法律解释是事后解释。

（二）行政解释

行政解释是指国家行政机关在依法行使职权时对有关法律、法规如何具体应用问题所做的解释。它有两种情况：①国务院及其主管部门对不属于审判和检察工作中的其他法律如何具体应用问题所做的解释。这种解释，实践中一般体现在它们所制定的有关法律的实施细则中。②省、自治区、直辖市人民政府主管部门对地方性法规如何具体应用的问题所做的解释。这种解释仅在所辖地区内发生效力。

另外，根据 2015 年修正后的《地方各级人民代表大会和地方各级人民政府组织法》第 7 条的规定，设区的市的人民代表大会及其常务委员会，也有权在不同宪法、法律、行政法规及本省、自治区的地方性法规相抵触的前提下，制定地方性法规。相应的人民政府主管部门是否具有对同级地方性法规如何具体应用问题的解释权，目前尚无明文规定。从我国行政解释权限的划分特点来看似应具有。

（三）司法解释

司法解释是指国家最高司法机关在适用法律、法规的过程中对如何具体应用法律、法规的问题所做的解释。它包括：①审判解释，即最高人民法院对属于审判工作中的如何具体应用法律的问题所做的解释。②检察解释，即最高人民检察院对属于检察工作中的如何具体应用法律的问题所做的解释。③审判、检察联合解释，是指最高人民法院和最高人民检察院对具体应用法律的共同性问题所做的联合解释。[2]在我国，为了工作上配合的便利，有时

---

〔1〕　沈宗灵主编：《法理学》，高等教育出版社 1994 年版，第 432 页；（台）袁坤祥编著：《法学绪论》，三民书局 1980 年版，第 69 页。

〔2〕　最高司法机关有权发布对法律进行解释的规范性意见，这是我国法律制度中的一个颇具特色但也有待于完善的地方。因为这种解释往往是内部指导性的，涉及如何贯彻法律的公开性原则（参见郭华成：《法律解释比较研究》，中国人民大学出版社 1993 年版，第 216～218 页）；由于这种解释的系统性、事前性，又同时具有立法的性质，这又涉及立法权与司法权的关系。

司法机关与行政机关会联合对法律应用中的共同性问题进行解释。这种解释兼具司法解释和行政解释，被视为是具有普遍约束力的法律文件。[1]

法官适用法律必须进行推理，而如前所述，法律推理的过程实际上也就是法律解释的过程。因此，对司法机关甚至法官适用法律、法规处理案件的过程中解释法律的活动，同样要予以重视。这种解释虽然不具有普遍的约束力，在我国法律文件中对其效力也无明确规定，但它在个案上的法律效力是无可置疑的，是个别性解释。研究个别性解释对分析法律、法规实施的具体过程及司法活动的特点具有重大意义。

我国法定的法律解释体制从总体上看是以全国人大常委会为主体的分工配合体制。属于宪法、法律本身的界限问题都由全国人大常委会解释。其他国家机关对法律的解释效力低于全国人大常委会的解释。从实践上看，由于全国人大常委会每两个月举行一次会议，而且议题较多，故解释法律的任务就多由最高行政机关和最高司法机关来承担。因此，如何加强和完善这种解释工作就是一个重要课题。

■　第二节　法律解释的原则

法律解释是随着法治的发展而发展的。在资本主义国家，由于法治的发展需要，法律的形式主义色彩愈发明显。最初，法律解释的随意性是受到严格控制的，要求法律解释必须符合制定法的规定以此来保证法律实施的公正。法律解释开始趋于规范化、法律化。但是，21 世纪以来，随着概念主义法学[2]弊端的不断显现，在法律实践中，法律解释的作用越来越大。法律解释由"从严"转向"从宽"。[3]在我国，由于法制建设的不断发展，法律解释的重要性逐渐表现出来，因此，认识法律解释活动的性质，进而认识法律与社会的内在联系及法律的性质，以对法律解释活动加以必要的引导和约束，使法律解释纳入到法治的轨道就成为我国法学界关注的重要问题。为了保证法律的统一实施和不断发展，我国的法律解释必须结合我国法制建设刚刚起步、制度不很健全、法律职业者的平均素质不够高的实际，坚决贯彻基本的法律

---

〔1〕　这种联合解释一方面有助于法律的实施，体现了国家机关的协作关系；另一方面也充分反映了我国法治建设中的体制性难题，即司法机关缺乏必要的权威和有效的强制手段。

〔2〕　概念主义法学又称概念法学，发源于 19 世纪德国潘德克顿学派，主张制定法至上，强调制定法的逻辑自足性和法律解释对形式逻辑的依赖。参见梁慧星：《民法解释学》，中国政法大学出版社 1995 年版，第 59 页以下。

〔3〕　郭华成：《法律解释比较研究》，中国人民大学出版社 1993 年版，第 24 页以下。

解释原则，具体如下：

一、合法性原则

法律解释应该合乎法律的规定和基本精神。它包括三个方面的基本要求：

1. 法律解释应该按照法定权限和程序进行，不得越权解释。法律解释是一项国家活动，从一定意义上说也是"立法"活动，因为有的解释具有普遍的法律效力。因此，对具有普遍约束力的法律解释来说必须依照宪法和法律有关法律解释的权限划分及解释程序的规定进行。宪法和法律对哪些国家机关具有何种性质的法律解释权都有相应的较为明确的规定；有的还在法律中专门规定了本法解释权的归属。法律明确时必须依法办事。在解释法律的活动中应该严格按照所确定的解释权限和程序进行解释，不得越权解释，不得滥用解释权，否则，解释无效。

2. 低位阶法律的解释不得抵触高位阶的法律。法律解释原则上必须符合被解释法律的基本精神，对低位阶法律的解释必须符合较高层次法律的规定，所有的法律解释最终都必须符合宪法规范、宪法原则、宪法精神。[1]

3. 对法律概念和规则的解释与法律原则必须保持一致。法由法律概念、法律规则、法律技术性规定和法律原则等内容组成。在对法律概念、法律规则和技术性规定进行解释时应该符合法律的原则。因为法律解释是对法律的补充性说明，必须符合被解释法律的基本精神，否则，其就不是法律解释而是立法活动。法律原则是法律基本精神的体现，遵守法律原则就是捍卫法律的精神。[2]

二、合理性原则

合理性在此是指合乎情理、公理、道理。

1. 坚持合理性原则，就要符合社会现实和社会公理。法律解释必须解决现实问题，根据现实需要提出、确定解决办法。人们在交往的过程中，既产生现实的问题，又会形成解决这些问题的各种方法。被人们普遍接受的符合社会大多数人的习惯和道德的方法，就是建立在社会公理基础上的解决方法。

---

[1]　20世纪初，奥地利法学家汉斯·凯尔森（Hans Kelsen）建立了"纯粹法学"。他把法律与思辨哲学、政治学和社会学区别开，提出每一实在法体都由国家创制的强制规则组成。这些规则的效力和正当性来源于更高的、根本的规则（〔英〕戴维·M. 沃克编：《牛津法律大辞典》，北京社会与科技发展研究所组织翻译，光明日报出版社1988年版，第504页），推动了实在法的体系化、等级化。

[2]　在我国，法律原则与法律规则之间，前者是后者的浓缩，后者是前者的具体化（参见本书第3章第2节）。这种观点与西方国家关于法律原则与规则关系的见解不太一样。在西方国家，这两者的关系没有太强的隶属性（〔英〕戴维·M. 沃克编：《牛津法律大辞典》，北京社会与科技发展研究所组织翻译，光明日报出版社1988年版，第533~534页、第717页）。

法律解释符合社会现实的需求和社会公理的要求，才会具有针对性和说服力。

2. 坚持合理性原则，就要坚持尊重公序良俗。公序良俗是人们在长期的共同生活与生产的过程中形成的具有广泛群众基础的行为规范，有的还是经过长期的历史积淀才确立起来的，已经成为民间社会生活的组成部分，得到了普遍的尊重和遵守，构成了民间秩序的基本内容。法律解释应该切实尊重这些规范，这不仅关系法律的实效，而且涉及法律的社会效果及民族传统的延续问题。[1]

3. 坚持合理性原则，应当顺应客观规律和社会发展趋势，尊重科学。在充分尊重本国法律传统和现实的同时，法律解释应该具有一定的超前性，能够对社会发展和法律进步起引导作用。法律持久的生命力从根本上说来源于它与社会发展相一致的程度。因此，在本国实际允许的情况下，在法律原则的范围内，法律解释应该具有一定的变革性，要从发展的角度考虑法律的解释工作。

4. 坚持合理性原则，要以党的政策和国家政策为指导。与法律相比，政策更具有灵活性和针对性，更能够及时反映社会发展的实际需要。因此，在解释法律时，将实践证明正确的政策性规定及时转化为具有法律效力的解释性文件，就不仅是坚持合理性原则的体现，而且还是法治的内在的特点和要求。

三、法制统一原则

法制统一是法治的一项基本原则。法律解释坚持法制统一原则，就是要求法律解释应该在法治的范围内进行。法制统一体现在一个国家，表现为法律的形式、内容和精神实质应该是高度一致的，法律的实施及其结果也应该是相同或相似的。因此，法律解释坚持法制统一原则，具体内容如下：

1. 要将需要解释的法律规则、概念术语、技术性规定等方面的法律条款置于相应的法律、法规、条例中理解和把握，使解释活动从属于该法律文件的整体；将对个别法律部门有关规定的解释，纳入更高级的法律部门和整个法律体系全面掌握。[2]不能把法律解释看成是个别的局部的行为。一个国家的法律和一个法律部门的各项规定及各具体法律制度要相互协调，优化配置，整体应大于部分之和，才能更好地体现法的内容与精神的统一，更好地贯彻各项具体规定。法律解释工作应该有助于加强而不是削弱法律之间、法律内在的统一性。

---

[1] 在法律解释中，对公序良俗的尊重是法律范围内的裁量，是合法性基础上的合理性。法律解释中，合法性是合理性的前提，违反这一原理就会破坏法治。

[2] 张文显主编：《法的一般理论》，辽宁大学出版社 1988 年版，第 320 页。

2. 要坚持各种法律解释之间已经建立的效力等级关系，解释工作要有全局观念、法治观念。我国的法律解释体制，从纵向上看，是以全国人大常委会的宪法、法律解释权为统率的；从横向上看，是以权力机关的常设机关的解释权为核心的。这与我国的立法体制存在着内在联系。加强权力机关的常设机构、特别是全国人大常委会在法律解释中的解释权、领导权，建立法律解释的约束机制，规范行政与司法解释，是我国法制统一的重要保证。

3. 在法律解释过程中，要建立和贯彻规范化的解释技术。例如，法律概念语言文字的统一，解释文件体例的统一，各法律解释主体所做法律解释中的名称的规范化等，从技术上保证法律解释活动服从法制统一的大局。

四、历史与现实相结合的原则

任何法律、法规都有自己制定时的特殊历史背景和历史原因，包括当时的社会经济发展需要、政治关系、某一历史事件等。法律解释需要结合法律制定时的历史背景，深入了解立法意图，把握立法原意。但是，仅仅从历史的角度，说明立法当时的法律意图应该说是不够的。[1]因为，对法律的解释是为法律在现实中的运用服务的。这就要求法律解释工作要将历史与现实结合起来，既考虑法律制定时的历史条件和历史要求，又考虑社会经济政治状况的变化。其中，现实的需要是两者统一的基础。事实上，由于解释者总是从自己所属的特殊视角看问题，他与法律的制定者一样，都有自己的历史局限。所以，要求他与几十年、甚至几百年前的法律制定者持相同的立场和观点客观上是很难做到的，主观上也是不必要、不合适的。[2]这当然不是说可以不顾法律的文字含义任意解释法律，而是说法律解释应该立足于法律实践的现实性。

■ **第三节　法律解释的方法**

法律解释的方法在各版法理学教科书中排列方式不同，名称也不同。本

---

〔1〕 法律是人有意识、有目的的行为的产物，立法当时的目的，经过几十年可能已发生变化。如我国 1979 年《刑法》有关"投机倒把"的规定，其立法意图显然不完全适合几年后的形势需要。19 世纪末，狄尔泰就意识到人文世界是一个精神的世界，是由意识到自己目标的人创造的；它也是一个历史世界，会随着人对世界的意识的改变而改变。参见张汝伦：《意义的探究——当代西方释义学》，辽宁人民出版社 1986 年版，第 35～40 页。

〔2〕 海德格尔指出，解释从来不是对先行给定的东西所做的无前提的把握。理解的前结构包括：先有，即存在于我们之前的历史与文化；先见，即思考所必需的内容已特定化的语言及语言的方式；先知，即我们已知的东西。每个人的解释或理解都是在自己特殊的解释的前结构的基础上发展起来的。参见殷鼎：《理解的命运——解释学初论》，生活·读书·新知三联书店 1988 年版，第 254～255 页。

书是按法律解释的方法与被解释法律之间的关系，将其分为一般解释方法与特殊解释方法。

一、一般解释方法

一般解释方法包括语法解释、逻辑解释、系统解释、历史解释、目的解释和当然解释等。

1. 语法解释，又称文法解释、文义解释、文理解释，是指根据语法规则对法律条文的含义进行分析，以说明其内容的解释方法。法律解释通常都是从语法解释开始的。法律是高度概括和抽象的，要理解法律的含义，首先就要从法律规定的文字含义入手。不过，也要注意法律语言有时不同于日常语言，法律中难免会有许多专业术语，因此，解释时要避免将专业术语当日常语言来解释。[1]

2. 逻辑解释，是指运用形式逻辑的方法分析法律规范的结构、内容、适用范围和所用概念之间的关系，以保持法律内部统一的解释方法。法律文件的内在统一性决定了法律概念、法律条文相互之间的逻辑关系，这也是法律确定性的保证。这种法律内部的逻辑联系是对法律进行逻辑分析的基础，相应的，用逻辑的方法分析法律也就是阐明法律内容的手段。

3. 系统解释，是指将需要解释的法律条文与其他法律条文联系起来，从该法律条文与其他法律条文的关系、该法律条文在所属法律文件中的地位、有关法律规范与法律制度的联系等方面入手，系统全面地分析该法律条文的含义和内容，以免孤立地、片面地理解该法律条文的含义。

4. 历史解释，是指通过研究立法时的历史背景资料、立法机关审议情况、草案说明报告及档案资料，来说明立法当时立法者准备赋予法律的内容和含义。

5. 目的解释，是指从法律的目的出发对法律所做的说明。任何法律都具有一定的立法目的。根据立法意图，解答法律疑问，是法律解释的应有之义。目的解释的目的，不仅是整个法律的目的，而且也包括各法律规范的目的；可能是法律明确规定的，更多的则藏于法律规定之后；有的是立法当时的目的，有的则是后来赋予的。[2]因此，只有通过研究才能予以说明。

---

〔1〕 我国台湾地区学者袁坤祥认为，语法解释需要注意法律条文语言的专业性、通常性、进化性、固定性、连贯性五个方面的特征。参见（台）袁坤祥编著：《法学绪论》，三民书局1980年版，第73~75页。

〔2〕 耶林提出，法律的目的是保护社会利益和公共利益，因此，法官在处理具体案件时应该不拘泥于陈规，可以按自由意志来弥补法律的不足。这种按法律的目的而不是法律的文字含义处理案件的观点对概念法学有很大的打击。

6. 当然解释，是指在法律没有明文规定的情况下，根据已有的法律规定，某一行为当然应该纳入该规定的适用范围时，对适用该规定的说明。如禁止小汽车通行的街道，正常情况下当然禁止拖拉机通过。[1]

二、特殊解释方法

（一）按照解释尺度的不同，法律解释可以分为字面解释、扩充解释和限制解释[2]

字面解释是指对法律所做的忠于法律文字含义的解释。这种解释不扩大，也不缩小法律的字面含义。

扩充解释是指当法律条文的字面含义过于狭窄，不足以表现立法意图、体现社会需要时，对法律条文所做的宽于其文字含义的解释。在我国，扩充解释不是也不能任意扩大法律的内容，它是为更好地实现法律条文文字未能包含的立法意图而设定的解释方法。因此，它始终必须以立法意图、目的和法律原则为基础。

限制解释是指法律条文的字面含义较之立法意图明显失之过宽时，对法律条文所做的窄于其文字含义的解释。它也是在法律条文的字面含义与立法意图、社会发展需要明显不符时，为贯彻立法意图，反映社会发展的实际需求而设定的解释方法。

（二）按照解释的自由度的不同，法律解释可以分为狭义解释和广义解释

狭义解释，又称严格解释，是指严格按照法律条文的字面含义对法律所做的解释。它与字面解释的不同之处在于，狭义解释不仅忠于法律条文的文字含义，而且主要是忠于整个被解释法律的精神。

广义解释是指不拘泥于法律条文的文字含义，对法律的比较自由的解释。这种解释的实质在于强调：在特殊社会条件下，可以对法律做出比较灵活的解释，甚至可以改变立法原意。

西方国家中，民法法系传统上比较倾向于广义解释，普通法系比较倾向于狭义解释。第二次世界大战后，普通法系国家也开始比较多地采用广义解释了。[3]

---

[1]　（台）袁坤祥编著：《法学绪论》，三民书局1980年版，第77页。

[2]　袁坤祥将扩充解释（扩张解释）、限制解释（限缩解释），与当然解释、补正解释、反对解释、类推解释并列，作为论理解释的分支。参见（台）袁坤祥编著：《法学绪论》，三民书局1980年版，第75～79页。

[3]　沈宗灵主编：《法理学》，高等教育出版社1994年版，第427～428页。

■ 第四节　法律推理

一、法律推理的概念和研究意义

法律推理是逻辑思维方法在法律领域中的运用。一般地说，法律推理存在于法律的整个实施过程，但本章中，讨论的主要是司法领域中的法律推理。因为，司法过程中的法律推理是一种司法行为，具有相当的正式性和规范性，并能够产生更为重要的法律后果。当然，司法过程中的法律推理也必然具备法律推理的一般特征，从这个意义上说，本章所说的法律推理又不仅仅是司法领域的问题。

在现代法学方法论中，法官如何依靠法律（或者在没有法律的情况下）获得个案裁判上的"正当性"，始终是一个中心问题。[1]法律推理就是主要方法之一。推理是从已知的判断推导未知的判断的活动。法律适用的逻辑模式是"三段论法"，即一个完整的法律规范构成大前提，具体的案件事实是小前提，结论则是根据法律规范给予本案事实的后果。三段论是法律推理的典型形式之一。在民法法系或以制定法为主的法律体系中，相对比较完善的制定法是一切法律推理的基本前提。但是，法律推理研究的必要性，实际上并不在于将确定的法律适用于相应的事实，而是因为作为法律推理前提的法律和事实本身的相对不确定，[2]即法律规定与相对的事实之间完全可能不存在确定的对应关系。法律推理的复杂性就在于此，它不可能如机械操作系统一样。

在法律制度中，人们用一系列概念将复杂多样的行为予以分类，如故意、过失、违约、侵权、行为、事件等。可以说，没有概念就没有法律。[3]但是，概念和概念所反映的对象之间的关系，一直是一个有争议的问题。概念是否是、又在何种程度上是对象的反映呢？在中世纪，实在论与唯名论的讨论就涉及了这个问题。实在论者认为，人们提出的一般概念与客观事物之间存在一种对应关系，即人们头脑中的一般概念或观念是完全对应于人们头脑之外

---

〔1〕〔德〕卡尔·拉伦茨：《法学方法论》，陈爱娥译，五南图书出版公司1996年版，第19页。

〔2〕20世纪30年代以来，西方现实主义法学和美国批判法学运动先后提出了法律的不确定性（卢埃林等）、事实的不确定性（弗兰克等）和法律推理过程的不确定性（批判法学）问题，并展开了激烈的讨论。我国法学界近年来也比较关注这一问题。参见葛洪义、陈年冰："法的普遍性、确定性、合理性辨析——兼论当代中国立法和法理学的使命"，载《法学研究》1997年第5期。

〔3〕相应地，引入一国的法律往往也从确定法律概念的含义开始。我国清末为修律而设立的编译馆就曾经翻译《法律名词》（以所拟民诉草案所有名词为标准）、《日本法律辞典》《日本刑法义解》《日本民事诉讼法注解》等。参见张晋藩：《中国法律的传统与近代转型》，法律出版社1997年版，第444~446页。

的客观事物的；唯名论者则认为，实物只是个别的、单一的个体物，概念是用于描述一般客观事物的语言符号，人类的精神世界与客观世界是脱离的，概念不是现实中事物的忠实复制品。[1]这场争论最终虽然没有形成一个一致意见，但却对如何认识现实中的法律概念具有重要意义。19 世纪末 20 世纪初，西方国家法学理论界关于概念法学与现实主义法学的论战[2]实际上就是类似问题在法学领域争论的反映和继续。

　　法律概念是解决法律问题的重要工具。没有概念就无法把相关的行为转化为法律可以识别的语言。法律概念的存在，其根据就在于人们法律行为（合法行为或违法行为）的类似性及可概括性。换言之，概念所依靠的抽象思维固然是头脑的能力，但它的深层根源则在于外部事物客观的内在的联系。因此，在法律实践中，依靠人的理性是能够制定出相对比较符合实际并具有一定可操作性的法律的。这是问题的一个方面，问题的另一个方面则是概念在反映客观事实时，又有一定的局限性。法律的制定者只能在自己经验，至多是力所能及的范围内确定法律条文的含义；他们在制定法律时所考虑的往往是比较典型的情况，不可能给予边缘性的问题足够的全面、周到的安排。况且，语言本身的表现力就是有限的。例如，法律上所说的"故意"一词，一般是指明知或应知自己的行为会造成某种后果而有意识而为之。看上去是明确的，实际上却并不十分确定，或者说它的中心含义是确定的，边缘含义就不那么确切了。如根据什么标准又根据什么人的标准来确定行为人明知或应知？用于确定明知的证据本身的确定性如何？用于确定应知的标准是聪明人或迟钝的人、大学生或小学生的判断？因此，法律概念既是有效的，又是有限的，不可能直接用于判断具体行为。那么，法官又如何进行判断呢？他如何使自己的结论性意见具有正当性？马克斯·韦伯对合理性问题的论证已经说明"科学"并不能为价值判断的正确性提供充分支持。那么，在法律不完全确定的情况下，"法官是如何独立于法律之外来获取'正当'的裁判呢？"[3]可见，法律推理对于审判工作就是一个基本而又复杂的问题。

　　如上所述，法律推理是建立在法律条义与具体事实的这种既相关又不完全对应的关系的基础上。这样一来就要求法官在审判的过程中能够比较理性地、逻辑地而不是机械地适用法律。

---

〔1〕〔苏联〕奥·符·特拉赫坦贝尔：《西欧中世纪哲学史纲》，于汤山译，中国对外翻译出版公司 1985 年版，第 19～37 页。

〔2〕〔美〕E. 博登海默：《法理学——法哲学及其方法》，邓正来、姬敬武译，华夏出版社 1987 年版，第462～464页。

〔3〕〔德〕卡尔·拉伦茨：《法学方法论》，陈爱娥译，五南图书出版公司 1996 年版，第5页。

二、形式推理

形式推理又称分析推理，就是运用形式逻辑进行推理。它包括演绎推理、归纳推理和类比推理。这种推理的前提是"法院可以获得表现为某条规则或原则的前提，尽管该规则或原则的含义与适用范围也许在所有情形下，并非都是确定无疑的，而且调查事实的复杂过程也必须先于该规则的适用"。[1]

演绎推理是指从一般的法律规定到个别特殊行为的推理。这是最简单的推理形式。我国是成文法国家，司法活动中的形式推理主要是演绎推理，即著名的三段论推理。演绎推理的大前提是有可以适用的法律规则和法律原则；小前提是经过认定的案件事实；结论体现在具有法律效力的针对个别行为的非规范性法律文件中，即判决或裁定。演绎推理的大、小前提是由相应法律概念结合起来的。法律概念是法律规则和法律原则的核心与基础，法律规则和原则是围绕法律概念而展开的。概念将有关行为分类，而以概念为核心的法律规则和原则则预设了作为大前提的某种行为模式及其法律后果；案件事实经过法庭调查认证，认定符合概念所指称的行为或事件就构成了小前提；法官将两者联系起来所作的判决就是结论。如故意杀人应该判死刑，张三故意杀人了，张三应该被判死刑。在法律规定明确，事实十分清楚的情况下，演绎推理是非常奏效的。但是，进行演绎推理应该注意一些问题：如除了三段论谬误外，法律适用中还有许多抗辩事由；[2]有的大前提适用范围有限等，以免推导错误。同时，法律推理为的是给结论提供正当的理由，需要对大、小前提仔细加以甄别。

归纳推理是指从特殊到一般的推理。当法官处理案件时，手边没有合适的法律规则和原则供适用，而刚巧从一系列早期的判例中可以总结出可适用的规则和原则，那么，他就按先例处理了本案。这就是归纳推理。司法活动中运用归纳推理的典型是判例法国家。在判例法国家，法官处理案件时，需要将本案事实与先例事实加以比较，最终决定能否适用。这种推理，因为规则取自个案，所以适用面比较窄。其优点是对案件的处理体现了同事同处的司法公正原则，缺点是技术难度较大，掌握不好会造成法律的僵化。在实践中，判例法国家法官通过熟练的法律技术，如区别技术，来发展法律。当然，某个终审法院也会改变法官创设的规则以适应发展的需要。

类比推理在法学上也被称为类推适用和比照适用，是指在法律没有明确

---

〔1〕　〔美〕E. 博登海默：《法理学——法哲学及其方法》，邓正来、姬敬武译，华夏出版社1987年版，第471页。

〔2〕　沈宗灵主编：《法理学》，高等教育出版社1994年版，第440～441页。

的文字规定的情况下，比照相应的法律规定加以处理的推理形式。类比推理是填补法律漏洞通常采取的方法之一。[1]这种推理的前提是：该法律条文虽然没有明确规定，但该法律条文赖以存在的基本原理和原则却可以包含某一行为或事件。所以，对一个规则进行类推，是以一定的政策、公理和衡平的需要为基础的而不是法律的明文规定。也正因为如此，在刑事司法领域，一般是不使用类推的。我国1979年《刑法》规定的类推适用存在多年后被取消，原因就在于此。而在民事领域，为保证法律适用的公正，维护有关当事人的合法权益，推动法律公正，一般允许类推，但总的来看，这种推理方法在许多国家都是不受鼓励的。[2]与此相类似的，还有法律推定和法律拟制。前者指在没有明确的证据能够证明某件事存在与否时，根据已知的事情或周围的情势加以推定。后者是指基于公益的需要，对某件事实存在与否，依据政策、公理加以拟定。如向政府某部门提出某一申请，在规定时间内未得到答复，有时法律规定"视为"同意。[3]

形式推理是有前提的。它不仅取决于法律规则内容的相对确定，而且依赖法律体系的完整、统一和协调。所以，当法律规则之间、法律原则之间就同一事实如何对待存在冲突时形式推理几乎无能为力。同时，它在解决法官的自由裁量权问题上的作用也是有限的。

三、辩证推理

辩证推理，又称实质推理，是指在两个相互矛盾的、都有一定道理的陈述中选择其一的推理。所以，辩证推理是在缺乏使结论得以产生的确定无疑的法律与事实的情况下进行的推理。在前提明确的情况下，一般不适用辩证推理。正因为辩证推理依据的往往是实质的而非形式的理由，所以，又称实质推理。

司法过程中的辩证推理一般产生于下述具体情况：①法律没有明文规定，但对如何处理存在两种对立的理由。法律制定时立法者对有关情况未加规定，但实践中这种情况出现，而且必须处理又没有相应的法律条文可类推，要在当事人双方提出的两种不同的解决办法中进行选择。②法律虽然有规定，但它的规定过于原则、模糊，以致可以根据同一规定提出两种对立的处理意见，需要法官从中加以判断和选择。③法律规定本身就是矛盾的，存在两种相互

---

〔1〕〔德〕卡尔·拉伦茨：《法学方法论》，陈爱娥译，五南图书出版公司1996年版，第290页。

〔2〕〔美〕E. 博登海默：《法理学——法哲学及其方法》，邓正来、姬敬武译，华夏出版社1987年版，第476页。

〔3〕（台）袁坤祥编著：《法学绪论》，三民书局1980年版，第82～83页。

对立的法律规定，法官同样需要从中加以选择。④法律虽然有规定，但是，由于新的情况的出现，适用这一规定明显不合理，即出现合法与合理的冲突，如安乐死问题，等等。[1]

上述情况，由于缺乏必要的确定的大前提而无法使用形式推理。法官必须做出一个选择，而且，是在对两种都有根据的陈述加以比较、进行选择。所以，实际上法官是根据一定的价值观和法律信念进行选择。他必须从政策、公理、公共道德、习俗等方面出发，综合考虑与平衡，在相互冲突的价值之间确定处于优先地位的价值。可见，这并不是放任法官任意司法。尽管法官在选择时难以避免情感因素甚至偏见的影响，但是，只要制度本身是完善的（特别是高度健全的法律程序），法官的选择基本上就可以做到是理性的。同时，法官的选择客观上还要受到自身经验的约束，并不总是服从目的论原则。将辩证推理等同于非理性主义是很不恰当的。另外，有时辩证推理与形式推理也是结合使用的。

由此可见，辩证推理同样有长处，也有短处。它的长处在于，承认法官的自由裁量权的客观存在，把司法活动作为推动法律发展的力量；它的短处在于，在制度不健全和法官素质不高的情况下，会演变为法官的任意司法，从而破坏法治。需要说明的是，辩证推理的存在有其客观原因，从一定意义上说，也是必然的、必需的。因此，这是一个无从选择的问题。所需要的是，通过有效的制度建设，对司法活动中的辩证推理加强监督，以防司法权的滥用。

思考题

1. 法律为什么需要解释？法律解释为什么要遵守一定的原则？
2. 法律解释的方法有哪些？请结合具体案例说明这些方法的重要性。
3. 我国法律解释体制中对法律解释权是如何分配的？
4. 与演绎推理、归纳推理相比，类比推理的作用是什么？
5. 实质推理存在的理论和实践根据是什么？

推荐阅读书目

1. 梁慧星：《民法解释学》，中国政法大学出版社 1995 年版。

---

[1] 沈宗灵主编：《法理学》，高等教育出版社 1994 年版，第 443～444 页。

2. 郭华成：《法律解释比较研究》，中国人民大学出版社 1993 年版。

3. 殷鼎：《理解的命运》，生活·读书·新知三联书店 1988 年版。

4. 〔德〕卡尔·拉伦茨：《法学方法论》，陈爱娥译，五南图书出版公司 1996 年版。

5. 〔德〕H－G. 伽达默尔：《真理与方法——哲学解释学的基本特征》，王才勇译，辽宁人民出版社 1987 年版。

6. 〔美〕德沃金：《法律帝国》，李常青译，中国大百科全书出版社 1996 年版。

7. 〔美〕艾德华·H. 列维：《法律推理引论》，庄重译，中国政法大学出版社 2002 年版。

第
二
十
一
章

第二十二章

法律关系

学习目的与要求　通过本章的学习，学生应该能够掌握法律关系的性质、特征；熟悉并掌握法律关系的构成因素（主体、客体和内容）；了解法律关系产生、变更和消灭的条件。

■ 第一节　法律关系的概念与种类

一、法律关系概念和理论的发展

法律关系是一个基本的法律概念。其他的法律概念，如法、法律规范、法律行为、法律责任和法律制裁等，大多都直接或间接地同此概念相关联。在一定意义上可以说，任何法律现象的存在都是为了处理某种法律关系：每一法律规则（规范）的目的都是要为法律关系的存在创造形式条件；没有对法律关系的操作就不可能对法律问题做任何技术性分析；没有法律事实与法律关系的相互作用就不可能科学地理解任何法律决定。[1]因此，认识和研究法律关系问题具有重要的理论意义。

在历史上，法律关系的观念最早来源于罗马法之法锁（法律的锁链，juris vinculum）观念。按照罗马法的解释，"债"的意义有二：债权人得请求他人为一定的给付；债务人应他人请求而为一定的给付。[2]债本质上是根据法律要求人们为一定给付的法锁。法锁的观念形象地描述了债作为私法关系存在的约束性和客观强制性，为近代法律关系理论的创立奠定了基础。然而，在罗马法上，法和权利、法律关系之间并没有明确的概念分界。因而，当时还没有"法律关系"这样一个专门的法律术语。

---

[1]　See Albert Kocourek, *Jural Relations*, Second Edition, 1928, Indianapolis, Preface, V.

[2]　罗马法上关于"债"的一般概念的诠释，参见〔意〕彼德罗·彭梵得：《罗马法教科书》，黄风译，中国政法大学出版社1992年版，第283～286页。

直到 19 世纪，法律关系才作为一个专门的概念而存在。在法学上，德国法学家卡尔·冯·萨维尼于 1839～1840 年第一次对法律关系（Rechtsverhältnis）做了理论阐述。[1]此后，德国学说汇纂派著名代表温德雪德（Bernhard Winds-cheid，一译"温德夏伊特"）的《学说汇纂教程》，法学家诺易纳（Neuner）的《私法关系的本质与种类》（1866 年），彭夏尔特（Puntschart）的《基本的法律关系》（1885 年），比尔林（Ernst Rudolf Bierling）的《法律原则论》（1894～1917 年）等著作对法律关系进行了专门的研究。在英美国家，19 世纪法学家特利（Terry）在其《英美法的指导原则》（1884 年）一书中最早论及"义务及其相应的权利"问题。[2]1913 年，美国法学家霍菲尔德（W. N. Hohfeld）在《司法推理中适用的基本法律概念》中从逻辑角度对"权利—义务关系""特权—无权关系""权利—责任关系""豁免—无能关系"做了分析和论证。1927 年，美国西北大学教授 A. 考库雷克（Albert Ko-courek）出版《法律关系》（Jural Relations）一书，分 20 章系统地探讨了法律关系的一般理论。由此，法律关系就成为法理学的专门理论问题之一。

二、法律关系的性质和特征

在理论上，对法律关系的概念曾有不同的解释。卡尔·冯·萨维尼最早将它界定为"由法律规则所决定的人和人之间的关系"。他认为，法律关系由两部分构成：第一部分称为关系的实质要素——事实状态；第二部分称为关系的形式要素，它使事实状态被上升至法律层面。[3]而温德雪德则指出，萨维尼的"两要素说"并不完全科学，因为在某些情况下（如所有权关系）即使没有任何实质的事实要素，法律关系仍可能得以建立。温氏认为，法律关系是法律上规定的关系，它包括两个类型：①由法律所设立（如所有权关系）；②法律追究其法律后果的事实状态（如占有关系）。[4]这一争论实质上涉及对法的性质的认识：法到底是法律规则（规范）体系还是法律关系体系？对此一问题的不同回答就构成了法学理论上两大学说，即"规范（规则）说"和"关系说"。[5]比尔林对两种学说做了一个综合的解释，指出：一切法

---

〔1〕 萨维尼在其巨著《当代罗马法体系》第 2 册（1840 年版）分 4 章分别讨论了"法律关系的本质和种类""人作为法律关系的承担者""法律关系的产生和消灭""法律关系的违反"等问题。见 Friedrich Carl von Savigny, *System des heutigen R〔AKö〕mischen Rechts* II, Berlin 1840, Kap. I～IV.

〔2〕 Kocourek, *Jural Relations*, Preface, VI.

〔3〕 Savigny, *System des heutigen R〔AKö〕mischen Rechts* II, §52.

〔4〕 Windscheid, *Lehrbuch der Pandekten*1, §37a, S. 165.

〔5〕 王勇飞、王启富主编：《中国法理纵论》，中国政法大学出版社 1996 年版，第 259 页以下。

律规范都表述法律关系（即被授权人和受约束人之关系）的内容。而法律关系的内容则包括一方的权利（Anspruch，claim）和另一方的义务。[1]后世法学在论述法律关系问题时基本上是以比尔林的解释为基础的。本书也采此通说，对法律关系的概念做如下定义：法律关系是在法律规范调整社会关系的过程中所形成的人们之间的权利和义务关系。根据这一定义可以看出，法律关系具有如下特征：

1. 法律关系是根据法律规范建立的一种社会关系，具有合法性。[2]法律关系是根据法律规范建立的一种社会关系，这一命题至少说明三个问题：①法律规范是法律关系产生的前提。如果没有相应的法律规范的存在，就不可能产生法律关系。②法律关系不同于法律规范调整或保护的社会关系本身。[3]社会关系是一个庞大的体系，其中有些领域是法律所调整的（如政治关系、经济关系、行政管理关系等），也有些是不属于法律调整或法律不宜调整的（如友谊关系、爱情关系、政党社团的内部关系），还有些是法律所保护的对象，这些被保护的社会关系不属于法律关系本身（如刑法所保护的关系不等于刑事法律关系）。即使那些受法律、法规调整的社会关系，也并不能完全被视为法律关系。例如，民事关系（财产关系和身份关系）也只有经过民法的调整（即立法、执法和守法的运行机制）之后才具有了法律的性质，成为一类法律关系（民事法律关系）。③法律关系是法律规范的实现形式，是法律规范的内容（行为模式及其后果）在现实社会生活的具体的贯彻。换言之，人们按照法律规范的要求行使权利、履行义务并由此而发生特定的法律上的联系，这既是一种法律关系，也是法律规范的实现状态。[4]在此意义上，法律关系是人与人之间的合法（符合法律规范的）关系。这是它与其他社会关系的根本区别。

确立"法律关系是合法的社会关系"这一观点，在法律实践中是具有重要意义的。在社会生活中，往往存在着大量的事实关系，它们没有严格的合

---

〔1〕 Bierling, *juristische Prinzipienlehre* I, 1894, Freiburg/Leipzig, S. 145ff.

〔2〕 也有人认为，说法律关系仅仅是合法性的社会关系是不完全正确的。法律关系是一切具有法律意义和法律效力的关系，不仅包括合法关系，而且包括违法关系。但问题是：如果接受这一观点，再说法律关系的内容是法律权利和义务，很可能就是一个悖论。美国法学家考库雷克曾在其所著的《法律关系》第10章第6节讨论过所谓的"非法关系"（unlawful relations），但他本人也承认，把非法关系视为法律关系确实容易陷入"语言的混淆"（linguistic contamination）。参见 Albert Kocourek, *Jural Relations*, pp. 132ff.

〔3〕 法律关系与法律所调整的社会关系、法律所保护的社会关系之区别和联系，详见王勇飞、张贵成主编：《中国法理学研究综述与评价》，中国政法大学出版社1992年版，第505～506页。

〔4〕 王勇飞、王启富主编：《中国法理纵论》，中国政法大学出版社1996年版，第279～286页。

法形式，甚至是完全违背法律的，如非法同居关系、未经认可的收养关系、以规避法律为目的的契约关系、无效或失效的合同关系等。这些事实关系，都不能被看作是法律关系，但又可能与法律的适用相关联，是法律适用过程中必须认真处理的一类法律事实。[1]

2. 法律关系是体现意志性的特种社会关系。从实质上看，法律关系作为一定社会关系的特殊形式，在于它体现了国家的意志。这是因为法律关系是根据法律规范有目的、有意识地建立的。所以，法律关系像法律规范一样必然体现国家的意志。在这个意义上，破坏了法律关系，其实也就违背了国家意志。

但法律关系毕竟又不同于法律规范，它是现实的、特定的法律主体所参与的具体社会关系。因此，特定法律主体的意志对于法律关系的建立与实现也有一定的作用。有些法律关系的产生不仅需要法律规范所体现的国家意志，而且需要法律关系参加者的个人意志表示一致（如多数民事法律关系）。也有很多法律关系的产生并不需要这种意志表示。例如，行政法律关系往往基于行政命令而产生。总之，每一具体的法律关系的产生、变更和消灭是否要通过它的参加者的意志表示，呈现出复杂的情况，不可一概而论。

承认法律关系的意志性并不能否认它的客观性。其客观性表现在：①任何法律关系都根源于一定的经济关系，反映一定经济关系的要求。②法律关系作为一定社会关系的特殊形式，除了受经济关系的制约外，还受其他社会关系的制约，反映一定社会关系的性质、内容和发展规律的要求。③从法律关系本身来看，其一经形成，就作为一种社会法律现象而存在，并对一定社会关系发生影响。在理论上承认法律关系的客观性，可以使我们不仅从思想、意志的角度，而且从实际的、客观的角度去研究法律关系，从而能够更好地认识和发挥法的效能。

3. 法律关系是特定法律主体之间的权利和义务关系。法律关系的内容是特定法律主体之间的权利和义务。它是法律规范（规则）"指示"（行为模式）的规定在法律关系中的体现。法律规范的指示内容，实际上就是法律权利与义务的一般规定，它所针对的是一国之内的同一类不特定主体，属于可能性领域。而一旦特定法律主体依照法律规范"指示"内容进行法律活动，那么就享有实际的法律权利或者履行特定的法律义务。此时法律主体之间的

第二十二章

---

〔1〕 也有学者主张把那些不具有合法性质但又具有法律意义的关系统称为"法律事实关系"，以示与法律关系概念的区别。参见王勇飞、张贵成主编：《中国法理学研究综述与评价》，中国政法大学出版社 1992 年版，第 517 页。

权利和义务就可能发生这样或那样的联系。由此可见，没有特定法律主体的实际权利和义务就不可能有法律关系的存在。

三、法律关系的种类

在法学上，由于根据的标准和认识的角度不同，可以对法律关系做不同的分类。例如，按照相对应的法律规范所属的法律部门不同，可以将法律关系分为宪法关系、民事法律关系、经济法律关系、行政法律关系、刑事法律关系、诉讼法律关系等。或者根据法律关系的存在形态和内容不同，将法律关系分为抽象（一般）的法律关系[1]和具体（特殊）的法律关系、绝对法律关系和相对法律关系等。本书采用下列分类：

1. 调整性法律关系和保护性法律关系。按照法律关系产生的依据、执行的职能和实现规范的内容不同，可以分为调整性法律关系和保护性法律关系。调整性法律关系是基于人们的合法行为而产生的、执行法的调整职能的法律关系，它所实现的是法律规范（规则）的行为规则（指示）的内容。调整性法律关系不需要适用法律制裁，法律主体之间能够依法行使权利、履行义务，如各种依法建立的民事法律关系、行政合同关系等。保护性法律关系[2]是由于违法行为而产生的、旨在恢复被破坏的权利和秩序的法律关系，它履行法的保护职能，实现的是法律规范（规则）的保护规则（否定性法律后果）的内容，是法的实现的非正常形式。它的典型特征是一方主体（国家）适用法律制裁，另一方主体（通常是违法者）必须接受这种制裁，如刑事法律关系。

2. 纵向（隶属）的法律关系和横向（平权）的法律关系。按照法律主体在法律关系中的地位不同，可以分为纵向（隶属）的法律关系和横向（平权）的法律关系。[3]纵向（隶属）的法律关系是指在不平等的法律主体之间所建立的权力服从关系（旧法学称"特别权力关系"）。其特点如下：①法律

---

[1] "一般法律关系"是苏联法学家 C. C. 阿列克谢耶夫和尼·格·亚历山大洛夫等人在 20 世纪 50 年代提出的一个法学概念。此后，苏联法学界一直存在"一般法律关系论"与"具体法律关系论"两种不同的学说。20 世纪 70 年代后有学者使用"法律联系"（俄语 Лраъоъая Съязb，英文 legal connection），以区别"法律关系"（俄语 Лраъоъое отнощение，英文 Legal relation）。我国有人开始探讨此一问题，对一般法律关系的性质、特点、构成、作用及局限性作了阐释。参见董国声："试论社会主义一般法律关系"，载《西北政法学院学报》1988 年第 4 期。

[2] "保护性法律关系"一词亦来源于苏联法学。有关的资料，参见〔苏联〕尼·格·亚历山大洛夫：《苏维埃社会中的法律和法律关系》，宗生、孙国华译，中国人民大学出版社 1958 年版，第 76~77 页；孙国华主编：《法学基础理论》，中国人民大学出版社 1987 年版，第 440 页；董国声："论社会主义保护性法律关系"，载《中国人民大学学报》1991 年第 1 期。

[3] 有的著作照此标准将法律关系分为"对等法律关系"和"不对等法律关系"，其内容与"纵向的法律关系"和"横向的法律关系"有交叉。比较张文显：《法学基本范畴研究》，中国政法大学出版社 1993 年版，第 166 页。

主体处于不平等的地位。如亲权关系中的家长与子女，行政管理关系中的上级机关与下级机关，在法律地位上有管理与被管理、命令与服从、监督与被监督诸方面的差别。②法律主体之间的权利与义务具有强制性，既不能随意转让，也不能任意放弃。与此不同，横向法律关系是指平权法律主体之间的权利义务关系。其特点在于，法律主体的地位是平等的，权利和义务的内容具有一定程度的任意性，如民事财产关系，民事诉讼之原、被告关系等。

3. 单向（单务）法律关系、双向（双边）法律关系和多向（多边）法律关系。按照法律主体的多少及其权利义务是否一致为根据，可以将法律关系分为单向法律关系、双向法律关系和多向法律关系。所谓单向（单务）法律关系，是指权利人仅享有权利，义务人仅履行义务，两者之间不存在相反的联系（如借贷关系）。单向法律关系是法律关系体系中最基本的构成要素。其实，一切法律关系均可分解为单向的权利义务关系。双向（双边）法律关系，是指在特定的双方法律主体之间，存在着两个密不可分的单向权利义务关系，其中一方主体的权利对应另一方的义务，反之亦然。例如，买卖法律关系就包含着这样两个相互联系的单向法律关系。所谓多向（多边）法律关系，又称"复合法律关系"或"复杂的法律关系"，[1]是三个或三个以上相关法律关系的复合体，其中既包括单向法律关系，也包括双向法律关系，例如，行政法中的人事调动关系，至少包含三方面的法律关系，即调出单位与调入单位之间的关系，调出单位与被调动者之间的关系，调入单位与被调动者之间的关系。这三种关系相互关联、互为条件，缺一不可。

4. 第一性法律关系（主法律关系）和第二性法律关系（从法律关系）。按照相关的法律关系作用和地位的不同，可以分为第一性法律关系（主法律关系）和第二性法律关系（从法律关系）。[2]第一性法律关系（主法律关系），是人们之间依法建立的不依赖其他法律关系而独立存在的或在多向法律关系中居于支配地位的法律关系。由此而产生的、居于从属地位的法律关系，就是第二性法律关系或从法律关系。一切相关的法律关系均有主次之分，例如，在调整性和保护性法律关系中，调整性法律关系是第一性法律关系（主法律关系），保护性法律关系是第二性法律关系（从法律关系）；在实体和程序法律关系中，实体法律关系是第一性法律关系（主法律关系），程序法律关

---

〔1〕　关于"简单的法律关系"和"复杂的法律关系"之构成特征的描述，参见〔苏联〕尼·格·亚历山大洛夫：《苏维埃社会中的法律和法律关系》，宗生、孙国华译，中国人民大学出版社 1958 年版，第 90 页。

〔2〕　张文显：《法学基本范畴研究》，中国政法大学出版社 1993 年版，第 167～168 页。

系是第二性法律关系（从法律关系），等等。

■ 第二节 法律关系主体

一、法律关系主体的概念和种类

法律关系主体是法律关系的参加者，即在法律关系中一定权利的享有者和一定义务的承担者。在现实社会生活中法律关系主体是多种多样的。从理论上讲，凡是能够参与一定的法律关系的任何人和机关，都可以是法律关系主体。在每一具体的法律关系中，主体的多少各不相同，但大体上都归属于相对应的双方：一方是权利的享有者，称为权利人；另一方是义务的承担者，称为义务人。

在中国，根据各种法律的规定，能够参与法律关系的主体包括以下几类：

1. 公民（自然人）。[1] 这里的公民既指中国公民，又指居住在中国境内或在中国境内活动的外国公民和无国籍人。具有中华人民共和国国籍的中国公民，是多种法律关系的参加者，公民与公民之间，公民与社会团体、企事业组织、国家机关以及国家之间发生多种形式的法律关系。在中国，还有一类由公民集合的特定主体（如个体户、农户、个人合伙等），[2] 可以参与一定范围的法律关系。外国侨民和无国籍人，参与法律关系的范围是有限制的，以中国有关法律以及中国与有关国家签订的条约为依据。

2. 机构和组织（法人）。这主要包括三类：①各种国家机关（立法机关、行政机关和司法机关等）；②各种企事业组织和在中国领域内设立的中外合资经营企业、中外合作经营企业和外资企业；③各政党和社会团体。这些机构和组织主体，在法学上可以笼统地称之为"法人"。[3] 其中既包括公法人（参与宪法关系、行政法律关系、刑事法律关系的各机关、组织），又包括私法人（参与民事或商事法律关系的机关、组织）。[4] 中国的国家机关和组织可以是公法人，也可以是私法人，依其所参与的法律关系的性质而定。

---

〔1〕 在法学上，"公民"和"自然人"两概念并不是同义词，后者的外延要广于前者。而且"自然人"概念多用于民法，属于私法范畴；"公民"的概念多用于宪法、行政法、国籍法等，属于公法范畴。参见张俊浩主编：《民法学原理》，中国政法大学出版社1991年版，第101～102页。

〔2〕 参见《中华人民共和国民法通则》第2章第4～5节。

〔3〕 有关法人的法律特征和本质的不同学说，参见刘心稳主编：《中国民法学研究述评》，中国政法大学出版社1996年版，第132～133页。

〔4〕 "公法人"与"私法人"的分类，参见朱采真：《现代法学通论》，世界书局1931年版，第150～151页。

3. 国家。在特殊情况下国家可以作为一个整体成为法律关系主体。[1]例如，国家作为主权者是国际公法关系的主体，可以成为外贸关系中的债权人或债务人。在国内法上，国家作为法律关系主体的地位比较特殊，既不同于一般公民，又不同于法人。国家可以直接以自己的名义参与国内的法律关系（如发行国库券），但在多数情况下则由国家机关或授权的组织作为代表参加法律关系。

二、法律关系主体构成的资格：权利能力和行为能力

公民和法人要能够成为法律关系的主体、享有权利和承担义务，就必须具有权利能力和行为能力，即具有法律关系主体构成的资格。

（一）权利能力

权利能力，又称权义能力（权利义务能力），[2]是指能够参与一定的法律关系，依法享有一定权利和承担一定义务的法律资格。它是法律关系主体实际取得权利、承担义务的前提条件。

公民的权利能力可以从不同角度进行分类。

1. 根据享有权利能力的主体范围不同，可以分为一般权利能力和特殊的权利能力。前者又称基本的权利能力，是一国所有公民均具有的权利能力，它是任何人取得公民法律资格的基本条件，不能被任意剥夺或解除。后者是公民在特定条件下具有的法律资格。这种资格并不是每个公民都可以享有，而只授予某些特定的法律主体。如国家机关及其工作人员行使职权的资格，就是特殊的权利能力。

2. 按照法律部门的不同，可以分为民事权利能力、政治权利能力、行政权利能力、劳动权利能力、诉讼权利能力等。这其中既有一般权利能力（如民事权利能力），也有特殊权利能力（政治权利能力、劳动权利能力）。

法人的权利能力没有上述的类别，所以与公民的权利能力不同。一般而言，法人的权利能力自法人成立时产生，至法人解体时消灭。其范围是由法人成立的宗旨和业务范围决定的。

（二）行为能力

行为能力是指法律关系主体能够通过自己的行为实际取得权利和履行义

---

〔1〕　苏联法学家罗马什金等人认为，国家作为整体可以参与下列法律关系：①国家法关系；②一定的财产法关系；③国际法关系。参见〔苏联〕彼·斯·罗马什金等主编：《国家和法的理论》，中国科学院法学研究所译，法律出版社1963年版，第476～477页。也见杨振山、余能斌："特殊的民事主体——国家"，载《中国法制报》1981年。

〔2〕　有学者认为，权利能力和义务能力不完全相同，不是说凡享受权利者都能负担义务。在此意义上，义务能力就等于是行为能力。参见丘汉平：《法学通论》，商务印书馆1935年版，第106～107页。

务的能力。

公民的行为能力是公民的意识能力在法律上的反映。确定公民有无行为能力，其标准有二：①能否认识自己行为的性质、意义和后果；②能否控制自己的行为并对自己的行为负责。因此，公民是否达到一定年龄、神智是否正常，就成为公民享有行为能力的标志。例如，婴幼儿、精神病患者，因为他们不可能预见自己行为的后果，所以在法律上不能赋予其行为能力。在这里，公民的行为能力不同于其权利能力。具有行为能力必须首先具有权利能力，但具有权利能力并不必然具有行为能力。这表明在每个公民的法律关系主体资格构成中，这两种能力可能是统一的，也可能是分离的。

公民的行为能力也可以进行不同的分类。其中较为重要的一种分类是根据其内容不同分为权利行为能力、义务行为能力和责任行为能力。权利行为能力是指通过自己的行为实际行使权利的能力。义务行为能力是指能够实际履行法定义务的能力。责任行为能力（简称责任能力）是指行为人对自己的违法行为后果承担法律责任的能力。它是行为能力的一种特殊形式。[1]

公民的行为能力问题是由法律予以规定的。世界各国的法律一般都把本国公民划分为完全行为能力人、限制行为能力人和无行为能力人。

1. 完全行为能力人。这是指达到一定法定年龄、智力健全、能够对自己的行为负完全责任的自然人（公民）。例如，在民法上，18 周岁以上的公民是成年人，具有完全的民事行为能力，可以独立进行民事活动，是完全民事行为能力人。

2. 限制行为能力人。这是指行为能力受到一定限制，只具有部分行为能力的公民。例如，《民法通则》规定，10 周岁以上的未成年人，不能完全辨认自己行为的精神病人，是限制行为能力人。刑法将已满 14 周岁不满 16 周岁的公民视为限制行为能力人（不完全的刑事责任能力人）。

3. 无行为能力人。这是指完全不能以自己的行为行使权利、履行义务的公民。在民法上，不满 10 周岁的未成年人，完全的精神病人是无行为能力人。在刑法上，不满 14 周岁的未成年人和精神病人，也被视为无刑事责任能力人。

法人组织也具有行为能力，但与公民的行为能力不同，表现在：①公民的行为能力有完全与不完全之分，而法人的行为能力总是有限的，由其成立

---

[1] 行为能力是否包含责任能力（违法行为的能力）在理论上有不同的看法。有人采"行为能力"之狭义，认为它不包括责任能力；有人采其广义，认为行为能力中包含责任能力。参见刘心稳主编：《中国民法学研究述评》，中国政法大学出版社 1996 年版，第 95 页。本书采用行为能力之广义。

宗旨和业务范围所决定。②公民的行为能力和权利能力并不是同时存在的。也就是说，公民具有权利能力却不一定同时具有行为能力，公民丧失行为能力也并不意味着丧失权利能力。与此不同，法人的行为能力和权利能力却是同时产生和同时消灭。法人一经依法成立，就同时具有权利能力和行为能力，法人一经依法撤销，其权利能力和行为能力就同时消灭。

■ 第三节　法律关系的内容

一、法律权利和法律义务的概念

（一）法律权利

"权利"一词可以在不同的意义上使用，如"道德权利""自然权利""习惯权利""法律权利"等。关于权利的本质，学者们的解释也很不统一，主要有：①自由说，认为权利即自由。②范围说，认为权利是法律允许人们行为的范围。③意思说，认为权利是法律赋予人的意思力或意思支配力。④利益说，认为权利就是法律所保护的利益。⑤折中（综合意思说和利益说）说，认为权利是保护利益的意思力或依意思力所保护的利益。⑥法力说，认为权利就是一种法律上的力。⑦资格说，认为权利就是人们做某事的资格。⑧主张说，认为权利是人们对某物的占有或要求做某事的主张。⑨可能性说，认为权利是权利人做出或要求他人做出一定行为的可能性。⑩选择说，认为权利是法律承认一个人有比另一个人更优越的选择。[1]

在这里，我们要讨论的是法律权利。所谓法律权利，就是国家通过法律规定对法律关系主体可以自主决定做出某种行为的许可和保障。其特点在于：①权利的本质是由法律规范所决定的，得到国家的认可和保障。当人们的权利受到侵犯时国家应当通过制裁侵权行为以保证权利的实现。②权利是权利主体按照自己的愿望来决定是否实施行为，因而权利具有一定程度的自主性。③权利是为了保护一定的利益所采取的法律手段。因此，权利与利益是紧密相连的。而通过权利所保护的利益并不总是本人的利益，也可能是他人的、集体的或国家的利益。④权利总是与义务人的义务相关联。离开了义务，权利就不能得以保障。

如果具体分析法律权利的结构，其内容应当包括：①权利人可以自主决

---

[1]　详见陈云生：《权利相对论》，人民出版社 1994 年版，第 6~8 页；夏勇：《人权概念起源》，中国政法大学出版社 1992 年版，第 40 页以下；张文显：《法学基本范畴研究》，中国政法大学出版社 1993 年版，第 74~81 页。

定做出一定行为的权利。②权利人要求他人履行一定法定义务的权利。③权利人在自己的权利受到侵犯时，请求国家机关予以保护的权利。这三个要素是紧密联系，不可分割的。其中，第一要素（即权利人可以自主决定做出一定的行为）是权利结构的核心。其他两要素都是该要素的延伸，也是为实现该要素而自然产生的保护手段。[1]

权利和权利能力是两个概念，既有联系也有区别。两者的联系表现在：权利以权利能力为前提，是权利能力这一法律资格在法律关系中的具体反映。两者的区别是：①任何人具有权利能力，并不必然表明他可以参与某种法律关系，而要能够参与法律关系就必须要有具体的权利。②权利能力包括享有权利和承担义务这两方面的法律资格，而权利本身不包括义务在内。

（二）法律义务

法律义务是国家通过法律规定，对法律主体的行为的一种约束手段。它或者表现为要求人们必须根据权利的内容做出一定的行为，或者表现为要求人们不得做出一定的行为。要求人们必须积极做出一定行为的义务，在法学上被称为"作为义务"或"积极义务"（如赡养父母、抚养子女、纳税、服兵役等）。要求人们不得做出一定行为的义务，被称为"不作为义务"或"消极义务"，例如，不得破坏公共财产，禁止非法拘禁，严禁刑讯逼供，等等。

法律义务的履行是实现法律规范、保障法律权利的重要步骤。义务人履行义务是法的遵守（守法）的重要内容。而不履行义务就构成了对他人权利的侵犯，就是违法，须承担一定的法律责任。因此，法律义务不等同于法律责任，它是构成法律责任的法定前提条件。在一定意义上，法律责任就是因不履行义务（违法）而应承担的法律后果。

二、法律权利和法律义务的分类

（一）基本权利义务与普通权利义务

根据根本法与普通法律规定的不同，可以将权利义务分为基本权利义务和普通权利义务。基本权利义务是宪法所规定的人们在国家政治生活、经济生活、文化生活和社会生活中的根本权利和义务。普通权利义务是宪法以外的普通法律所规定的权利和义务。

[1] 关于权利的结构，苏联法学家的普遍看法是，它是三种"可能性"的统一：权利享有者自己做出一定行为的可能性；要求他人做出一定行为的可能性；在必要时请求国家机关予以保护的可能性。其实，这三种可能性就是三种权利——自由权、请求权和诉权。一个完整的权利是自由权、请求权和诉权的统一。参见舒国滢："权利的法哲学思考"，载《政法论坛》1995年第3期。

（二）绝对权利义务与相对权利义务

根据相对应的主体范围可以将权利义务分为绝对权利义务和相对权利义务。绝对权利和义务，又称"对世权利"和"对世义务"，是对应不特定的法律主体的权利和义务：绝对权利对应不特定的义务人；绝对义务对应不特定的权利人。相对权利和义务又称"对人权利"和"对人义务"，是对应特定的法律主体的权利和义务："相对权利"对应特定的义务人；"相对义务"对应特定的权利人。

（三）个人权利义务、集体权利义务和国家权利义务

根据权利义务主体的性质，可以将权利义务分为个人权利义务、集体（法人）权利义务和国家权利义务。个人权利义务是指公民个人（自然人）在法律上所享有的权利和应履行的义务。集体（法人）权利义务是国家机关、社会团体、企事业组织等的权利和义务。国家权利义务是国家作为法律关系主体在国际法和国内法上所享有的权利和承担的义务。

三、法律权利和法律义务的相互联系

权利和义务作为构成法律关系内容的要素，是紧密联系、不可分割的，它们共处于法律关系的统一体中。"没有无义务的权利，也没有无权利的义务。"[1]因此，权利和义务都不可能孤立地存在和发展。它们的存在和发展都必须以另一方的存在和发展为条件。它们的一方不存在了，另一方也不能存在。

权利与义务又是相对立、相区别的。权利不能被看作义务，义务也不能被视为权利。混淆两者的界限必然会导致法律上的错误。也就是说，权利和义务有各自的范围和限度。超出了这个限度就不为法律所保护，甚至是违反法律的，具体而言，超出了权利的限度就可能构成"越权"或"滥用权利"，属于违法行为。[2]而要求义务人做出超出"义务"范围的行为，同样是法律所禁止的。

从更为广泛的角度看，权利和义务在国家的法律体系和法律关系体系中的地位是有主次之分的。一般而言，在等级特权社会（如奴隶社会和封建社会），法律制度往往强调以义务为本位，权利处于次要的地位。而在民主法治社会，法律制度较为重视对个人权利的保护，此时，权利是第一性的，义务是第二性的，义务设定的目的是为了保障权利的实现。因此，"权利本位"和

---

〔1〕《马克思恩格斯全集》第16卷，人民出版社1963年版，第16页。

〔2〕"权利的滥用"的含义、特征、类别以及特殊的权利滥用，参见唐琼瑶："论权利"，载《海南大学学报（社会科学版）》1994年第4期。

"义务本位"代表着不同的法律精神和法律价值取向。[1]

■ 第四节 法律关系客体

一、法律关系客体的概念

笼统地讲，法律关系客体是指法律关系主体之间权利和义务所指向的对象。它是构成法律关系的要素之一。

法律关系客体与权利客体既有区别又有联系。权利客体是权利行使所及的对象，它说明：享受权利的主体在哪些方面可以对外在的客体（物质客体或精神客体）做出某种行为或不做出某种行为。这种对象始终与权利本身共存共灭。没有权利也就没有权利客体。从单个权利的角度讲，其客体自然不能完全等同于法律关系客体。然而，一旦权利的行使与特定义务的履行发生联系，此时权利客体不仅是权利所及的对象，也是义务所指向的对象。权利客体也就变成了法律关系客体。例如，所有物是所有权的客体，而在买卖法律关系中，它就是该法律关系的客体。[2]

法律关系客体是一定利益的法律形式。任何外在的客体，一旦承载了某种利益价值就可能会成为法律关系客体。法律关系建立的目的，总是为了保护某种利益、获取某种利益，或分配、转移某种利益。所以，实质上客体所承载的利益本身才是法律权利和法律义务联系的中介。这些利益从表现形态上可以分为物质利益和精神利益、有形利益和无形利益、直接利益和间接利益（潜在利益）；从享有主体的角度，利益可分为国家利益、社会利益和个人利益；等等。[3]

二、法律关系客体的种类

法律关系客体是一个历史的概念，随着社会历史的不断发展，其范围和形式、类型也在不断地变化着。总体看来，由于权利和义务类型的不断丰富，

第二十二章

---

[1] 有学者综合近年法学界的讨论，把权利和义务的关系概括为四个方面：结构上的相关关系；数量上的等值关系；功能上的互补关系；价值上的主次关系。参见张文显：《法学基本范畴研究》，中国政法大学出版社 1993 年版，第 84 页以下。

[2] 苏联法学家斯塔利格维奇在 20 世纪 50 年代曾提出"二重客体"的理论，认为法律关系客体是由法律调整的对象及其现实根据（法律主体的权利和义务的客体）组成的。参见〔苏联〕A. K. 斯塔利格维奇："社会主义法律关系理论的几个问题"，载《政法译丛》1957 年第 5 期。我国学者中也有人主张将法律关系客体视为法律调整的对象，而物则属于权利客体。参见刘翠霄："论法律关系的客体"，载《法学研究》1988 年第 4 期。

[3] 比较〔美〕罗·庞德：《通过法律的社会控制——法律的任务》，沈宗灵、董世忠译，商务印书馆 1984 年版，第 37～54 页。

法律关系客体的范围和种类有不断扩大和增多的趋势。归纳起来，有以下几类：

（一）物

法律意义上的物是指法律关系主体支配的、在生产上和生活上所需要的客观实体。它可以是天然物，也可以是生产物；可以是活动物，也可以是不活动物。作为法律关系客体的物与物理意义上的物既有联系，又有不同，它不仅具有物理属性，而且应具有法律属性。物理意义上的物要成为法律关系客体，须具备以下条件：①应得到法律之认可。②应为人类所认识和控制。不可认识和控制之物（如地球以外的天体）不能成为法律关系客体。③能够给人们带来某种物质利益，具有经济价值。④须具有独立性。不可分离之物（如道路上的沥青、桥梁之构造物、房屋之门窗）一般不能脱离主物，故不能单独作为法律关系客体存在。至于哪些物可以作为法律关系的客体或可以作为哪些法律关系的客体，应由法律予以具体规定。

在我国，大部分天然物和生产物可以成为法律关系的客体。但有四种物不得进入国内商品流通领域，成为私人法律关系的客体：①人类公共之物或国家专有之物，如海洋、山川、水流、空气。②文物。③军事设施、武器（枪支、弹药等）。④危害人类之物（如毒品、假药、淫秽书籍等）。

（二）人身[1]

人身是由各个生理器官组成的生理整体（有机体）。它是人的物质形态，也是人的精神利益的体现。在现代社会，随着现代科技和医学的发展，使得输血、植皮、器官移植、精子提取等现象大量出现；同时也产生了此类交易买卖活动及其契约，带来了一系列法律问题。这样，人身不仅是人作为法律关系主体的承载者，而且在一定范围内成为法律关系的客体，但须注意如下几点：

1. 活人的（整个）身体不得被视为法律上之"物"，不能作为物权、债权和继承权的客体，禁止任何人（包括本人）将整个身体作为"物"参与有偿的经济法律活动，不得转让或买卖。贩卖或拐卖人口，买卖婚姻，是法律所禁止的违法或犯罪行为，应受法律制裁。

2. 权利人对自己的人身不得进行违法或有伤风化的活动，不得滥用人身，或自践人身和人格。例如，卖淫、自杀、自残行为属违法行为或至少是法律所不提倡的行为。

---

[1] 在传统的法学理论教科书中，一般不承认"人"或"人身"是法律关系客体，因为人只能是法律关系的主体。但也有人主张将"人身"看作客体之一。参见吴家如："人身应是法律关系的重要客体"，载《法学季刊》1987年第4期。

3. 对人身行使权利时必须依法进行，不得超出法律授权的界限，严禁对他人人身非法强行行使权利。例如，有监护权的父母不得虐待未成年子女的人身。

人身（体）部分（如血液、器官、皮肤等）的法律性质是一个较复杂的问题。它属于人身，还是属于法律上的"物"，不能一概而论。应从三方面分析：当人身之部分尚未脱离人的整体时，即属人身本身；当人身之部分自然地从身体中分离，已成为与身体相脱离的外界之物时，亦可视为法律上之"物"；当该部分已植入他人身体时，即为他人人身之组成部分。

（三）精神产品

精神产品是人通过某种物体（如书本、砖石、纸张、胶片、磁盘）或大脑记载下来并加以流传的思维成果。精神产品不同于有体物，其价值和利益在于物中所承载的信息、知识、技术、标识（符号）和其他精神文化。同时它又不同于人的主观精神活动本身，是精神活动的物化、固定化。精神产品属于非物质财富。西方学者称之为"无体（形）物"。我国法学界常称为"智力成果"或"无体财产"。

（四）行为结果

在很多法律关系中，其主体的权利和义务所指向的对象是行为结果。作为法律关系客体的行为结果是特定的，即义务人完成其行为所产生的能够满足权利人利益要求的结果。[1]这种结果一般分为两种：一种是物化结果，即义务人的行为（劳动）凝结于一定的物体，产生一定的物化产品或营建物（房屋、道路、桥梁等）；另一种是非物化结果，即义务人的行为没有转化为物化实体，而仅表现为一定的行为过程，直至终了了，最后产生权利人所期望的结果（或效果）。例如，权利人在义务人完成一定行为后，得到了某种精神享受或物质享受，增长了知识和能力等。在此意义上，作为法律关系客体的行为结果不完全等同于义务人的义务，但又与义务人履行义务的过程紧密关联。义务正是根据权利人对这一行为结果的要求而设定的。

在研究法律关系客体问题时，还必须看到实际的法律关系有多种多样，而多种多样的法律关系就有多种多样的客体，即使在同一法律关系中也有可能存在两个或两个以上的客体。例如买卖法律关系的客体不仅包括"货物"，而且也包括"货款"。在分析多向（复合）法律关系客体时，我们应当把这

---

[1] 罗马什金等人则认为，权利和义务所指向的对象不仅是义务人的行为，而且也是权利人的行为。〔苏联〕彼·斯·罗马什金等：《国家和法的理论》，中国科学院法学研究所译，法律出版社1963年版，第477～478页。

一法律关系分解成若干个单向法律关系，然后再逐一寻找它们的客体。多向（复合）法律关系之内的诸单向关系有主次之分，因此其客体也有主次之分。其中，主要客体决定着次要客体；次要客体补充说明主要客体。它们在多向（复合）法律关系中都是不可缺少的构成要素。

■ 第五节　法律事实

一、法律事实的概念

法律关系处在不断地生成、变更和消灭的运动过程之中。它的形成、变更和消灭需要具备一定的条件。其中最主要的条件有二：①法律规范；②法律事实。法律规范是法律关系形成、变更和消灭的法律依据，没有一定的法律规范就不会有相应的法律关系。但法律规范的规定只是主体权利和义务关系的一般模式，还不是现实的法律关系本身。法律关系的形成、变更和消灭还必须具备直接的前提条件，这就是法律事实。它是法律规范与法律关系联系的中介。

所谓法律事实，就是法律规范所规定的、能够引起法律关系产生、变更和消灭的客观情况或现象。也就是说，法律事实首先是一种客观存在的外在现象，而不是人们的一种心理现象或心理活动。纯粹的心理现象不能被看作法律事实。其次，法律事实是由法律规定的、具有法律意义的事实，能够引起法律关系的产生、变更或消灭。在此意义上，与人类生活无直接关系的纯粹的客观现象（如宇宙天体的运行）就不是法律事实。[1]

二、法律事实的种类

依是否以人们的意志转移为标准，可以将法律事实大体上分为两类，即法律事件和法律行为。[2]

（一）法律事件

法律事件是由法律规范规定的、不以当事人的意志为转移而引起法律关

---

[1] 法律事实的研究，对于正确适用法律、开展对法律关系的社会学研究均具有重要的意义。见〔苏联〕C.C. 阿列克谢耶夫：《法的一般理论》（下），黄良平、丁文琪译，法律出版社1991年版，第540~541页。

[2] 除了上述分类外，似乎还可以有其他一些分类。例如，按照后果，法律事实可以分为构成权利的、变更权利的和终止权利的法律事实；按照表现形式，可以分为肯定的法律事实和否定的法律事实；按照作用的性质，可以分为一次性作用的事实和具有连续性法律作用的事实（法律状态）。〔苏联〕C.C. 阿列克谢耶夫：《法的一般理论》（下），黄良平、丁文琪译，法律出版社1991年版，第550~553页。

系形成、变更或消灭的客观事实。法律事件又分成社会事件和自然事件两种。前者如社会革命、战争等，后者如人的生老病死、自然灾害等，这两种事件对于特定的法律关系主体（当事人）而言都是不可避免的，是不以其意志为转移的。但由于这些事件的出现，法律关系主体之间的权利与义务关系就有可能产生，也有可能发生变更，甚至完全归于消灭。例如，由于人的出生便产生了父母与子女间的抚养关系和监护关系；而人的死亡却又导致抚养关系、夫妻关系或赡养关系的消灭和继承关系的产生等。[1]

（二）法律行为

法律行为可以作为法律事实而存在，能够引起法律关系形成、变更和消灭。因为人们的意志有善意与恶意、合法与违法之分，故其行为也可以分为善意行为和合法行为、恶意行为和违法行为。善意行为、合法行为能够引起法律关系的形成、变更和消灭。例如，依法登记结婚行为导致婚姻关系的成立。同样，恶意行为、违法行为也能够引起法律关系的形成、变更和消灭。如犯罪行为产生刑事法律关系，也可能引起某些民事法律关系（损害赔偿、婚姻、继承等）的产生或变更。

研究法律事实问题，我们还应当看到这样两种复杂的现象：①同一个法律事实（事件或者行为）可以引起多种法律关系的产生、变更和消灭。例如，工伤致死，不仅可以导致劳动关系、婚姻关系的消灭，而且也导致劳动保险合同关系、继承关系的产生。②两个或两个以上的法律事实引起同一个法律关系的产生、变更或消灭。例如，房屋的买卖，除了双方当事人签订买卖协议外，还须向房管部门办理登记过户手续方有效力，相互之间的关系才能够成立。在法学上，人们常常把两个或两个以上的法律事实所构成的一个相关的整体，称为"事实构成"。[2]

思考题

1. 怎样理解法律关系的概念？
2. 人们一般可以按照哪些标准对法律关系进行分类？

---

〔1〕 阿列克谢耶夫把由于人的行为所导致的、不依当事人意志为转移的结果的情况称作"相对事件"，而把不是由人的意志引起、也不依人的意志为转移的情况称为"绝对事件"。〔苏联〕C. C. 阿列克谢耶夫：《法的一般理论》（下），黄良平、丁文琪译，法律出版社1991年版，第550页。

〔2〕 关于"事实构成"的类别及其法律后果的分析，详见〔苏联〕C. C. 阿列克谢耶夫：《法的一般理论》（下），黄良平、丁文琪译，法律出版社1991年版，第554～563页。

3. 法律关系主体的构成资格有哪些？它们之间的关系如何？

4. 论述法律关系中的权利与义务和法律中的权利与义务的区别。

5. 举例说明法律关系的客体与法律事实的种类。

推荐阅读书目

1. 王勇飞、王启富主编：《中国法理纵论》，中国政法大学出版社 1996 年版。

2. 王勇飞、张贵成主编：《中国法理学研究综述与评价》，中国政法大学出版社 1992 年版。

3. 〔苏联〕尼·格·亚历山大洛夫：《苏维埃社会中的法律和法律关系》，宗生、孙国华译，中国人民大学出版社 1958 年版。

第二十二章

第二十三章

守法与违法

学习目的与要求 在本章学习之中，要求学生对守法、违法的概念有良好的把握，对违法的构成要件有全面的理解，对违法行为的预防与社会治安综合治理之间的关系有清楚的认识。

■ 第一节 守 法

一、守法的含义

守法是指国家机关、武装力量、政党、社会团体、企事业单位以及社会成员服从法律，依法办事。它是法治的必然要求，也是法律得以实施的重要方式。

守法的主体是一切国家机关、武装力量、政党、社会团体、企事业单位以及全体社会成员。任何组织和个人都具有守法的义务，而无违法的权利。而且所有的守法主体在法律的遵守上都必须是法律面前人人平等的，任何个人或者组织都不得享有可以不遵守法律的特权。就是处于国家领导地位的中国共产党也在其党章中明确规定，"党必须在宪法和法律的范围内活动。"《中华人民共和国宪法》明确宣布："一切国家机关和武装力量、各政党和各社会团体、各企业事业组织，都必须以宪法为根本的活动准则，并且负有维护宪法尊严、保证宪法实施的职责。"[1]"一切国家机关和武装力量、各政党和各社会团体、各企业事业组织都必须遵守宪法和法律。一切违反宪法和法律的行为，必须予以追究。"[2]"任何组织或者个人都不得有超越宪法和法律的特权。"[3]

---

[1] 《中华人民共和国宪法》序言。
[2] 《中华人民共和国宪法》第5条第4款。
[3] 《中华人民共和国宪法》第5条第5款。

守法的内容包括遵守整个宪法和法律。具体说来包括：宪法、法律、行政法规、地方法规、民族自治地区的自治条例和单行条例、特别行政区的法和国际条约。除宪法、法律、行政法规在全国普遍有效外，其他法律和法规以及国际条约都在特定的领域和特定的社会方面有效。守法中所要求遵守的法的内容是确定的，除了以上具有法律效力的宪法、法律、法规和条约之外，其他任何社会规范都不能以宪法、法律的身份要求社会普遍遵行。否则，就是对法律尊严的亵渎，其本身就是违法（包括违宪）。那种把其他社会规范作为守法的内容的理论和做法，对于法制和法治的确立都是极其有害的。[1]

守法是法制的重要环节，是法制建设的重要方面。法制包含着立法、执法、司法和法律监督等环节。其中的任何一个方面都是法制的构成部分，缺少任何一个方面，法制就不完善，甚至就不称其为法制。守法就是其中的主要环节之一。守法作为法制的重要环节，当然也就是法制建设的重要组成部分。

守法是立法的基本要求，是法律得以实现的基本途径。立法只是法制的首要环节，立法的目的还在于将法律用于调整具体的社会关系，在社会中具体实施。法律制定后在社会中实施除了必须依赖执法、司法之外，更重要的还必须依赖社会成员的自觉遵守。执法、司法是法律实现的最有力保障，守法是法律实现的最基本途径。严格地说，法律主要并不是由有关机关来执行的，而更主要是由社会组织和社会成员自觉服从，依法办事、遵守的。

守法是执法的社会保障，是法律执行的客观基础。法律的执行，包括执法和司法，都离不开法的遵守。执法、司法与守法并不是截然分离的。它们不仅并行不悖，而且还相互渗透，相互交融，相互促进。没有执法与司法的守法，是软弱的守法，但是，没有守法的执法和司法则是可悲的执法和司法。在没有守法的情况下，执法和司法都会因没有守法的呼应，而对全社会的非法现象无能为力，也就不可能有良好的执法和司法。

二、守法的要求

1. 国家机关严格守法。国家机关是国家和社会的管理者，有着各自的职能和职责，执行国家的有关法律、法规，对于各种法律、法规的贯彻实现具有重要的作用。它们能否守法，是否守法，对于全社会的守法具有重大的影

---

[1] 国内一些法学著作，将政策，甚至劳动纪律等也纳入守法的内容，是极不负责、极不严肃的。这种观点对于法制和法治的发展极为有害，必须予以清除。在司法实践中，错将政策、道德规范等作为守法内容的情况更为普遍，这是法制和法治建设中必须解决的问题。否则，我们就无法确立法律的权威。

响。甚至直接关系着守法的成败。由于国家机关独特的社会地位，人们会自然而然地以国家机关对待法律的态度作为表率。如果国家机关不守法，就必然会对全社会的守法产生消极影响；如果国家机关不守法，法律就不可能得到很好的执行，导致更大的不守法。因此，对于国家机关应有比一般自然人和法人更高的守法要求。

2. 公务人员模范守法。公务人员是指在国家机关中担任公职、依法从事公务活动的工作人员。公务人员是否严格守法，对于全社会同样具有重大的影响。公务人员在法律上具有双重的身份：①公务人员身份，作为国家某个方面的代表者，代表国家行使国家的管理职责；②一般公民身份，作为公民具有与其他公民相同的法律权利和法律义务。他们既是守法者，又是执法者。在理论上这两种身份是能够区分的，但在社会生活中，这两种身份却是难以区分的，有时甚至是混淆的。公务人员的特定身份要求其成为社会守法的模范，不仅在作为公民身份时应当严格守法，就是作为公务人员身份时，也应当甚至更应当严格守法。在对国家负责的同时，必须对社会和民众负责。国家公务人员在守法上由其特殊的身份决定，应当承担比一般公民更大的守法义务。这种更大的守法义务具有道德和法律的双重意义。

3. 社会组织认真守法。社会组织是指政治党派、社会团体、企业事业单位和其他社会组织。由于长期以来对社会组织的守法问题的忽视以至于形成了一种错误的法律观念，似乎社会组织没有守法的问题。这是对守法的误解。守法的主体不仅有公民，同样也应当有社会组织。而且社会组织必须遵守法律，它们对于法律的违反也会导致危害后果，因而其违法行为也应当被同等重视，也应当承担相应的法律责任。从社会组织违法的社会危害性意义上讲，它并不低于公民个人的违法，甚至比公民的个人违法具有更大的危害。再由于现代公民大多数都是在一个又一个社会组织中工作和生活的，社会组织的守法问题对每一个公民的守法都具有或大或小的影响，因此，随着社会组织的增多，社会组织的认真守法应当被提高到一个新的高度来认识和强调。

4. 公民个人自觉守法。对于公民来说，遵守法律是特别重要的。首先，公民的自觉遵守，是实现法律的需要。任何法律不可能自动产生应有的社会效果或达到其立法的目的。公民的守法也不可能都靠强制。法律的强制虽然是普遍的，但其具体运用却是个别的。任何法律都不可能完全寄希望于强制来保障实施。最根本的只能也必须是公民大众的自觉遵守。其次，公民的自觉守法是公民进行自我教育的重要方式与途径。公民的社会化过程是长期的，不断进步的。自我教育始终是公民很好地从事社会生活的保障，公民对法律的自觉服从过程也就是公民自我教育的过程。再次，公民的守法是减少和解决社会矛盾的积极措施。公民在社会生活中难免会产生这样那样的冲突。这时，如果公民都不依法办事，后果是难以想象的，必然会导致大量违法犯罪的产生。但是如果公民能够以法律来要求自己，自觉遵守法律，不但会减少违法犯罪，而且有利于公民之间社会矛盾的减少和解决。最后，公民的自觉守法也是公民同各种违法犯罪进行斗争的武器。公民对违法犯罪的揭露是以公民对于法律的自觉遵守作为前提的。如果公民连法律都不能自觉遵守，要求其同违法犯罪做斗争，显然是不切实际的幻想。

■ 第二节 违 法

一、违法的含义

违法就是指违反现行法律的规定，给社会造成某种危害的行为。[1]

1. 违法违反的是法律。违法行为所违反的必须是法律，而不是道德、政策、纪律、非法律的教规。违反其他社会规范的行为尽管也可能会受到某种处罚或者制裁，但是这种处罚或者制裁一定不是法律意义上的。否则就会混淆道德、政策、纪律、非法律的教规与法律之间的差异，导致对行为性质的认识错误，导致滥用法律的恶劣后果。

2. 违法违反的是现行法律。违法所违反的必须是现行法律，如果是对已经丧失了法律效力的"法律"的违反，当然就不能将其行为确定为违法行为。所谓现行，即在判定某一行为性质的时候，用以判定人们行为的法律，也即被认定为所违反的法律，一定是具有现实的法律效力的，而不是已经被废止的或者已经被宣布为无效的。

3. 违法一定是具有社会危害性的行为。社会危害性是违法的本质属性。一个社会的法律之所以要将某些行为规定为违法，最根本的就是这些行为具有危害社会的性质。人们之所以要将某种行为确定为"违法"并依据法律予以处罚，也是因为这种行为具有社会危害性。没有社会危害性的行为，在严格的意义上，任何法律不应也不会将其确定为违法行为。即便是最反动的法律也同样是以某种行为是否具有社会危害性来划分违法与不违法的。只不过，反动的法律对于社会危害性的认识也是反动的罢了。

---

[1] 我国的多数学者和教科书都认为，违法的含义有广义和狭义之分：在广义上，违法指一切违反现行法律的行为。狭义的违法则专指严重地违反法律，给社会造成危害的行为，即构成犯罪的严重违法行为。我们认为这种广义、狭义的区分是不科学亦不必要的，所以才有了以上的表述。如果一定要界定是广义或者狭义，那么，本书是在广义上使用"违法"这一概念的。

在法治状态和非法治状态之下，人们对于违法的认识是有所差异的。在法治状态下，一切权力行为都必须具有法律上的根据，即必须是合法的，如果不合法就是违法。这是因为任何权力的获得与范围都是由法律所规范的，超出法律规定的权力行为，都是权力的非法膨胀或者滥用，都是违法。而一切非权力行为，即一般公民或者一般法人的行为，只要没有违反法律的禁止性规定和义务性规定，也许不合于法律的规定，甚至法律本身就没有相关的规定，就不是违法行为。在非法治状态下，往往会混淆对于权力拥有者与一般公民和一般法人在违法上的不同判别标准，甚至将其完全倒置，对于一般公民和一般法人做出比权力拥有者更高更多的要求。这显然是错误的，是反法治的。

二、违法的构成

违法构成是衡量违法是否成立的标准，也是违法成立的条件。它对于法律和社会都具有重要的意义。对于法律来说，准确地确定违法是人类特定历史阶段善恶评价标准和主观意愿等在法律上的体现；是法律权威性、公正性、科学性、强制性的要求；也是社会生活秩序性、公正性的保障。因此，为违法确立一个构成标准就成为非常重要的事情。经过历史发展的总结与概括，逐步形成了违法的构成要件，它包括违法的客观要件、主观要件、主体要件和客体要件四个方面。

（一）违法的客观要件

违法的客观要件是指违法必须是行为。所谓行为，就是人体在一定意志支配之下的动与不动的状态。行为的主体是人，表现是人体的动与不动的状态，条件是有一定意志支配。只有行为才可能构成违法。任何思想和意识，只要不是行为，就不可能构成违法。

马克思认为，"凡是不以行为本身而以当事人的思想方式作为主要标准的法律，无非是对非法行为的公开认可"，[1]并说，"我只是由于表现自己，只是由于踏入现实的领域，我才进入受立法者支配的范围。对于法律来说，除了我的行为以外，我是根本不存在的，我根本不是法律的对象。我的行为就是我同法律打交道的唯一领域，因为行为就是我之要求生存权利、要求现实权利的唯一东西，而且因此我才受现行法的支配"。[2]

只有行为才可能构成违法是法律的基本原理。但是历史上，将思想作为违法甚至犯罪的事例也层出不穷。任何将思想作为违法犯罪的时代都是专制

---

[1]《马克思恩格斯全集》第 1 卷，人民出版社 1956 年版，第 16 页。
[2]《马克思恩格斯全集》第 1 卷，人民出版社 1956 年版，第 16~17 页。

的时代、非法治的专横时代，都是不民主的时代、非法治的时代。惩办思想违法乃至犯罪，在中国具有特别漫长的历史，对思想予以法律制裁的例子不胜枚举，就是将惩办思想违法作为法律的制度性规定的情形也比比皆是。如腹诽罪、非所宜言罪，以及谋反罪中的许多犯罪，无不是以惩办思想的违法犯罪作为特征的。如何避免将思想作为违法的客观方面，现在依然具有重要的警示意义。

（二）违法的主观要件

违法是指行为人有过错的行为。违法的主观方面一定是行为人具有某种过错。过错是指行为人对于自己行为的故意或者过失的心理态度。是否有过错是衡量某人某种行为是否构成违法的重要标准和必备条件。

之所以要求违法要具备过错这一主观要件，是因为确定违法的目的在于制裁违法和预防违法。主观上对于"违法"毫无过错的人是不应也不必予以制裁的。因为在行为人既无故意也无过失的情况下，对行为人加以法律制裁，根本就达不到制裁违法与预防违法的目的。无法预料的意外事件或不可抗力，对于特定的行为人来说就是没有故意也没有过失的。因此，法律都规定，在意外事件和不可抗力的情形中没有违法的问题。正当防卫和紧急避险行为不是违法行为。其原因并不在于它缺乏违法的主观要件，因为它是主体故意的行为，而是在于它缺乏违法的客体即社会危害性。

（三）违法的主体要件

违法的主体必须是自然人或法人。

1. 自然人，是指拥有自然生命的个体的人。将自然人作为违法的主体，排除了与自然人相对应的非自然人，如动物、机器人等。在现代世界，有的国家把动物作为违法的主体，将法律责任加之于"做出违法行为"的动物。这种惩罚动物的案例在西方屡见不鲜。随着现代科学技术的发展，机器人作为现代高科技的产物，已经在许多领域发挥着重要的作用。它虽然也有一定的智能，但是它的智能都是由自然人赋予的，它的智能实际上是自然人的智能的延伸和扩展。它本身并不具有天生的理性能力。对于它的任何惩罚，如同对动物的任何惩罚一样，都达不到法律制裁的目的，都是对违法主体的随意扩大，从根本上说是错误的。对于违法主体的这种扩大实际上也是对法律调整范围的随意扩大，在这个意义上，同样也是错误的。

2. 法人，是法律上拟制的人，是指依法成立的、能够享受民事权利、承担民事义务的国家机关、企业事业单位、社会团体和其他社会组织。法人作为违法的主体排除了非依法成立的社会组织的违法主体地位。不依法成立的"组织"，即使具备社会组织的某些形式，也做出了违法的行为，依然不能被认为是这个组织的违法行为，更不能认为是某个"法人"的违法行为，所应承担责任的是构成这些组织的个人。

对于作为违法主体的个人来说，不必强调其年龄和智力状况。[1]即使是未达到法定责任年龄的人，其行为如果违反了法律的规定，同样应当认为是违法行为，而不能因其年龄幼小就改变了行为的性质。很难想象一个成年人的杀人行为是违法，而一个年龄幼小到一定程度（未达到法定责任年龄）的人的杀人行为就不是违法。至于违法者因其年龄幼小而被免除了责任，这只是基于行为本身之外的因素的考虑。同理，违法主体也不要求具有正常的智力状况。一个精神病人的杀人行为与正常人的杀人行为都应当被认为是非法的，是违法行为。如果主体的自身状况不同就可以将同一行为区别为两种完全不同的性质——违法或者不违法，那么，我们所倡导的法律准则的权威性就可能被大大怀疑。某种行为是否构成违法与某种行为是否承担法律责任是两个问题。前者无须考虑主体的年龄和智力因素，后者必须考虑主体的年龄和智力因素，在确定违法构成时不可将其混淆。[2]

（四）违法的客体要件

违法的客体是指违法行为所侵犯的、法律所保护的社会关系。任何违法都必须是对法律所保护的社会关系的破坏，具有社会危害性。任何行为都只有在侵犯了法律所保护的社会关系，具有社会危害性时才可能构成违法。所以，是否具有违法的客体就是违法能否构成的必要条件。这一必要条件，被称为违法的客体要件。

违法的客体要件反映着违法的本质特征——侵犯了法律所保护的社会关系，具有社会危害性。没有具备违法客体要件的任何行为都不应被视为违法，甚至还应当得到法律的保护。例如正当防卫行为和紧急避险行为，它们甚至具有其他所有的违法构成要件，仅仅因为没有违法的客体，即没有社会危害性就不构成违法。

违法的四个构成要件是一个整体，缺少任何一个要件都将无法构成违法，也不应认为构成违法。更不能认为具备了其中一个或者两个要件就可以构成违法。如果不能严格按照违法构成要件衡量是否构成违法，就公民来说，不仅是合法权益得不到保障，而且会受到严重的损害；就社会来说，不仅会导致社会秩序的破坏，而且会导致社会公正的丧失。

---

〔1〕 我国现有法学著作几乎都把自然人的年龄和智力状况作为是否构成违法的条件，这是有失偏颇的。它混淆了违法的构成条件与违法责任的承担条件。

〔2〕 我国现有的法学著作几乎全都混淆了违法的构成与违法责任的承担，对此应当予以修正。

三、违法的种类

违法有不同的种类划分。不同的划分具有不同的学术意义和实践意义。根据违法的危害程度，可以把违法划分为严重违法和一般违法。前者是指犯罪；后者是指犯罪以外的各种违反法律规定的行为。根据各种违法行为所违反的法律的类别或者性质，可以把违法划分为违宪行为、刑事违法、民事违法和行政违法等。

（一）违宪行为

违宪行为简称为违宪。通常是指国家机关或国家机关领导人违反宪法的原则和要求，制定违反宪法的法律文件；做出违反宪法的决议、命令；采取违反宪法的措施，侵犯国家、集体和公民合法权益等违反宪法规定的行为。宪法是一个国家的根本大法，具有至高无上的法律地位。任何国家机关的一切活动都不得违反宪法的规定，任何违反宪法的法律、法令、法规、规章和行为，都是无效的，都应当承担违反宪法的法律责任。

（二）刑事违法

刑事违法也称为犯罪，是指具有社会危害性的、违反刑事法律规定的、依法应受刑罚惩罚的行为。它是最严重的违法行为，具有最严重的社会危害性，也会受到最严厉的法律处罚。由于刑事违法的特殊性质，因而它也就特别引人注目。其中包括严重的危害国家安全的行为、危害公共安全的行为、破坏社会主义市场经济秩序的行为、侵犯公民人身权利和民主权利的行为、侵犯财产的行为、妨碍社会管理秩序的行为、危害国防利益的行为、贪污贿赂行为、渎职行为、军人违反职责的行为，等等。

（三）民事违法

民事违法是指违反民事法律规定，依法应当承担民事法律责任的行为。民事违法行为是社会中最普遍最经常的违法行为。最常见的民事违法行为包括欺诈的民事行为，胁迫的民事行为，恶意串通损害国家、集体或者第三者利益的民事行为，违反法律或者社会公共利益的民事行为，以及以合法形式掩盖非法目的的民事行为等。至于经济违法，在学理上，属于民事性质的就属于民事违法行为，属于行政性质的就属于行政违法行为。

（四）行政违法

行政违法即违反行政管理法规规定的，应当承担行政违法责任的行为。行政违法中既包括一般自然人和法人违反行政法规的行为，也包括国家机关的公务人员在执行职务活动中违反行政法规的行为。行政违法影响着国家行政管理的正常进行，同时也可能侵犯其他自然人和法人的合法权益。为了保障国家行政管理的正常进行和公民与法人的合法权益，就必须对行政违法行为进行必要的法律制裁。

在违法行为中还有善良违法与恶意违法的划分。所谓善良违法，即动机与目的具有某种合理性，在政治上或者道德上具有不可批评甚至还具有应被提倡性质的违法。对于这种违法，同样应当令违法者承担一定的法律责任。只是由于它在政治或道德上的不可批评甚至被提倡的性质，在具体的处罚时可以在法定范围内从宽处罚。个别重大的善良违法经过法定而严格的确认程序或赦免程序，可免于被作为违法对待。但这只能是个别的特例，而不能普遍地将善良违法都免于作为违法对待。否则，法治原则就会因此而被摧毁。在立法上没有这种特例制度的时候，任何善良违法都必须作为违法承担应有的法律责任。只是由于其善良的性质，在处罚上可以经法定程序而适当从宽。

■ 第三节 违法行为的预防与综合治理

一、违法行为的预防

违法，作为一个整体的社会现象，在法律存在的社会是根本不可能彻底消除的，也是不可完全预防的。但是，作为具体的违法现象来说则是可以预防，也是必须预防的。预防违法具有重要的意义。

1. 预防违法有利于维护正常的社会秩序，创造安全稳定的社会环境。良好的社会秩序对于任何社会都是重要的，它直接关系着一个社会的民众能否享有安全与稳定的社会生活；关系着能否形成一个经济发展的社会基础；关系着人民的权利有无法律的保障和能否正常享有。法律总是为维护一定的社会秩序服务的。预防违法就能为社会秩序提供较好的保证，减少违法给社会秩序所带来的危害，营造良好的社会环境。

2. 预防违法有利于减少违法行为可能给社会造成的损失和危害。任何违法都是一种对社会有危害的行为，任何违法也都会给社会造成一定的损失。从损失的类别看，有物质损失和精神损失，经济损失、文化损失和政治损失等；从损失的大小看，有的损失较小，有的损失较大，有的损失巨大，有的损失特别巨大，有的违法甚至会给社会造成不可估量的损失。预防违法就是要使违法不能产生，若能如此，违法给社会造成的损失就可以被控制在最小的范围之内。有的违法如能被消除，就没有损失和危害的产生与出现。

3. 预防违法有利于净化社会道德风尚，提高全社会的道德水准，促进全社会的精神文明建设。违法中的损人利己、化公为私、贪污腐化、贪赃枉法、为非作歹的恶行是多种多样的，它们对社会的危害中本身就包含着对社会道德风尚的破坏。如果任其发生，社会在道德建设和整个精神文明上都将遭受损失，为了防止道德的败坏，提高全社会的道德水准，促进全社会的精神文明建设，预防违法的意义是特别重大的。它是精神文明建设的特殊领域和重要方面。

预防违法不仅是非常必要的，而且是现实可行的：

1. 从违法的性质与全社会对待违法的社会心态来看，预防违法是可行的。法律是全社会的行为准则，违法其实就是对于全社会共同准则的违反，是具有社会危害性的行为。因而，总体而言，全社会都会反对违法的发生，全社会对于违法都是持否定态度的，都希望违法事件不要发生，这是违法的性质所决定的预防违法的社会心理基础。为了维护全社会的共同准则，防止违法结果的发生，预防违法自然会得到社会普遍的支持。预防违法，没有全社会的支持与参与根本是不可能的事情。违法的性质、全社会对于违法的共同否定心态，为全社会预防违法奠定了坚实的社会心理基础，预防违法也正是以此为据提出，并得以在社会中付诸实施的。

2. 从违法者的心态来看，违法是可以预防的。许多违法者本身并无违法的故意，而是过失违法。对于过失违法的预防应当说是特别有效的。违法者往往都是因为疏忽大意或者过于自信导致违法，能够预防违法不仅是社会的要求，也应当是过失违法者自身的愿望。即使在故意违法之中有的也是由于违法者法律意识淡漠所造成的。这种违法者，只要有足够的法律意识，也同样不至于违法。就是故意违法者，若能使其认识到其违法的危害与后果，也同样可以相当大程度地减少一些故意违法的发生。违法者的心态，从另一个方面为预防违法创造了条件和提供了可能。

3. 从社会控制系统来看，预防违法也是现实可行的。任何一个有违法存在的社会都有一定的关于违法的社会控制系统。这种社会控制系统除了制裁违法之外，对于预防违法也具有重要的作用。其实，制裁违法这一行为的本身也具有预防违法的意义。对于已经构成违法的人来说，是一种特殊的预防，使其已经发生的违法不再继续，未发生的不再发生；对于未构成违法的其他自然人和法人来说就是一种警示，通过其对违法的纠举与制裁，告诫未违法者不得违法。社会控制系统，从这两个方面发挥着预防违法的特殊职能。

4. 从预防违法的社会实践来看，预防违法也是可行的。预防违法在法律的实践中取得了令人瞩目的成绩。在同样的法律制度和社会背景下，有无预防违法的机制，违法的发生率是不同的。凡是提倡预防违法，并有效地推行预防违法的社会和地区，违法必然会受到抑制而减少；凡是不提倡和推行预防违法的社会和地区，其违法就可能肆意泛滥而增加。

二、社会治安综合治理

社会治安综合治理是我国预防违法的经验总结，是我国预防违法的战略措施。它是在党和国家的统一领导下，调动各方面的力量，运用法律的、政治的、经济的、思想的、行政的、教育的和感化的多种手段和方法预防违法犯罪，打击犯罪、改造罪犯、减少犯罪，消灭导致违法犯罪产生的原因和条件，创造安全稳定的社会环境的战略措施。

（一）社会治安综合治理的客观依据

社会治安的基本特点是综合治理的重要依据。社会治安状况是社会各种因素和矛盾交互作用、综合反映的结果，它并不是孤立的社会现象。它与整个社会的思想状况、文化素质、道德风尚、物质生活条件等有着密切的联系；与整个社会和每一个人的人生观、价值观、家庭环境、知识结构、社会关系、法律意识、道德水平密不可分；与法律的制定、执行、遵守的情况也有着重大的关系。社会治安是一个社会综合体，社会治安的这一基本特点决定了对社会治安的治理必须采取多种方式方法，实行综合治理。

社会成员对待社会治安综合治理的心理态度是综合治理的重要基础。社会治安状况关系着每一个社会成员的生命与安全，关系着每一个社会成员的权利能否正常享有，关系着每一个社会成员社会生活与工作能否正常进行。就正常情况而言，绝大多数社会成员都会期望社会生活能够平静美满、幸福祥和。因为只有在和平安宁的社会环境中人们的权利才有保障。人天生就具有对于和平的向往。而社会治安的不正常必然会违反人们的本意，人们在内心深处并不期望动荡不安。即使偶尔有这种期盼也是特定历史条件下的特别现象。社会成员普遍的对于和平的向往为社会治安综合治理奠定了社会的心理基础。

社会总体的协调配合是社会治安综合治理的重要保证。社会治安综合治理是一个庞大的社会工程，需要动员全社会的力量。人类社会经过千百年的发展，到现代已经发展到了相当完备的程度，各种社会机构与组织成为社会的网络与神经。它们中的各个元素相互联系、彼此互动，甚至共存共振，使整个社会呈现出一体化总体态势。政治组织、经济组织、文化组织、宗教组织等共生，国家组织与非国家组织并存，立法机关、司法机关、行政机关互动，国内组织与国际组织合作，等等，社会总体的协调配合为社会治安综合治理提供了重要的保证。

（二）社会治安综合治理的主要措施

发展经济，努力解决人民日益增长的物质文化生活需要与落后生产力之间的矛盾，为社会治安综合治理提供坚实的物质基础和经济保障。经济发展状况是社会发展的最终的最根本的基石。经济发展的状况不好不仅不能为社会治安综合治理提供基础，而且其本身就可能引发违法犯罪，影响社会治安的保持与好转。

改革体制弊端，完善社会制度，减少体制或制度原因导致的违法犯罪，为社会治安的良化提供体制和制度根据。社会体制与社会制度对于一个社会的治安状况具有重要的先决意义。在良好的社会体制和社会制度下有违法犯罪，在不健全的社会体制和社会制度下会有更多的违法犯罪。而社会体制和社会制度总是处于发展与变化之中。对于本身就不完善的社会制度来说，改革更是其巨大变化的动因与动力。改革社会体制和制度，对于减少体制和制度性原因导致的违法犯罪具有根本性的作用，对于社会治安的治理的意义当然不应忽视。

加强精神文明建设，为预防违法犯罪创造思想文化条件。精神文明建设中包括思想道德建设和科学文化建设的内容。这两个方面的建设必将有利于减少违法犯罪，培养人们同各种违法犯罪进行斗争的自觉精神。这样，就从两个方面为社会治安综合治理创造了条件，并可以直接促进社会治安的综合治理。

完备法制和法治是社会治安综合治理中最有力的措施。实行法制和法治，切实保护人民的合法权益，有效打击各种违法犯罪，教育挽救违法犯罪分子，真正做到有法可依、有法必依、执法必严、违法必究，对于社会治安具有最直接的良好效果和最大的治理效益。为此，就必须加强立法、执法、司法、守法和法律监督等各项工作，确立法律至上的社会意识与法治精神。

社会治安综合治理的措施是综合的、多元的、多维的。各种措施之间必须相互配合、相互协调，这样就可以收到单独采用某种或某几种措施所无法达到的效果，使社会治安因综合治理而事半功倍。

思考题

1. 简述守法的含义。
2. 简述违法的概念。
3. 违法的构成要件有哪些？
4. 违法的构成要件与犯罪构成要件之间的关系是什么？
5. 社会治安综合治理对于预防违法的作用有哪些？
6. 如何搞好社会治安综合治理？

推荐阅读书目

1. 张文显主编:《法理学》,高等教育出版社 2005 年版。
2. 葛洪义主编:《法理学》,中国人民大学出版社 2003 年版。
3. 卓泽渊主编:《法理学》,法律出版社 2004 年版。

第二十三章

第二十四章

法律责任与法律制裁

> **学习目的与要求**　本章的主要内容是法律责任与法律制裁的基本理论。通过学习，学生应当了解法律责任的概念和特征，了解法律责任的主要分类，掌握法律责任的归责原则与免责条件，了解并掌握法律制裁的概念与特征，掌握法律制裁的基本种类，从而了解现代法律在惩罚与规训方面的基本精神，也为部门法的学习打下良好的基础。

■ 第一节　法律责任

一、法律责任的概念

（一）责任的一般含义

"责任"一词在不同的场合和环境中有不同的含义，而且这种含义是在不断改变和发展的。在古代汉语中，"责"的意义大致有五种：求，索取；[1]诘斥，非难；义务；处罚，处理；债。[2]在现代汉语中，责任通常有以下两个密切联系的含义：①分内应做的事，如尽责任，岗位责任，职责；②没有做好分内的事，因而应当承担的责任，如追究责任。[3]

（二）法律责任的含义

与对"责任"一词的多样化理解一样，对"法律责任"一词，法学界的看法也不一样，有代表性的观点有以下几种：

1. 义务说。它把法律责任定义为"义务""第二性义务"。例如，《布莱

---

[1]　许慎：《说文解字》，中华书局1963年版，第130页。
[2]　参见《辞海》（缩印本），上海辞书出版社1980年版，第1220页。
[3]　我国刑法学者冯军博士为了阐明"责任"一词的现代含义，曾经对《法制日报》一段时期所使用的有关"责任"的76个用语例进行了细致的分析，认为"'责任'一词用于三种意义即'义务''过错·谴责''处罚·后果'"。参见冯军：《刑事责任论》，法律出版社1996年版，第12页。

克法律词典》解释说，法律责任是"因某种行为而产生的受惩罚的义务及对引起的损害予以赔偿或用别的方法予以补偿的义务"。[1]还有学者认为，法律责任是"由于侵犯法定权利或违反法定义务而引起的、由专门国家机关认定并归结于法律关系的有责主体的、带有直接强制性的义务，亦即由于违反第一性法定义务而招致的第二性义务"。[2]

2. 处罚说。它把法律责任定义为"处罚""惩罚""制裁"。如哈特指出："当法律规则要求人们做出一定的行为或抑制一定的行为时，（根据另一些规则）违法者因其行为应受到惩罚，或强迫对受害人赔偿。"[3]再如，凯尔森认为，"法律责任的概念是与法律义务相关联的概念，一个人在法律上对一定行为负责，或者他在此承担法律责任，意思就是，如果做相反的行为，他应受制裁。"[4]

3. 责任能力说及法律地位说。它把法律责任说成是一种主观责任。如"责任乃是一种对自己行为负责，辨认自己的行为、认识自己行为的意义、把它看作是自己的义务的能力"。[5]再如责任"有时指应负法律责任的地方及责任能力（主观意义之责任）"。[6]

4. 后果说。它把法律责任定义为某种不利后果。如有学者指出："法律责任是指一切违法者，因其违法行为，必须对国家和其他受到危害者承担相应的后果。"[7]还有学者指出："所谓法律责任是指由于某些违法行为或法律事实的出现而使责任主体所处的某种特定的必为状态。"[8]

我们认为对责任从两种意义上进行理解要合理些，[9]一方面，法律责任相当于法律义务；另一方面，法律责任是指由于违法行为、违约行为或者由于法律规定而应承受的某种不利的法律后果。欠债还钱、杀人偿命是人们对法律责任的最通俗的解释。还钱、偿命对责任人来说都是不利的法律后果。

产生法律责任的原因大体上可以分为下面三种：①侵权行为，也就是违法行为。侵犯他人的财产权利、人身权利、知识产权、政治权利或精神权利产生的法律责任在全部法律责任中占多数。②违约行为，即违反合同约定，

〔1〕《布莱克法律词典》，美国西部出版公司1983年版，第1197页。

〔2〕张文显：《法学基本范畴研究》，中国政法大学出版社1993年版，第187页。

〔3〕〔英〕哈特：《责任》，转引自刘作翔、龚向和："法律责任的概念分析"，载《法学》1997年第10期。

〔4〕〔奥〕凯尔森：《法与国家的一般理论》，沈宗灵译，中国大百科全书出版社1996年版，第73页。

〔5〕〔苏联〕巴格里-沙赫马托夫：《刑事责任与刑罚》，韦政强译，法律出版社1984年版，第2页。

〔6〕（台）洪福增：《刑事责任之理论》，刑事法杂志社印行1982年版。

〔7〕林仁栋：《马克思主义法学的一般理论》，南京大学出版社1990年版，第186页。

〔8〕杜飞进："试论法律责任的若干问题"，载《中国法学》1990年第6期。

〔9〕沈宗灵主编：《法理学》，高等教育出版社1994年版，第404页。

没有履行一定法律关系中的作为的义务或不作为的义务。③法律规定，这是指无过错责任或称严格责任。从表面上看，责任人并没有侵犯任何人的权利，也没有违反任何契约义务。仅仅由于出现了法律所规定的法律事实，就要承担某种赔偿责任，如产品致人损害责任。

与道义责任或其他社会责任相比，法律责任有两个特点：①承担法律责任的最终依据是法律。承担法律责任的具体原因可能各有不同，但最终依据是法律。因为一旦法律责任不能顺利承担或履行，就需要司法机关裁断。司法机关只能依据法律作出最终裁决。当然，这里讲的法律既可以是正式意义上的法律渊源，也可以是非正式意义上的法律渊源。②法律责任具有国家强制性。即法律责任的履行由国家强制力保证。当然，正如国家强制力有时是作为威慑力隐蔽于法律实施的幕后一样，在法律责任的履行上，国家强制力只是在必要时，在责任人不能主动履行其法律责任时，才会使用。

（三）法律责任的本质

为什么违法、侵权或违约，或仅仅由于法律规定，就要使当事人承担不利的法律后果？这就是法律责任的本质问题。法律责任与法定权利义务有密切联系。法律责任是国家对违反法定义务、超越法定权利或滥用权利的违法行为所做的否定的法律评价，是国家强制责任人做出一定行为或不做一定行为，补偿和救济受到侵害或损害的合法利益和法定权利，恢复被破坏的法律关系和法律秩序的手段。

二、法律责任的种类

法律责任的种类也是法律责任的各种表现形式，根据不同的标准可以做不同的划分。比如，以责任的内容为标准，有财产责任与非财产责任；以责任的程度为标准，有有限责任与无限责任；以责任的人数不同为标准，有个人责任与集体责任。

以引起责任的行为性质为标准，对法律责任可划分为：民事责任、刑事责任、行政责任、国家赔偿责任与违宪责任，下面分别说明：

1. 民事责任。民事责任是指由于违反民事法律、违约或者由于民法规定所应承担的一种法律责任。民事责任的特点是：民事责任主要是财产责任；民事责任主要是一方当事人对另一方的责任；它主要是补偿当事人的损失；在法律允许的条件下，民事责任可以由当事人协商解决。民事责任可以分为违约责任、一般侵权责任、特殊侵权责任及公平责任。

2. 刑事责任。刑事责任是指行为人因其犯罪行为所必须承受的、由司法机关代表国家所确定的否定性法律后果。与民事责任不同，刑事责任不存在无过错责任的问题；同时，行为人在主观上是故意还是过失，以及故意或过失的形式和程度，对刑事责任的有无、刑事责任的种类与大小，都有重要的意义。这一点也与民事责任明显不同。

3. 行政责任。行政责任是指因违反行政法或因行政法规定而应承担的法律责任。在我国，行政责任大体可以分为以下四类：①一般公民、法人违反一般经济、行政管理法律、法规而应承担的法律责任。②无过错行政责任。③行政机关工作人员因违法失职行为而应承担的法律责任，即行政处分。④行政机关及其工作人员在行政诉讼败诉后而产生的行政责任。

4. 国家赔偿责任。国家赔偿责任是指国家对于国家机关及其工作人员执行职务，行使公共权力损害公民、法人和其他组织的法定权利与利益时所应承担的赔偿责任。国家赔偿责任的范围包括行政赔偿与刑事赔偿两部分。行政赔偿是指行政机关及其工作人员在行使职权时侵犯人身权、财产权造成损害而给予的赔偿。刑事赔偿是指行使国家侦查、检察、审判、监狱管理职权的机关在刑事诉讼中侵犯当事人人身权、财产权造成损害而给予的赔偿。

5. 违宪责任。违宪责任是指由于有关国家机关制定的某种法律和法规、规章，或有关国家机关、社会组织或公民从事的与宪法规定相抵触的活动而产生的法律责任。《宪法》规定："全国各族人民、一切国家机关和武装力量、各政党和各社会团体、各企业事业组织，都必须以宪法为根本的活动准则，并且负有维护宪法尊严、保证宪法实施的职责。""一切法律、行政法规和地方性法规都不得同宪法相抵触。一切国家机关和武装力量、各政党和各社会团体、各企业事业组织都必须遵守宪法和法律。一切违反宪法和法律的行为，必须予以追究。"宪法是国家的根本大法，是民主制度化、法律化的基本形式，是所有其他法律的立法依据和效力来源。维护宪法尊严、保证宪法实施，对于社会的稳定与发展具有特殊重要的意义。违宪责任是与破坏、违反宪法的行为做斗争的有力的法律武器。

三、法律责任的归责与免责

（一）法律责任的归责原则[1]

法律责任的认定和归结是由国家特定的或授权的专门机关依照法定程序

---

[1] 当今法理学界探讨法律责任的有关原则问题多从归责原则角度思考，即从司法的角度切入较多。其实也可转换角度从立法角度思考，即立法时设定法律责任应遵循哪些原则，这有助于我们更好地理解后面所论及的归责原则中的责任法定原则。张恒山在《法理要论》中同时探讨了法律责任的设定原则和司法中的归责原则，提出了有创意的观点。参见张恒山：《法理要论》，北京大学出版社 2002 年版，第 465～471 页。另外，李培传在其《论立法》一书中也给我们提供了这一视角。他认为，立法者在进行法律责任条款设定时，应遵循合法性原则、协调性原则、对应性原则和合理性原则。参见李培传：《论立法》，中国法制出版社 2004 年版，第 413～422 页。

进行的，这是法律责任区别于其他社会责任的根本点。在法律领域，认定违法并把它归结于违法者，只能由有归责权的专门国家机关进行，而且认定和归责的过程表现为一系列法律程序。在我国，违法者的刑事责任和民事责任的认定和归结权属于人民法院；行政责任的认定和归结权属于公安、工商、税务、环保等有特定职权的国家行政机关；违宪责任的认定和归结权是最终意义上的，因为在许多情况下，法律责任的认定和归结是通过行业仲裁和民间调解进行的，但普遍的情况是由专门国家机关来认定和归结法律责任。

法律责任的归责原则在不同的时代和不同的国家均存在内容上的差别。奴隶制社会和封建社会，普遍对人划分等级，不同等级的人的同一行为，其法律后果是很不相同的。因此，奴隶制法和封建制法在归责原则方面主要表现为责任擅断、等级特权、差别对待、广泛株连、刑罚严酷。资本主义社会是资产阶级革命胜利后建立起来的，其法律按照商品经济、自由竞争、保护人权的需要，确立了反映民主政治制度特点和平等价值观念的归责原则，一般表现为责任法定、责任平等、责任自负、责任与违法行为相适应、主观与客观相结合等原则。

我国社会主义法制建立后，在总结我国法制建设成就的基础上，批判地借鉴和继承了资本主义的归责原则，提出了重在教育和坚持人道主义等归责原则，从而充实和发展了归责原则的内容。当代中国法律规定的归责原则主要有：

1. 责任法定原则。要实行社会主义法治就必须实行基本的法治原则，责任法定而不是擅定就是一条基本的法治原则。它要求在确定和追究法律责任时严格、严肃地依法办事，当出现某种违法行为或法律事实时，对责任主体是否追究法律责任、追究何种法律责任、确定何种法律责任承担方式以及是否适用有关从重、加重、从轻、减轻、免予处罚等责任机制，均只能依照法律的规定办理，使之真正具有合法性和公正性，防止任意性。这也是法无明文规定不为罪、法无明文规定不处罚原则的具体体现。

2. 责任自负原则。即司法机关和授权机关在确定和追究法律责任时，只限于对责任主体，而不能株连家属或其他人。对违法主体而言，必须承担法律责任，无辜者不受追究。这是社会主义法的民主性和公正性的体现。

3. 因果联系原则。即在认定违法嫌疑人有无法律责任时，首先必须确认因果联系之有无。因果联系有两重含义：①指行为与损害结果之间的因果联系，即特定的物质性或非物质性损害结果是不是由该行为引起的；②指心理活动和行为之间的因果联系，即行为人的行为是不是其思想支配身体的结果。认定法律责任所要求的因果联系是违法行为与损害结果之间、心理活动与行

第二十四章

动之间存在的内在的联系。否则就不应当认定违法者有法律责任。

4. 程序保障原则。程序保障原则，是指确定和追究法律责任必须通过一定的合法程序。实行程序保障原则是确定和追究法律责任的正确性的保证，是公民、法人和其他组织合法权益的保障。如果在确定和追究法律责任时违反程序规范，就有可能使该受到法律追究的未被追究，而不该受追究的却被处理。这样势必会损害公民、法人和其他组织的合法权益，破坏社会主义法的权威和尊严。

除了上述原则外，归责原则还有公正原则、平等原则、重在教育原则，等等。

（二）法律责任的免责条件

探讨归责原则对于法治意义重大，同样，法律责任的免责条件问题也具有不可忽视的重要意义。在一个法治国家，法律面前人人平等是一个基本原则，违法犯罪就应平等地受追究。但是，一个国家的法律制度中通常规定有一些免责条款，并形成一些相应的免责条件。这并非基于特权或等级制度而产生，而是为了更真实全面地保护当事人的法律权利。

所谓免责条件是指对于行为人免除法律责任的条件。[1]免责条件通常在公法和私法领域有不同的规定，因此，免责条件可以分为两大类，即公法的免责条件和私法的免责条件。

公法的免责条件通常包括不可抗力、正当防卫和紧急避险。我国法律上的"不可抗力"是指不能预见、不能避免并不能克服的客观情况。正当防卫和紧急避险虽然表面看来像免责条件，实质上它们不属于免责范畴。因为它们从根本上说不构成法律责任。此外还包括：①有法律豁免权者免责。主要是指享有外交豁免权者依法享有不受法律追究的权利，依照国际惯例，对这类人的责任问题，通过外交途径来解决。②法定的免责任能力者免责。这一原则主要是指没有达到法定年龄或精神病患者对自己的行为不负责任。③当事人不起诉，公法性质的案件中也存在权利方当事人不起诉不受理的情况，比如行政赔偿、涉及家庭关系等轻微刑事案件，法律责任的承担与否都取决于当事人的起诉行为。④自首或立功，即对于违法之后有立功或者自首表现的人免除其全部或部分责任。⑤超过时效，即违法者在其违法行为发生一定期限后不再承担法律责任，比如我国刑法规定最高刑不满 5 年有期徒刑的，经过 5 年就不再追究行为人刑事责任。

私法的免责条件又分为法定免责条件和意定免责条件两种。私法的法定

---

[1] 张文显主编：《法理学》，法律出版社 1997 年版，第 152 页。

免责条件主要是"不可抗力"，还包括正当防卫和紧急避险。私法的意定免责条件，即当事人自行决定的免责条件，包括：①权利主张超过时效，即权利当事人不行使其追偿权利，经过一定期限，责任人则被免除了责任。②有效补救，即责任人或者其他人在国家机关追究责任之前，对于行为引起的损害采取有效补救措施，受害人愿意放弃追究责任的，可以免责。③自愿协议，即基于双方当事人在法律允许范围内的协商同意，可以免责。

■　第二节　法律制裁

一、法律制裁的概念

法律制裁是指由特定国家机关对违法者依其法律责任而实施的强制性惩罚措施。法律制裁与法律责任有着密切的联系。法律制裁是承担法律责任的重要方式，法律责任是前提，法律制裁是结果或体现。法律制裁的目的是强制责任主体承担否定的法律后果，惩罚违法者，恢复被侵害的权利和法律秩序。同时，法律制裁与法律责任又有明显的区别。法律责任不等于法律制裁，有法律责任不等于有法律制裁。如在民事法律中，民法规定的承担民事责任的方式包括了两种情况：一种是对一般侵权行为的民事制裁；另一种是违约行为和特殊侵权责任的法律后果。在前一种情况下，司法机关通过诉讼程序追究侵权人的民事责任，给予民事制裁。在后一种情况下，如果违约方支付违约金，违约方以自己的行为主动实现了自己的法律责任，就不会再有民事制裁。同样地，在特殊侵权责任的情况下，如果责任人主动承担赔偿责任，也不存在民事制裁。当然，如果违约方或特殊侵权责任的责任人拒不履行义务，经另一方向人民法院起诉，由人民法院判决违约方或侵权责任人赔偿损失或承担其他方式的民事责任，这种判决才能称为对被告的民事制裁。

法律制裁与纪律制裁不同，具有明显的特征：①法律制裁是以国家强制力为后盾的，而纪律制裁是依靠社会舆论、内心信念等普通的社会力量来保证实施的；②执行法律制裁的权力只属于特定的国家机关，而纪律制裁的主体可以是一定的组织、单位、社会团体；③法律制裁适用于国家主权管辖范围内的一切组织和个人，而纪律制裁的对象仅仅适用于一定组织和社团内的成员；④法律制裁的对象是违反法律应该承担法律责任的个人或组织，而纪律制裁的对象是违反本单位、本组织规章制度的行为人。

法律制裁在不同国家、不同的历史时期，其措施是不同的。在古代社会，法律制裁是剥削阶级镇压和奴役人民的工具，不仅具有明显的阶级性，而且制裁措施也具有突出的野蛮性。比如，奴隶制法的制裁措施就是以极其残酷野蛮的刑罚摧残人的肉体和剥夺人的生命，各种肉刑就是明证；封建社会的法律制裁措施也极为残酷，车裂、株连、宫刑等仍然适用；资本主义社会的法律废除了一部分封建的野蛮的制裁措施，逐渐建立了以自由刑、财产刑为主体的制裁措施；社会主义法中的法律制裁则充分体现了广大人民的利益和意志，制裁措施具有惩罚性、教育性和人道主义等特点。

二、法律制裁的种类

根据违法行为和法律责任的性质不同，法律制裁可以分为违宪制裁、民事制裁、刑事制裁、行政制裁和经济制裁。

1. 违宪制裁。违宪制裁是对违宪行为所实施的一种强制措施。我国监督宪法实施的机关是全国人民代表大会及其常委会，它也是行使违宪制裁权的主体。承担违宪责任的主体，主要是国家机关及其领导人。制裁措施包括：撤销同宪法抵触的法律、行政法规、地方性法规；罢免国家机关的领导成员。

2. 民事制裁。民事制裁是由人民法院所确定并实施的，对民事责任主体给予的强制性惩罚措施。它主要包括停止侵害、排除妨碍、消除危险；返还财产；恢复原状；修理、重做、更换；赔偿损失；支付违约金；消除影响、恢复名誉、赔礼道歉等。以上不同形式可以分别适用，也可以合并适用。法院在审理民事案件时，除适用上述规定外，还可以予以训诫、责令具结悔过、收缴进行非法活动的财物和非法所得，并可以依法处以罚款和拘留。民事责任主要是一种财产责任，所以民事制裁也是以财产关系为核心的一种制裁。承担民事责任的主体既可以是公民，也可以是法人。

3. 刑事制裁。刑事制裁是司法机关对于犯罪者根据其刑事责任所确定并实施的强制性惩罚措施。在现代社会，刑事制裁与民事制裁有三个区别：①制裁目的不同，刑事制裁旨在预防犯罪，民事制裁旨在补救被害人的损失；②程序不同，刑事制裁一般由检察机关以国家名义提起公诉，而民事制裁一般由被害人主动向法院提起诉讼；③在方式上，刑事制裁以剥夺或限制自由为内容，并以剥夺生命为最严厉的惩罚措施，民事制裁则主要是对受害人的财产补偿，刑事制裁也有财产刑，但要上缴国库。承担刑事责任的主体既可以是公民，也可以是法人，但对法人的刑事制裁只能是处以没收财产、罚金等财产刑。刑事制裁以刑罚为主要组成部分。但除刑罚以外，刑事制裁还包括一些非刑罚处罚方法。刑罚是人民法院对于犯罪者根据其刑事责任而实施的惩罚措施，分为主刑和附加刑两类，主要包括自由刑、生命刑、资格刑和财产刑。刑罚是一种最严厉的法律制裁。

4. 行政制裁。行政制裁是指国家行政机关对行政违法者依其行政责任所实施的强制性惩罚措施。与行政违法和行政责任的种类相对应，行政制裁可以分为行政处分和行政处罚。

行政处分是由国家行政机关或其他组织依照行政隶属关系，对违反行政法律规定的国家公务员或所属人员所实施的惩罚措施，主要有警告、记过、记大过、降级、降职、撤职、留用察看和开除等形式。

行政处罚是由特定执法机关对违反行政法律规定的公民或社会组织所实施的惩罚措施，其处罚形式主要有警告、罚款、拘留等。

5. 经济制裁。通常所说的经济制裁含义很广。这里所说的经济制裁主要是由人民法院和行政执法机关对经济违法行为者给予的强制性惩罚措施。由于我国经济法律制度的内容、范围尚未明确划定，所以关于经济制裁的具体形式，目前也有不同的看法。一般说来，行政执法机关对不履行守法义务的个人或法人给予的吊销营业执照，没收财物和非法所得，责令停产、停业、关闭，责令限期改正、限期治理，停发生产许可证，撤销商标、追缴税款等处罚，均可视为经济制裁的范畴。

思考题

1. 什么是法律责任？它有哪些特点？

2. 法律责任与法律制裁的主要区别有哪些？它们各有哪些基本分类？

3. 当代社会认定和追究法律责任的基本原则有哪些？其免责条件通常又包含什么内容？

推荐阅读书目

1. 吕世伦、文正邦主编：《法哲学论》，中国人民大学出版社 1999 年版。

2. 朱景文主编：《法理学研究》（下册），中国人民大学出版社 2006 年版。

3. 冯军：《刑事责任论》，法律出版社 1996 年版。

4. 彭俊良编：《民事责任论——制度构建与理论前瞻》，希望出版社 2004 年版。

5. 郭道晖：《法理学精义》，湖南人民出版社 2005 年版。

6. 张文显：《二十世纪西方法哲学思潮研究》，法律出版社 1996 年版。

第二十四章

第二十五章

法律监督

学习目的与要求　在本章学习之中，要求学生对法律监督的概念、法律监督的目的有良好的掌握，对法律监督的构成有准确的理解，对法律监督体系的状况有良好的认识。

■ 第一节　法律监督的概念与功能

一、法律监督的概念

法律监督在广义上是指国家机关、政治党派、企业事业单位、社会团体及其他社会组织、公民、新闻媒介、社会舆论等依照法律规定和法定程序，对法律在社会中的实施情况所进行的监察与督促。在狭义上则专指专门国家机关依照法定职权和程序对法的实施所实行的监察与督促。本书是在广义上使用法律监督这一概念的。

法律监督是法制的重要组成部分。法制包括立法、执法、司法、守法和法律监督等环节。离开了法律监督，法制就不完善。法制就可能因缺乏法律监督而流于形式，在社会中得不到很好的贯彻执行。

法律监督是法治的要求。法律监督是权力和权利结合的产物。首先，法律监督对于各个监督主体来说都是一种权力；对于作为人民的监督主体来说既是权力，也是权利。其次，法律监督的目的是为了依法约束权力、防止权力的懈怠与滥用，监督的首要对象是权力的拥有者，监督的首要目的在于保障人民的权利。

二、法律监督的目的

（一）确保法律实现

法律只有在社会中被切实地贯彻实现，才是真正的法律、现实的法律。否则再好的法律也只是纸上的法律。立法的目的绝不是要将法律规定在纸上供人观赏，而是要在社会中贯彻执行。法律因立法而成立，因执法和守法而产生其社会作用。但如果在执法或者守法中遇到障碍，法律就不可能达到预期的社会效果。为了达到立法的目的，就必须要有必要的补救措施。在所有补救措施中尤以法律监督措施最为有效。法律在实施过程中会受到多种因素的影响和制约，这些因素都可能使法律无法实现。排除这些因素可以运用多种手段。在若干手段中最有效的也只能是法律监督手段，所以，可以说法律监督是依法排除法律实施障碍因素的最重要的措施。如果立法、执法、守法都没有任何障碍和问题，法律监督当然就没有存在的意义。人类千百年的法律实践表明，法律的执行和遵守都不会是一帆风顺的，要保证法律的切实施行，仅靠执法、守法是不够的，还必须要有法律监督。法律监督最首要的目的就是保证法律的实现。

（二）维护法制统一

首先，法律监督是维护国家法制统一的需要。法制统一对于任何国家都是十分重要的。法制统一是国家统一的重要标志。即使是在联邦制的国家，其法制也是统一的。法律监督首先是保障整个国家法制统一。其次，法律监督也有利于执法和守法的统一。法律被制定以后，人们可能因为自身的认识水平和认识能力而对法律产生误解，更可能因为某种非正常的原因而故意曲解法律、违反法律。对于常人如此，对于执法人员也是如此。因此不论是守法还是执法，未必都是合乎于法律的本意的，有时甚至会出现故意违法、故意违法执法的情形，因此法律监督就成为必要。否则，人们依照自己对于法律的理解而随意地遵守法律或者执行法律，法制统一就必然会成为严重的问题，法制统一就会受到破坏。

（三）防止权力滥用

在一般意义上讲，法律监督是针对任何人的。其实，对一般公民的违法行为的纠举并非很艰难，只要有一般的执法，普通公民的违法犯罪就可以在很大程度上被制止、被处罚。最难的还是对于权力和权力拥有者的法律监督。权力拥有者因为拥有权力，如果违反法律，一般公民不敢举报、控诉，没有法律监督他们，就可能逃脱法律的惩罚；此外，他们还可以运用权力掩盖自己的违法犯罪行为，以逃避法律制裁。如果听任其发展，法律的严肃性、权威性就会遭到破坏，法制和法治都将荡然无存，所以，法律监督的关键还是对于权力和权力拥有者的监督。不论是利用权力违法犯罪，或是利用权力掩盖违法犯罪，都是权力的滥用，法律监督的重要目的就是防止权力的滥用。

■　第二节　法律监督的构成

一、法律监督的主体

法律监督的主体是指所有依法享有法律监督权利、承担监督义务的国家机关及其工作人员、其他自然人、法人和其他社会组织，以及大众传播媒体。

国家机关及其工作人员，他们首先是被监督的法律监督主体。因为他们的公务行为都必须有法律的依据。法无授权即为非法。他们每天所从事的工作都与法律息息相关，其行为是否合法与相对人的权利义务具有密切关系，甚至会严重影响相对人的利益。法律基于对人民权利的保障为其行为设定法律监督措施，相对人也会基于自身利益而对其行为进行法律监督。因此，作为法律监督的被监督者是由所有国家机关及其工作人员的性质、地位所决定的。当然，任何国家机关及其工作人员也有权对其他国家机关及其工作人员、自然人、法人和非法人社会组织的行为实施法律监督。特别是专门的法律监督机关，这种监督本身就是他们的工作内容。

自然人是指拥有自然生命的个体的人。自然人包括公民，但不仅限于公民。因为公民是以国籍来划分的。在任何一个国家，进行法律监督的自然人都主要是其本国的公民，但是也有一定的外国人和无国籍人可能成为一国法律监督的主体。尤其是在全球经济一体化的当今世界，各国人民之间的往来日益频繁。在对外开放的中国，外国人和无国籍人的投资、经商、旅游都十分普遍，随着时间的延续和社会的发展，外国人和无国籍人在中国的社会活动将愈来愈多。他们在中国具有遵守中华人民共和国宪法和法律的义务，同时也享有对国家机关和国家机关工作人员进行法律监督的权利。因此作为自然人的法律监督的主体不能仅限于本国公民，甚至还应包括外国公民（外国人）和无国籍人在内。

法人也应当是法律监督的主体之一。其原因在于：①法人也有自己独立的法人意志，可以做出自己的具有法律意义的意思表示。②法人有自己的社会行为，其行为也有违法与不违法的问题。法人也会被特定主体作为法律执行与法律适用的对象。在相对主体的执法和法律适用活动中也有违法或者不违法的问题，因此，法律监督也就自然是法人维护自身合法权益的重要手段。依法成立的非法人的社会组织，它们在法律监督上具有与法人同样的法律意义，因而它们也同样是法律监督的主体之一。

大众传播媒体，如电视、报刊、广播等，它们作为社会新闻传播工具，同时也肩负着重要的法律监督职能，对于其监督行为和其他相关行为，又必须同时接受社会监督。

二、法律监督的客体

法律监督的客体只能是被监督者的社会行为。法律监督客体首先只能是行为，其次只能是具有社会意义的行为。

法律监督的客体只能是行为，而不是思想。任何单纯的思想都不构成违法犯罪，都不承担任何法律责任，也同样不能作为法律监督的客体。

法律监督的客体只能是具有社会意义的行为。如果某种行为根本就不具有社会意义，而是仅限于行为者个人生理或者隐私范围内的非社会行为，它就不是法律监督的客体。

虽然法律监督的客体都是有社会意义的行为，但是对于不同的主体来说，其可以被作为法律监督客体的行为范围是不完全相同的。作为国家机关及其工作人员，他们以公务身份做出的任何行为都应当是法律监督的客体。作为一般自然人、法人、非法人社会组织和大众传播媒体，他们被作为法律监督客体的行为范围就不是任何一种行为。尤其是其中的自然人的行为，如果属于隐私的范畴，不仅不应被归入法律监督的客体，而且应被列入法律保护的对象。谁如果错误地监督，还可能承担法律责任。对于身为公务人员和自然人双重身份的法律监督主体，其被监督的行为范围与单纯的非公务人员自然人被监督的行为范围相比较要宽泛得多。各主体具体的作为法律监督客体的范围，由法律规定，依法确定。

法律监督的客体为被监督行为的内容、方式和结果。之所以行为的内容、方式和结果都是法律监督的对象，是因为有的行为内容是违法的，有的行为方式是违法的，有的行为结果是违法的，有的行为的内容、方式、结果都是违法的。因此，法律监督必须注意对这三个方面的监督。

三、法律监督的内容

法律监督的内容为法律监督主体之间的权利和义务。

作为监督者应有法律监督的权利。如果这种监督是国家法定的须由特定机关进行的监督，其监督权利也是监督权力。监督的范围、方式都是由法律规定的，而不能随意改变。法律监督者有监督的权利，也有监督的义务。至少是不得违法监督，更不能借监督之名，行诬告陷害之实。

作为被监督者有依法接受监督的义务。如果法律规定被监督者有协助监督者监督义务的，则应严格履行配合义务，使法律监督顺利进行。

■ 第三节 法律监督体系

一、国家的法律监督

国家的法律监督包括权力监督、行政监督、检察监督和司法监督四个方面。

（一）权力监督

权力监督，也就是各级国家权力机关对法的实施所实行的监察与督促。权力监督的内容和形式是法律监督中两个最基本的问题。本书仅根据我国的有关情况对其做一简要论述。

1. 权力监督的内容。

（1）对宪法实施的监督。宪法明确规定了全国人民代表大会和全国人民代表大会常务委员会行使监督宪法实施的权力。我国权力机关对宪法实施的监督是权力机关法律监督的首要内容。我们应当通过建立健全国家违宪审查等制度，确保宪法实施上的权力监督。

（2）对宪法以外的法律实施的监督。对宪法的监督是权力机关最重要的监督，对宪法以外的法律实施的监督则是权力机关更普遍的监督。我国各级权力机关的这一监督都亟待进一步发展，以使之更加有效。

（3）对行政法律文件的监督。行政法律文件不论是规范性的还是非规范性的，都遍及政治、经济、文化、科技、外交等各个方面。国家权力机关对行政法律文件的监督必将推动整个国家管理、国家活动乃至整个社会生活的法治化。

（4）对国家行政机关、审判机关、检察机关和军事机关的监督。宪法明确规定，国家行政机关、审判机关、检察机关都由人民代表大会产生，对它负责，受它监督。作为国家权力机关的各级人民代表大会及其常务委员会有权依法决定（包括选举）各级国家机关的领导人选，依法监督各级国家机关的活动。

2. 权力监督的形式。

（1）听取并审议报告与汇报。它是各级国家权力机关对相应国家机关工作情况的经常性的监督方式。通过这一途径进行监督，着重防止报告、汇报以及听取、审议的走场现象发生，保证使其成为一种有效的监督形式。

（2）视察、检查与调查。在我国较长时期和较多的地方，视察、检查和调查总是被视为特别的监督手段，实际上它们应当是国家权力机关经常性的工作方法。有问题时，需要这些手段予以落实查明；没有问题时，也需要这些手段来避免问题的出现，防患于未然。

（3）质问与询问。质问与询问是国家权力机关了解有关事项的日常手段，也是国家权力机关实行监督的常用方法。在质询问题上，应重点强调有问必复，件件落实，确实有效地解决问题。

（4）弹劾与罢免。弹劾与罢免是权力监督中极其严厉的制度，我国法律必须对其予以健全。邓小平同志早在 1980 年就指出，"要健全干部的选举、招考、任免、考核、弹劾、轮换制度"，"凡是搞特权、特殊化，经过批评教育而又不改的，人民就有权依法进行检举、控告、弹劾、撤换、罢免"。对干部的弹劾、罢免理应是国家权力机关重要的监督手段，而且是十分严厉的监督手段，应当让其发挥应有的监督作用。

（5）受理公民的申诉、控告和检举。公民申诉、控告和检举的受理工作，对人民代表大会来说，目前仅有信访手段远远不够。从权力监督角度看，我们很有必要在人民代表大会中设立专门的工作机构负责受理申诉、控告和检举，制定专门的申诉、控告和检举法规。

（二）行政监督

行政监督是行政机关内部所进行的有关行政法律法规执行情况的法律监督。行政监督中包括专门的行政监督和一般的行政监督两个部分。

专门的行政监督是指由国家行政机关中专门化的行政监督机构——监察部、厅、局、处所进行的法律监督。这种监督与中国共产党的纪律检查委员会合作，在我国行政监督中发挥着重要的作用。

一般的行政监督是指各级行政机关上下级之间、同级之间，在行政活动中所进行的相互监督。这种监督蕴藏在日常的行政管理活动之中。它虽然不具有专门化监督的特点，但比专门化监督更为经常和普遍。

（三）检察监督

我国法律监督机关——人民检察院对法律实行着特殊的法律监督。[1] 其监督内容和范围主要包括法纪监督、侦查监督、审判监督、执行监督和守法监督等几个方面的内容。[2]

1. 法纪监督，是检察机关对国家机关工作人员对法律的遵守情形所进行

第二十五章

─────────────────

〔1〕　检察监督的性质是否属于司法监督的范畴是一个值得研究的学术问题。从我国目前的法律规定来看，把它列为与司法监督不同的法律监督形式也许更为恰当。

〔2〕　有的著作认为检察监督包括法纪监督、侦查监督、审判监督三种形式。参见卢云主编：《法学基础理论》，中国政法大学出版社 1994 年版，第 406 页。有的著作认为检察监督主要包括法纪监督、侦查监督、对审判活动的监督和监所监督四种。参见孙国华主编：《法理学》，法律出版社 1995 年版，第 447 页。其他著作还有其他的不同认识。

的专门监督。如果发现有违反法律规定，需要追究刑事法律责任的违法犯罪，即对其行使检察权，以追究其相应违法犯罪的刑事责任。

2. 侦察监督，是检察机关对公安机关的侦查活动的合法性所进行的法律监督。它主要是通过批捕、决定起诉、决定不起诉等法律活动，对公安机关的侦查活动进行监督。发现需要由公安机关补充侦查的，可以退回公安机关补充侦查；发现公安机关侦查的是无须追究刑事责任的违法行为，有权通知公安机关予以纠正。

3. 审判监督，是检察机关对审判机关的审判活动的合法性所进行的监督。这种监督可以通过检察机关参与刑事审判活动进行。在审判活动中发现审判机关的违法情况，可以分情况发出纠正违法通知或者对构成犯罪者提起刑事诉讼。这种监督更多是通过抗诉进行的。检察机关对同级人民法院或者下级人民法院已经发生法律效力的判决和裁定，认为其确有错误的，有权依照法律程序提起抗诉。这种抗诉不仅限于刑事案件的判决和裁定，甚至包括民事、经济和行政案件的判决和裁定在内。

4. 执行监督，是检察机关对审判机关所作出的判决和裁定的执行情况所进行的监督。[1]就刑事判决、裁定的执行所进行的监督主要是针对监所进行的。此外，检察机关还有权对民事、经济、行政案件的判决、裁定的执行情况进行监督。

5. 守法监督，是针对普遍的自然人和法人所进行的社会活动的守法状况所实施的法律监督。这是检察机关进行的最普遍、最广泛的监督。[2]

（四）司法监督

司法监督主要是司法机关即人民法院通过其司法工作进行的监督。[3]我国审判机关——人民法院，通过自己的审判活动对法律实行着监督。其监督的内容，从不同角度可以做出不同的归纳概括。

1. 人民法院通过自己的审判活动对各个社会主体实行法律监督。具体地说，通过民事审判，人民法院审查民事主体民事行为是否违反法律的规定。

---

〔1〕 有的著作将执行监督理解为监所监督，这是不全面的。执行监督中包括但不仅限于监所监督，除监所监督之外的民事、经济、行政案件的判决和裁定执行情况的监督，也应当被列入执行监督之中。

〔2〕 许多著作都不把守法监督作为检察监督的内容加以论述。我们认为，检察机关的一个极其重要的工作就是对一般刑事案件的起诉，这是最普遍的法律监督。如果将其遗漏，显然是不妥当的。

〔3〕 有的著作将司法监督称为审判监督。这种称谓并无不妥。只是由于它易于与检察机关对审判机关所进行的审判监督相混淆，所以本书才称之为司法监督，再考虑到审判机关的性质，似乎称之为司法监督更为适宜。

对违法行为予以必要的法律制裁，对合法权益予以应有的法律保护。通过刑事审判，监督被作为犯罪嫌疑人的社会成员的行为是否触犯刑律，是否构成犯罪。对于构成犯罪的，予以定罪量刑；对于没有构成犯罪的，免于刑事责任或宣告无罪。通过行政审判，监督国家行政机关及其工作人员的行政行为的合法性质与执法情形，确保行政机关依法行政。

2. 人民法院通过审判活动，监督下级人民法院的审判工作。人民法院的法律适用状况直接关系着法律监督的情形。我国人民法院的上下级之间不是上下级领导关系，而是上下级审判监督关系。不同审级的人民法院之间依靠审判监督关系确保法律适用的科学性、公正性，实现人民法院之间的法律监督。

二、社会的法律监督

（一）政党的法律监督

政党的法律监督是政党活动的主要内容之一，也是法律实施机构严格依法办事、遵行法治原则的重要保证。结合我国实际，我国政党的法律监督既包括作为执政党的中国共产党的法律监督，也包括作为参政党的民主党派的法律监督在内。

1. 共产党的法律监督。中国共产党是中国的执政党，是中国工人阶级的先锋队，中国各族人民的忠实代表。在法律中坚持党的监督与坚持党的领导一样都是不可动摇的政治原则。中国共产党的法律监督，实际上是中国共产党的领导在法律方面的具体体现，是中国共产党领导社会主义法制建设的一种重要方式。

《宪法》序言明确肯定了中国共产党在我国法制建设中的领导地位，并指出要在中国共产党的领导下健全社会主义法制。健全社会主义法制中必然包括保障法律的实施。中国共产党章程又明确宣布，党必须在宪法和法律的范围内活动；党必须保证国家的立法、司法、行政机关，经济、文化组织和人民团体积极主动地、独立负责地、协调一致地工作。这些工作显然包括法律监督工作在内。

作为执政党的中国共产党，在我国法律监督中必须做到以下几个方面：

（1）监督我们党的组织及其党员是否严格依照党章和宪法的规定，坚持在宪法和法律的范围内活动。这是我们党先进性的体现，是我们党的党章的规定，也是我国宪法的要求。

（2）监督国家机关及其工作人员是否严格依法办事，防止以权谋私、徇私枉法的违法犯罪的发生，使以权谋私、徇私枉法者受到应有的法律制裁。

（3）监督各种经济组织、文化组织和人民团体的守法活动，促使其遵纪守法，依法办事。中国共产党通过这些监督活动确保整个社会主义法制建设的顺利发展。

中国共产党要进行法律监督是毫无疑义的。至于具体监督的法制化方式和法制化途径还需要理论和实际工作者、党务和司法工作者不断探索，需要党不断完善。

2. 民主党派的法律监督。中国共产党领导的多党合作制是我国社会主义革命和建设中形成和发展起来的新型政党制度。在我国现阶段，各民主党派参政的基本点就是参加国家政权，参与国家大政方针和国家领导人选的协商，参与国家事务的管理，参与国家方针、政策、法律、法规的制定和执行。

各民主党派负有维护法律尊严，保证法律实施的职责。进行法律监督是民主党派的重要使命。为了发挥民主党派在法律上的监督作用，我们党一贯重视加强同各民主党派之间的合作与协商；充分发挥民主党派成员、无党派人士在人民代表大会中的作用；举荐民主党派成员、无党派人士担任各级政府及司法机关的领导职务；发挥民主党派在人民政协中的作用。各民主党派在法律方面还大有可为，随着社会主义法制和法治的发展，必将发挥更大的作用。

（二）公民的法律监督

1. 公民的诉讼法律监督。公民的法律监督在很大程度上都是由公民通过诉讼方式实现的。公民对法律的诉讼监督，根据实行诉讼监督的公民的具体法律地位，即是否是诉讼当事人，可以分为作为诉讼当事人的公民诉讼监督，作为非诉讼当事人的公民诉讼监督；根据公民诉讼监督的对象，可以分为公民对公民的诉讼监督，公民对法人（其中包括公民对国家机关）及其工作人员的诉讼监督；根据公民诉讼监督的内容，可以分为对实体问题的公民诉讼监督和对程序问题的公民诉讼监督。

2. 公民的非诉讼法律监督。公民的法律监督更经常的是通过非诉讼的方式实现的。我国社会主义法赋予公民的一般法律监督权利基本上都是通过非诉讼方式行使的。比如，人民群众对各级各类机关及其工作人员的批评、建议、申诉、控告、检举等，以及对社会生活中的其他主体的违法犯罪行为的检举、举报、控告等，其中大量的监督都是以非诉讼方式进行的。非诉讼法律监督是社会主义国家公民对法的实施的重要而普遍的监督方式。非诉讼法律监督方式的发挥程度体现着公民的民主与法治意识状况。公民的主人翁意识和法治意识愈强，愈关心社会的法律实施，愈愿意充分行使法律监督权利。

（三）社团的法律监督

社会团体，在这里主要是指国家机关、政治党派之外的群众性社会组织。

在我国目前的社会组织中，除了国家机关和政治党派之外还存在着大量的群众性社会团体，如工会、共青团、妇联等。这些社会团体在法律监督中具有极其重要的作用。

社会团体的法律监督主要是通过两种方式得以实现的：①通过人民政治协商会议实现法的实施监督；②直接进行的不通过人民政治协商会议的监督。不通过人民政治协商会议的监督又可以分为诉讼监督和非诉讼监督两类。社会团体的法的实施监督的内容涉及范围十分广泛，可以遍及社会各个领域的所有法规。所监督的问题可能与其利害得失息息相关，也可能与其并无直接的利害关系；所保护的可能是自身权益，也可能是自身以外的社会权益。

（四）舆论的法律监督

舆论在社会生活中具有重大的意义。[1]它能广泛地反映社会成员在政治、经济、文化乃至一切社会方面的意见、愿望和要求；反映社会成员对各种社会现象的基本评估和心理态度。任何社会的统治者都不能不顾及舆论的作用，并利用舆论为自己服务。尤其是在当代世界，由于人类通信手段和传播工具的发展，人类相互之间交流交往日趋扩大和密切，社会舆论在社会生活中的发展、冲突、整合更加引人注目。作为社会生活重要内容的法律及其实施必然受到社会舆论的影响。社会主义社会的舆论在社会主义社会法律监督上将发挥出更加重要的作用。

在当代，报纸、电视、广播等大众传播媒介的发展，为社会舆论法律监督提供了良好的物质条件和现实渠道。人们可以通过报纸、电视、广播等发表言论，实现法的实施监督；执法机关也可以通过报纸、电视、广播了解社会民众的意向，接受来自各个方面的监督。马克思曾经在评价作为大众传播媒介的出版物时说，"自由的出版物是人民精神的慧眼，是人民自我信任的体现，是把个人同国家和整个世界联系起来的有声的纽带"。[2]"出版自由，就是我们的武器"。[3]法律监督中是否也应当重视这个武器呢？马克思的这些论述对于我们正确认识舆论法律监督是具有重要意义的。

法律监督，在法律上是不可缺少的。必须从理论和实践两个方面坚持、发展和完善我国的社会法律监督制度，以保障社会主义法的正确实施。目前，

─────────

〔1〕　舆论法律监督一直为法律界所肯定，近年有学者基于舆论法律监督的某些失误，进而怀疑舆论法律监督的意义，这是不对的。舆论法律监督的失误实际上是舆论法律监督不正常的结果，不能以不正常的舆论法律监督的恶果来否认正常舆论法律监督的意义。不过，他们所提出的舆论法律监督的失误的确应当引起足够的重视。

〔2〕　《马克思恩格斯全集》第1卷，人民出版社1956年版，第74页。

〔3〕　《马克思恩格斯全集》第17卷，人民出版社1963年版，第450页。

我国这方面的法制建设还很不足。然而，也应当注意到法律监督不是对法律及其实施的干扰。公民的法律监督、社团法律监督和舆论法律监督等与国家法律监督、政党法律监督一样，应当以事实为依据，以法律为准绳；坚持公民在法的适用中一律平等；保证司法机关依法独立行使职权。

思考题

1. 简述法律监督的含义。
2. 法律监督的功能有哪些？
3. 法律监督的构成要素主要是什么？
4. 简述法律监督的体系。
5. 国家的法律监督机构及其职能有哪些？
6. 社会的法律监督机制是怎样的？

推荐阅读书目

1. 张文显主编：《法理学》，高等教育出版社 2005 年版。
2. 葛洪义主编：《法理学》，中国人民大学出版社 2003 年版。
3. 卓泽渊主编：《法理学》，法律出版社 2004 年版。

第二十五章